北京市高校优质课件奖——《信息化教学资源设计与制作》课件配套教材

首都师范大学与科大讯飞股份有限公司产学研合作协议（2021）《信息化教学资源设计与制作》MOOC成果配套教材

U0659724

"十四五"职业教育国家规划教材

新时代小学教师教育融媒体丛书

刘 慧/丛书主编

JIAOYU XINXIHUA 2.0 SHIDAI

XINXIHUA JIAOXUE ZIYUAN SHEJI YU ZHIZUO

教育信息化2.0时代：信息化教学资源设计与制作

朱永海 /编著

北京师范大学出版集团
BEIJING NORMAL UNIVERSITY PUBLISHING GROUP
北京师范大学出版社

图书在版编目（CIP）数据

信息化教学资源设计与制作 / 朱永海编著. —北京：北京师范大
学出版社，2021.9（2025.7重印）
　ISBN 978-7-303-27076-7

　Ⅰ. ①信… Ⅱ. ①朱… Ⅲ. ①小学 – 计算机辅助教学 – 高等
学校 – 教材 Ⅳ. ①G434

中国版本图书馆CIP数据核字（2021）第126450号

XINXIHUA JIAOXUE ZIYUAN SHEJI YU ZHIZUO
出版发行：北京师范大学出版社 https://www.bnupg.com
　　　　　北京市西城区新街口外大街12–3号
　　　　　邮政编码：100088
印　　刷：北京虎彩文化传播有限公司
经　　销：全国新华书店
开　　本：889 mm × 1194 mm 1/16
印　　张：18.75
字　　数：498千字
版　　次：2021 年 9 月第 1 版
印　　次：2025 年 7 月第 4 次印刷
定　　价：49.80 元

策划编辑：林　子　王建虹　　责任编辑：欧阳美玲　林　子
美术编辑：李向昕　　　　　　　装帧设计：锋尚制版
责任校对：康　悦　　　　　　　责任印制：马　洁

认识小学儿童　认识小学教育（节选）[①]

一、重新认识现代小学儿童的发展特征与教育

小学教育是为小学儿童举办的，我们不能仅仅要求小学儿童适应现有的小学制度，适应小学教师现有的教育方式。相反的，小学教育和小学教师必须正确认识小学儿童，认识他们的发展规律及发展需求。

不断发展和进步的儿童观是我们办小学教育的前提。儿童观是人们对儿童的总的看法和基本观点。意大利教育家蒙台梭利早就警示人们：了解儿童，注意我们和儿童世界的关系，"乃是一个良心的问题"。被誉为现代"中国儿童教育之父"的陈鹤琴先生也说："只有了解儿童，才能教好儿童。"

6～12、13岁是小学儿童身心发展速度最快的一段生命时期。他们从以游戏学习为主的生活方式进入以课堂学习各门学科为主的生活方式。学校学习生活和交往方式刺激着儿童的脑突触生长并且有选择和有一定方向性地形成愈益复杂的"互联网络"。小学儿童的学习潜能和创造力是巨大的，而且，只要具备良好的、有滋养性的环境，他们就会有惊人的可塑能力。同时，我们知道每个小学儿童都是一个独特的个体，他们有相互区别的不同神经活动方向和水平。

儿童的学习和发展是他们与其所处的环境互动的结果。认知学习的内容，成人世界的态度，儿童的情绪、情感顺畅表达与否等，构成对个人学习和发展不同的具体意义。所以，我们绝不应该对儿童采用同一的教育方式和评价方式。就社会生活方式和文化大环境而言，今天儿童面对的信息量以及传播方式，面对的价值观引导及其方式，以及他们自身的交往方式都发生了重大的改变，因此不能不考虑他们中的大多数作为独生子女的经历、他们对网络及媒体学习的兴趣和能力、他们受到的不健康风尚的影响和竞争的压力等。所以，我们必须在新的历史条件下重新整体地看待小学儿童。

二、重新认识小学教育的性质任务和特殊的教育功能

小学教育与教育体系内其他教育阶段相区别的独特性主要表现在基础性、全民性、义务性和公益性等方面，而最重要的独特性是基础性。长期以来，我们对基础性的理解：一是强调它是整个教育制度的基础，小学教育是为学生升入中学做准备；二是强调培养目标上的"双基"，即基础知识、基本技能。近些年，日益激烈的"应试教育"，已经从中学蔓延到小学。众多的家长把小学作为竞争的起跑线，提前演绎升学竞争。这种状况使小学生过早地承受着升学的压力，使儿童失去其本该欢乐的童年，结果是学生学习热情明显降低，对学习日益厌恶和逃避。

[①] 选自朱小蔓《认识小学儿童　认识小学教育》，载《中国教育学刊》，2003（8）。

小学教育不是升学教育的基础，而是素质教育的基础，在人类倡导构建学习化社会的时代，它是终身教育的奠基阶段，是为人生的发展奠定基础的。作为基础教育，而不是高等教育、职业教育，它是以提高国民素质为目标而进行的非定向、非专门的教育，它不是为某一行业，而是为社会所有行业培养人才打基础的。所以，它的知识、技能不是为了选拔、升学、择业，而是尽可能为人的身心全面发展提供最有利的条件。今天，仅有传统上的"双基"是不够的，我们还要激发儿童积极的学习情感和态度，以促使他们终身保持热爱学习的欲望。从一定意义上说，这种起动力作用的情感态度比"双基"更为基本、更为重要。

三、重新认识小学教师的培养，转变传统教师的角色

小学教育是启蒙教育。在这一阶段，小学教师与可塑性极大的儿童们相处，通过各类课程以及与儿童打交道的互动过程引导儿童向真、善、美和谐的方向发展。小学教师要直接面对身心、智能、精神发展各异的儿童，要发现和感受他们的需要，引发他们学习知识、学习道德的兴趣。

教师要成为学生的关怀者、学生的促进者、教育的研究者。教师在课堂以及其他教育现场开展工作，具有相当大的独立性、个体性。儿童观摩、模仿能力和感受能力强，小学教师的言谈举止格外需要掌握分寸。小学生兴趣爱好的多向性、小学生知识教育的综合性，对小学教师的知识面、性格、气质、敏感程度及其应对能力等综合素质的要求很高，小学教师与大学、中学教师相比较，在许多方面都具有鲜明的专业特殊性。小学教师最有效而长远的培养是在小学教育的岗位上，在教育改革的活动中，从传统的角色中走出来，在新课程实施中实现自身的发展，提升我国小学教育的质量。

朱小蔓

本套丛书集中呈现了我们长期从事小学教师教育理论研究与实践探索的成果，体现了我们对小学儿童、小学教育、小学教师教育及其关系的认识与理解，也着重体现了国家对当代小学教育专业的认证标准、基本理念、培养目标与毕业要求。

培养好的小学教师是当代教师教育的重要使命。何谓好的小学教师？好的小学教师如何培养？这是新时代小学教师教育研究者和工作者必须回答的问题。小学教师是小学教育的实施者，小学教师的素质如何，直接关涉小学教育的质量、小学儿童的生命健康成长状况。《国家中长期教育改革和发展规划纲要（2010—2020年）》明确提出：有好的教师，才有好的教育。要加强教师教育，深化教师教育改革，创新培养模式，提高教师培养质量。近些年来，我国颁布了《教师教育课程标准（试行）》（2011）、《小学教师专业标准（试行）》（2012）、《普通高等学校师范类专业认证实施办法（暂行）》（2017）、《教育部关于实施卓越教师培养计划的意见》（2014）、《教育部关于实施卓越教师培养计划2.0的意见》（2018）等，这些政策文件从多方面为培养好的小学教师划定了内涵边界，提供了政策保障。习近平总书记提出的"四有好老师"为培养好的小学教师指明了方向。

我国本科层次的小学教师培养开启于20世纪90年代末。经过多年的探索，"中小学"不分的局面被"打破"，小学教师的特性、小学教师与中学教师培养的差异性渐渐明晰，中学教师培养的"学科+教育"之"双专业"模式并不适合小学教师的培养；"综合培养、分科选修"的"2+2"培养模式，"综合培养、特色人才"的培养模式，"分方向"的培养模式，"2+大文大理"的培养模式①，随着卓越小学教师培养计划项目的推进，开始逐渐迭代升级。例如，首都师范大学小学教师培养模式由"综合培养、发展专长、注重研究、全程实践"的1.0模式，正在迭代为"儿童取向"的卓越小学教师培养2.0模式。其核心强调的是以儿童为本，实施儿童教育，凸显儿童性、生命性、体验性、综合性。

基于人本教育理念的理性审视，小学教育的实质是儿童教育，而非学科教学。儿童教育意味着以儿童为本，回归儿童的生活，助力儿童生命健康成长，为儿童幸福人生奠基。卓越小学教师之"卓越"的核心即在于突破学科本位，回归儿童教育本位。卓越小学教师是能以儿童为本、研究儿童、理解儿童、读懂儿童、实施儿童教育的好教师，是儿童生命健康成长的指导者和引路人。

促进儿童生命健康成长，是落实立德树人根本任务的重要体现，是小学教师全部工作的出发点和归宿点。儿童生命的健康成长，离不开教师的爱。爱是小学教师最重要的品质。教师之爱，首先体现为爱生命、凸显生命性。生命是教育的基点，基于儿童生命立场的教育教学活动，是促进儿童生命健康成长的必然要求。爱儿童的生命，就要认识儿童，理解儿童，读懂儿童，为儿童提供适切的教育。因此研究儿童，理解儿童生命成长的规律、儿童认识世界的方式、儿童生活的特性是小学教师的必备品质与关键能力。

---

① 刘慧：《关于初等教育学科建设的几点思考》，载《首都师范大学学报（社会科学版）》，2009（1）。

高质量教育发展，需要高素养的教师。从教师素养的角度看，提高素养是小学教师专业发展的必要条件。当代我国小学教师的发展主要经历了增长学科知识、提高教学能力、提升学历层次、促进专业发展等阶段，而今正走向人的发展阶段。所谓人的发展，实质是人的生命发展。生命发展是教师专业发展的不竭动力。培育小学教师的发展素养，促进小学教师的生命发展是新时代小学教师教育的核心任务。

"未来已来，过去未去。"当今人类社会正处在又一个新的转型期，人工智能正在改变人类的生存方式，不仅挑战了现代人的体力、智力，而且正逐渐替代人类诸多赖以生存的职业。但也有人工智能不能替代的事物，就目前而言，人工智能的"天花板"是生命，关注人的生命、情感、感受、体验等是人工智能难以替代的，这正是小学教师的价值所在。

从未来的角度看，成为生命教师是教师发展的理想价值。所谓生命教师，是对生命有着深刻认识与理解，能以生命为本、以生命为师，用生命从事教育事业，以生命影响生命的教师；是能将教育回归生命，能以学生生命健康成长为宗旨和使命的为了生命的教师。生命教师是未来对教师的角色定位，也是教师应对人工智能挑战的一张"王牌"。

正基于此，本套丛书的创编注重由"知识本位"转向体现"以人为本"的教育理念，注重以学生为中心，凸显生命体验。教材的编写不是只见知识，不见人；不是以"教"为主，而是以"学"为主，体现以学定教；凸显"融媒体"的新型教材特点，体现时代对创编及使用教材的新要求，即通过增强教材的交互性和开放性，使教材成为师生学习的一部分，注重信息技术的应用，教学媒介由单纯的纸质教材延伸到包括电子课件、模拟动画、微课视频及考试系统等多媒体手段上来。

感谢北京师范大学出版社的邀请，尤其是林子编辑积极、热情的投入与推动；感谢参与本套丛书出版的全体作者。

谨以本套丛书为我国高校小学教育专业创建二十周年献礼。

刘慧

2019年3月15日

于西钓鱼台嘉园

2015年，习近平总书记致国际教育信息化大会的贺信中指出："中国坚持不懈推进教育信息化，努力以信息化为手段扩大优质教育资源覆盖面。我们将通过教育信息化，逐步缩小区域、城乡数字差距，大力促进教育公平，让亿万孩子同在蓝天下共享优质教育、通过知识改变命运。"2018年，教育部颁发的《教育信息化2.0行动计划》指出："数字教育资源开发与服务能力不强，高端研究与实践人才依然短缺……"2022年，党的二十大报告中，习近平总书记提出，"统筹职业教育、高等教育、继续教育协同创新""把大国工匠和高技能人才作为人才强国战略的重要组成部分""推进教育数字化"。本教材定位于贯彻和体现党的二十大报告中提出的"推进教育数字化"精神，同时响应教育信息化2.0行动计划，提升未来教师资源设计与制作能力。

信息化教学资源设计与制作是"互联网+"时代教师需要掌握的基本技能，也是信息化教与学的基础，课堂教学、多数的微课、一师一优课、在线课程等都离不开信息化教学资源的设计与制作。作者经过整整20年的信息化教学资源一线教学和培训经验，6年的信息化教学资源设计与制作MOOC与混合教学设计，3年的信息化教学资源设计与制作在线课程及其微视频设计与制作，最终凝练成了这本教材。教材重点以WPS（或PPT）等常用办公软件为基础，来探讨信息化教学资源设计与制作，包括信息化资源开发的基本理论、基于PPT的结构化文本资源设计与制作、基于PPT的图形绘制与图像组合资源设计与制作、基于PPT的音视频资源设计与制作、基于PPT绘制图形图像的动画设计与制作、基于PPT的交互式课件设计与开发，以及基于Camtasia Studio微课制作软件和简单自制设备的虚实融合类微课设计与制作等模块内容。

有些人可能会认为现在是用电子白板、微课、在线课程、一师一优课的时代了，不需要用PPT等做图形图像和课件等信息化资源了。但其实诸如在线课程、多数微课等这些资源都是以PPT资源或课件为基础的，大多数还是用PPT作为基本信息内容的呈现工具。另外，教材内容可能会被误认为是用PPT做信息资源，太低级了，开发不了高质量的学习资源，这其实是对PPT功能没有深入挖掘的结果。正因为如此，需要聚焦支持学习者对重难点知识的认知加工需要，对PPT简单且强大的实用技术进行深度挖掘，开发优质且高质量的学习资源。

本教材使用对象明确，主要针对数字原住民和在职教师等有一定PPT和WPS等应用能力基础的读者，只聚焦于PPT和WPS功能深度挖掘；而这些深度应用技术，又在读者操作能力范围之内。本教材不讲解多个软件，不额外增加读者负担，也不对PPT和WPS等常见技术或技能做重复讲授，而是深度和创新性挖掘展示。

本教材的特色包括以下几个方面：

第一，教材定位特色：贯彻和体现党的二十大报告中提出的"推进教育数字化"精神，同时响应《教育信息化2.0行动计划》文件精神。"信息技术对教育的革命性影响已初步显现，但与新时代的要求仍存在较大差距""坚持信息技术与教育教学深度融合的核心理念""坚持融合创新"。信息时代"信息爆炸"，然而高质量的信息依然短缺，表现在教学资源上：网络下载的图像、视频和动画等资源素材，或收费，或失真，或以大段文本灌输式呈现；高质量图形图像和结构化文本呈现等资源、富媒体和交互式媒体等依然缺乏，难以支持教学重难点理解；而且从多个网站下载的资源不具有可再编辑修改的"积件化"资源特点，不能有效地再加工以有机融合形成符合一定美感的教学资源。基于此，本教材聚焦于信息化教学的优质资源设计与制作。

第二，教材对象特色：针对数字原住民和在职教师群体。这两大群体具有一定信息技术应用能力基础，需要提升和创新应用。①数字原住民信息技术应用能力较好，通过初高中和大一的"计算机文化基础课"的学习，信息技术基本能力已经具备；②在职教师经过多年实践和多次培训，也掌握了一定的信息化教学资源开发能力。针对二者特征，他们需要加强信息技术能力提升和高阶应用，需要进行优质资源开发的高阶教材。

第三，教材技术特色：聚焦传统PPT技术，深入拓展和创新应用。本教材聚焦于学习者熟悉的PPT，深入挖掘其技术应用功能，助力优质资源开发，力求让学习者深入掌握与应用此工具，以便开发高质量的信息资源，而不是蜻蜓点水式介绍多个软件，徒增负担。有经验表明，PPT可以实现Flash 80%的功能，而以往PPT资源开发中可能只用了20%的功能。比如绝大部分学习者手工绘画能力都很薄弱，但是利用PPT绘画后，学习者可以得心应手地绘制逼真画作；然而很少有相关教材介绍PPT绘图功能，并在此基础上进一步介绍PPT动画。具体来说，如PPT文本结构化设计功能、PPT绘制功能、PPT动画功能、PPT交互功能，以及PPT录屏和"手机+绿布"视频拍摄，开发虚实融合、深度互动的信息资源，以满足当今中小学对富媒体资源、交互式媒体资源和视觉审美等的需求。

第四，教材内容特色：强调开发较为专业的积件化数字资源，而不仅仅是封闭的、成品化的多媒体课件单一资源开发。以往PPT课件开发通常利用PPT作为集成信息资源的平台，过于强调开发封闭式、成品化的多媒体课件。在当下的电子白板教学，以及多数的微课、在线课程等制作过程中，由于学习者对高品质学习资源的需求，从网上难以下载到合适的图形、动画、声音、视频等；因而当前教学更需要文本资源、图像资源、音视频资源、动画资源等小而精、开放性的"积木型资源"，用于支持课堂教学、微课、课件等的重难点教学和学生认知思维加工。借助于Photoshop制作图像资源，借助于Flash制作动画资源，借助于Goldwave制作音频资源，借助于Premiere制作视频资源等，这些资源开发工具通常都非常专业，即使是数字原住民学习者和在职教师经过专门学习，可能都无法有效掌握，而且，这些资源也很难在一个PPT中有效融合；而利用PPT完全可以开发一个个独立完整的、有效的声、文、图、像资源。

第五，教材教学方法特色：教育部关于印发《高等学校课程思政建设指导纲要》的通知中指出，加强中华优秀传统文化教育。本教材以《天净沙·秋思》案例为主，同时，以语文课程资源开发案例中能够体现中国文化的一些元素为抓手，贯通全课程，以案例教学法引领，并配有其他丰富的案例，如以中国文化中典型的"中国书法""色彩搭配""桃花""月亮""水墨画""秋"等资源设计与制作的教学案例。这些案例既丰富了学习者适应中小学常见教学资源设计的实战能力，又能够较好地激发学习兴趣，维持学习动机。

第六，教材教学任务特色：教材每个模块后的作业，即进阶式任务，包括以下两层意思。一是，作业是对本单元（碎片化）教学内容的进阶式任务；二是，全书所有的作业合在一起是一个连贯的进阶式的任务整体，即选题—文本资源结构化设计—图文美化设计—单一图形资源绘制—变形图形场景资源生成—图像资源组合设计—音视频资源优化设计—动画资源设计—三维空间动画资源设计—交互式课件设计—信息化资源和实景融合设计—完整课件/微动画/微视频（作业名称可能不同或者数量可适当增减）；而且，所有作业都要利用"技术支持学生认知加工"理论来开展。通过各个模块的进阶式任务，最终可以形成一个完整的课件/微动画/微视频。最后期末大任务（作业/考试）就是对之前所有作业的优化整合。

正是基于以上特色，本教材内容主要优势体现在：

第一，体现了习近平重要思想和课程思政理念。以习总书记关于教育信息化的论述为根本遵循，将教育信息化摆在教育现代化的重要地位，尤其是将信息化教学资源设计与开发，摆在教育均衡发展和教育质量提升的重要地位，从而促进广大（准）教师能够做好基本功课，并通过"典型树德"等，在课程教学中把马克思主义立场观点方法的教育与科学精神的培养结合起来，提高学生正确认识问题、分析问题和解决问题的能力。尤其注重了科学思维方法的训练，培养学生精益求精的大国工匠精神，激发学生科技报国的家国情怀和使命担当。

第二，定位于《教育信息化2.0行动计划》，设计优质信息资源开发的高阶课程。其中优质和高阶体现为：①在PPT资源技术开发之前，强调教学设计与媒体设计；②注重利用技术突破重难点教学，支持学习者认知加工；③强调利用PPT支持学习者高阶思维和结构化知识习得；④挖掘PPT技术和应用，在大家掌握的技术基础上创新应用；⑤富媒体、交互式技术应用于资源开发，符合当下学习者需求；⑥每个技术应用都强调资源开发过程中的"美化设计"和"艺术设计"，并以具有中国古文化等内容的相关案例作为全课程案例。

第三，校企结合。产教融合体现职前职后教师职业技能需求关键点。本教材是科大讯飞股份有限公司委托开发采购的MOOC课程的配套教材，课程开发和教材编写都充分体现了校企合作的需求，也彰显了理实一体、教学做合一、情境学习和案例学习等特点，强化了在教师现有能力基础上，深度挖掘PPT、WPS和Camtasia Studio等教学中最为实用和常用的功能，支持教学常见问题、重难点问题解决，从而保障用PPT或WPS等可以做出专业的绘图或动画软件才能做出的资源。

第四，教材内容是作者20年教学实践和一线培训等的经验积累。作者循环迭代凝练课程内容，总结教师需求，设计资源并制作教学案例；同时，作者自己也动手开发了大量的课件，获得省部级一、二等奖多次；教材内容开发来源于一线应用实践，又有理论提升，能够指导学习者进行高质量课程开发。

第五，本教材采用了"融媒体"教材的形式，采用线上视频和线下纸质教材相结合，配套了完整的MOOC，从而可以有效地支持学习者的学习方式日益转变为碎片化学习、非线性学习、做中学、游戏化学习和社交化学习等。

第六，本教材力求从基本知识层面、技能层面，到思维层面，对学习者进行全方位的培养，以应对未来教育挑战。本教材深入挖掘PPT绘制，包括将二维动画转换为具有立体空间的三维动画设计与制作、专业性的交互设计、虚实融合的设计等技术；本教材设计融合多个碎片化知识的、旨在培养结构化知识和高阶思维能力的进阶式任务；同时，本教材通过理论总结和注意事项操作技巧等总结，如摆动动画中的几何中心等知识点，来帮助学生形成结构化知识，提升高阶思维能力。另外，本教材依据5个层次的学习目标，组织了9个模块的学习内容，每个模块都从支持认知加工的教学设计、美化设计以及技术制作等方面进行讲解，从而将教育性、艺术性和技术性等有机结合起来，全方位培养学习者的"教育—技术—艺术"等综合素养和工匠精神。

第七，本教材同名课件，获北京市高校优秀课件奖。本教材及其教学视频和有效的混合教学模式，可以有效地促进创造性思维培养，并且经过了实证研究证实。[①]

本教材充分贯彻和体现党的二十大精神，推进"产教融合"，坚持"校行企多元合作"，由企业（信息化教学资源开发与服务企业）提出产学研需求，并充分参与前期设计、MOOC视频主讲录制，及后期教材编写；同时，也充分由行业（中小学一线）参与教学需求、案例设计与编写。

企业参与方面：教材配套的MOOC课程是由科大讯飞股份有限公司和首都师范大学签署成果转化协议（2021年），委托本书主编依据"教育信息化2.0"文件精神开发"信息化教学资源设计与制作"MOOC，本书作为该MOOC的同名配套教材编写出版。并且，科大讯飞公司AI应用教研院院长郭红杰特级教研员和AI教研产品总监于秀玲高级教研员等从教师培训和教育资源开发等需求视角，提出了设计需求和内容结构框架；同时，科大讯飞公司教研中心副主任张雷参与了"动画资源开发"部分的MOOC主讲和教材编写。另外，清华控股慕华教育旗下的慕华成志教育科技有限公司朱莎主要参与了"文本资源开发"模块和"基于PPT的音视频资源开发"模块部分内容的教学设计、MOOC视频主讲和教材撰写。

行业参与方面：北京海淀区中关村三小信息中心副主任、课程部副主任郝石佩老师参与了"文本资源开发"部分案例撰写；首都师范大学附属育新学校科技中心主任薛晓京老师参与了"动画资源开发"部分案例；深圳南方科技大学教育集团（南山）第二实验学校徐莹莹老师和深圳龙华区第三实验学校龚雨秋老师等参与了"文本资源开发"和"动画资源开发"部分案例教学设计与教材编写。

高校参与方面：教育部基础教育教学信息化教学指导专委会委员、首都师范大学孙众教授，第十一届全国职业院校民政职业技能大赛专家组副组长、首都师范大学职业教育领域专家张志新副教授分别从基础教育信息技术创新应用和职业教育技能培养角度提出了内容设计、案例撰写和体例设计等指导。安徽师范大学聂竹明教授主要负责"虚实融合类微课开发"模块MOOC视频主讲和相关案例编写；首都师范大学李云文副教授和淮北师范大学张琪教授参与了"动画资源开发：基础技能"部分案例编写。另外，首都师范大学韩烘钰、严诗雨、刘娣、刘子玲等就书稿截图、练习题整理、文本校对、二维码校对等做了大量辛苦工作，在此一并感谢。

另外，在本教材的写作过程中借鉴了部分网上的图片、案例与课件，难免有未标示之处，在此向作者们表示感谢。因教材篇幅所限，"基于PPT的音视频资源开发""虚实融合类微课开发"两个模块放入本教材相关的学习平台供大家查阅、学习。在阅读中如发现任何问题，请您及时联系我（电子邮箱：zhuyonghai@qq.com），以便我及时调整与更改。

首都师范大学儿童与未来教育创新研究院　朱永海

2021年5月31日

[①] 朱永海、朱莎、王亚军：《培养创造性思维的阶梯式加深混合教学研究——以"信息化教学资源设计与制作"课程为例》，载《现代教育技术》，2021(11)。

目　录

基于PPT的音视频资源开发

虚实融合类微课开发

模块一

信息化教学资源设计
与制作基本理论

——

任务地图

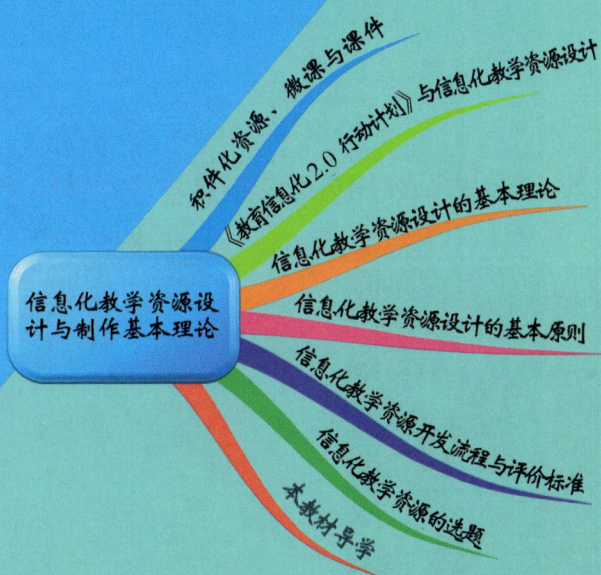

信息化教学资源设计计与制作基本理论

- 积件化资源、微课与课件
- 《教育信息化2.0行动计划》与信息化教学资源设计
- 信息化教学资源设计的基本理论
- 信息化教学资源设计的基本原则
- 信息化教学资源开发流程与评价标准
- 信息化教学资源的选题
- 本教材导学

学习目标

1. 了解积件化资源和成品化资源的区别。

2. 了解《教育信息化2.0行动计划》的内容。

3. 了解信息化教学资源设计与制作的基本理论。

4. 掌握并应用信息化教学资源设计与制作的基本原则。

5. 掌握信息化教学资源开发的流程与评价标准。

6. 会筛选合适的信息化教学资源选题。

　　2015年，习近平总书记致国际教育信息化大会的贺信中指出："中国坚持不懈推进教育信息化，努力以信息化为手段扩大优质教育资源覆盖面。我们将通过教育信息化，逐步缩小区域、城乡数字差距，大力促进教育公平，让亿万孩子同在蓝天下共享优质教育、通过知识改变命运。"2018年，《教育信息化2.0行动计划》指出：信息技术对教育的革命性影响已初步显现，但与新时代的要求仍存在较大差距。2022年，党的二十大报告明确指出，"推进教育数字化，建设全民终身学习的学习型社会、学习型大国"，推进"中国式现代化"。目前，我国数字教育资源开发与服务能力不强，信息化学习环境建设与应用水平不高，教师信息技术应用能力基本具备但信息化教学创新能力尚显不足，信息技术与学科教学深度融合不够，高端研究和实践人才依然短缺。因此，必须要加大力度研究和探讨信息化教学资源设计与制作。

　　学习信息化教学资源设计与制作，首先得学习积件化资源、微课与课件等概念。

知识专题一　积件化资源、微课与课件

🎯 学习目标

- 理解积件、微课与课件的概念。
- 掌握积件化资源与成品化资源之间的区别。
- 学会分析积件化资源与中国式现代化之间的关系。

请仔细观察图1-1至图1-3，这三幅图有什么不同之处？你能说出它们有哪些特点吗？

积件化资源、
微课与课件

图1-1　积件的桃花

图1-2　桃花

图1-3　桃花

一、课件

　　信息化教学资源并没有严格的定义，通常也被称为"数字化教学资源"或"数字化学习资源"，是指经过数字化处理，可以在多媒体计算机上或网络环境下播放/运行的图、文、声、像素材（资源），以及微课、课件、在线课程、小程序等。

　　文本、图像、声音、视频、动画等属于积件化资源；微课、课件和在线课程则是比较典型的成品化资源，微课有时候也可以被视为积件化资源，如利用微课可以设计在线课程。积件化资源与成品化资源的特点见表1-1。

表1-1　积件化资源和成品化资源的特点

积件化资源的特点	成品化资源的特点
1．相当于"半成品"，具有高度的灵活性和可重组性。	1．不可修改，不能由教师和学生重组改造以适应当前的教与学。
2．以知识点为分类线索，是有关教材内容的资源，但与具体哪个版本的教材无关。	2．适用于事先确定的特定的教学目标与具体的教学情境。
3．有基元性和可积性，积件的资源素材越基本，其重组的可能性就越大。	3．具有整体性、固定性、特定性与封闭性。
4．具有开放性和发展性，为其他教师重组使用，构成了一个临时的课件。	

　　课件通常是在一定的学习理论指导下，根据教学目标设计的，用于教学的，反映某种教学策略和教学内容的计算机软件，是经过系统教学设计之后开发的教学软件。课件可以是针对某几个知识点，也可以是一个课时或一个教学单元的内容，制作工具和呈现形式不限。

二、微课

　　微课是指教师围绕单一学习主题，以知识点讲解、重难点讲解、典型问题解决、实验过程演示等为主要内容，使用摄录设备、录屏软件等拍摄制作的微视频课程。课件和微课的关系见表1-2。

表1-2　课件和微课的关系

	课件	微课
聚焦	比较系统完整 ・一次课 ・一个单元	主要是知识点 ・重难点知识讲解 ・典型问题解决 ・实验过程演示
范围	多个知识点	一个知识点
形式	运行软件	微视频

三、积件

积件的概念最早由黎加厚教授在1997年提出来，积件是针对课件的局限性而发展起来的新的教学软件模式和新的教材建设思想，是由教师和学生根据教学需要自己组合运用多媒体教学信息资源的教学软件系统。[①]积件是经过PPT等资源开发工具制作的可以重复使用的、灵活重组的、开放可积的、可被其他用户再次编辑修改的一些素材和基本的图、文、声、像等资源。

图1-1的"桃花枝"是一个积件化资源，桃花枝、桃花朵、桃花片和桃花叶，都可以随意拆散，或进行再编辑，并且可以灵活重组，以便自己或者其他教师组合形成不同样式的桃花资源。如果使用图1-2和图1-3传统的图片，桃花朵和桃花瓣无法有效分离，也没办法进行再次编辑和使用。

发布积件化资源，最大程度地让资源可以为自己或他人重复使用，或独立输出，是现代教学资源的开发理念，也符合《教育信息化2.0行动计划》的要求。

推荐大家在开发课件时首选PPT或WPS作为资源制作工具。目前，开发课件的软件和平台有很多，如PPT、WPS、Focusky、Animate CC，或是诸如VB等编程软件等。这些软件，除了PPT和WPS之外，开发的课件都需要打包后才能发布、运行和使用，而课件一旦打包，就成为"成品化资源"，分享到互联网之后，对于其他教师来说，只能整体应用，不能分解使用其中的个别资源。因此，尽量使用PPT和WPS等软件作为开发课件的资源平台，可以不用打包就输出共享，另外，利用PPT还可以制作大量独立的图像、音视频和动画等积件化资源。

四、积件化资源与实现中国式现代化

（一）积件化资源

1. 培养"高技能人才"，建设结构合理的人才队伍

党的二十大报告指出："努力培养造就更多卓越工程师、大国工匠、高技能人才，用好用活各类人才。""完善人才战略布局，坚持各方面人才一起抓，建设规模宏大、结构合理、素质优良的人才队伍"。可以通过本门课程的学习，助力于高技能人才的造就和培养。

如前文所述，"积件化资源"是由我国学者黎加厚首先提出来的概念，强调一个个小资源的可编辑性和可复用性，是具有中国原创的概念和资源建设的实践模式。积件化资源，是用以知识点为基础的段落式结构，不追求资源外在形式的完整，不需要人为地添加开头和结尾，一般也不需要使用多余的特技剪接技巧。因此，通过积件化建设，可以将广大学生和技能型人才的时间和精力，从重复、繁琐、低阶的资源开发等耗时性工作中解脱出来，从而避免从零开始，避免大量人力资源浪费，从而不断提升高技能人才培养。

2."建设高质量教育体系"

通过创设积件化资源，并将其进行共享，由不同时空下的"高技能人才"在"积件化资源"基础上重复性使用，进行深入地资源编辑和再开发实践，将有限的人力资源节省出来，做更高层次资源创造性加工和优化创意创新，并将创意资源再度分享出来，由更多的人再次进行深度开发和创新融入，

---

① 黎加厚：《从课件到积件：我国学校课堂计算机辅助教学的新发展(中)》，载《电化教育研究》，1997（4）。

从而不断地形成加工积累，形成高质量的资源，避免大量重复性的基础资源建设，并进一步构建为某个领域特色的、开放性的资源库，为特定领域教学和问题解决提供高质量资源。通过这种积件化资源共建，可以走出一条具有中国国情的信息化之路。

（二）中国式现代化与符合中国国情的教育信息化

党的二十大报告中"新时代新征程中国共产党的使命任务"明确指出：中国式现代化是中国共产党领导的社会主义现代化，既有各国现代化的共同特征，更有基于自己国情的中国特色；中国式现代化是人口规模巨大的现代化，是实现高质量发展的现代化。"积件化资源"的开发，恰好可以充分利用我国"人口资源大国"的优势，再借助于"互联网+"平台，充分发挥不同时空范围下的高技能人才的作用，集聚力量，共建共享"资源库"，节省人力、物力、财力，将"技工"层面的人员培养，提升为"高技能人才"和"大国工匠"资源。这恰好是当前中国教育现代化的一个集约式方法，体现二十大报告中提出的"中国式现代化"。教育部信息化司雷朝滋指出："始终立足中国国情、教情，注重发挥制度优势，坚持促进信息技术与教育教学深度融合的核心理念，坚持应用驱动、机制创新的基本方针，以教育信息化支撑引领教育现代化。"

知识专题二　《教育信息化2.0行动计划》与信息化教学资源设计

🎯 学习目标

- 了解《教育信息化2.0行动计划》对信息化教学资源设计方面的要求。
- 掌握基于《教育信息化2.0行动计划》的信息化教学资源设计理念。
- 学会应用信息化教学资源设计理念创新性地开展信息化教学资源设计。

信息化教学资源
设计的基本理论

为深入贯彻落实党的二十大精神，办好网络教育，"促进教育公平。加快义务教育优质均衡发展和城乡一体化，优化区域教育资源配置""推进教育数字化"，结合国家"互联网+"、大数据、新一代人工智能等重大战略的任务安排，教育部研究制定了《教育信息化2.0行动计划》，本教材正是以《教育信息化2.0行动计划》为指导，来探讨信息化教学资源开发。

基于《教育信息化2.0行动计划》的信息化教学资源设计的基本理念，具体包括十个方面。

一、坚持立德树人、育人为本、德育为先，支持学而非教

《教育信息化2.0行动计划》强调"坚持育人为本"的原则，强调面向新时代和信息社会人才培养需要，以信息化引领构建以学习者为中心的全新教育生态。2018年，习近平总书记强调，要用好课堂教学这个主渠道。坚持课程思政，以构建全员、全程、全课程育人格局的形式，将各类课程与思想政治理论课同向同行，形成协同效应，把立德树人作为教育的根本任务。在各个学科学习资

源开发中，要能够积极渗透德育思想，将社会主义核心价值观作为核心内容整体、科学、有序地融合进各学段、各学科。要坚持以学习者为中心，就是资源建设要能够支持学习者主动地"学习"和"思考"。

二、提升优质资源技术性质量

《教育信息化2.0行动计划》多处强调指出要提高教育质量。在资源开发中，基本的质量是资源的技术方面的质量。

三、支持认知加工，降低认知负荷，反对知识灌输

长久以来，以PPT为主要工具制作的课件等资源，都被视为支持教师灌输知识的工具，形成了"人灌+电灌"的教学现状，是在强化传统的课堂教学，对于改进教学模式，没有太大作用。信息化教学资源，需要改变知识灌输的现状，用于支持认知加工，具体来说：一是，抽象化直观，形象转抽象；二是，激发学生兴趣，激活学习动机，要吸引学生，而不是强迫学生；三是，符合多媒体学习的认知理论，这是一种研究人是如何通过语词和图像进行学习的理论，多媒体资源设计要符合双重编码理论、工作记忆模型、生成学习理论和认知负荷理论等。[①]

四、支持高阶思维，支持重难点教学，而非电子教材翻版

教学资源要支持学习者理解知识，支持学习者开展知识的分析、综合、评价和创新；而不是把所有的知识点罗列出来，对所有知识点进行电子化翻版。

五、支持开放共享，注重知识产权保护

《教育信息化2.0行动计划》指出：改变数字教育资源自产自销的传统模式，解决资源供需瓶颈问题。将开发的数字教学资源，积极上传到国家教育资源公共服务平台上，发挥平台优势，让自己制作的资源共享最大化、利益最大化，从而实现价值最大化，解决优质资源无法有效供给的矛盾，实现共建共享。因此，数字教学资源开发时强调：开放性，就是要兼容，可以与其他媒体平台、资源环境等融为一体；共享性，就是他人在某种规则下，如遵守符合CC共享协议等，可以比较容易地获取并使用该资源。开发后的资源和课件，要注意产权保护，符合CC共享协议，或在一定的共享交易机制下，积极开放和分享自己设计制作的优质资源。

---

① 王建中、曾娜、郑旭东：《理查德·梅耶多媒体学习的理论基础》，载《现代远程教育研究》，2013（2）。

六、支持重复利用，打破资源开发壁垒，强调积件化再利用

《教育信息化2.0行动计划》指出：推进开放资源汇聚共享，打破教育资源开发利用的传统壁垒。一是，开发积件化资源：尽量选用诸如PPT、WPS等积件化资源开发平台开发积件化资源，图像、音视频、动画和小知识点课件，可以直接输出为一个个资源个体，引用到其他课件或者自己制作的教学课件中。二是，开发可拓展性资源：借助于积件化平台开发拓展性较强的资源，其他教师使用时，可在此资源的基础上，直接编辑修改，调整优化，从而累积迭代优化设计资源。三是，课件共享时尽量不要打包，不要输出封闭式课件或资源，以便其他教师可以共享使用。

七、支持众筹众创，强化共建共享

《教育信息化2.0行动计划》指出：利用平台模式实现资源众筹众创；推进开放资源汇聚共享，打破教育资源开发利用的传统壁垒。一是，众创迭代开发资源：借助于PPT或WPS等积件化平台开发的积件化资源或可拓展性资源，其他教师可以直接编辑修改，从而累积迭代优化设计资源，而不是每个教师都从"0"开始制作资源。二是，数字资源开发要具有"众筹众创"的意识，推进实现数字教学资源开发全业务流程众筹众创，把协作环节从资源"加工制作"环节拓展到"内容设计""用户需求分析"和"评价调整"环节。三是，借助于国家教育资源公共服务平台，或其他网络教学平台，汇集网络学习者或教师用户需求或设计思路，或者是征求包括学习者、其他教师或专家学者的建议，开展资源设计和修改优化，众筹众创，实现资源共建共享。

八、支持大资源建设，拓展资源开发选材环节

《教育信息化2.0行动计划》指出：实施教育大资源共享计划，要建立大资源观，强调建设"学科的生成性资源体系"。这表现在很多方面，就选材来说：一是，积极利用学习者学习过程中的生成性资源，在此基础上设计和开发资源；二是，依据课程标准，吃透教材，扎根生活，积极观察生活，体验生活，将生活中的实物、案例、事例和生活体验等资源引入教学之中，或融入资源设计之中，强化教学和生活的关联。

九、支持信息技术与课程深度融合，支持融合创新

《教育信息化2.0行动计划》指出："坚持融合创新"的基本原则，"发挥技术优势，变革传统模式，推进新技术与教育教学的深度融合"。开发计算机资源，就是要发挥信息技术优势，发挥多媒体优势，采用可视化表达、富媒体表达、虚实融合表达等形式，用技术解决教学问题，尤其是用技术支持教学重难点知识学习，支持学习者进行深度学习；支持动作流程清晰展现，支持学生掌握技能和技巧；支持情境创设，调动学生情感参与；引发分析综合评价等深入思考，培养高阶思维，从而达成融合创新的学习目标。

十、支持协同创新、应用创新和迭代创新

《教育信息化2.0行动计划》指出：依托国家数字教育资源公共服务体系，初步形成覆盖全国的数字教育资源版权保护和共享交易机制，利用平台模式实现资源众筹众创，改变数字教育资源自产自销的传统模式，解决资源供需瓶颈问题；真正实现从融合应用阶段迈入创新发展阶段，不仅实现常态化应用，更要达成全方位创新。

一是，借助于数字教育资源公共服务体系和版权保护及共享交易机制，汇聚互联网上多种资源，汇聚多学科教师，汇聚多领域专家，汇聚各具所长的教师，让具有活动设计特长、艺术设计特长、技术特长、授课特长的教师，基于一个开放型的、积件化的资源，共同打磨一个优质示范课资源；二是，充分考虑数字原住民和App一代学习者特征，开发适合这一代学习者学习方式的资源创新形式，在选题、选材、立意、设计、制作、分享和应用等方面进行深度融合，达成选题准、选材广、立意高、挖掘深、设计巧、制作精、分享透和应用新等全方位创新。

知识专题三　信息化教学资源设计的基本理论

🎯 学习目标

- 了解信息化教学资源设计的基本理论。
- 掌握多媒体学习认知理论的四个基础之间的关系。
- 利用多媒体学习认知理论，结合PPT技术，创新性地设计并开发符合学习者认知特点的学习资源。

信息化教学资源主要就是多媒体教学资源[①]，信息化教学资源设计需要遵循一定的原则和理论基础，其中最为重要的理论就是梅耶（Kichard E. Mayer）的多媒体学习认知理论。这个理论研究人是如何通过语词和图像进行学习的。基本观点是：人是通过两个独立的通道来对学习材料进行处理和加工的，每一通道在单位时间内能够处理的材料的容量都是有限的，有意义的学习需要人们在学习过程中投入恰当的认知加工。[②]

一、梅耶的多媒体学习认知理论的四个基础

王建中等人总结指出梅耶的多媒体学习认知理论有四个基础[③]，如图1-4所示，包括双重编码理论、工作记忆模型、生成学习理论和认知负荷理论。

---

① 杜建新：《网络环境下外语多媒体教学的思考》，全国大学英语教学改革暨网络环境下外语教学学术研讨会，北京，2004。
② 陈笑芳：《基于多媒体学习认知理论的英语学习型词典插图呈现方式研究》，载《景德镇学院学报》，2017（5）。
③ 王建中、曾娜、郑旭东：《理查德·梅耶多媒体学习的理论基础》，载《现代远程教育研究》，2013（2）。

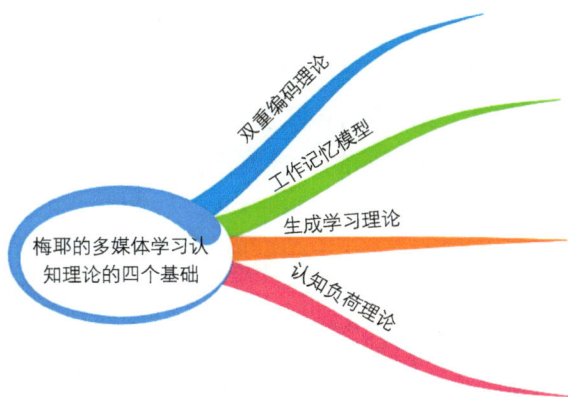

图1-4　梅耶的多媒体学习认知理论的四个基础

（一）双重编码理论

①"文字"和"图片"的组合呈现，能更大程度上刺激人们对信息的选择、组织、加工，以及保持和迁移，比只有文字单一呈现效果要好。[①]

②非言语形式的信息加工与言语形式的信息加工同等重要。[②]

③在教学和学习中，运用双重编码理论可以提高教学质量，提升学习效率。[③]（图1-5）

④双重编码理论有一个重要的基本假设：在人的长时记忆中，言语信息和图像信息是分开存储的。[④]

⑤人类的认知过程涉及两种心理编码系统：言语编码系统、视觉编码系统。[⑤]

（二）工作记忆模型

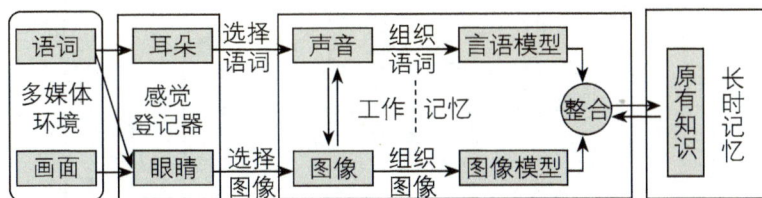

图1-5　多媒体学习的认知理论及双通道编码[⑥]

---

① 陈笑芳：《基于多媒体学习认知理论的英语学习型词典插图呈现方式研究》，载《景德镇学院学报》，2017（5）。

② 王建中、曾娜、郑旭东：《理查德·梅耶多媒体学习的理论基础》，载《现代远程教育研究》，2013（2）。

③ 王美倩：《具身视野下教育中人与技术关系重构的理论探索》，博士学位论文，华中师范大学，2018。

④ 林如诗、郑霞：《多媒体触摸屏如何更好地服务于观众学习？——以浙江省博物馆青瓷馆为例》，载《科学教育与博物馆》，2017（6）。

⑤ 石映辉：《基于交互式电子白板的课堂教学对中学生学习相关因素影响之研究》，博士学位论文，华中师范大学，2014。

⑥ 樊彩萍、朱永海：《论信息技术与课程：从有效整合走向整合有效性——兼论信息技术与课程有效整合的现状、问题与对策》，载《远程教育杂志》，2010（3）。

①工作记忆模型和认知负荷理论：共同突破"认知容量是无限的"假设。

②言语编码的语音回路和视觉编码的视觉空间模板分别负责储存和处理言语和视觉空间信息；中央执行系统控制着认知资源的分配，主要负责协调各个系统之间的相互关系；情境缓冲区作为一个容量有限的临时储存区，在中央执行系统的控制下，以长时记忆为中介，能够对来源于不同渠道的信息进行整合。①（图1-6）

（三）生成学习理论

学习是一个生成过程。学习的发生依赖于两个条件：一是呈现的学习内容；二是学习者已经知晓的内容。

主动的认知加工过程包括形成注意、组织新进入的信息、将新进入的信息与其他知识进行整合，由此，维特罗克提出生成学习模型包括三个基本阶段。（图1-7）

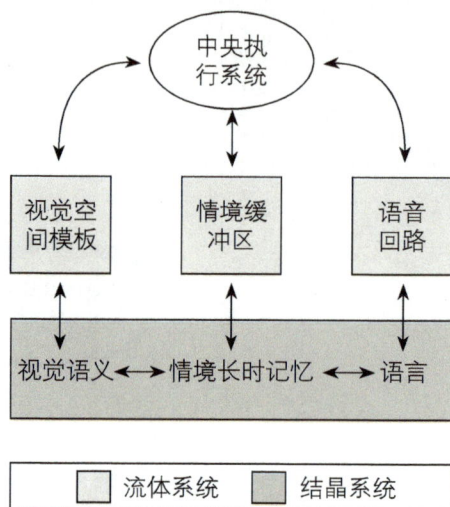

图1-6　工作记忆模型②

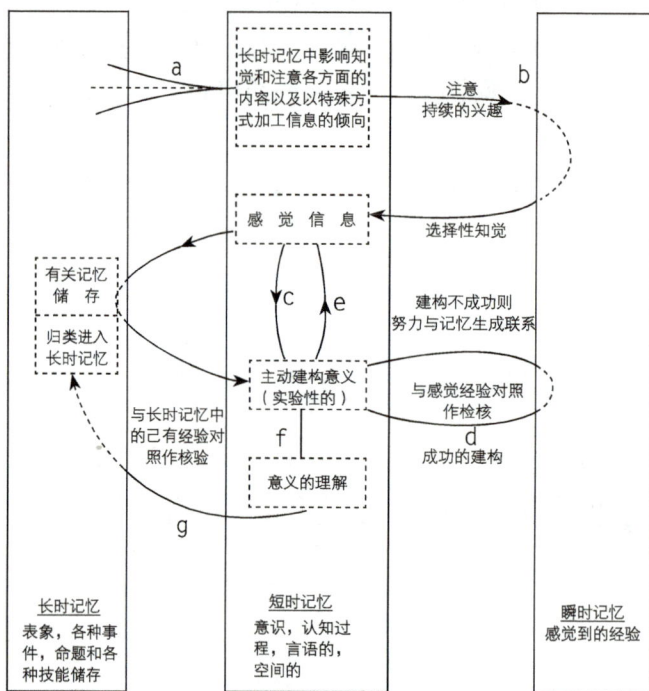

图1-7　生成学习模型③

---

① 石映辉：《基于交互式电子白板的课堂教学对中学生学习相关因素影响之研究》，博士学位论文，华中师范大学，2014。
② 转引自王建中、曾娜、郑旭东：《理查德·梅耶多媒体学习的理论基础》，载《现代远程教育研究》，2013（2）。
③ 谭敬德、陈清、张艳丽：《维特罗克生成学习理论认识论特征分析及其对教学设计的指导意义》，载《电化教育研究》，2009（8）。

1996年，梅耶提出知识建构的选择、组织与整合模型，最终形成目前广为人知的"多媒体学习的认知理论模型"。（图1-5）

多媒体学习的认知理论模型，提出三种主动信息加工过程：[①] 选择相关材料、组织已选择的材料、把选择的材料与已有的知识整合起来。三种主动信息加工过程，构成多媒体学习的三个基本环节，像纽带一样，作为基本框架，把双重编码理论和工作记忆模型串在一起。

（四）认知负荷理论

①记忆容量的两大严重限制：一是容量有限，"7±2"的"组块理论"，揭示了人的短时记忆的容量是有限的；二是持续时间有限，在没有复述的情况下，工作记忆保持的内容会在约20秒内消失。[②]

②认知负荷：指人类信息加工过程中能够加工的信息总量，主要包括工作记忆对信息进行存储和加工的总量。

③认知负荷理论理论基础：资源有限理论、认知图式理论。资源有限理论的核心观点：能够进行信息加工的认知资源是有限的。认知图式理论：知识是以图式的形式储存于长时记忆中的，由于图式可对知识进行自动归类，所以图式理论的引入可以弥补工作记忆容量的限制。[③]

④决定内在认知负荷的因素有两个：一是外部因素——学习材料的复杂性水平；二是内部因素——学习者所具有的认知图式。认知负荷的理论基础及三种认知负荷之间的关系如图1-8所示。

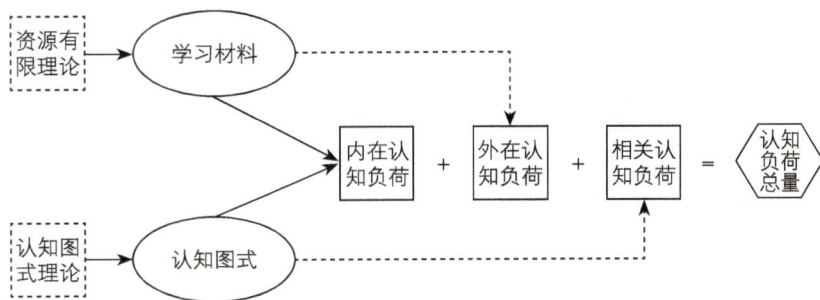

图1-8 认知负荷的理论基础及三种认知负荷之间的关系[④]

⑤认知负荷理论坚持一个基本原则：在学习和教学过程中呈现的各种类型的媒体信息，必须以学习者认知负荷的最低限度为基准。[⑤]

⑥认知负荷理论和双重编码理论要有机结合。从双重编码理论视角来看：当言语（听觉）和画面（视觉）信息，同时呈现给学习者时，认知的信息加工效果会更佳，因此，它可以作为解释减轻工作记忆负荷的依据。从认知负荷理论视角看：听觉和视觉通道中所能够加工和处理的信息量是有限的[⑥]，如果媒体呈现的信息量超过了视听通道中能够表征的元素容量，将会导致通道中信息加工的超

① 王建中、曾娜、郑旭东：《理查德·梅耶多媒体学习的理论基础》，载《现代远程教育研究》，2013（2）。
② 韩娟：《自由目标效应和有解样例效应对不同学绩水平学生各学科成绩的影响》，硕士学位论文，华东师范大学，2010。
③ 王诗亚：《基于方言矫正的前后鼻音多媒体学习材料设计与应用研究》，硕士学位论文，华中师范大学，2015。
④ 王建中、曾娜、郑旭东：《理查德·梅耶多媒体学习的理论基础》，载《现代远程教育研究》，2013（2）。
⑤ 王建中、曾娜、郑旭东：《理查德·梅耶多媒体学习的理论基础》，载《现代远程教育研究》，2013（2）。
⑥ 王建中、曾娜、郑旭东：《理查德·梅耶多媒体学习的理论基础》，载《现代远程教育研究》，2013（2）。

负荷以及可用于加工的认知资源减少，使某些已被选择的信息无法得到加工。[1]

⑦克拉克提出有效控制认知负荷的方式：一是，通过自动处理程序，在加工过程中自动占用较少的记忆空间；二是，通过图式方式获取，将相关（零散）组块组合成（有一定关联）新的组块，以此来扩大工作记忆中的信息总量，降低内在认知负荷；三是，通过让视觉和听觉通道分别加工语词和画面，以减少信息材料在记忆通道中的竞争。[2]

二、四个理论基础之间的关系

双重编码理论和工作记忆模型：为多媒体学习的认知理论构建，提供了一系列的关键概念与元素，如双重通道、工作记忆；揭示了不同通道的编码机制和工作记忆的工作机制。

生成学习理论：为多媒体学习的认知负荷理论构建，提供了基本的解释性框架；勾勒了多媒体学习的认知过程——选择、组织与整合。

认知负荷理论：为以"多媒体学习认知理论"为基础的"多媒体教学系列设计原理"提供关键支撑；有力推动了多媒体学习从"研究"迈向"实践"。[3]

三、小结

简单来说，梅耶的多媒体学习认知理论建立在一些假设的基础上：所有的人都用分开的通道来加工言语和图示材料；每个通道同时加工的数量是有限的；学习者试图主动地从呈现的材料中建立图像和语义模型并在两者之间建立联系。

构建有意义学习结果所需要的系列的认知加工过程，如选择、组织与整合，都发生在工作记忆中。而工作记忆的三个重要特征就是双向通道、容量有限和主动加工。信息化教学资源设计应该充分考虑这些特点。[4]

知识专题四　信息化教学资源设计的基本原则

🎯 学习目标

- 了解信息化教学资源设计的基本原则及特点。
- 掌握有效多媒体呈现的基本特征。

---

[1] 陈静、兰国帅、张一春：《图文声信息不同呈现方式对学生学习效果影响的实证研究》，载《数字教育》，2016（3）。
[2] 王建中、曾娜、郑旭东：《理查德·梅耶多媒体学习的理论基础》，载《现代远程教育研究》，2013（2）。
[3] 王建中、曾娜、郑旭东：《理查德·梅耶多媒体学习的理论基础》，载《现代远程教育研究》，2013（2）。
[4] 张丽、盛群力：《技术应如何致力于促进学习?——梅耶论多媒体学习与教学设计的原则》，载《远程教育杂志》，2009（2）。

　　信息化教学资源主要就是多媒体教学资源，信息化教学资源设计需要遵循一定的原则和理论基础，基于梅耶的多媒体学习认知理论研究，国内学者张丽和盛群力对梅耶的多媒体学习与教学原则做了介绍。[①]

一、信息化教学资源设计的基本原则（图1-9）

图1-9　信息化教学资源设计的基本原则

（一）课程思政原则

　　教育部印发的《高等学校课程思政建设指导纲要》中指出："把思想政治教育贯穿人才培养体系，全面推进高校课程思政建设，发挥好每门课程的育人作用，提高高校人才培养质量。"因此，每个教师在设计教学资源时，都要把课程思政贯穿到教学资源设计之中。具体包括明确课程思政建设目标要求和内容重点，紧紧围绕坚定学生理想信念，以爱党、爱国、爱社会主义、爱人民、爱集体为主线，围绕政治认同、家国情怀、文化素养、宪法法治意识、道德修养等重点优化课程思政内容供给，系统进行中国特色社会主义和中国梦教育、社会主义核心价值观教育、法治教育、劳动教育、心理健康教育、中华优秀传统文化教育。

（二）多种媒体原则

　　首先要了解文字、图形、声音、视频、动画，这些都是不同的媒体形式，多种媒体一起使用，就是多媒体。对于简单的任务来说，通过两种媒体形式组合获取信息的效果会比单一媒体获取信息的效果好。多种媒体呈现比单一媒体呈现形式要好，这里强调的是简单任务，复杂任务可能会增加冗余，增加认知负荷。

　　梅耶的多种媒体原则主要是"文字+图片"的形式，比仅仅通过"文字"学习的效果好。

（三）邻近呈现原则

　　邻近呈现原则包括空间邻近和时间邻近两种情况。在书面或屏幕上，文字和图片在时空上的邻近呈现比时空上的分离呈现起到的效果要好很多。

---

① 张丽、盛群力：《技术应如何致力于促进学习？——梅耶论多媒体学习与教学设计的原则》，载《远程教育杂志》，2009（2）。

（四）双向通道原则

按接受信息的感官通道划分，媒体可分为视觉通道媒体、听觉通道媒体、视听结合媒体。（表1-3）

表1-3　按接受信息的感官通道划分媒体

按接受信息的感官通道划分	视觉通道媒体	文字、图形、视频画面、动画画面
	听觉通道媒体	声音、视频声音、动画声音
	视听结合媒体	视频、动画

这和前面提到的多媒体是有差异的，虽然两者都是指涉文字、图形、声音、视频、动画等多媒体形式，但这里只是强调从感官通道这个角度对媒体进行重新归类，以便从不同角度来描述媒体设计。双向通道原则，就是指通过两种不同形式的感官通道组合而获取信息，学生通过"动画+解说"进行学习，比通过"动画+文本"学习的效果要好。这和前面的多种媒体原则是有差异的，多种媒体原则强调的是"文本+图形"，但这两种媒体只是媒体形式有差别，从获取信息的感官通道来看，强调的都是视觉通道媒体。而这里的双向通道，强调的是利用视觉和听觉两种不同形式的感官通道来同时获取信息，根据多媒体学习认知理论，显然，比只利用一种感官通道来同时获取两种信息的效果要好。

（五）控制冗余原则

控制冗余原则是指学生通过"动画+解说"进行学习比通过"动画+解说+文字"进行学习的效果要好。根据梅耶的多媒体学习认知理论，向多媒体呈现中增加冗余的视觉信息，如在复杂内容的教学视频画面上，再增加大量的屏幕文字，会使视觉通道负担过重。同样，在复杂内容的解说词上，再增加背景音乐，都会造成感官通道负荷过重，从而降低教学效果。

（六）聚焦要义原则

聚焦要义原则，是指在多媒体呈现中，去除无关的声音、图片和文字，学生的学习效果会更好。在不同的资源设计中，将会从去除无关声音、去除无关图片和去除无关文字三方面做具体论述。

（七）提示结构原则

提示结构原则就是指在多媒体学习中，当向多媒体信息中增加线索，以突出基本材料的组织时，人们的学习效果会更好。在教学设计中，需要给文本、图形、音视频、动画等教学资源提供结构化知识，或是有效设计概念图、流程图、图表等，来有效呈现"提示结构"。在多媒体学习中，如果多媒体呈现中包含许多无关材料，或者呈现的布局比较混乱、不够明朗，那么学习者就难以对基本材料进行充分的加工，这时就会导致加重认知负担，解决这一认知负担的方法就是聚焦要义和提示结构。

提示结构原则是一种上位策略，它有很多具体的表现形式，如网络化、程序化和可感形式等，以及更为基础的形式——组块化和层次化等。所以，在采用结构化策略的同时，我们一方面是将知识结

构化，另一方面是将知识组块化和小步子处理，从而可以有效地降低认知负荷。[①]（图1-10）

（八）切块呈现和提前准备原则

切块呈现原则指当多媒体信息按照学习者的进度以片段的形式呈现时，比以连续单元的形式呈现的效果好。提前准备原则指当学习者对主要概念的名称和特性提前有所了解时，他们会从多媒体学习中取得更好的效果。

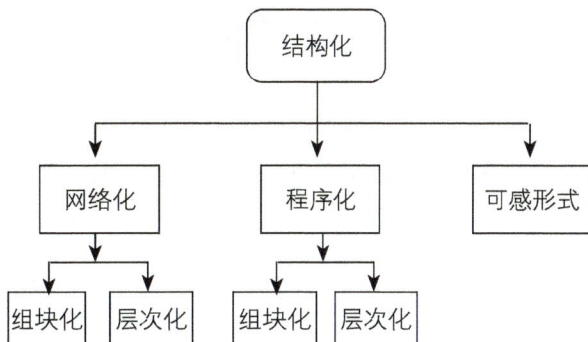

图1-10 提示结构原则

（九）交往特色原则

社会线索会导致学习者的社会性行为，使其在学习过程中进行更深层次的认知加工，从而在测验中有更好的表现。这就是基于社会线索的多媒体设计原则——交往特色原则，主要包含三方面的内容。（表1-4）

表1-4 交往特色原则

交往特色原则	对话风格原则	指当多媒体呈现中的语言是以对话的风格而非正式风格呈现时，人们会学得更加深入
	标准发音原则	指当多媒体信息中的语言以标准口音的人声发出而非机器发声或是外国口音的人声发出时，人们会学得更加深入
	形象出镜原则	指当多媒体呈现中的发声者的形象，出现在屏幕上时，不一定就能比不呈现带来更好的效果

二、有效多媒体呈现的基本特征

基于以上这些原则，张丽和盛群力等基于梅耶的多媒体学习认知理论，阐述了有效多媒体呈现的基本特征。[②]

①一个有效的多媒体呈现首先应该包括多种媒体，如同时运用文字和图示进行呈现，或是运用动画和解说进行呈现，而不仅仅运用其中的某一种媒体来呈现。

②要注意邻近性，文字和图片或图表应该邻近呈现，动画和解说应该同时呈现。

③多媒体的呈现要做到简洁明了、一致性强，突出所要呈现的中心内容，去除无关的声音、图片和文字。

④多媒体呈现需注意要充分运用各种加工通道，不能把认知负担都加在一种通道上，而是要协调运用视觉、听觉通道共同进行信息的加工，必要时采用讲解来代替屏幕文本形式。

① 朱永海：《基于知识分类的视觉表征研究》，博士学位论文，南京师范大学，2013。
② 张丽、盛群力：《技术应如何致力于促进学习？——梅耶论多媒体学习与教学设计的原则》，载《远程教育杂志》，2009（2）。

⑤多媒体的呈现应该做到个性化，解说中运用对话的风格会使学习者有很强的参与感，运用第一、第二人称使学习者产生亲切感，激发其学习欲望。

⑥让学习者根据自己的需要自己控制呈现速度进行学习。

⑦多媒体呈现还应具备引导性的特征，在多媒体呈现信息中增加适当的提示线索，引导学习者注意关键内容，进行选择、组织、整合；在进行新的学习之前，就相关学习内容对学习者进行提前训练，引导学习者顺利学习新知识。

⑧多媒体所呈现的材料本身应该具备结构性，这样才能使学习者抓住所学内容的核心。

表1-5是梅耶对文本环境和计算机环境中的有效多媒体呈现特征所做的总结。

表1-5　梅耶对文本环境和计算机环境中的有效多媒体呈现特征所做的总结[①]

特征	文本环境	计算机环境
多媒体的	既包括文字也包括图片	既包括动画也包括解说
邻近性的	相应的文字和图片邻近呈现	相应的动画和解说同时呈现
一致性的	去除无关的文字和图片	去除无关的声音、文字和图片
双通道的		文字以解说的形式呈现而不是以屏幕文本的形式呈现
个性化的		采用对话风格多媒体呈现；适当运用教学代理；学习者自己控制呈现的速度
引导性的		多媒体呈现中增加适当的提示线索；提供预先的训练
结构化的	描述关键步骤的一系列带注解的图片	描述关键步骤的一系列带解说的动画

知识专题五　信息化教学资源开发流程与评价标准

🎯 学习目标

- 能够应用信息化教学资源设计与制作流程，进行教学资源设计与制作。
- 掌握信息化教学资源评价的标准，并且能够有意识地来调节信息化教学资源进行设计与制作。

信息化教学资源开发流程与评价标准

一、信息化教学资源设计与制作流程

想一想

你能说出信息化教学资源开发的流程吗？

通常来说，开发包括以下几个前后相接的过程：需求分析、教学设计、内容制作和评价修正。（图1-11）

---

① 张丽、盛群力：《技术应如何致力于促进学习?——梅耶论多媒体学习与教学设计的原则》，载《远程教育杂志》，2009（2）。

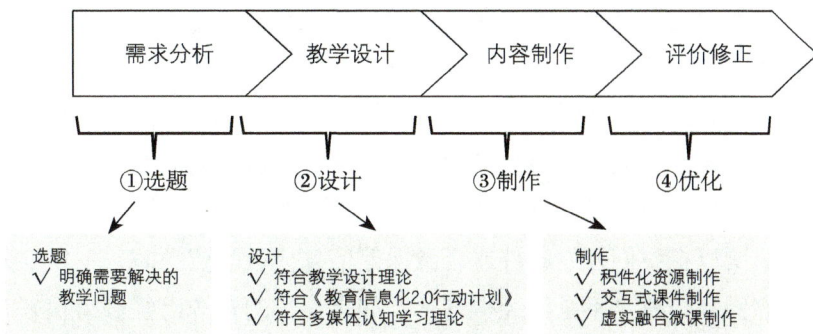

图1-11　信息化教学资源开发流程

二、信息化教学资源评价标准

本教材主要关注的是"设计"与"制作"，而信息化教学资源设计与制作都要遵循一定的标准，主要包括科学性、教育性、技术性、艺术性和经济性等。这个标准就是早期电化教育教材的评价标准，评价标准就是设计与制作标准，评价指引着设计和制作，所以首先要明确评价标准，评价标准明确后才能知道如何设计开发一个更好的信息化教学资源。这个评价标准是所有信息化教学资源都应该遵循的标准，是一个总体标准，而不涉及具体某一种资源的个别特征。

第一，科学性与思想性。科学性就是正确性，知识体系上没有错误、不准确的地方。在当前课程思政背景下，要能够有效地把社会主义核心价值观融入课程资源教学之中，推进习近平新时代中国特色社会主义思想进教材进课堂进头脑；培育和践行社会主义核心价值观；加强中华优秀传统文化教育；深入开展宪法法治教育；深化职业理想和职业道德教育。

第二，教育性。信息化教学资源要具有教育性。教育性是信息化教学资源最根本的标准。任何教学资源，如果说最终达不到教育的目的，那么这样的教学资源也不具备教育性。教育性，首先，要求信息化教学资源的教学目的要明确，用这些资源要能够实现或者达到一定的教学目标，完成一定的教学任务。其次，信息化教学资源的教学对象要明确，教学资源是经过学习者特征分析，满足特定学习者需要的，并不是所有的人都可以使用该资源，否则就不具备严格的教育性，充其量称之为是"科普性"；而随着MOOC的发展，当前一些大规模在线课程教学，为了凸显学习对象数量规模的庞大，在教学设计上，模糊教学对象，列出了很多教学对象群体，致使整个课程教学对象不甚明确。另外，信息化教学资源开发也要符合教育心理学标准。

第三，技术性。技术本身并不是信息化教学资源设计的目的，技术只是一种手段，是用于服务教学的一种手段。信息化教学资源不能凸显技术，喧宾夺主，淡化了教育目的。所以，在用技术时，一是，一定是要促进教学问题的解决，尤其是教学重难点问题的解决。首先要问自己，应用信息化教学资源，或者明确地说，用课件，用微课，用音视频等，解决了什么样的教学问题。如果说这样的技术应用没有促进教学重难点问题的解决，传统课堂教学就能够解决这些问题，那么使用技术就是在故弄玄虚，意义不大，毕竟制作教学资源是需要投入一定的时间、人力和物力的。二是，要充分发挥技术特长，教学中使用信息技术，应该发挥信息的富媒体、交互性等特长，调动学习者的情感参与、认知参与，激发学习者的兴趣和思考，从而发挥信息技术的优势；不能用技术简单地展示文本，不能做出来的教学资源，只是书本电子化，只是对教材的"翻版"。

第四，艺术性。艺术性在信息化教学资源设计中，既是目的也是手段。因为人的培养基本之一就是他的艺术素养的培养，所以这是目的。另外，信息化教学资源要具有一定的艺术感染力，具有一定的美观性，这样才能更好地支撑信息化教学资源的教学性。所以，从这个角度来说，它也是一种手段。艺术性体现在简洁、美观、大方，有感染力，能对学习者进行艺术熏陶等。

第五，经济性。经济性最简单的一点就是，信息化教学资源一定不要低水平的重复开发，它的开发应具有一定的价值。所以在我们开发课件或者微课等信息化教学资源时，一定要先在网上检索一下有没有类似的资源，它们制作得是不是已经很好了？如果这样的资源已经做得很好，那么我们就没有必要再去重复开发，直接使用即可。经济性的另外一个表现就是符合一定的性价比。如果投入了大量的时间、人力、物力、财力，最后制作的资源只适合一个很小的范围，或者仅供一次性的使用，这就违背了经济性原则。

对于具体的课件和微课来说，不同的评价方会给出不同的评价标准，也就是说，无论是课件还是微课，评价标准都不是绝对的，更不是客观统一的。比如，不同的比赛主办方，都会给出不同的评价标准，当然，这些标准在表面上看起来千差万别，但实质上首先要遵循科学性、教育性、技术性、艺术性和经济性的原则。在此基础上，会针对课件或者微课，包括在线课程等具体的资源形式，有着更具体的进一步的评价标准。

这里列出比较常见的"课件评价指标"（表1-6）和"微课评价指标"（表1-7），供大家参考。

表1-6　课件评价指标

评选指标	评选要素
教学设计	教学目标、对象明确，教学策略得当； 有明确需要解决的教学问题，技术一定是为了教学问题服务； 课件有教学重难点，并用技术支持了重点问题的解决； 符合多媒体学习认知理论； 界面设计合理，风格统一，有必要的交互； 有清晰的文字介绍和帮助文档。
内容呈现	内容丰富、科学，表述准确，术语规范； 多媒体表达，符合教学内容的声画结合； 选材适当，表现方式合理； 语言简洁、生动，文字规范； 素材选用恰当，结构合理。
技术运用	体现了计算机等信息技术的特长和优势（如交互性等）； 技术支持学习者认知加工，支持重难点问题解决； 技术支持深度学习，支持高阶思维、创新思维等能力培养； 运行流畅，操作简便、快捷，媒体播放可控； 导航方便合理，路径可选； 技术运用有效、恰当； 技术与课程创新融合。
艺术性强	画面美观大方，赏心悦目； 界面设计有一定的艺术性； 教学内容在符合教学的基础上，能够美观地展现。
创新与实用	立意新颖，具有想象力和个性表现力； 能够运用于实际教学中，有推广价值。

表1-7　微课评价指标

评选指标	评选要素
教学设计	体现新课标的理念，主题明确、重点突出； 有明确需要解决的重难点教学问题，技术一定是为了教学问题服务； 符合多媒体学习认知理论； 教学策略和教学方法选用恰当，合理运用信息技术手段。
技术运用	恰当运用信息技术； 体现了计算机等信息技术的特长和优势（如交互性等）； 技术与课程创新融合。
教学行为	教学思路清晰，重点突出，逻辑性强； 教学过程深入浅出、形象生动、通俗易懂，充分调动学生的学习积极性。
教学效果	教学和信息素养目标达成度高； 注重培养学生的自主学习能力。
艺术性强	视频画面美观大方，赏心悦目； 整体设计有一定的艺术性； 教学内容在符合教学的基础上，能够美观地展现。
创新与实用	形式新颖，趣味性和启发性强； 视频声画质量好； 实际教学应用效果明显，有推广价值。

活动专题　信息化教学资源的选题

信息化教学资源的选题

活动目标

1. 明确信息化教学资源设计与制作中的选题意义。
2. 掌握选题的基本原则，并学会利用选题基本原则来进行选题。

活动背景

请仔细观察图1-12的加法竖式，你觉得在PPT中直接展示出这个竖式或在黑板上一步一步地边讲解、边书写竖式计算的过程，哪一个教学方式更好呢？为什么？

$$\begin{array}{r} 56 \\ +\ 89 \\ \hline 145 \end{array}$$

活动过程

图1-12　加法竖式

一、为什么要进行选题？

对于信息化教学资源开发，选题是非常重要的，并不是所有的主题都适合做成课件和微课。虽然很多教师在日常教学中，每节课都使用了多媒体课件或微课，但是考虑到课件的教学效果和性价

比的问题，并不是所有主题，都必须要去制作课件或者微课。尤其是参加教学比赛、公开课或信息化相关比赛，这时候选题不当，再加上对信息化教学技术没有较好地应用，课件或微课等信息化教学方式，并不能有效地支持教学，反而不能给教学或相关公开课、比赛等适当加分。比如在数学"加法竖式"教学中，像这种竖式的演算推导过程，完全可以在黑板上进行。如果把推理的过程用课件一下直接展示出来，反而违背了逐步推算的逻辑思考过程，严重影响教学效果。当然，这样的问题恰当地运用信息技术，也可以很好地来解决。比如用PPT逐步展示，也可以达到传统教学的目的。但是，这对于一线教师，尤其是课件动画不熟练的教师来说，做出这样的动画，虽然从技术上来说很简单，但是费时费力，很多教师可能并不会做得这么细致，就会出现之前那种一步到位的直接显示的情况，这就是灌输式教学。

二、选题原则

我们究竟怎么进行选题？选题应该遵循的基本原则就是"信息技术与课程深度融合或创新融合"，具体来说：①充分发挥信息技术（尤其是计算机技术的优势）来支持教学问题的解决，从而实现信息技术与课程的深度融合，这也是《教育信息化2.0行动计划》的基本要求；②明确需要解决的重难点教学问题。这两个方面是密切相关、合二为一的，是统一的，也就是我们所讲的信息技术与课程教学的深度融合的问题。

三、充分发挥信息技术优势

第一，能够帮助学生进行信息加工，能够形象展现或模拟现实，化抽象为直观，支持学生对问题的直观理解。尤其是，我们如果面向小学生教学，支持学生形象化理解就显得尤为重要。

第二，利用富媒体或多媒体动画来创设教学情境，调动学生的情感参与，或引发学生思维冲突，或激发学习兴趣，或给学习者视觉冲击力和艺术感染力。尤其是很多文科类型的教学，需要创设丰富的教学情境，让学习者能够深入感受和体验教学情境，能够进行艺术陶冶，从而引发学习者的认知体验。

第三，可视化和结构化地呈现教学内容，如思维导图、概念图、流程图、结构图，这样就可以可视化地呈现知识之间内在的关系。

第四，利用交互技术支持教学重难点问题的突破。计算机最大的特点就是具有交互性，可以有效地帮助学习者与教学内容进行互动，支持学习者对重难点教学问题进行深入分析和理解。

第五，利用计算机技术支持深度学习和高阶思维能力培养。利用计算机技术来支持学生从生活中发现问题，支持学生进行问题归纳，激发学生主动去思考问题，支持学生进行深度分析和加工，培养学生的高阶思维能力。

四、明确需要解决的教学问题

利用信息技术一定要有明确解决的教学问题，主要可以从以下一些要点来考虑：

重点难点：把某个问题真正讲解透彻，避免低水平的重复制作资源。

热点考点：中考、高考等热点。

易　错　点：容易出错的典型问题。

创　新　点：另辟蹊径剖析重难点，切忌重复开发。

特　色　点：学校校本特色、区域特色、教师特色、内容特色。

不易不宜：危险的或难以观察到的（宏观、微观领域）。

高级认知：分析、综合、评价。

技能训练：让学生利用视频自主开展重复技能训练。

复杂技能：复杂的技能性操作。

实践技巧：需要技巧性操作的。

隐性知识：难以解释和呈现的。

情感教育：情感态度价值观。

特殊关照：日常教学关照、学困生关照、在线课程制作关照。

五、没有必要开发信息化教学资源的情形

以下情形没有必要开发信息化教学资源：

①没有明确要解决的教学问题。

②没有能够解决的教学重难点问题。

③只是用计算机来呈现文本信息。

④只是"书本搬家"，把书本内容电子化。

⑤只是"课堂搬家"，把课堂内容再现。

六、如何成功开发信息化教学资源

成功开发信息化教学资源，必须做到以下三点。

一是，深度理解教育心理学的基本原理。

二是，深度理解教学，发现教学问题，有效设计教学。

三是，熟练掌握和应用信息技术。

切忌把信息化教学资源做成：教材的翻版化或电子化、黑板或课堂的翻版化、为了使用技术而使用技术、帮助教师进行知识灌输、没有支持学生认知加工。

总体来说，选题的最基本原则就是利用计算机技术的优势来支持教学问题的解决。所以，在选择了一个课题做课件、微课或者图像等教学资源时，要反复问自己一个问题：这个课件、微课或者图像资源究竟需要解决什么样的教学问题，并且，这样的教学问题是在传统黑板等课堂环境下解决不了的，只有利用计算机才能够更好地解决。只有这个问题明确了，才能够真正地实现信息技术与课程的深度融合。

知识专题六　本教材导学

🎯 学习目标

- 了解信息化资源基本概念、积件化资源等的基本类型，以及课件等的特征。
- 掌握文本、图像、音视频、动画等积件化资源和课件等资源设计与制作的基本步骤和方法。
- 利用多媒体认知心理学等理论设计学习资源，支持学习者进行信息加工，能够根据《教育信息化2.0行动计划》的文件精神，开发开放性、积件化资源。
- 基于需要解决的问题（教学任务），培养逆向思维、批判性思维、创新解决问题等高阶思维能力。
- 在知识与技能学习过程中，养成自主学习与终身学习的意识，能够培养协作与沟通能力等综合素养，以应对未来社会与未来教育的挑战。

　　本教材主要从信息化教学资源的文本、图像、音视频、动画等积件化资源的设计，以及课件和微课等成品化资源的制作两方面较为系统地组织学习单元内容；同时，以《天净沙·秋思》作为案例，讲解了整个案例的制作过程，其中也会涉及文本、图像、音频、动画和微课等资源设计与制作，通过学习本案例可以初步掌握本教材的主要内容。通过本教材的学习之后，期望学习者能够做出一个类似

本教材导学

于《天净沙·秋思》的信息化教学资源。为深入贯彻落实党的十九大精神，办好网络教育，积极推进"互联网+教育"发展，加快教育现代化和教育强国建设，推进新时代教育信息化发展，结合国家"互联网+"、大数据、新一代人工智能等重大战略的任务安排，教育部研究制定了《教育信息化2.0行动计划》，本教材正是以《教育信息化2.0行动计划》为指导来探讨信息化教学资源开发的。

一、本教材的内容组织

　　主要基于信息化教学资源开发的两个环节——设计与制作，进行内容组织，所以，本教材多数模块都是基于设计和制作两个单元来组织教学内容的。设计基本上是从教育心理学和审美两个方面来探讨，以便让信息化教学资源设计符合信息化教学资源开发与评价的教育性和艺术性等标准；制作主要强调的是利用PPT实现设计的内容，保障信息化资源制作基本上能够充分挖掘计算机的技术优势，即PPT功能，从而支持教学问题解决。也就是说在数字教学资源开发中，着重从教育性、艺术性和技术性三个方面来保障信息化教学资源制作能够在一定程度上符合信息化教学资源制作标准。

二、本教材的作业设计

　　教材每个模块后的作业，即进阶式任务，包括以下两层意思。一是，作业是对本单元（碎片化）教学内容的进阶式任务。二是，全书所有的作业合在一起是一个连贯的进阶式的任务整体，即选题一

文本资源结构化设计—图文美化设计—单一图形资源绘制—变形图形场景资源生成—图像资源组合设计—音视频资源优化设计—动画资源设计—三维空间动画资源设计—交互式课件设计—信息化资源和实景融合设计—完整课件/微动画/微视频（作业名称可能不同或者数量可适当增减）；而且，所有作业都要利用"技术支持学生认知加工"理论来开展，如图1-13所示。通过各个模块的进阶式任务，最终可以形成一个完整的课件/微动画/微视频。最后期末大任务（作业/考试）就是对之前所有作业的优化整合。

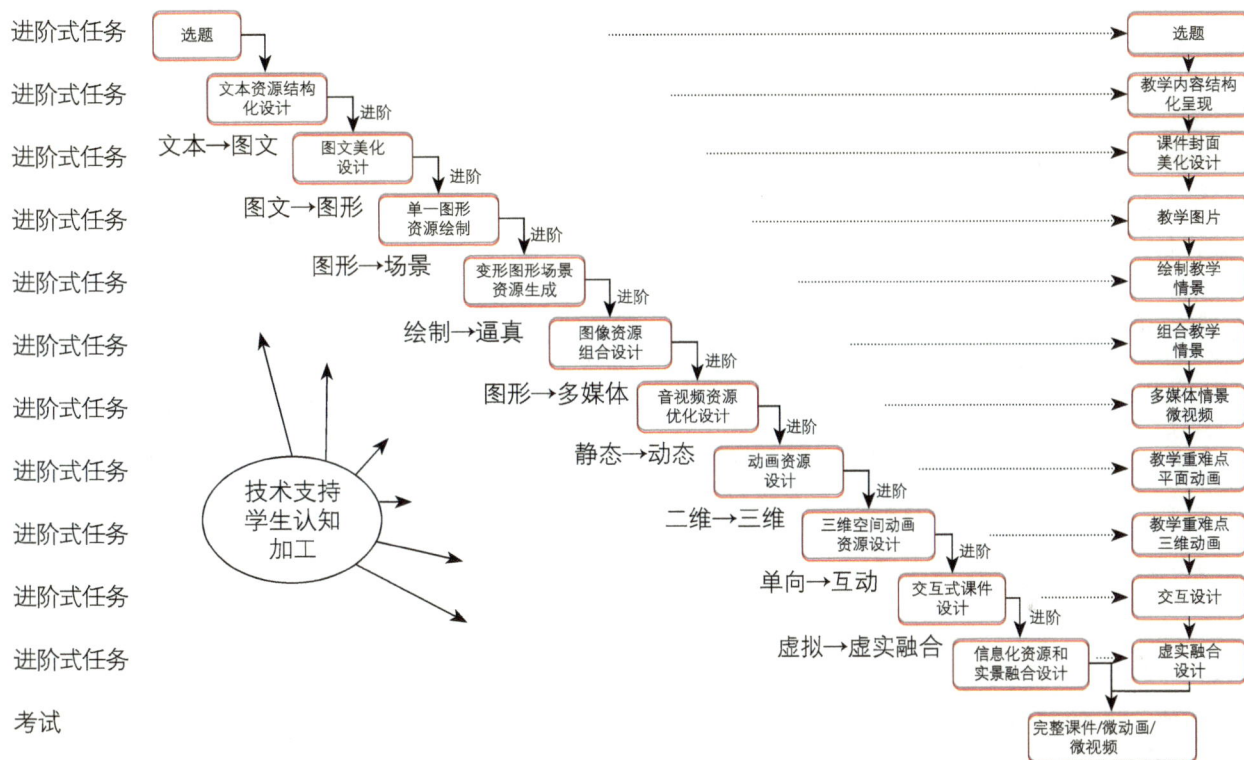

图1-13　本教材的作业设计

进阶式任务1　信息化教学资源开发的选题

根据教学内容，请你为本门课程后面的所有作业，选择一个合适的主题，填写表1-8所示的资源设计简化表（资源选题表）。

具体要求：

①按照选题原则进行选题（如语文课的一篇适合做成课件的课文，数学的一个知识点，科学的一个主题实验，或者其他课程的一小节等）。

②本门课程后续作业，如果没有特殊原因，不能再次变更选题名称。

表1-8   资源设计简化表（资源选题表）

（注意：本表不是教学设计表）

姓名 或登录用户名		单位		教授 学科	
主题	具体内容				备注
教学目标 （列条目）					
教学重难点 高阶思维或需要技术解决的问题是什么？ （150字内）					
应用了信息技术的哪方面优势？ （100字内）					
技术如何支持重难点教学、高阶思维或深度学习问题的解决？ （200字内）					
主要的教学环节 （200字内）					
课件特点、创新点等 （100字内）					

模块二

文本资源开发

——

任务地图

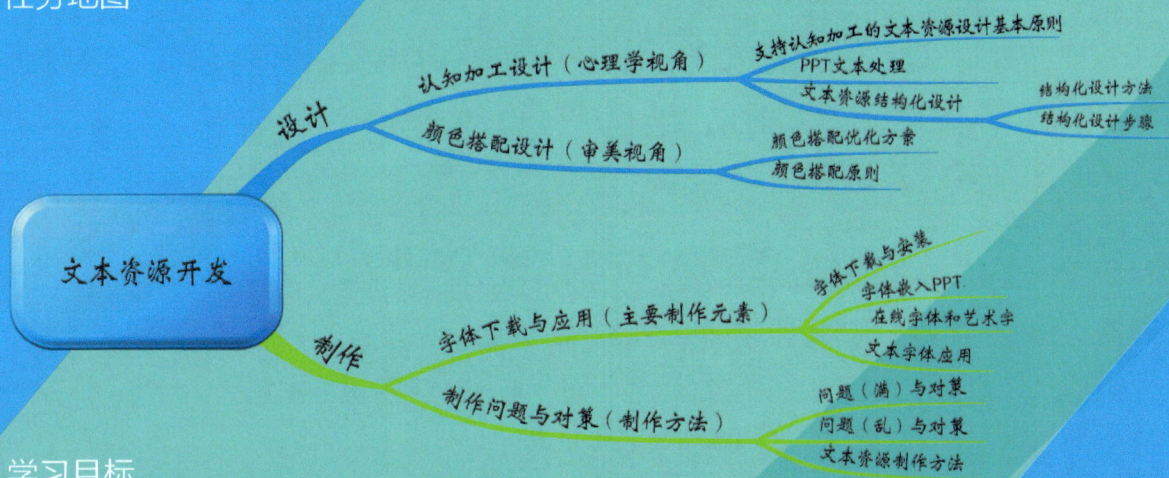

学习目标

1. 从心理学视角来领会文本资源有效促进学习者认知加工的设计方法，掌握文本设计中最为重要的结构化设计步骤和方法。

2. 能够分析和比较PPT文本资源和Word文本设计之间的异同，掌握PPT文本资源设计的特性。

3. 掌握文本资源色彩搭配设计方案和原则。

4. 掌握文本资源字体处理方法，学会下载、安装和应用字体等具体操作。

5. 掌握文本资源制作过程中常见的问题与对策。

6. 能够综合利用心理学相关理论和设计原则，以及文本资源的字体、字号、颜色等设计元素，创新性地设计符合学习者认知规律的文本资源。

通过本单元的学习，你可以做成图2-1所示的案例效果。

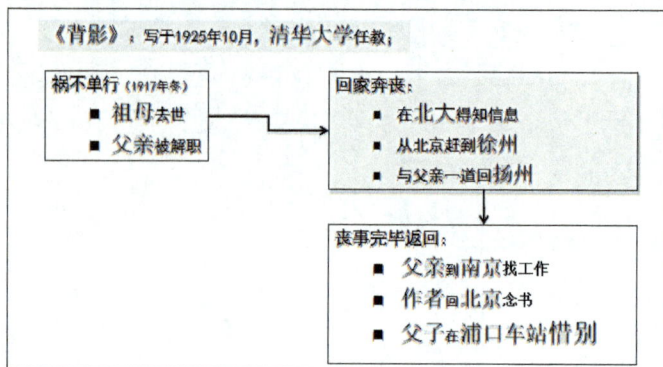

图2-1 《背影》写作背景PPT

图2-2和图2-3是往届学生的作业案例展示，也值得大家参考。

图2-2 《论语》PPT

图2-3 和倍问题PPT

你能够设计如此美观而又符合学习认知的文本资源吗？一起来学习一下吧！

知识专题 支持认知加工的文本资源设计基本原则

学习目标

- 了解支持认知加工的文本资源设计原则。
- 掌握文本资源设计中最为重要的结构化设计步骤和方法。

文本资源是最为基础的教学资源，在资源开发中，通常文本资源却是最容易被忽视的教学资源，很多同学或教师都认为文本资源就是文字呈现，不需要设计，其实，这是一种片面的认识。文本资源具有功能弹性大、编辑简单、存储量小等特点；当然，如果真正想处理好文本，其实并不是很简单。文本资源是教学中直接传递精准教学信息的资源，具有阐释、概括、抽象、强调、引导的功能。那么，支持认知加工的文本资源设计原则有哪些呢？梅耶多媒体学习认知理论给出了几个基本原则。[①]

支持认知加工的
文本资源设计

一、多媒体原则：文本信息，配合图像信息

梅耶的多媒体原则主要是指学生通过文字和图片进行学习比仅仅通过文字学习的效果好。其实并不是说只用大量的文字把想要表达的内容讲述清楚就可以了，用文字和相应的图片来说明同样的事物，向文字中增加相关的图片，是帮助学习者进行主动学习的有力途径。

想一想（或议一议）

为什么图文结合更有利于学生的学习？

文本或图像资源设计中，尽量使用"文本+图片"的图文结合的方式进行教学。当语词的呈现有参考图片作为辅助时，学习者所能获得的具体信息会超过只有单一语词呈现的状况。[②]

案例再现

1组同学只阅读精确"文本"描述。

2组同学阅读同样的"文本"并观看图2-4所示的案例图片。

再次考查时，2组比1组得出的正确答案多。

分析 1组同学只是阅读单纯的文字，而2组同学在阅读精确文本的同时观看了图片，2组同学在学习时对信息的两种表征方式进行转换，从而使信息可以在另外一个通道中得到加工，学习结果更好。

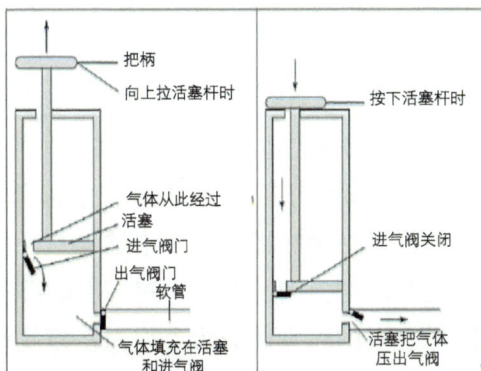

图2-4 演示图片

---

① 王建中、曾娜、郑旭东：《理查德·梅耶多媒体学习的理论基础》，载《现代远程教育研究》，2013（2）。
② 王建中、曾娜、郑旭东：《理查德·梅耶多媒体学习的理论基础》，载《现代远程教育研究》，2013（2）。

信息是通过相应通道进入认知加工系统的，但学习者在工作记忆中对信息进行加工时，借助于两种表征中的参考联结，能够对信息的表征方式进行转换，从而使信息可以在另外一个通道中得到加工。这里强调在教学任务较为简单的情况下，中小学尤其是小学阶段教学资源开发应尽量图文结合。[①]

二、多通道原则：文本视觉信息，配合语音信息

多通道原则就是指通过两种不同形式的感官通道组合而获取信息，学生通过"动画+解说"进行学习比通过"动画+文本"学习的效果要好。

这和前面的多媒体原则是有差异的，多媒体原则强调的是"文本+图形"，只是媒体形式差别，从获取信息的感官通道来看，强调的都是视觉感官媒体。而多通道强调的是利用视觉和听觉两种不同形式的感官通道来同时获取信息，根据多媒体学习认知理论，比只利用一种感官通道来同时获取两种信息的效果要好。

如图2-5和图2-6所示，左边是"动画+解说"形式，右边是"动画+文本"形式，左边资源设计方案效果要比右边的效果好。

图2-5　动画+解说　　　　　图2-6 动画+文字

双重编码理论有助于克服传统教学中抽象的"言语主义"危机，以及以书本为中心、以课堂为中心、以教师为中心等为主要特征的教学实践范式。绝大部分同学在做课件时，只有文字和图片信息，很少有音频信息，造成整个课件缺少一种感官通道进行信息加工，学习效果会大打折扣。

当同时给学习者呈现"图片"和屏幕"文字"时，两者最初都必须在视觉通道中被加工，而每个通道的能力是有限的，因此图片和解释性的屏幕文字必须争夺同样有限的视觉注意力。因而，即使同时呈现文本信息，学习者也难以充分注意到，学习效果并不好。

通过"语音+图片"可以减轻视觉通道的负担。图2-7所示这种学习效果较好，因为言语材料可以通过耳朵进入认知系统，在听觉通道中被加工。同时，图

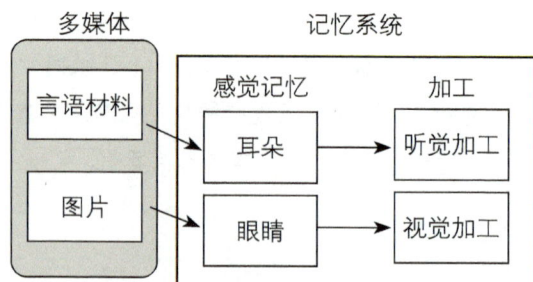

图2-7　语音+图片学习方法

片通过眼睛进入认知系统，在视觉通道中被加工。这样，文字和图片都能被加工而且不会导致任何一个通道负担过重。

三、控制冗余原则，避免大段文本信息呈现

传统教学实践中存在着这样一种潜在假设：提供给学习者的信息越多越好。因此教学就是灌输，并且要在有限的时间内灌输尽可能多的信息，严重违背了认知负荷理论。

想一想（或议一议）

采取哪些方法可以实现控制冗余原则呢？

所以，我们强调在进行PPT文本资源制作时一定要依据PPT文本处理的特性来进行文本加工，文本强调的是"强而有力的点"，是视觉冲击力，强调的是结构、重点、关键词等。这就是本单元深入讲解PPT文本资源处理特性的原因所在。

四、提示结构原则：文本结构化/网络化设计

提示结构原则，就是一种知识结构化的策略，主要借助"关键词+线框图"等形式，把知识的内在的结构关系与整体样貌呈现出来，以便于学习者快速把握知识的整体结构，掌握知识间的关系，形成整体认识。[1]

心理学家一般认为，陈述性知识主要以命题和图式进行表征，前者表示"小的意义单元"，包括概念网络、语义网络和命题等；后者表示"大的意义单元"，包括命题网络、图式等，较大意义单元所要表达的主要是"结构"。[2]

从这个角度来说，对于较复杂的意义单元，需要进行结构化设计，明确设计知识结构。提示结构原则的特点如下：[3]

①要求把学习者的注意力直接引向基本的材料。

②促使学习者忽略无关材料。

③节约运用有限的认知容量来加工基本的材料。

④去除了加工无关材料的认知需求。

提示结构原则在认知领域、动作技能领域和情感领域都有不同的表现形式。在认知领域，主要表现为"网络化"，也可称为"结构化"。例如，增加一些提示，告知学习者在学习过程中应该注意哪些内容，怎样对这些内容进行组织等。[4]

在PPT文本资源设计中，要借助于PPT、思维导图（PPT也可以制作思维导图）等文本处理功能，创设结构化文本资源，强化知识之间的关系，呈现结构化的知识，强调知识图谱。在课程教学中，主要知识点要呈现结构，整个课程要有知识结构图，所以PPT文本资源设计，强调进行文本结构化设

① 朱永海：《基于知识分类的视觉表征研究》，博士学位论文，南京师范大学，2013。
② 张媛：《九年级化学陈述性知识可视化教学策略研究》，硕士学位论文，宁夏大学，2018。
③ 张丽、盛群力：《技术应如何致力于促进学习?——梅耶论多媒体学习与教学设计的原则》，载《远程教育杂志》，2009（2）。
④ 葛岩、杨雪：《利用CSS减轻网络学习者认知负荷的策略分析》，载《中国教育信息化》，2010（23）。

计。结构化策略就是把知识组织成具有结构的样式，形成整体联系。通过这种联系的方式呈现，可以让学习者从整体上把握知识，从而降低认知负荷。

五、切块呈现原则：少量多次逐渐呈现

切块呈现原则强调少量多次逐渐呈现策略。多媒体学习理论指出，有意义学习所需要的多数的认知加工过程都发生在工作记忆中。但是视觉、图示通道和听觉、言语通道中的容量是极其有限的，每个通道中，只有极少数的内容被保持或加工。[①]

当教学信息较为复杂时，所要表达的主要结构就需要切块呈现，以便让学习者取得较好的学习效果，比如，心理学中强调的命题网络、图式等"大的意义单元"。切块呈现能放慢呈现的速度，使学习者有时间进行必要的认知加工。

通过为学习者提前准备基础知识来为学习者接下来的学习做铺垫，也是较好的选择方法。对呈现材料进行切块给了学习者进行必要认知加工所需要的时间，而提前准备减少了所要求的必要认知加工的数量。逐次分析知识"结构化"关系，然后，借助PPT"关键词+文本框"等形式呈现简化知识结构。

切块化本质上是一种结构化的形式，概念图或思维导图就是典型的切块化策略案例，它通过一次一个"小线框信息块"来呈现一个小知识，然后再呈现下一个信息，从而逐步挖掘隐性知识的意义，把知识信息之间的复杂关系较好地展现出来。

切块呈现主要表现方法有：象限法/坐标法、电子表格法、图解分析法、概念图、思维导图、解释结构模型法、目标手段分析法、爬山法、程序流程图、技术路线法等。[②]

六、组块呈现原则：零碎知识关联组块

组块呈现原则是根据人类记忆容量的7±2组块提出来的，主要是让大量事实性的细节性的知识组块化呈现，形成图式或记忆组块，是一种基于材料的复杂性的认知负荷的视觉表征原则。

案例再现

一组字母　l，H，d，o，l，o，l，w，e，r

我们可以把这组单词组织成两个单词 Hello 和 world，然后再进行记忆，记忆效果比每个字母单独记忆效果更好。

分析　我们要记忆 10 个单元（小组块），显然超出了人们大脑记忆 7±2 个组块的容量。把字母组织成两个单词 Hello 和 world，就是两个组块，在我们的记忆容量的范围之内，这样我们便能够记住这些字母。

---

① 张丽、盛群力：《技术应如何致力于促进学习?——梅耶论多媒体学习与教学设计的原则》，载《远程教育杂志》，2009（2）。
② 朱永海：《基于知识分类的视觉表征研究》，博士学位论文，南京师范大学，2013。

组块化策略步骤：找到琐碎的知识单元之间的规律；用规律把这些单元组织链接起来，形成结构；形成有意义的信息组块，增加记忆容量。[①]

当然，任何琐碎的知识点之间不一定都能找到清晰的规律，所以，这些规律可以并不是那么严格，根据个人的记忆偏好，能找到一条记忆线索即可。

七、讲故事原则：以线索贯穿情节传递知识

讲故事原则本质上是一种很好的隐性知识的表征方式，也是一种知识少量多次情境化再现的方式。

通过讲故事，让知识能够有线索、有情节，故事中存在着层层的逻辑表达，可以对隐性知识的多层结构进行逐级的阐释。

在故事中，以不同的情境呈现线索、情节和叙事，从而将知识进行有效的分解和呈现。讲故事是一种很好的文本表达方式，便于学习者理解和记忆。

练一练

对于朱自清《背影》这篇文章的写作背景，请按照讲故事原则组织文本。

活动专题一　PPT文本处理

🎯 **活动目标**

1. 掌握PPT和Word文本处理特性存在根本差异的原因。
2. 理解PPT文本处理特性的维度和内涵。
3. 能使用"PPT文本特性"和"辅助学生认知"的理念来设计优质文本资源。

PPT文本资源
设计特性

📑 **活动背景**

仔细看一看图2-8中这页PPT，你觉得它是否突出了PPT在使用上的优势？请谈一谈你对这页PPT的看法，你觉得它与Word的区别在哪里呢？

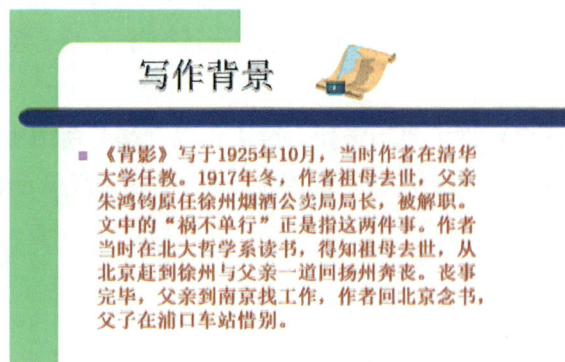

图2-8　写作背景

[①] 朱永海：《基于知识分类的视觉表征研究》，博士学位论文，南京师范大学，2013。

如何用PPT最佳展示出内容，让观看的人能够理解并记住呢？

📖 活动过程

PPT文本资源处理中存在的最大问题就是把PPT当成Word使用。PPT和Word的文本处理究竟有什么不同？如表2-1所示。

表2-1　Word与PPT区别

分类	Word	PPT
使用情境/功能	阅读/自我	演示/解说
使用主体	读者	演讲者
结构	内容详尽，注重细节表述	一目了然，注重重点突出
	句子+句子	强有力+观点
内容	以段落组织内容	以关键词或标题组织内容
	注重内容完整性	注重内容结构性
呈现方式	起承转合，语言感染	直观形象，视觉冲击

两者的不同主要从使用情境/功能、使用主体、结构、内容和呈现方式几个维度来看。

使用情境即使用功能上的差异，导致了同样的人群被界定为不同的"使用主体"；针对不同对象呈现不同"内容"，需要使用不同"结构"；最后采用不同的呈现方式来呈现。

一、最大的不同：使用情境和使用主体的不同

Word：应用于"阅读情境"，使用主体为读者，用于读者自己阅读。

PPT：应用于"讲授情境"，使用主体为演讲者，用于配合演讲者进行展示以辅助讲解。

Word也可以用于"讲授情境"，这时必须按照PPT的设计方式来进行设计；而PPT也可以用于"阅读情境"，但这样就没有充分发挥PPT的特点，Word的设计目的才是用于系统的文本呈现，以便让受众自己去阅读。

怎么呈现文本关键在于看两个软件主要用于什么情境，也就是看使用主体上的差异。这种差异决定了PPT和Word呈现内容上存在着不同的特性。图2-9和图2-10分别为Word与PPT针对同一知识的不同表现。

红绿色盲是 X 染色体上隐性遗传病(伴 X 隐性遗传)，呈 X 连锁隐性遗传，致病基因定位于 Xq28。据报道，男性发生率为7.0%，女性发生率为0.5%。一个红绿色盲男患者（X^bY）和正常辩色能力女性(X^BX^B)结婚，他们的女儿都应从父亲那里接受一个 X 染色体，从母亲那里得到一条正常的 X 染色体而成为致病基因携带者（X^BX^b)，他们的儿子必定由母亲那里接受一条 X^B，故辨色能力全部正常(X^BY)。凡携带致病基因的女性(X^BX^b)与正常辩色男人结婚，下一代中，儿子有一半是正常(X^BY)的，一半是红绿色盲(X^bY)，女儿中一半是致病基因携带者(X^BX^b)，一半则完全正常(X^BX^B)。因此，女性患者的父亲一定是患者，其母亲是致病基因携带者。这里可见"父传女，母传子"的交叉遗传（criss-cross inheritance）现象，如果女性携带者(X^BX^b)与男性患者(X^bY)结婚，后代中，女儿 1/2 可能发病(X^bX^b)，1/2 可能为携带者(X^BX^b)，儿子中发病者(X^bY)和正常者(X^BY)各占 1/2。

从红绿色盲系谱中，可反映出 X 连锁隐性遗传系谱和特点，表现在：①男性患者远多于女性患者；②男性患者的双亲都无病，其致病基因来自携带者母亲；③由于交叉遗传，男患者的同胞、舅父、姨表兄弟、外甥中常见到患者，偶见外祖父发病，在此情况下，男患者的舅父一般正常；④由于男患者的子女都是正常的，所以代与代间可见明显的不连续〔隔代遗传）。

图2-9 隐性遗传Word版

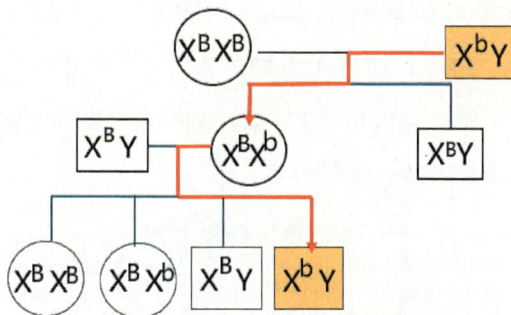

图2-10 隐性遗传PPT版

二、结构的不同

基本使用情境和功能的差异使得Word的结构必然是内容详尽，注重细节表述，而PPT是一目了然的，注重重点突出。Word的结构注重的是"句子"＋"句子"的形式，而PPT是"强有力"的"观点"，如表2-2及表2-3所示。图2-11、图2-12以及图2-13、图2-14为Word与PPT针对同一内容的不同表现。

表2-2　结构区别

Word	PPT
内容详尽，注重细节表述	一目了然，注重重点突出

表2-3　结构形式区别

Word	PPT
句子+句子	强有力+观点

朱自清简介

朱自清(1898.11.22—1948.8.12)原名朱自华，号秋实，后改名自清，字佩弦。原籍浙江绍兴，生于江苏东海，后随祖父、父亲定居扬州。幼年在私塾读书，受中国传统文化的薰陶。1912年入高等小学，1916年中学毕业后考入北京大学预科。1919年2月写的《睡罢，小小的人》是他的新诗处女作。他是五四爱国运动的参加者，受五四浪潮的影响走上文学道路。

1920年北京大学哲学系毕业后，在江苏、浙江一带教中学，积极参加新文学运动。1922年和俞平伯等人创办《诗》月刊，是新诗诞生时期最早的诗刊。他是早期文学研究会会员。1923年发表的长诗《毁灭》，这时还写过《浆声灯影里的秦淮河》等优美散文。

1925年8月到清华大学任教，开始研究中国古典文学；创作则以散文为主。1927年写的《背影》《荷塘月色》都是脍炙人口的名篇。1931年留学美国，漫游欧洲，回国后写成《欧游杂记》。1932年9月任清华大学中文系主任。1937年抗日战争爆发，随校南迁至昆明，任西南联大教授，讲授"宋诗""文辞研究"等课程。这一时期曾写过散文《语义影》。1946年由昆明返回北京，任清华大学中文系主任。北京解放前夕，患胃病辞世。

图2-11　朱自清简介Word

人物简介

- ■ 姓　名：朱自清
- ■ 别　名：原名朱自华，号秋实，字佩弦
- ■ 籍　贯：浙江绍兴
- ■ 出生地：江苏东海
- ■ 职　业：散文家、诗人、学者
- ■ 毕业院校：北京大学哲学系
- ■ 代表作品：《踪迹》《背影》《欧游游记》

(1898—1948)

图2-12　朱自清简介PPT

图2-13　《背影》写作背景Word

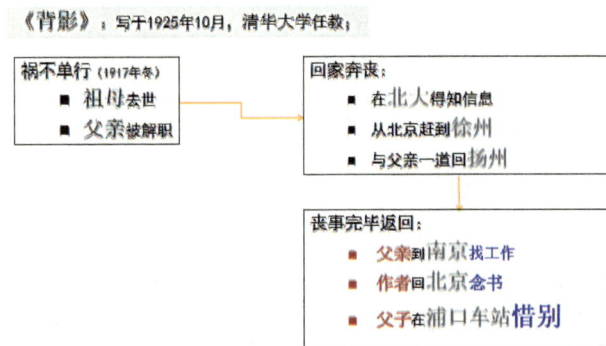

图2-14　《背影》写作背景 PPT

三、内容的不同

内容组织上，Word强调以段落形式组织内容，PPT强调以关键词或标题组织内容，关键词或标题应能代表演讲者所要表达的"观点"；Word注重内容完整性，PPT注重内容结构性，如表2-4、表2-5所示。图2-15、图2-16和图2-17、图2-18为Word与PPT针对同一内容的不同表现。

表2-4 内容组织区别

Word	PPT
以段落组织内容	以关键词或标题组织内容

表2-5 内容形式区别

Word	PPT
注重内容完整性	注重内容结构性

"谁能把花生的好处说出来？"

姐姐说："花生的味儿美。"

哥哥说："花生可以榨油。"

我说："花生的价钱便宜，谁都可以买来吃，都喜欢吃。这就是它的好处。"

父亲说："花生的好处很多，有一样最可贵：它的果实埋在地里，不像桃子、石榴、苹果那样，把鲜红嫩绿的果实高高地挂在枝头上，使人一见就生爱慕之心。你们看它矮矮地长在地上，等到成熟了，也不能立刻分辨出来它有没有果实，必须挖起来才知道。"

我们都说是，母亲也点点头。

父亲接下去说："所以你们要像花生一样，它虽然不好看，可是很有用。"

我说："那么，人要做有用的人，不要做只讲体面，而对别人没有好处的人。"

父亲说："对。这是我对你们的希望。"

图2-15 花生的好处Word

图2-16 花生的好处PPT

落花生

我们家的后园有半亩空地。母亲说："让它荒着怪可惜的，你们那么爱吃花生，就开辟出来种花生吧。"我们姐弟几个都很高兴，买种，翻地，播种，浇水，施肥，没过几个月，居然收获了。

母亲说："今晚我们过一个收获节，请你们父亲也来尝尝我们的落花生，好不好？"母亲把花生做成了好几样食品，还吩咐就在后园的茅草亭过这个节。

晚上天色不太好，可是父亲也来了，实在很难得。

父亲说："你们爱吃花生么？"

我们争着答应："爱！"

"谁能把花生的好处说出来？"

姐姐说："花生的味儿美。"

哥哥说："花生可以榨油。"

我说："花生的价钱便宜，谁都可以买来吃，都喜欢吃。这就是它的好处。"

父亲说："花生的好处很多，有一样最可贵：它的果实埋在地里，不像桃子、石榴、苹果那样，把鲜红嫩绿的果实高高地挂在枝头上，使人一见就生爱慕之心。你们看它矮矮地长在地上，等到成熟了，也不能立刻分辨出来它有没有果实，必须挖起来才知道。"

我们都说是，母亲也点点头。

父亲接下去说："所以你们要像花生一样，它虽然不好看，可是很有用。"

我说："那么，人要做有用的人，不要做只讲体面，而对别人没有好处的人。"

父亲说："对。这是我对你们的希望。"

图2-17　《落花生》Word

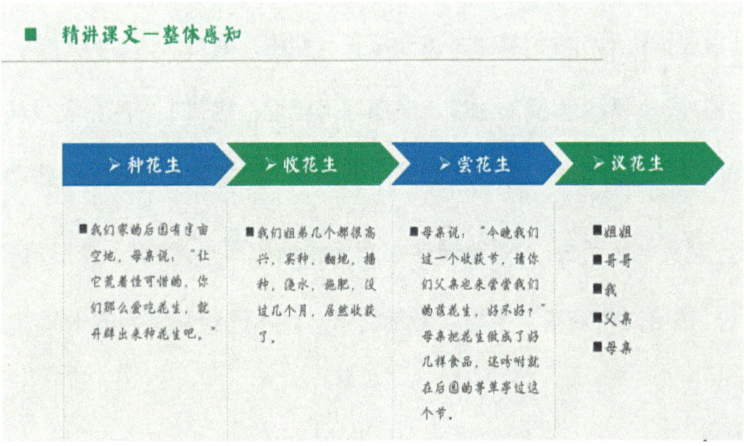

图2-18　《落花生》PPT

四、呈现方式的不同

在视觉呈现上来看，Word强调起承转合和文字感染力；PPT强调直观形象，视觉冲击，从而配合演讲者牢牢吸引受众的眼球，如表2-6所示。图2-19、图2-20为Word与PPT针对同一内容的不同表现。

表2-6　视觉呈现区别

Word	PPT
起承转合，文字感染	直观形象，视觉冲击

观潮

钱塘江大潮，自古以来被称为天下奇观。

农历八月十八是一年一度的观潮日。这一天早上，我们来到了海宁市的盐官镇，据说这里是观潮最好的地方。我们随着观潮的人群，登上了海塘大堤。宽阔的钱塘江横卧在眼前。江面很平静，越往东越宽，在雨后的阳光下，笼罩着一层蒙蒙的薄雾。镇海古塔、中山亭和观潮台屹立在江边。远处，几座小山在云雾中若隐若现。江潮还没有来，海塘大堤上早已人山人海。大家昂首东望，等着，盼着。

午后一点左右，从远处传来隆隆的响声，好像闷雷滚动。顿时人声鼎沸，有人告诉我们，潮来了！我们踮着脚往东望去，江面还是风平浪静，看不出有什么变化。过了一会儿，响声越来越大，只见东边水天相接的地方出现了一条白线，人群又沸腾起来。

那条白线很快地向我们移来，逐渐拉长，变粗，横贯江面。再近些，只见白浪翻滚，形成一堵两丈多高的水墙。浪潮越来越近，犹如千万匹白色战马齐头并进，浩浩荡荡地飞奔而来；那声音如同山崩地裂，好像大地都被震得颤动起来。

霎时，潮头奔腾西去，可是余波还在漫天卷地般涌来，江面上依旧风号浪吼。过了好久，钱塘江才恢复了平静。看看堤下，江水已经涨了两丈来高了。

图2-19 《观潮》Word

图2-20 《观潮》PPT

我们需要从五个维度七个方面把握Word与PPT文本处理的特性上的差异，才能设计更好的PPT资源，PPT与Word文本处理五个维度的特性具体表示如表2-1所示。

PPT用于教学，强调讲解+演示。讲解在某种意义上相当于Word，强调详尽、完整、有逻辑、感染力强；PPT视觉呈现，强调重点、突出、效率、结构、形象和冲击力。

切忌教师的讲解只是重复读取PPT呈现的内容，或PPT的展示只是呈现了完整的演讲内容，这样演讲内容和呈现内容可能比较容易造成相互干扰，而非相互促进。

◈ 活动延伸

依据本次课程教学，做一个课文解读或主要段落大意的PPT页面，要求：

①结构化呈现，符合文本结构化设计要求。

②要有关键词、有逻辑、有层次。

③以文本呈现为主，至多用一张符合本主题的图片做点缀。

④请用不同字体、字号或颜色，来区分教学重点信息。

⑤在一张PPT中呈现教学内容，必要时可分为两张PPT。

▤ 分享作品

分享制作的PPT作品、操作经验、方法技巧、心得体会以及学习反思。

活动专题二　文本资源结构化设计

◎ 活动目标

1. 理解结构化设计方法的界定。
2. 掌握文本资源结构化设计的核心与步骤。

📑 **活动背景**

再次观看图2-8中这页PPT，思考其中存在的问题。

你能够为朱自清《背影》的写作背景设计一张结构适当、内容适宜的PPT吗？

🗔 **活动过程**

文本资源结构化
设计方法

一、结构化设计方法

怎样根据PPT文本资源设计特性来展示文本资源的内容呢？尤其是具有大段内容的文本，可以采用结构化设计的方法。

结构化设计，是对文本信息进行有效展示呈现的一种设计方法，指提炼文本关键信息（关键词），梳理文本所要表达意义的逻辑关系，以线条、线框、表格、流程图等可视化形式呈现文本主要概念之间逻辑关系的一种文本设计表达方法。

这也是麦肯锡多年的经典培训总结出来的"金字塔原理"，将中心的论点提炼出来，放在最上面，然后把中心论点分成若干个分论点，每一个分论点可以再用论据支持它，形成一种如图2-21所示的金字塔的形式。

如何把握这种金字塔的原理呢？

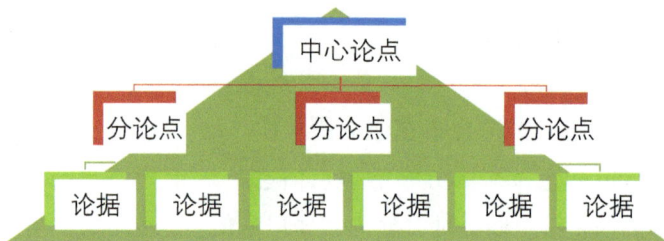

图2-21　金字塔结构

所谓重点突出就是一定要有重点的概念即关键词。我们做PPT文本资源结构化设计时首先要能够提炼出来关键词，有了关键词就可以依据关键词顺藤摸瓜总结出逻辑关系；逻辑关系一定要清晰，通过这些核心关键词可以梳理出来哪些逻辑关系以及能够构建出来哪些逻辑关系；最后是主次分明，如何去呈现能让它看起来主次分明、层次清晰，让学习者能够一目了然，主次分明可以提高文本资源展示信息的效率，帮助学习者进行认知加工，如记忆、理解、掌握结构化知识等。（图2-22）

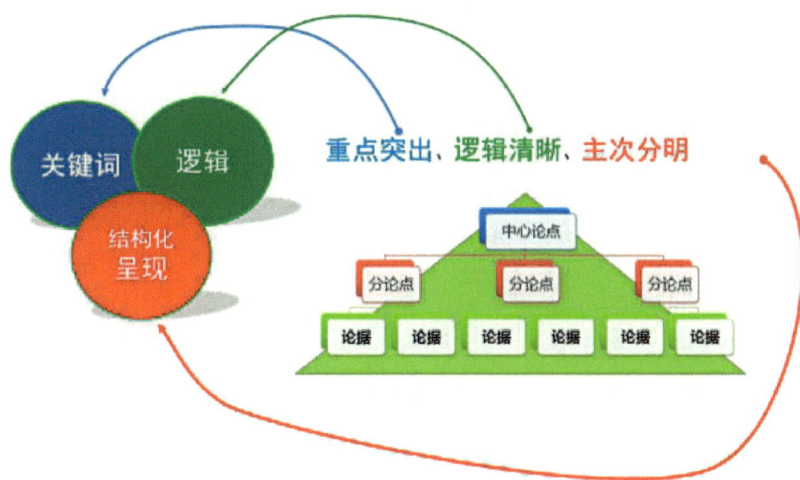

图2-22　关系结构

文本资源结构化设计主要有三个步骤：

①提炼核心概念。

②分解逻辑关系。

③呈现结构化信息。

在这三个阶段之前，首先要能明确我们的教学对象以及其特征。根据教学对象来进行适当的概念提取、逻辑呈现和结构化的展现。

如果教学对象是低年级或是对教学内容比较陌生的情况下，学习者就相当于是"新手"，不具备相关的知识领域结构，因此我们就从梳理碎片化的概念和关键词入手，通常采取以下三个步骤：

①提炼关键词（概念）。

②梳理逻辑关系（逻辑）。

③可视化结构展现（呈现）。

如果说我们的教学对象是高年级的学生，或者他对这个问题已经有了一定的了解和掌握，这时可以采用专家思路，从梳理逻辑关系入手，这样可以帮助他们快速、有效、全面地分解问题，具体步骤如下：

①梳理逻辑关系（逻辑）。

②提炼关键词（概念）。

③可视化结构展现（呈现）。

二、结构化设计步骤

文本资源结构化
设计步骤

文本资源的设计必须要能够体现PPT文本设计的特性，不能像Word那样设计。下文我们具体来说，如何用PPT文本资源设计来展示教学内容。

上文我们已经提到了文本资源结构化设计的三个步骤：提炼核心概念、分解逻辑关系、呈现结构化信息。那么，我们如何根据这三个步骤来设计文本资源呢？

（一）第一步：提炼核心概念（简化想要展现的内容）

简化的核心概念有以下两种表现形式。

1. 提炼出关键词

①让标题转化成关键词。

②按照一定的逻辑关系（时间、地点）提炼关键词。

2. 提炼出主题句

①将标题转化为短句大意。

②发挥语文素养，提炼出段落大意。

关键词或主题句可以在最大程度上代表这段话所要表达的意义。

精简内容、提炼关键信息的方法，可以从以下几个角度来思考。

语文教学中：

事件描述：时间、地点、人物、起因、背景、经过、结果。

人物介绍：生平、生活环境、成长过程、主要事件、取得成绩。

定义：本质、特征、属性、种差。

数学教学中：

解题：题、问、析、解、答。

原理：条件、要点。

推理：条件、起点、方法、过程、逻辑。

以朱自清的《背影》为例，对于其写作背景的文本资源设计如图2-23所示。

这里只是几个提炼关键信息的思考视角，针对不同的问题可以运用不同的方法来提炼它的关键词。

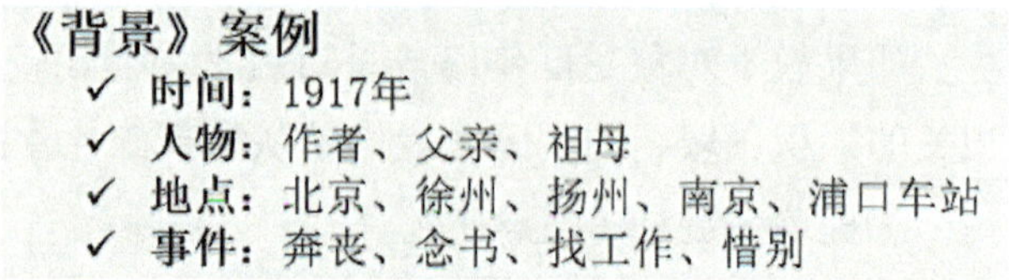

《背影》案例
- ✓ 时间：1917年
- ✓ 人物：作者、父亲、祖母
- ✓ 地点：北京、徐州、扬州、南京、浦口车站
- ✓ 事件：奔丧、念书、找工作、惜别

图2-23 《背影》写作背景

（二）第二步：提炼逻辑关系

关键逻辑关系可以从因果、事件、时序、并列、递进、转折等角度对提炼的关键词进行归纳总结，从而梳理出条理清晰的逻辑关系。

根据第一步中提取的"《背影》写作背景"关键词，经过归纳梳理可以以一个事件的形式来呈现它的逻辑关系。因此"《背影》写作背景"的逻辑关系就是：回家奔丧后再返程。这种基于时序的逻辑关系能把前面所提到的关键词很好地串接起来，从而展现一个有效的信息。

（三）第三步：呈现结构化信息

结构化就是把提炼的关键词及其逻辑关系用图形化、可视化、层级化、清晰化的形式展现出来。（图2-24）

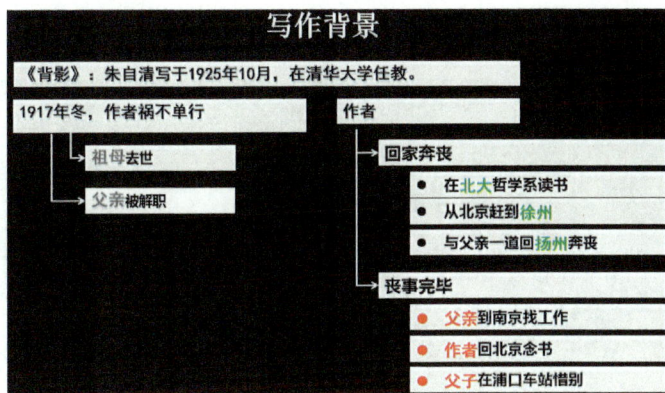

图2-24 《背影》写作背景

📚 活动延伸

请对图2-8"写作背景"PPT中的内容进行重新组织。

📁 分享作品

分享作品、操作经验、方法技巧、心得体会以及学习反思。

活动专题三 PPT文本资源美化

🎯 活动目标

1. 学会如何下载安装字体并嵌入PPT。
2. 学会使用艺术字。
3. 掌握文本资源颜色搭配的原则与方法。
4. 掌握艺术美化的基本方法，陶冶欣赏美的能力。

📑 活动背景

党的二十大报告指出："全面贯彻党的教育方针，落实立德树人根本任务，培养德智体美劳全面发展的社会主义建设者和接班人""发展素质教育"。因此，在信息化资源设计与制作中，需注重"艺术性"，设计出来的资源要能够陶冶美的情操。

看一看图2-25和图2-26这两页PPT，你觉得图2-25比图2-26好看在哪些方面？如何才能设计出图2-25这种搭配好看的PPT呢？

图2-25 李白诗画赏析1

图2-26　李白诗画赏析2

📖 活动过程

一、字体下载与安装

字体下载与安装

（一）好看的字体如何下载？

通过搜索引擎搜索关键词"字体"，我们可以看到有很多的下载网址，如图2-27所示。

图2-27　搜索关键词"字体"

这里推荐一个比较实用的网站，就是站长素材网，如图2-28所示。在网站首页我们会看到这里面有很多种字体，可以随意选择自己想要的风格，也可以通过文本框输入想找的字体文本。

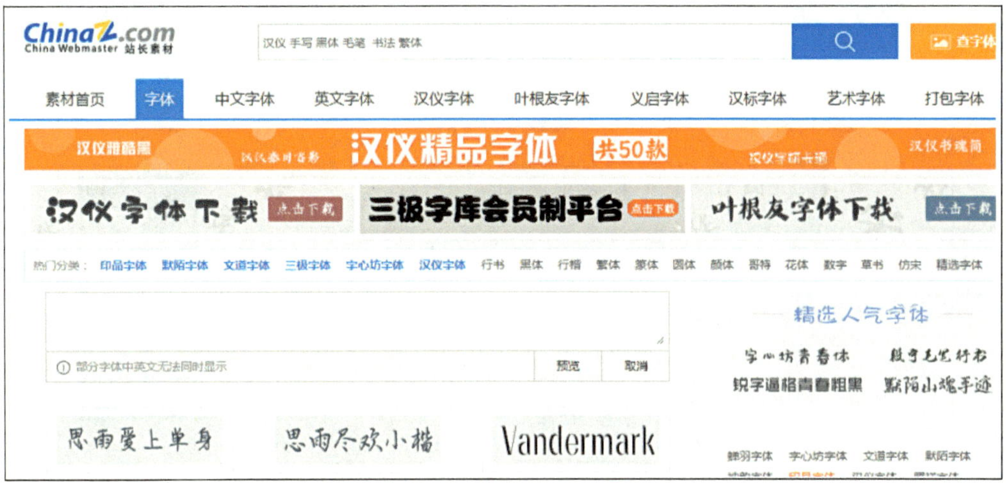

图2-28　站长素材网

假如我们选择了一种字体，找到下面的下载地址，单击保存到本地电脑，如图2-29、图2-30所示，这样一个字体就下载好了。

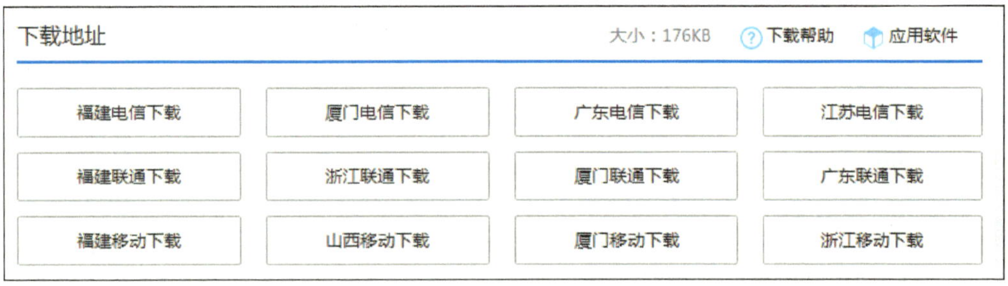

图2-29　文字下载

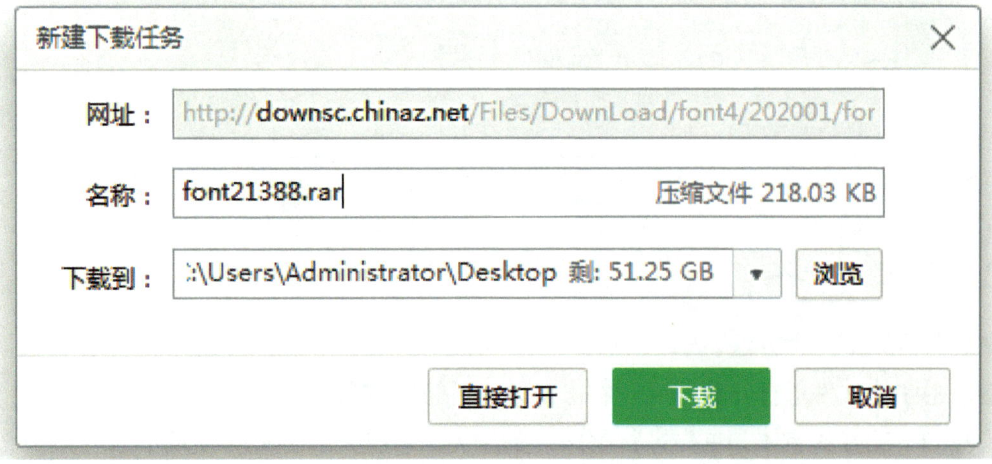

图2-30　文字保存地址

（二）不知道名字的字体如何下载？

如果在广告牌上看到一个好看的字，但不知道字体名字怎么办呢？这里推荐一个网站叫求字体网，如图2-31所示。这个网站一个很强大的功能就是可以识图找字，打开网站首页我们可以看到这里可以上传图片找文字，把喜欢的文字拍成图片，单击浏览，找到这张图片，上传就可以了。

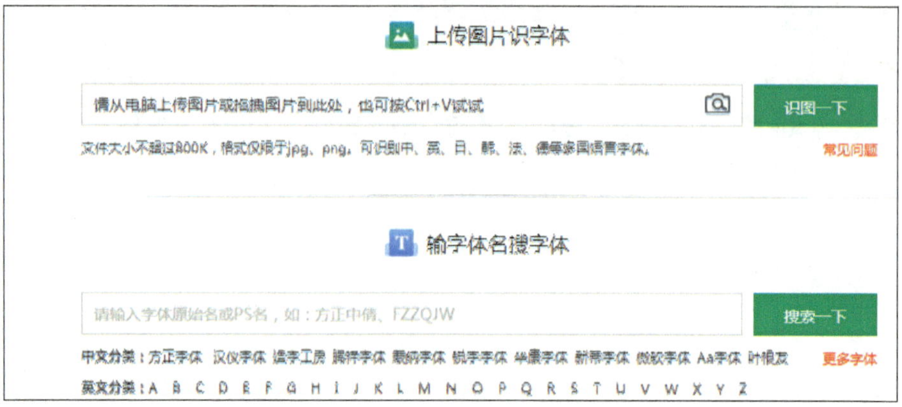

图2-31　求字体网

接下来就是识图找字，网站会根据图片识别上面的字，比如网站识别出来是"而"，网站会根据我们上传的图片为我们推荐可能匹配的字体，如图2-32所示，同学们就可以根据字体名字下载使用了。

图2-32　匹配字体

（三）如何安装字体？

字体安装共有以下三种方法。

①直接双击字体文件进行安装，或者右击字体文件进行安装。

下面是我们下载好的字体，首先进行解压，解压完以后打开文件夹会发现里面有三个文件，如图2-33、图2-34所示。

图2-33　解压

图2-34　字体文件夹

后缀为.ttf的是字体文件，我们直接双击文件然后单击安装就可以了，或者在文件上右击然后进行安装，如图2-35所示。这样就安装完成了。

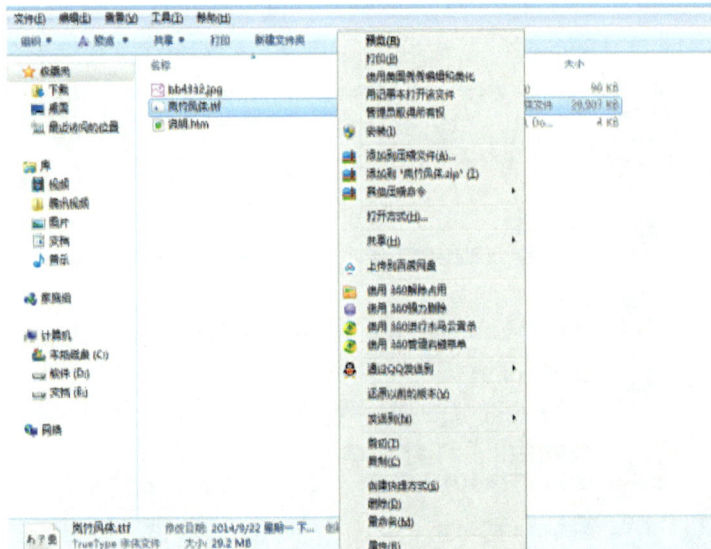

图2-35　右击安装

②把下载好的文件复制到C盘Windows目录下的Fonts文件夹。

对于下载好的字体文件，我们用Ctrl+A全选，然后选择复制，打开C盘找到Windows文件夹，然后再找到Fonts文件夹，直接粘贴就可以了，如图2-36所示。这样字体就安装好了。

图2-36　Fonts文件夹粘贴

③复制到控制面板的"字体"文件夹下进行安装。

打开计算机控制面板，点开外观和个性化会看到字体文件夹，把刚才复制的字体直接复制到这个目录下面就可以了，如图2-37、图2-38所示。第三种方法相对较复杂，一般推荐第一种方法，直接双击安装就可以。

图2-37　控制面板—外观和个性化

图2-38　字体文件夹粘贴

（四）小结

①如何下载好看的字体，这里给大家推荐了一个网站叫站长素材，还有很多类似网站大家可以自行尝试。

②如何通过图片识别字体，这里给大家推荐了一个网站叫求字体网，通过识别图片中的文字找到相似字体。

③如何在计算机上安装字体，给大家介绍了三种方法，一般推荐第一种直接双击安装。

（五）注意事项

①字体安装完成以后我们还不能直接使用，需要把PPT关掉重启以后才可以，重启以后从字体里查找就可以看到我们刚才安装成功的字体。

②字体安装不要过多，否则计算机容易变得卡顿，字体不在于安装得多，而在于精，以及如何很好地应用于我们的课件中。

③注意字体版权，有的字体是有版权的，如果用于商业用途的话一定要去官网了解，购买字体版权以后才可以用。

二、字体嵌入PPT

在我们平时的学习和工作中经常会遇到这样的情况，我们做好的课件是图2-39这样的。但是到别人的计算机上好看的字体就无法正常显示了，如图2-40所示。

这是因为字体没有嵌入PPT中，所以当复制到另外一台计算机，而这台计算机没有相对应的字体时，PPT就无法正常显示。下面教大家如何解决这个问题。

字体嵌入PPT

图2-39　国学课件

图2-40　中国国学（普通字体）

（一）将字体嵌入 PPT 中

第一种解决方法就是将字体随着PPT一起打包，也就是将字体嵌入PPT中。

将做好的PPT选择"另存为"，这时我们可以看到这里有一个工具的选项，然后选择工具下拉菜单，选择"保存选项"，如图2-41所示。

我们可以看到在最下方有一个"将字体嵌入文件"，将其勾选上，然后选择第二个"嵌入所有字符（适于其他人编辑）"，如图2-42所示，单击确定，选择保存路径，单击保存就可以了，这样就把字体打包成功了。

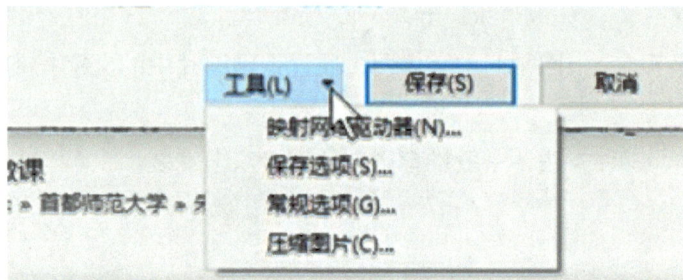

图2-41　保存选项

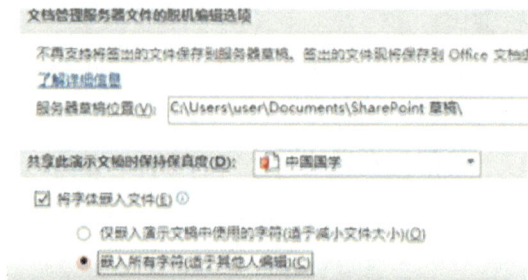

图2-42　字体嵌入文件

（二）将特殊字体粘贴为图片

比如说"中国国学"这几个字，现在是一种文本的形式呈现，选择剪切然后单击右键粘贴，这时候我们选择第三个粘贴成图片，这样字体就变成了一张图片。但这种方法有一个缺点就是，只能看不能进行再次编辑，所以一般建议大家选择第一种方法。

三、在线艺术字和艺术字制作

（一）如何使用在线艺术字

在线艺术字生成器是一个在线的艺术字生成网站，我们可以将想要转换的字体输入网站中，网站就会生成很多字体的样式，大家可以根据自己的需要选择想要的

在线字体和艺术字制作

样式，保存下来就可以了。

在百度中输入关键词"艺术字在线生成"，选择第一个打开，这个网站叫QT86。打开这个网站可以看到里面有很多字体样式，这里有空白的文本框，如图2-43所示，可以直接在这里面输入自己的文本。

图2-43　QT86网

也可以先选择一种字体样式，再输入我们的内容。比如，我们选择一种字体，在空白的文本框中输入"梅"，下面有字体大小、文字颜色、背景选项。

字体大小含有小型字、中型字、大型字，我们选择大型字，如图2-44所示。

打开文字颜色后能看到有很多种颜色，我们选择黑色，然后单击生成，如图2-45所示。

图2-44　字体大小

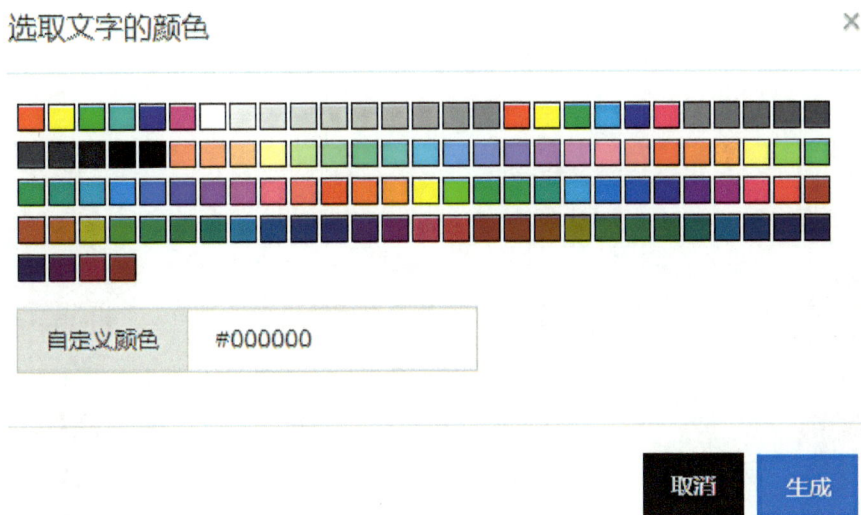

图2-45　文字颜色

这里还有背景，背景就是字的背景颜色，因为我们已经有了背景图，所以选择背景透明，如图2-46所示。

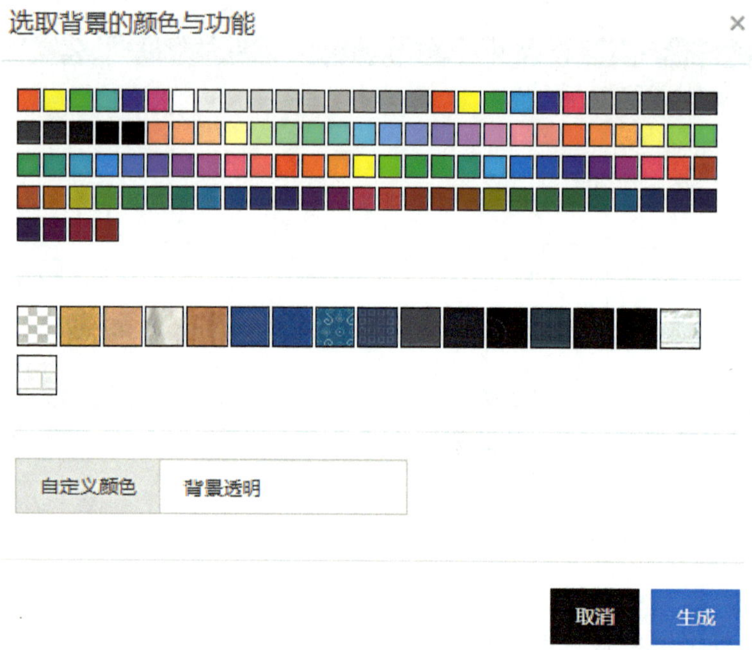

图2-46　背景颜色

然后单击生成，这样一个在线艺术字就生成好了。单击下载预览图，选择保存位置，单击下载。

（二）如何制作印章

搜索关键词"印章在线制作"，可以看到有很多在线印章制作网站。这里推荐一个网站叫改图宝，单击进来可以看到很多印章样式，如图2-47所示。

图2-47　印章

比如想制作样式九的印章，可以在上面样式这里选择样式九，前面字体这里也有很多选择比如隶书、宋体等。后面有一个文本框，可以输入自己的内容文本，比如输入王安石，然后单击制作印章，这样一个印章就自动生成了，如图2-48所示。单击下载印章，选择保存路径就可以了。

图2-48 王安石印章

四、文本资源颜色搭配优化

（一）认识颜色

色轮是一个很好的认识色彩的工具，如图2-49示。

我们可以看到色轮是由24个基本的颜色组成的，除了红、黄、蓝三原色外，其他颜色都是混合而成的。我们可以将色轮分为三个色系，一个暖色系、一个冷色系和一个中性色系。

暖色系包括：红色、黄色、橙色等。给人的感觉就是温暖、热情、喜庆，很容易令人联想到比如中国元素等。

冷色系包括：蓝色、绿色、蓝绿色等。给人的感觉就是沉稳、严肃、理性。我们可以联想到比如商务类的、学术类的内容等。

中性色系包括：黑、白、灰。它给人的感觉就是简约、干净，一般可以辅助搭配任何颜色。

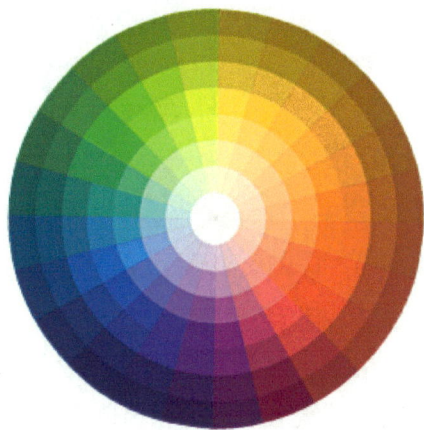

图2-49 色轮

（二）常见的颜色搭配方案

这里给出三种颜色搭配方案，一种是单色系搭配，一种是相近色系搭配，一种是互补色系搭配，如图2-50所示。

文本资源颜色搭配设计

图2-50 色彩搭配

1. 单色系搭配

所谓单色系搭配就是PPT中只有一个主色系，比如图2-51这个商务PPT，它就是以蓝色为主色，整个PPT的风格以及中间的图示元素都是蓝色。这种单色系给人简约、干净、整洁之感。

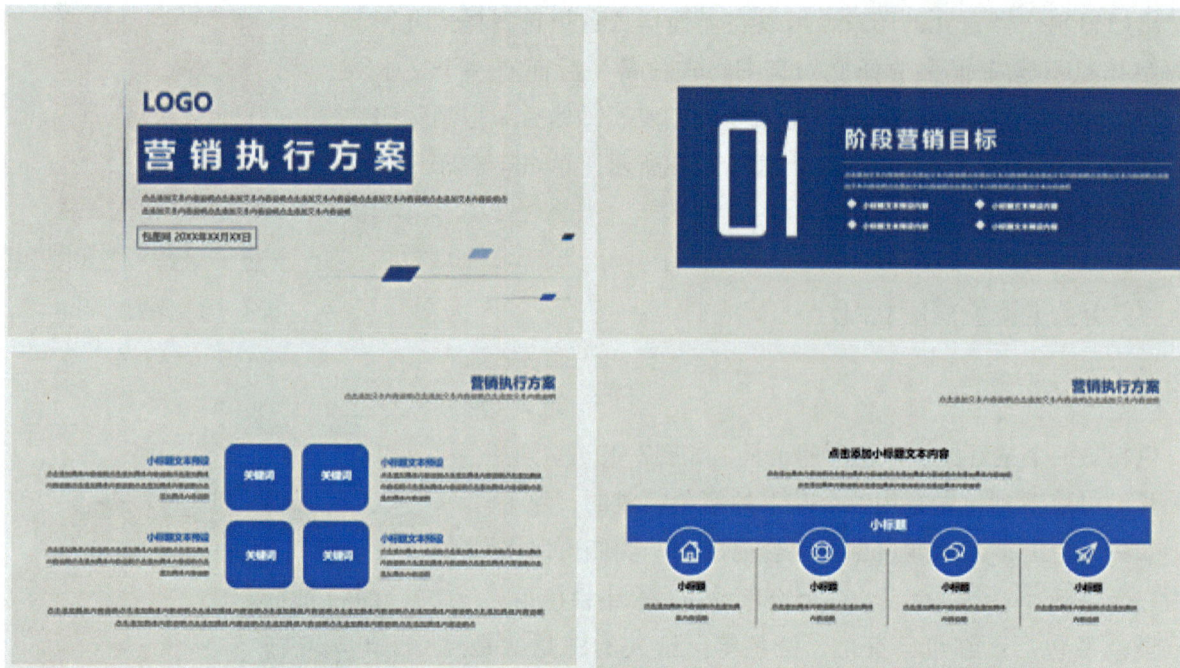

图2-51　单色系搭配

2. 相近色系搭配

相近色系就是PPT中相邻的色系搭配在一起，比如图2-52中蓝色和绿色的搭配，这两个颜色是相近色，搭配在一起会比单色系看起来没有那么单调，给人以非常和谐的感觉，PPT中红色和黄色的相近颜色搭配，给人温暖和谐的感觉。

图2-52　相近色系搭配

3. 互补色系搭配

所谓互补色就是色谱上180度相对应的颜色，比如蓝色与黄色互补、红色与青色互补，它们相结合后呈现白色或者灰色。

一般互补色的两种颜色反差比较大，会搭配一些黑色白色等纯色来进行调和。比如图2-53中红色和浅蓝色就是互补色，它们搭配在一起就会看起来比较丰富，这种蓝色与黄色也是互补色，互补色搭配在一起会给人比较活泼、丰富的感觉。还有一种对比比较强烈的就是黑白色，给人简约而不简单的感觉。

图2-53　互补色系搭配

（三）固定双色搭配推荐

对于白色的底板我们可以搭配上黑色的字体、蓝色的字体、绿色的字体。黑色的底板我们可以搭配白色的字体、黄色的字体以及红色的字体。对于黄色的底板，我们可以搭配黑色或者红色的字体。对于红色的底板则可以搭配黑色或者黄色的字体。另外，还有两种比较常见的就是蓝白或者绿白。

这十二种颜色搭配就是比较常用的双色固定搭配方案，如图2-54所示。我们可以根据前面所讲的相邻色系、互补色系等变化搭配，从而做出和谐而又生动的PPT课件。

图2-54　双色搭配方案

（四）文本资源颜色搭配原则与技巧

1. 搭配原则

①整体颜色风格要统一。

②颜色柔和、均衡，主题颜色不宜超过四种。

③根据所要演示的内容和场合选择PPT颜色风格。

2. 搭配技巧

①选择学校或者企业的徽标色。一般学校和企业的徽标色都是经过专业设计的，所以选徽标色肯定没错。

②参考专业的配色网站。如果不太懂色彩搭配，建议不要自己去选择颜色，我们可以找到很多色卡，然后运用PPT中的颜色吸管工具直接吸取同样的颜色就可以了。

③下载PPT模板。网上有很多不同的PPT颜色模板，大家可以自己下载直接修改套用。

图2-55所示的"李白诗画赏析"，从风格上选择了古典中国风，颜色上则以绿色为主色系，采用相邻色系搭配，浅绿色的背景搭配深绿色的按钮，使整个课件看起来非常典雅、整洁又比较符合主题。

文本资源颜色搭配原则

图2-55

活动延伸

自己选择主题内容，结合活动所学知识设计制作PPT。

分享作品

分享制作的PPT作品，分享颜色搭配和字体搭配方案、操作经验、心得体会以及学习反思。

活动专题四　文本资源设计问题及对策

活动目标

1. 掌握文本资源制作过程中常见的问题。
2. 针对文本资源制作过程中存在的问题给出适当的解决方法。
3. 了解文本字体的特征及使用原则。
4. 能够选择适当的字体丰富课件内容，解决教学问题。

活动背景

看一看图2-56中这些PPT，你觉得它们的设计存在什么问题呢？

你有什么办法使这些PPT不这么杂乱吗？

图2-56　PPT集合

活动过程

一、文本资源设计具体问题：满

在PPT文本资源设计中一个很严重的问题就是把PPT当作Word使用，观看图2-57中的PPT。这些PPT中多数都是满满的文字，其问题表现在以下几个方面。

①同时呈现文本太多，加重认知负担。

②密密麻麻、字体太小、看不清。

③内容覆盖整个屏幕，画面不美观。

④冗余信息多，分散学生注意力。

⑤没有重点信息，传播效果不好。

这样的PPT文本资源设计是很不合适的，但也是很常见的，针对这些问题我们的解决对策如下。

文本资源设计问题：满

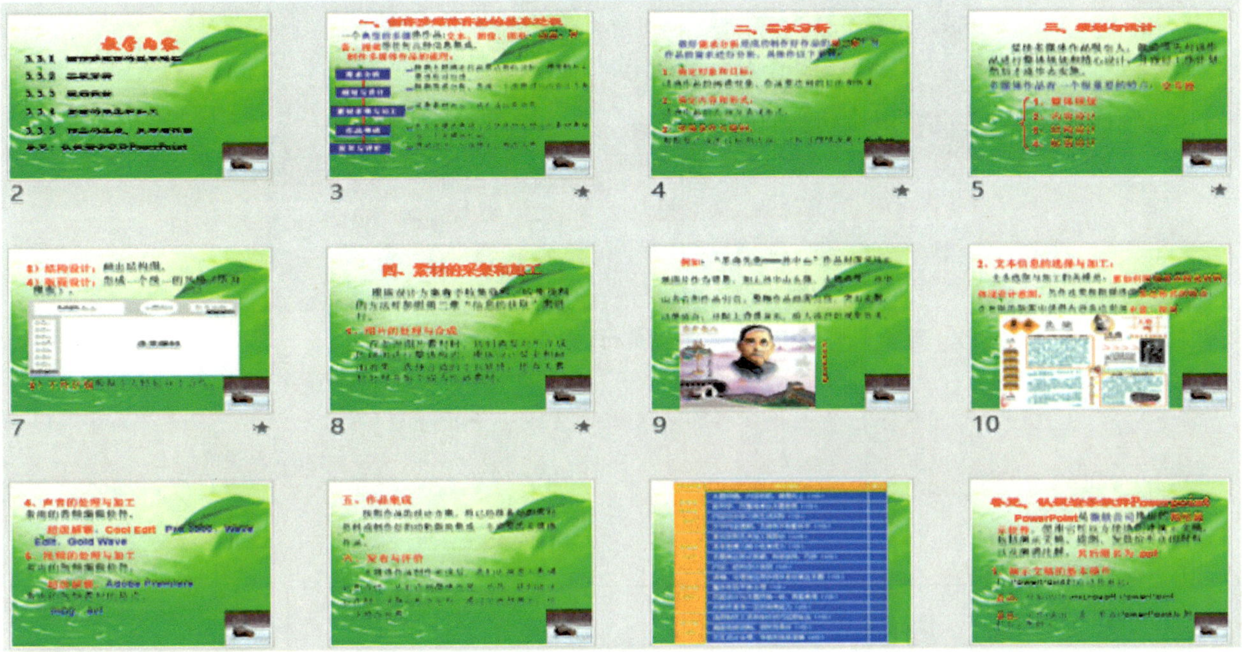

图2-57　PPT"满"的案例

（一）把一张幻灯片的内容分成多张展示

将图2-58的内容分成3份，其中一部分如图2-59所示。

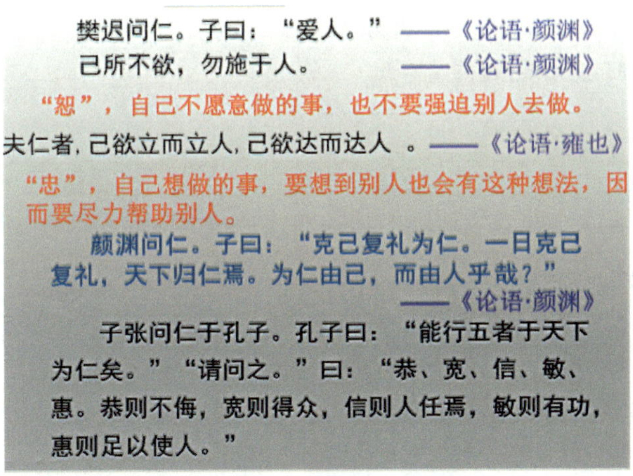

图2-58　文本太多问题案例PPT

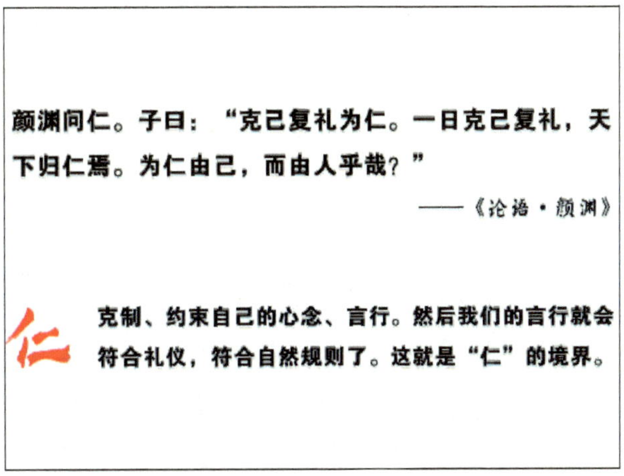

图2-59　"仁"部分用一张PPT表示

（二）提炼关键词或短句，适当精简内容

将图2-60内容简化为图2-61、图2-62。

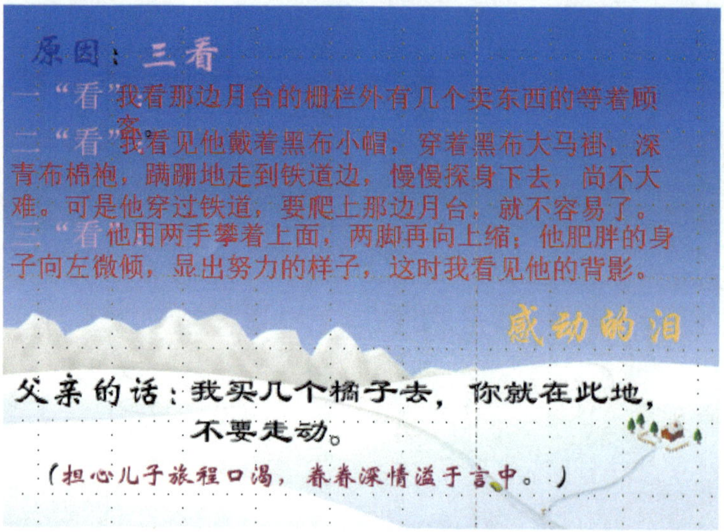

图2-60 问题PPT

原因：三看

一“看” 几个卖东西的。

二“看” 他戴着黑布小帽，穿着黑布大马褂，深青布棉袍，蹒跚地走到铁道边，慢慢探身下去。

三“看” 他用两手攀着上面，两脚再向上缩；他肥胖的身子向左微倾，显出努力的样子，这时我看见他的背影。

图2-61 “原因”部分PPT

感动的泪——父亲的话

我买几个橘子去，你就在此地，不要走动。
（担心儿子旅程口渴，眷眷深情溢于言中。）

图2-62 “感动的泪”部分PPT

（三）使用概念图，一图胜千言，减少文字表达

通过图形化、可视化、结构化来处理内容，用图来替代文字或者说把文字组成适当的结构化的图形，比如概念图、思维导图等，将图2-63转变为图2-64、图2-65。

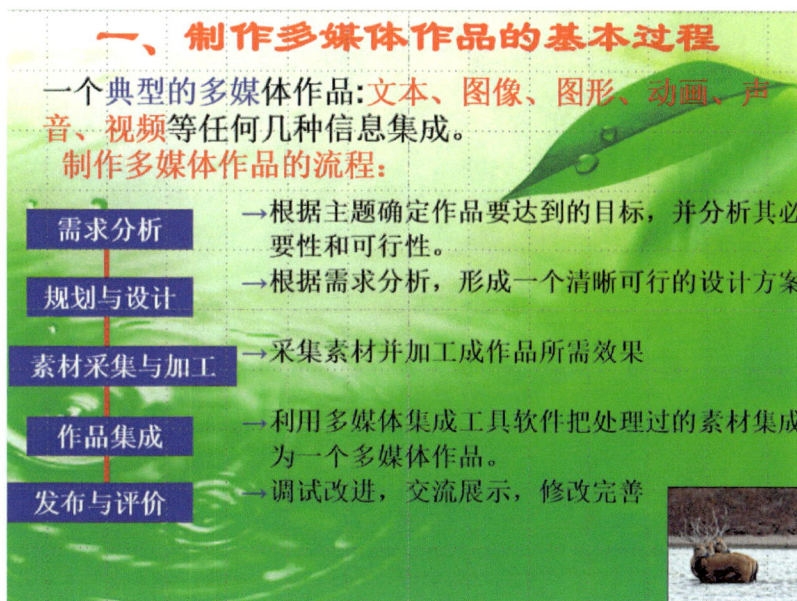

图2-63　画面美观问题PPT

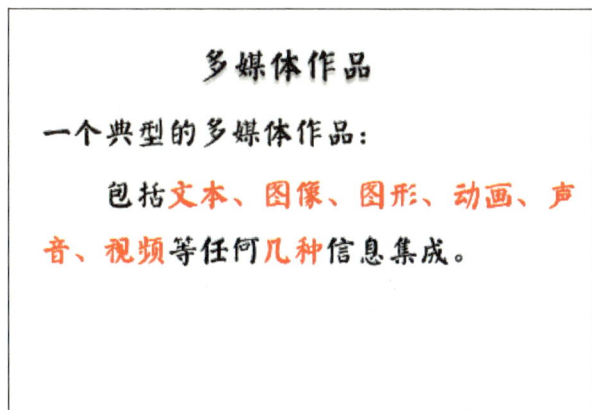

图2-64　多媒体作品内容

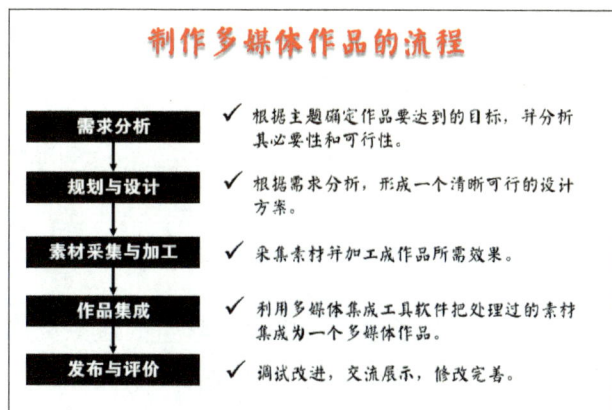

图2-65　制作多媒体作品流程

（四）删除或淡化冗余信息，聚焦学生注意力

如图2-67所示，将图2-66中无关的"梅花"装饰图片删除或者做淡化处理，适当改变字体、字号，适当断行。

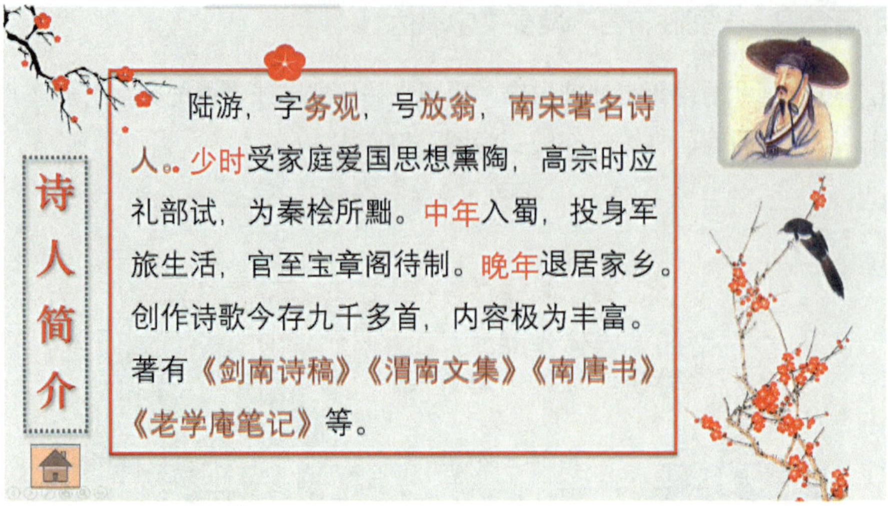

图2-66　陆游简介（冗余问题）

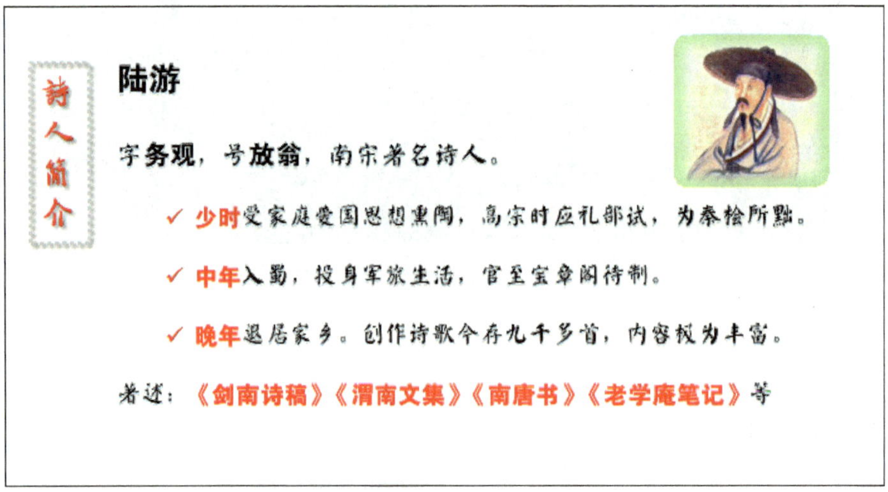

图2-67　陆游简介PPT

（五）使用动画控制内容显示次序

内容显示的顺序，一定要和学生的认知相匹配。当内容太多时，可以用动画。一个动画只显示一行信息或者几个文字，这样可以控制每次显示文字的数量。需要注意的是：内容显示的顺序，一定要和学生的认知相匹配。

像图2-68所示的加法竖式题的计算过程，能够用传统黑板的，就利用传统黑板。

如果一定要利用动画展示的话，直接一次性显示文本的内容必然会破坏学生的思考过程，没有支持学习者进行认知加工，学习者看了PPT后会感觉很懵。

使用动画形式，尤其是数学等理工科课件，一定要能够：模拟黑板演算推导过程、模拟数学思考推理过程、模拟学生认知思维过程。

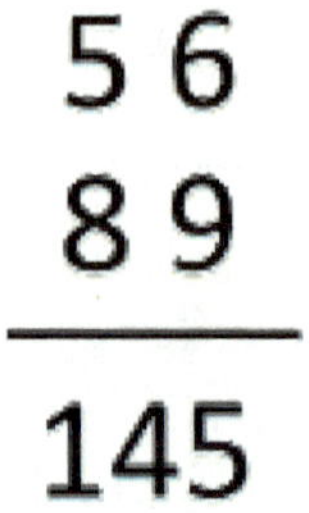

$$\begin{array}{r} 56 \\ 89 \\ \hline 145 \end{array}$$

图2-68　竖式

二、文本资源设计具体问题：乱

文本资源设计问题：乱

（一）第一个方面：一张幻灯片的"乱"

1. 字体、字号、颜色太多

如图2-60所示的案例PPT中：字体有罗马字、宋体字、华文行楷、华文新魏等字体，同时出现了多种颜色，另外还有不同的字号，有48号、44号、40号、36号、32号、28等六种字号之多。

解决对策：

统一字体、字号和颜色；可适当变化，不超过三种。

结合之前我们讨论的"满"的问题，这里将图2-60这个案例分成两张幻灯片，其中一张幻灯片可以设计为如图2-61的形式。这样的形式能够清晰地展现要表达的内容。

2. 内容主次和层次混乱不清

①标题和内容之间层次不清。

②标题之间层次不清。

③内容之间层次不清。

例如图2-69所示的这个"和倍问题"的例子，内容表述不清。

解决对策：

①捋顺逻辑关系。

②把握层次关系。适当借助于缩进、字号和上下位置等的方式来展现层次关系。

③凸显主次关系，提取关键信息。适当借助于分割线、字体、字号、颜色和缩进的方式来展现主次关系。

④实质是资源"结构化设计"方法。

可以将图2-69改进为图2-70。

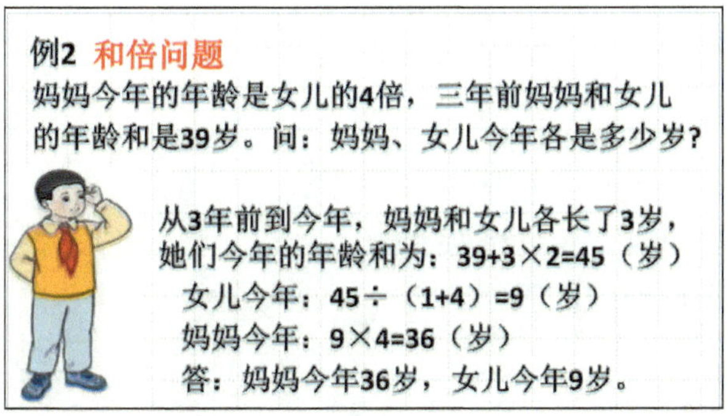

图2-69　层次混乱问题案例

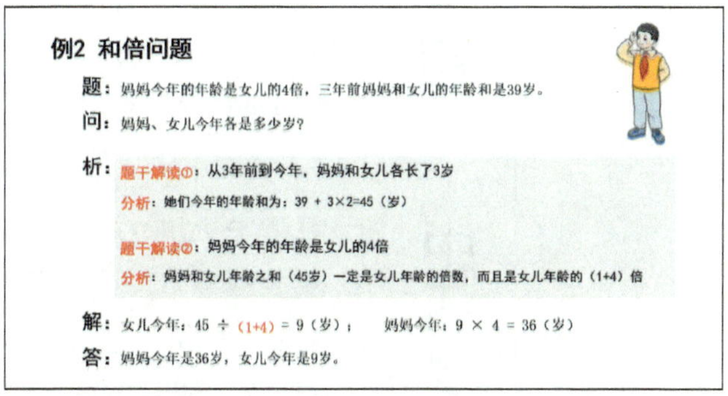

图2-70　层次混乱问题案例（改进版）

3. 排版换行太乱

如图2-71中《论语》教学案例，排版无序、太乱。

解决对策：

①捋顺逻辑关系。

②把握层次关系。适当借助于缩进、字号和上下位置等的方式来展现层次关系。

③凸显主次关系。适当借助于分割线、字体、字号、颜色和缩进的方式来展现主次关系。

应用这个方法，以上案例可以设计为如下形式：

梳理所要表达的意义及其逻辑关系，梳理出三个关键词——恕、忠、仁，并适当加上淡淡色彩的"分割线"，让三个部分有适当的分割，再依据"文"和"意"进行进一步细分解读，如图2-72所示。

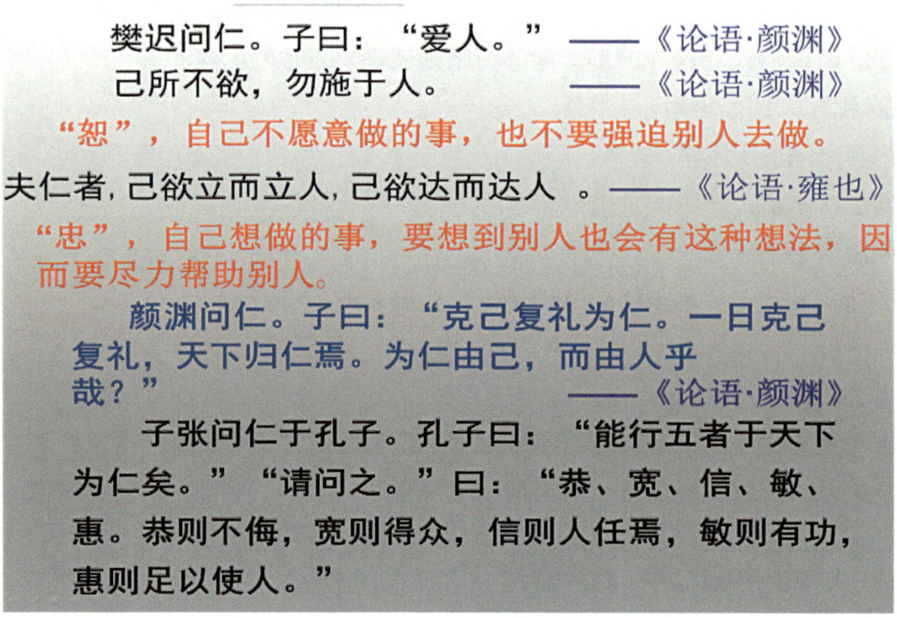

图2-71 《论语》教学案例

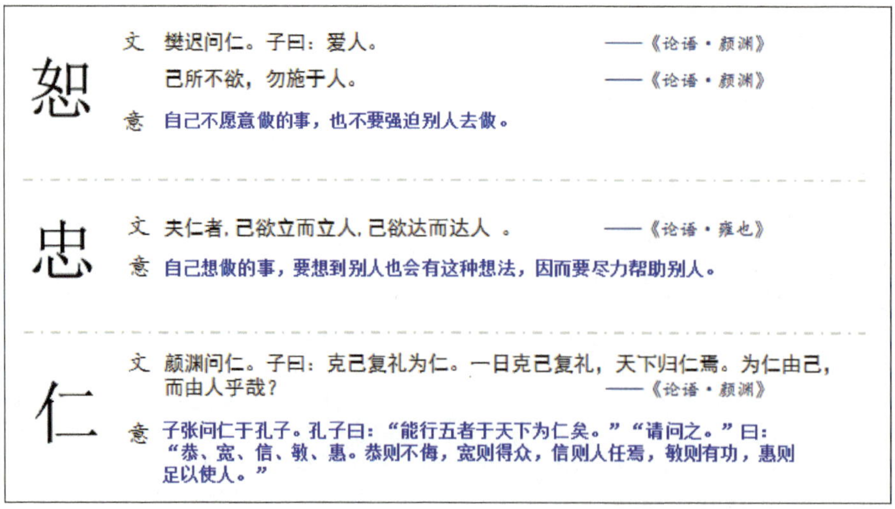

图2-72 《论语》教学案例（改进版）

（二）第二个方面：多张幻灯片之间的"乱"

1. 字体、字号、颜色变化大（同一层次内容），位置、风格变化大（同一功能对象：标题、按钮等）

图2-73、图2-74及图2-75中"倍数和因数"案例，连续三张PPT的标题应该是同一层次的，但其字体、字号、颜色、位置及风格变化都非常大。

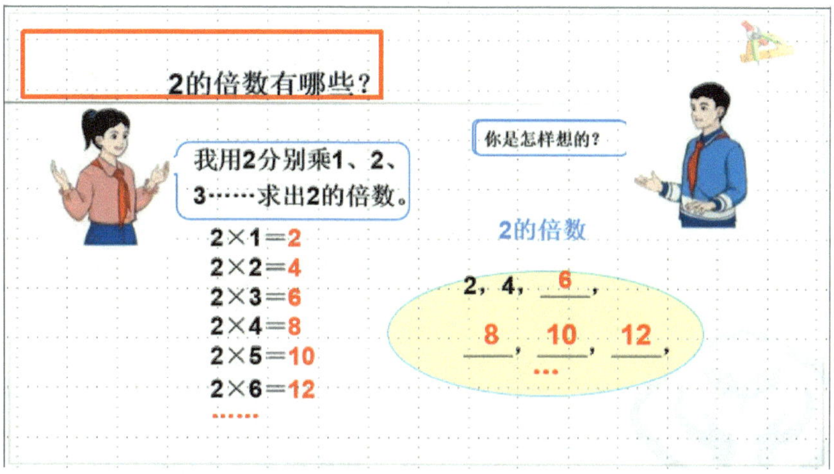

图2-73 2的倍数PPT

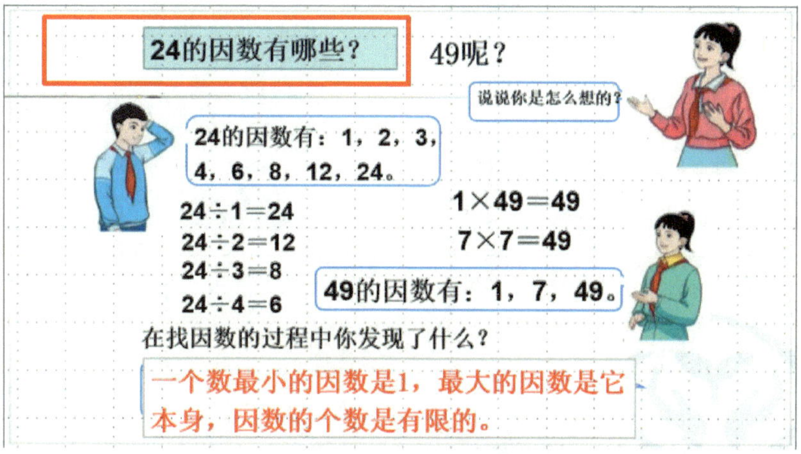

图2-74 24的因数PPT

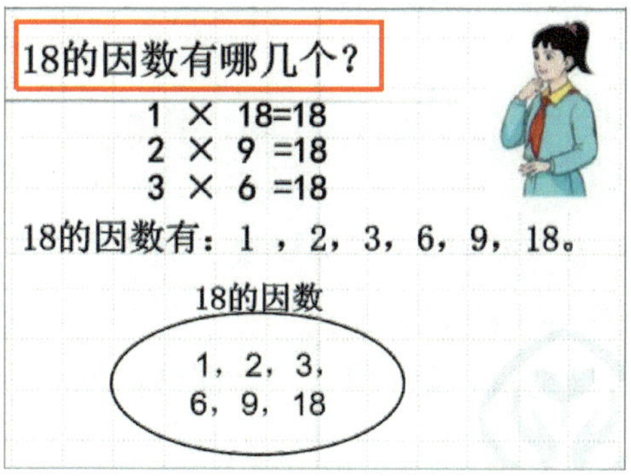

图2-75 18的因数PPT

解决策略：

设计要遵循"预期性"原则，即同一层、同一对象、同一主体风格（字体、字号、颜色、位置等）基本保持一致。因此，我们需要对以上三张幻灯片中，同一层级的标题等相关元素的颜色、字体和字号等进行统一，[①] 如图2-76至图2-79所示。

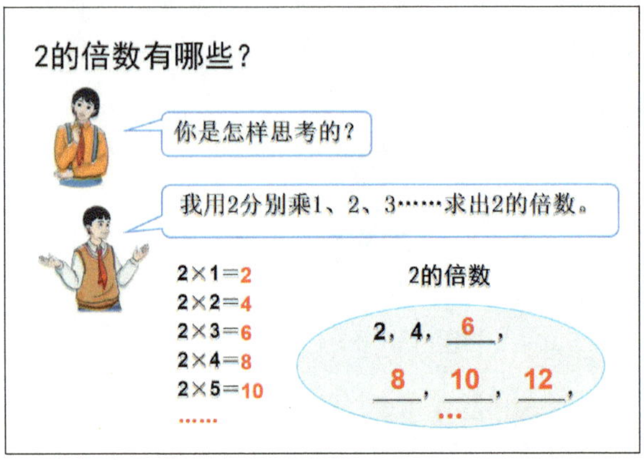

图2-76　2的倍数PPT（改进版）

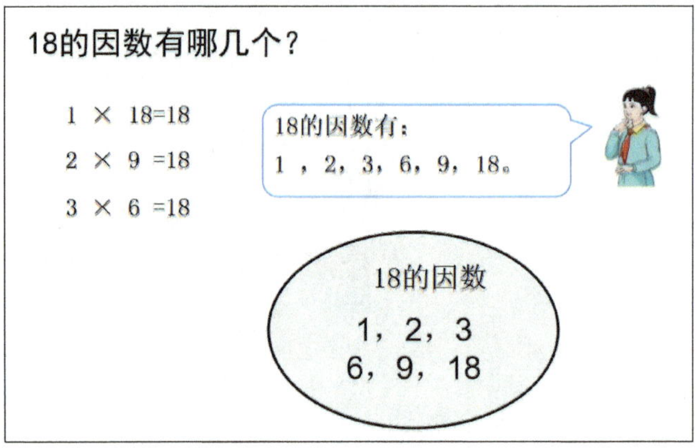

图2-77　24的因数PPT（改进版）

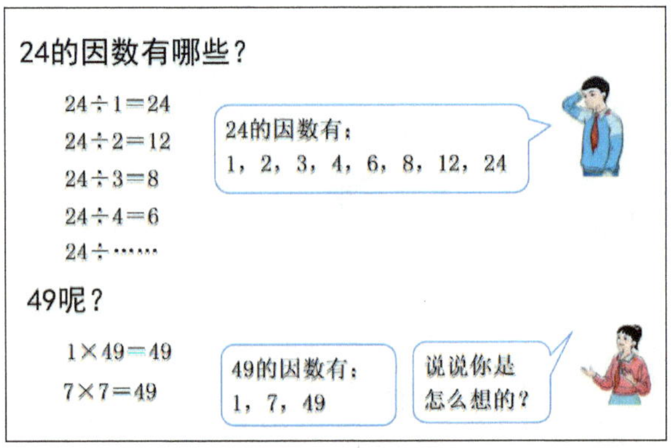

图2-78　18的因数PPT（改进版）

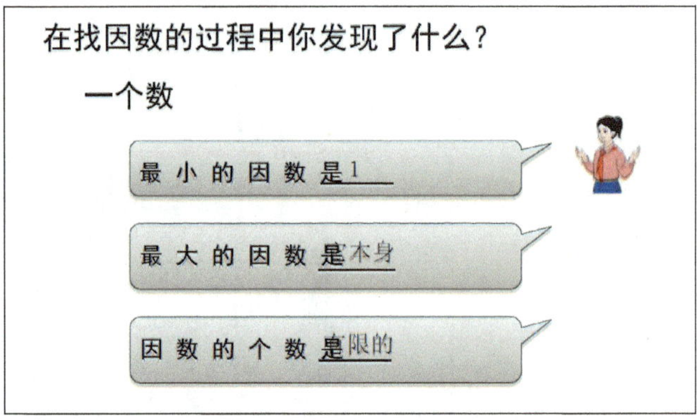

图2-79　找因数的发现PPT

2. 模板、布局、色调变化大

解决对策：

①一个课件或微课使用较为统一的模板和统一的色调。

②一个课件或微课的不同模块，可以采用比较相近的色调，为了避免过于统一而显得单调，可以在色彩方面设计轻微的差异，但色彩变化不要超过三种。

设计技巧小结：

①设计要凸显逻辑、主次和层次。善于利用分割线、字体、字号、颜色、序号和缩进等让内容主次、层级和逻辑更加清晰。

②设计符合预期性（统一性）。同一层、同一对象、同一主体风格（字体、字号、颜色、位置等）基本保持一致。

③设计符合灵活性（避免过度地机械统一）。一个课件内的

注意：

文本资源"结构化设计"是文本资源设计的总原则。

---

① 选自南方科技大学教育集团第二实验学校徐莹莹老师优化设计案例。

各元素变化不超过三种；一张幻灯片内，可以适当有不超过三种相互协调的字体、字号、色彩；多张幻灯片之间不同的模块，可以采用比较相近的色调，变化不超过三种。

④整体上来说，信息资源设计应该符合"结构化设计"的步骤。

三、文本字体在多媒体课件中的运用

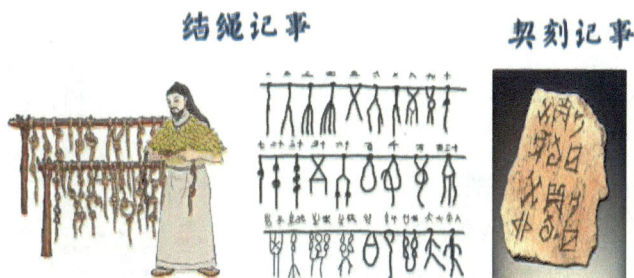

（一）文本字体的特征

①传递信息、传达我们的主题。

②界面更加美观、生动，烘托作品的气氛。

③深化多媒体课件内涵，体现风格，使作品更有灵魂。

不管是在多媒体课件制作还是在平面设计中，针对字体进行精心的设计和选择，增强表达效果和设计的感染力是非常重要的。

文本字体在多媒体课件中的运用

（二）常见的字体样式

向上追溯，文字起源于原始人类的结绳、契刻、画图等记事方法，如图2-80。

随着生产力的发展，简单的结绳记事和契刻记事已经无法满足人们表达思想、交流思想和情感的需要，这时出现了简单的表形表意的象形文字，如图2-81。

党的二十大报告指出："中华优秀传统文化源远流长、博大精深，是中华文明的智慧结晶"，而中国象形文字是中华文明的典型象征，在教学中可以通过不同的字体来展示中华文化之美。

图2-80 结绳记事、契刻记事

图2-81 象形文字

　　经过商周、春秋战国、秦汉、宋元明清等朝代的更替和发展，汉字才逐渐形成了当前的文字样式。现在的中文设计排版常用的字形，大体可以分为黑体、宋体、书写体三大类。

　　字库中各类名目的字体，大部分都由这三个基本大类演变加工而来。以这三类字形演变来的各种字体，各具风格，给人不同的视觉感受。准确把握这种视觉感受，并把它合理、准确地运用到多媒体课件的设计当中，是研究字体字形的主要目的。

1. 黑体

　　黑体字字形结构方正，笔画转折棱角分明，不仅庄重醒目，还极富现代感，成为媒体作品的首选标题字体。常见的黑体字有微软雅黑、方正大黑、方正细黑等，这些字体只是在粗细上有略微差别，当你不知道如何选用字体的时候，选择微软雅黑是绝对没有错误的。

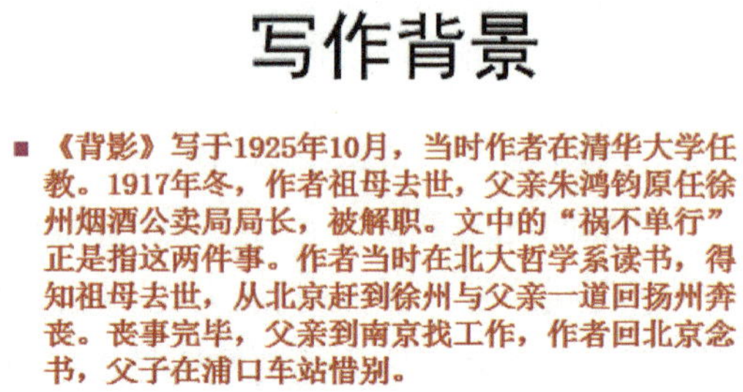

写作背景

■ 《背影》写于1925年10月，当时作者在清华大学任教。1917年冬，作者祖母去世，父亲朱鸿钧原任徐州烟酒公卖局局长，被解职。文中的"祸不单行"正是指这两件事。作者当时在北大哲学系读书，得知祖母去世，从北京赶到徐州与父亲一道回扬州奔丧。丧事完毕，父亲到南京找工作，作者回北京念书，父子在浦口车站惜别。

图2-82　黑体

　　如图2-82中标题"写作背景"这四个字就是黑体。

2. 宋体

　　它的结构方中有圆，既典雅庄重又不失韵味，从视觉角度看，阅读最省力，不易造成视觉疲劳，具有很好的易读性和识别性，一般多用于正文的排版。

3. 书写体

　　书写体可以分为两种：一种来源于传统书法，如隶书、行书等；另一种是以现代风格创造的自由手写体。虽然手写体非常具有个性，但是只能作为辅助性字体或者小范围点睛之用。滥用手写体则会造成界面的杂乱，所以使用手写体更要慎用一些。

　　目前国际上还有一种分类方法，就是按字体类别分。按字体类别，可以分为衬线字和非衬线字。

　　衬线字：在笔画开始和结束的地方都有一些装饰，而且笔画的粗细也不一样。

　　非衬线字：没有装饰，笔画的粗细一样。

　　这两种字体从使用上来说，非衬线字的识别度会比较高，非衬线字也比较整洁，衬线字如果远看则可能会弱化一些，识别度不是很高，所以使用的时候一般建议选择非衬线字。两种字体如图2-83所示。

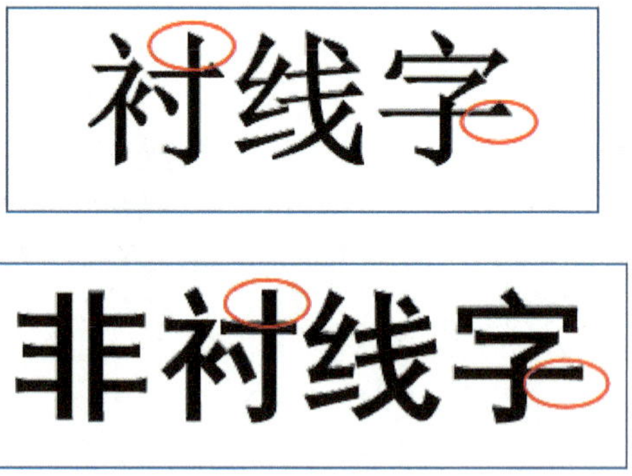

图2-83　衬线字及非衬线字

　　传统的常用文本字体已不再满足信息时代对文本字体的功用及审美要求，越来越多的文本字体产生，这些都是根据传播要求和文化及个性要求等进行的有针对性的设计。即使是传统的宋、黑二体也因字体公司自身设计诉求的不同，进行微调使之产生新的气质。

　　除了对传统字体的重新调整再设计外，新的文本字体也因设计之需纷纷出现。如体现手写个性的毛体字，还有娃娃体、卡通字体等，这些新字体都极大丰富了文本汉字的艺术语言，有利于不同文本环境诉求的文字艺术表现。

（三）字体样式使用原则

1．外在风格和内在含义相一致

不同的字体所表达的情感不同，比如在语文古诗课件中我们多采用隶书、行书等不同风格的字体，而一些现代艺术字体比如卡通字体等可用于儿童作品中。所以这就要求我们在课件制作中，根据实际内容需要选择适合的字体，使文字的独特外在风格与其内在内容相适应，将信息正确无误地传达给学习者。

2．字体及颜色不宜过多

在使用字体时，要避免多种字体混用，导致画面混乱，影响阅读。应多使用一些简单文字和字体，使学习者能够看懂。相同的模块和文本标题，应尽量使用统一字体，切忌将设计变得复杂化。字体颜色也不要过于暗淡，不要使用过多颜色，并且要与背景色形成对比，以免造成学习者阅读困难。

3．设计体现美感

要注意字体与整个画面的和谐搭配，在视觉上能够给人以美的感受，除了传达文字本身的含义之外，还能给学习者传达以情感，并且符合学习者的阅读习惯。

四、用动态文字呈现多媒体效果[①]

在很多动漫作品中，我们经常会看到一些主题文字的动态填充，填充内容使用的是动画中的片段。在PPT中，也可以制作出类似的效果。下面我们就一起试一试，学习如何在PPT中实现文字动态填充效果。

方法一：使用遮罩的方法完成动态填充。

在前面的案例中，我们已经了解了什么是遮罩动画，实现动态填充时我们也可以使用同样的思路。

首先，在PPT中插入文字，如图2-84所示。

图2-84　插入文字

第二步，在文字上方叠加一个色块，如图2-85所示。

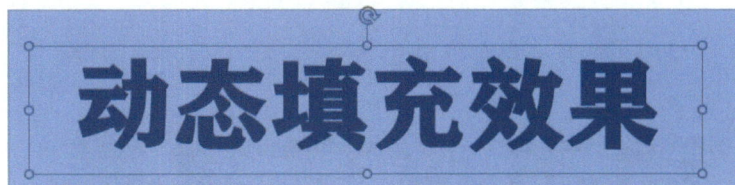

图2-85　在文字上叠加色块

---

① 中关村三小郝石佩老师设计案例。

第三步，同时选中文字和色块，在"形状格式"菜单中，找到"合并形状"选项，如图2-86所示。

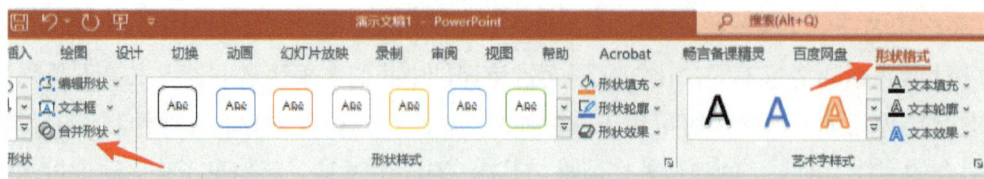

图2-86　将文字和色块"合并形状"

第四步，选择合并形状选项中的"组合"，制作出镂空色块效果，如图2-87所示。

图2-87　制作出镂空色块效果

第五步，插入gif格式的动态图像（可在百度中检索"繁星 GIF"），调整叠放顺序在镂空色块底部。调整背景大小和色块大小一致，如图2-88所示。

图2-88　插入gif格式动态图像

最后，选中背景和色块，在"形状格式"菜单中选择"剪除"，完成动态背景文字的制作，如图2-89所示。

图2-89　插入gif格式动态图像

方法二：使用文字填充法完成动态填充。

第一步，插入文本框，如图2-84所示。

第二步，下载gif背景图在本地备用。

第三步，选中文本框，在"形状格式"菜单中，选择"形状填充"选项。单击"图片"，选择下载好的gif图作为填充内容，如图2-90所示。

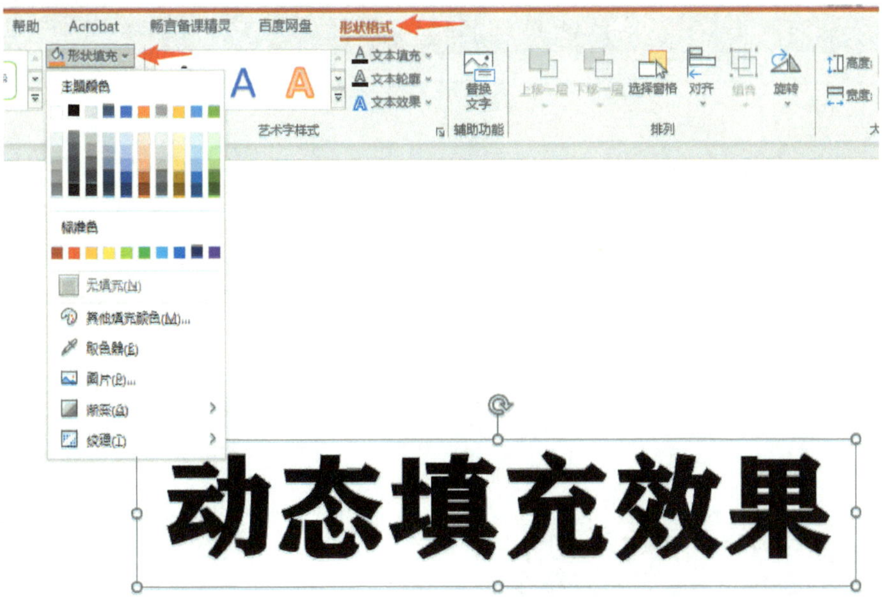

图2-90　用GIF填充文本框

第四步，选中文本框，用同样的方法，在文本填充中选择同样的gif图片，如图2-91所示。

图2-91　用GIF填充文本

完成后效果如图2-92所示。

图2-92　文本填充GIF后效果

第五步，调节文本框填充的透明度如图2-93所示。

图2-93　调节透明度

完成后，播放PPT即可观看到动画效果。

小结：

方法一使用遮罩的方法完成动态填充，思路比较简单，填充后所见即所得，在不播放PPT时也可以实现文字动态填充的效果。适用于PowerPoint2013以上的版本。

方法二使用文字填充法完成动态填充，需要同时调整文字和文本框的填充，在不播放PPT的情况下无法实现文字动态填充的效果。但对于PPT版本要求不高，2010以上版本均可以实现，且随时可以修改文字内容，调整比较灵活。

活动延伸

修改以往作品中出现的问题，针对文本资源制作过程中存在的问题给出适当的解决方法。

分享作品

分享作品，分享优化方向、操作经验、方法技巧、心得体会以及学习反思。

进阶式任务2 信息化教学资源封面设计

结合你的作业选题，设计课件封面PPT。

具体要求：

①课件封面上只要求有文字，可以包括课件的标题、作者单位等文本内容。

②符合PPT文本表达方法。

③不允许使用图片，可以对PPT背景颜色等进行适当修改。

④使用你安装的一种特殊字体，并将字体嵌入PPT中。表现为打开PPT作业后，还能看到此字体。

⑤使用文本颜色美化原则，颜色搭配合理。

⑥课件封面要美观大方、简洁。

⑦直接提交PPT源文件。

进阶式任务3 信息化教学资源内容结构设计

结合你的作业选题，设计课程的内容结构。

具体要求：

①在合适的地方署上自己的姓名。

②符合PPT结构化文本设计表达方法。

③不要使用图片，可以对PPT背景颜色等进行适当修改。

④尽量使用不同的字体、字号、颜色、行间距等。

⑤使用文本颜色美化的原则，颜色搭配合理。

⑥课件要美观大方、简洁。

⑦直接提交PPT源文件。

模块三

图像资源开发

——

任务地图

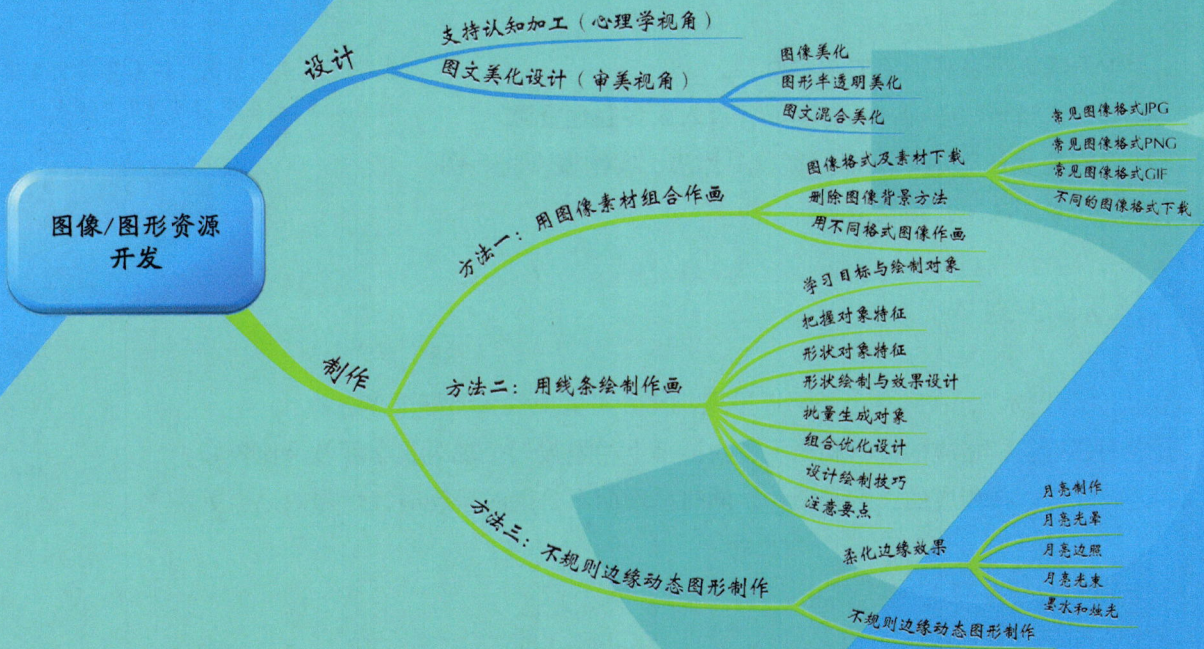

图像/图形资源开发

设计
- 支持认知加工（心理学视角）
- 图文美化设计（审美视角）
  - 图像美化
  - 图形半透明美化
  - 图文混合美化

制作
- 方法一：用图像素材组合作画
  - 图像格式及素材下载
    - 常见图像格式JPG
    - 常见图像格式PNG
    - 常见图像格式GIF
    - 不同的图像格式下载
  - 删除图像背景方法
  - 用不同格式图像作画
- 方法二：用线条绘制作画
  - 学习目标与绘制对象
  - 把握对象特征
  - 形状对象特征
  - 形状绘制与效果设计
  - 批量生成对象
  - 组合优化设计
  - 设计绘制技巧
  - 注意要点
- 方法三：不规则边缘动态图形制作
  - 柔化边缘效果
    - 月亮制作
    - 月亮光晕
    - 月亮边照
    - 月亮光束
    - 墨水和烛光
  - 不规则边缘动态图形制作

学习目标

1. 领会图像资源有效促进学习者认知加工的设计
   方法，掌握图像设计的基本原则。
2. 掌握图像格式的三种类型及其主要特征。
3. 掌握删除图像背景的方法。
4. 掌握JPG、PNG和GIF三种图像下载方法，并
   能够利用不同格式图像组合制作一个用于教学
   的图像资源。

　　图像资源是最为常用的一种教学资源，在PPT资源开发中，限于以往PPT软件对图像处理能力较弱，部分绘图功能和图像格式的有效应用较少，因此，图像资源通常都来自互联网络下载，而很少自己设计制作。图像资源是教学中传递教学信息效率较高的一种资源，素有"一图胜千言"的说法。

　　如何基于支持学习者认知加工而对图像资源进行有效设计，是我们本模块要解决的重要的问题。

知识专题　支持认知加工的图像资源设计基本原则

　　图像资源有直观、形象、可视化的特点，在教学中不仅可以作为创设情境的素材，还可以作为表达情感的载体。那么如何设计才能有效促进学习者认知加工？需要遵循哪些基本原则？这是本专题重点讲解的内容。

一、直观呈现原则

①为学习者提供直观形象的学习材料。
②图像意义清晰而明确，不需学习者投入太多心理资源。
③图像资源表征应用方法有：直观图片法、实物模型法、图像标签法、全景图法、三维模拟法。

> **练一练**
> 根据直观呈现原则，将图片与文字进行有效整合。看看学习效果是否更好。

二、邻近呈现原则

①"文字+图示"，在时空上的邻近呈现，比分离呈现效果要好很多。
②空间邻近，指相应的文字和图示，在屏幕上相隔很近呈现时，学习效果比较好。
③时间邻近，指相应的文字和图片，同时呈现而不是继时呈现时，学习效果会更好。

三、聚焦要义原则：去除无关的图片

①向多媒体信息中添加"有关"但"并不直接相关"的"图示"或"视频/动画"片段，也会损害学生的学习。
②如果多媒体演示中不包括"有趣"但"无关"的"图示"或"视频/动画"，学习者会学得更加深入。

四、适当简化原则

①适当简化原则，指凭借"直觉"，就能够对事物的"总体结构"和"突出特征"进行全局把握，

产生一种直觉把握能力。简化，不是量上的简单，而是着眼于结构上的简单。[①]

②适当简化基本原理：从信息加工心理学角度看，是来自降低认知负荷的需求。从格式塔心理学角度来看，是格式塔"完型"心理学的一个基本需求，即在一定条件下，视知觉倾向于把任何刺激式样尽可能组织成最为简单的结构。

五、适当抽象原则

①适当抽象，把注意力有效地集中到事物的本质属性上。

②适当抽象，与适当简化本质上一致：在进行资源设计时，并不是提供的图片越逼真，学习效果就越好；适当地抽象，凸显知识的关键特征和简易模型。[②]

六、图片使用注意要点

除了符合心理学特征外，图像资源设计还应该统一规范。例如，图像风格要统一，图像之间以及图像和主题之间的主色调、图像修辞的样式等要统一，既不能过于一致刻板，也不要过于花哨；图像排版要注意统一性、个性化、多样化，既不能完全一致，也不能毫无章法；背景图片不能有大片鲜艳亮丽的颜色，要能够配合教学传递信息。

活动专题一　图像资源格式及背景删除

活动目标

1. 掌握图像格式的三种类型及其主要特征。
2. 掌握PNG和GIF图像的主要优势和应用场景，能够有效地评价分析不同格式的作用。
3. 学会有效下载不同格式的图像。
4. 掌握删除图像背景的方法。
5. 能够创新性地利用多种不同格式图像，组合成为一个完整的图像资源，以支持学习者学习和教学内容表征。

活动背景

请仔细观察图3-1，思考图像内有哪些图片素材。

如何把网上格式不一的素材整合到一幅图像中？（图3-2）

---

① 孙方：《PowerPoint! 让教学更精彩：PPT课件高效制作》，北京，电子工业出版社，2015。
② 朱永海：《基于知识分类的视觉表征研究》，博士学位论文，南京师范大学，2013。

图3-1 世外桃源

图3-2 "山水风景"图像素材

📂 活动过程

一、常见的图像格式

　　所谓的图像格式，就是图像的"扩展名"，三种最为常见的图片格式有：JPG、PNG、GIF。如何知道图片的格式呢？如图3-3所示，可以从文件"详细列表"中的"类型"中查找到图像格式。

图3-3 图片格式示例

（一）JPG 图像

1. JPG图像的特点

JPG的全名是JPEG，在十多年前是互联网上传播最为广泛的一种图像格式。JPG图像的特点如下。

①图片所占存储空间小，传输速度较快，适宜在互联网上传播。

②图片质量较好，但采用了有损压缩。

③背景不透明，是一种静态图片，这是相对于PNG、GIF的不同。

2. JPG图像的属性

接下来了解一下JPG图像的属性，可以从两个维度出发——动态与非动态、透明与不透明。

从图3-4中可以清晰看到，JPG图像是非动态的，背景是不透明的。

常见的图像格式JPG

图3-4 JPG图像属性

3. JPG图像的应用场景

①JPG图像颜色丰富，可用于突出丰富颜色的图像。

②JPG图像所占存储空间小，可做教学资源背景。

③JPG图像背景不透明，故经常单独使用，不与其他图像元素有效融合，或者只用于融合背景的场合。

（二）PNG图像

PNG被称为"便携式网络图形"，是一种无损压缩的图片格式，压缩比高，生成文件体积小。PNG图像最大的特点就是，支持透明背景效果。

常见的图像格式PNG

1. PNG图像的特点

①PNG图像的优点。

PNG图像支持背景透明效果，边缘能够与任何背景平滑融合，消除锯齿边缘。

图像清晰，无损压缩，压缩比率很高。

②PNG图像的不足。

不如JPG图像的颜色丰富。

PNG图像的体积也比JPG图像略大。

PNG图像只有静态形式，没有动态效果。

2. PNG图像的属性

背景透明的PNG图像就是两张图片叠加在一起也能够平滑边缘。既有背景透明的PNG图像，也有背景不透明的PNG图像。（图3-5、图3-6）

图3-5　背景透明的PNG叠放于背景图中

图3-6　背景不透明的PNG叠放于背景图中

因此，了解PNG图像的属性，可以从两个维度出发——动态与非动态、透明与不透明。

PNG图像可以是透明的，也可以是不透明的，但一定是非动态的，如果是动态的图像，那么一定不是PNG图像。（图3-7）

图3-7 PNG图像属性

3. PNG图像的应用场景

①通常都可以用PNG图像作为教学资源。

②静态图像，故不能表达动态效果。

③背景透明，最适合多幅图像叠加融合。

（三）GIF 图像

GIF被称为"图像互换格式"，可以存多幅彩色图像，并可以把存于一个文件中的多幅图像数据逐幅读出并显示到屏幕上。

常见的图像格式GIF

1. GIF图像的特点

①可动态，也可非动态。动态GIF，是多幅图像保存的一个图像文件，形成动画；动态GIF本质上仍然是"图像"，所以也称"动图"，但不是动画。

②背景可透明，也可非透明。GIF支持背景透明，可与其他图像叠加融为一体。

③体积很小。

④效果清晰，无损压缩。

2. GIF图像的属性

从两个维度出发——动态与非动态、透明与不透明来看一下GIF图像的属性。

最典型的GIF图像是动态的、透明的。动态透明的GIF图像可以较为完美地和背景贴合，但是GIF图像也可以是非动态的和非透明的。（图3-8）

图3-8　GIF图像属性

二、检索不同类型的图像

（一）特定格式图像应用步骤

首先，要明确学习者特点。低年级儿童，更多真实的、形象化、动态的图像。高年级儿童，适度抽象的、简化的图像。

其次，要明确图像应用场景（明确需求格式）。依据图像的两个重要属性值动态/非动态、透明/非透明来判断：动态图像只能选GIF（动态的），静态图像可以是JPG、PNG、GIF（静态的）；透明背景图像只能选PNG、GIF（透明的），非透明背景的可以是JPG、PNG、GIF（非透明的）。

（二）查找、下载不同格式图像的步骤

①检索关键词：主题图像格式。（图3-9）

②检索到源文件：检索到图片时，一定要单击链接，找到源文件。提示：有些搜索引擎检索出来的图片不能立即保存，需要单击图片链接，找到源文件。（图3-10、图3-11）

③右键保存：单击鼠标右键，在弹出的快捷菜单中选择"另存为"。

④确认格式：在保存对话框中，查看确认文件格式是不是你想要的图片格式。

特定的图像格式下载

图3-9　检索关键词

图3-10　保存图片

图3-11　保存图片

切忌犯错：要将图片插入PPT中时，需要先下载图片，再插入；切忌直接从检索到网页的"图像预览"中复制图片并插入PPT中。

推荐的素材网有：千库网、51PPT模板网、包图网。

三、删除图像背景

删除图像背景方法

下载或使用图片时总会遇到背景透明或者不透明的情况，但是制作课件时为了让图片获得良好的视觉效果，我们需要将背景不透明的图片进行背景删除，从而能够将图片融合，达到想要的课件效果。

如何删除图像背景呢？

首先，尽量选择背景纯色，且和主体对象颜色差别很大的JPG、PNG、静态GIF格式的图像。提示：背景不是透明的GIF，在PPT中不能删除背景。

其次，将图片导入PPT中，有两种方式进行背景删除。

第一种：选中所导入的图片，单击菜单栏"格式"中的"删除背景"，即可以删除背景。（图3-12）

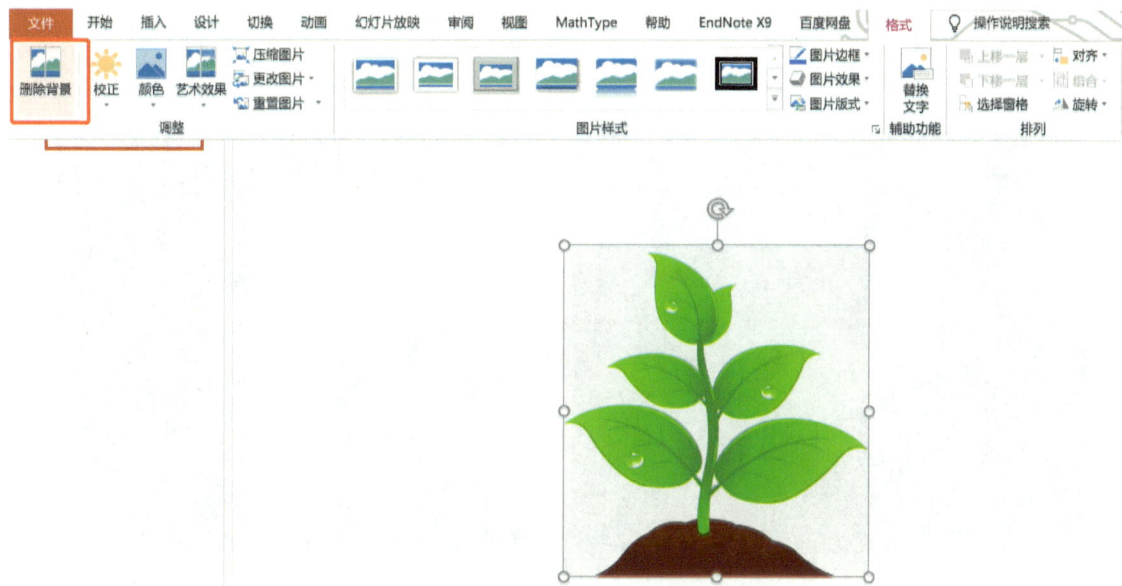

图3-12　删除背景

第二种：选中所导入的图片，单击菜单栏"格式"中的"颜色"，选中"设置透明色"。（图3-13）

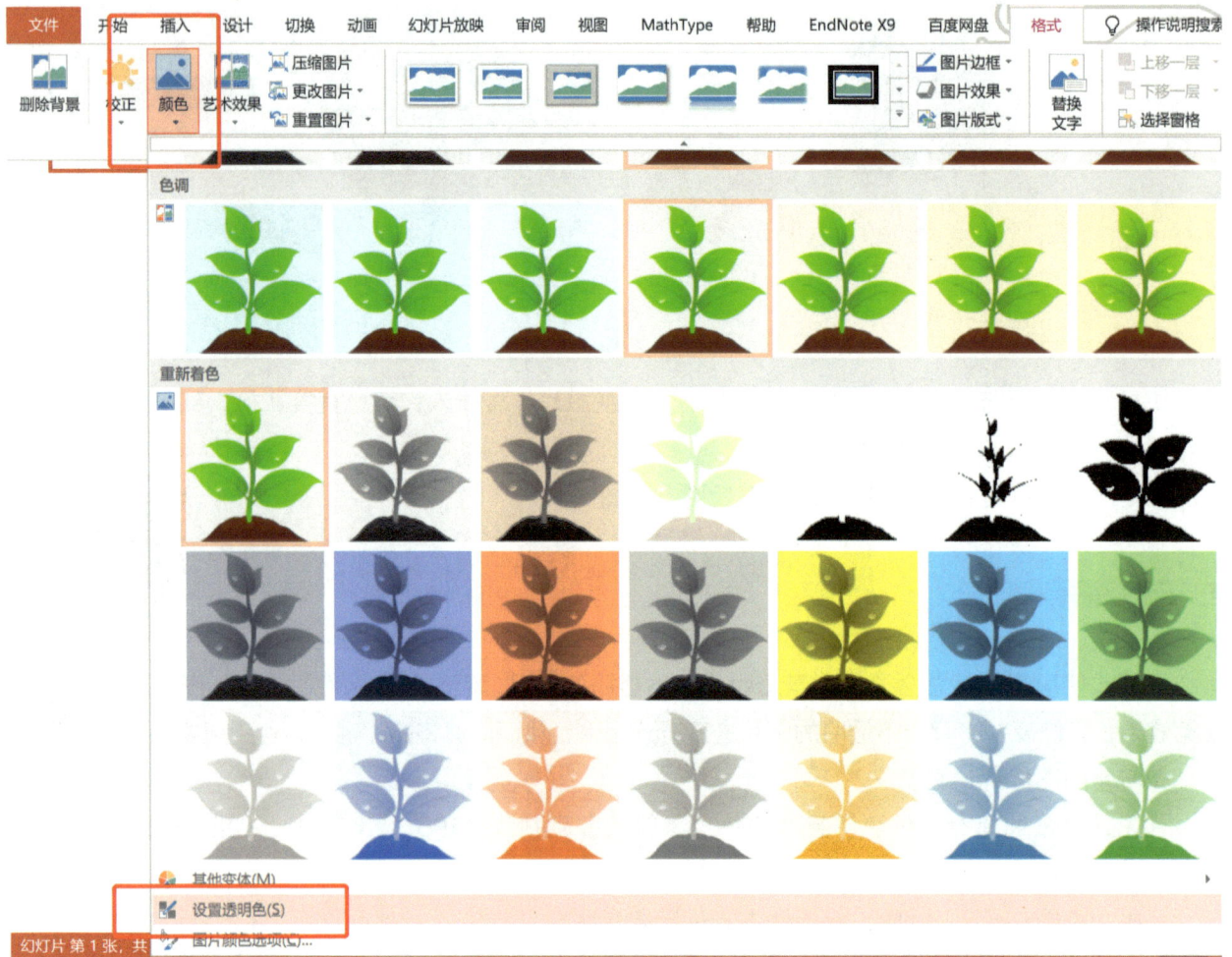

图3-13 设置透明色

效果如图3-14所示。

图3-14 效果对比

相比第一种方法，第二种方法能够更细致地将背景删去，获得更好的视觉效果。

活动延伸

请用JPG、GIF、PNG等图像素材，组合制作一个较为完整、逼真的图像，表达一定的教学意义。要求：

①主题鲜明。

②三种图像格式都用到。

③图像组合比较逼真，无明显违和感。

④具有一定的教育意义。

活动专题二　用素材组合图像资源

活动目标

1. 掌握利用图像素材组合作画的基本步骤。
2. 学会熟练地下载多种格式素材，并能够删除背景。
3. 利用多种图像素材，创新性地组合成为教学需要的图像资源。

活动背景

在日常的教学中，有时候需要与教学内容相关的图片，但是互联网上难以下载到；在现实生活中又难以拍摄到；用PPT或者其他绘图工具，绘制时又太耗时间，而且还不一定能够绘制好。这时候我们就需要利用多种图像素材，来组合做一幅图像。

活动过程

用不同格式图像
组合作画

组合步骤主要有以下四步。

第一步：明确教学需求，组合图像如何支持教与学。

第二步：组合效果构思设计。

第三步：下载需要的素材，聚齐关键素材，否则重新设计构思。

第四步：插入素材，组合图像，不断优化调整。

以下以"世外桃源"组合图像为例，为了完成图3-1所示的"世外桃源"图像，需要如何操作？

首先，导入一张"小湖边"的场景图片，如图3-15所示，既然是作为背景使用，也就是始终处于最底层。为了不让后面组合对象操作的时候，总是误操作到背景图像，可以把这个小湖边的场景图像放在幻灯片的母版中。

图3-15 小湖边

选中"小湖边"图片，单机鼠标右键，选择剪切，如图3-16所示。

图3-16

选择视图—幻灯片母版，如图3-17所示。

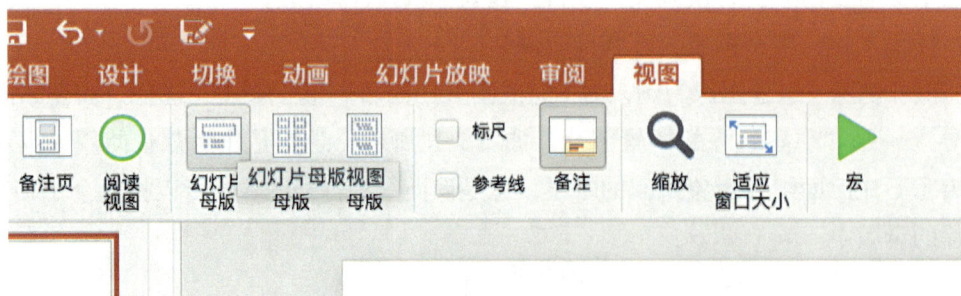

图3-17

在左侧找到最上方这个母版，如图3-18所示。

图3-18

左手按住键盘上Ctrl+V进行粘贴，如图3-19所示。

图3-19

单击关闭母版。这样做的另外一个好处就是，多张幻灯片可以共用一个母版，如图3-20所示。

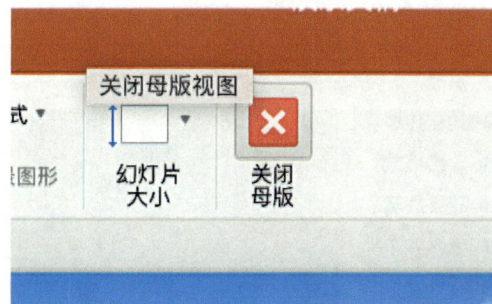

图3-20

其次，丰富背景，让环境变得更加逼真，贴着背景，在背景之上一层的图像，就应该是"白云"。通常先插入PPT中的图像，图层会靠近下方，后插入PPT中的图像，图层会靠近上方，白云应该靠近最下层。

先选择插入—图片，插入一幅白云的图像，如图3-21所示，并把白云移到合适的位置，左手按住键盘上Ctrl键，拖动白云，这样可以复制两份云，并将其移动到合适的位置上。

白云　　　　小湖边

图3-21　白云

插入水中的荷花，把它缩小到合适的尺寸，并将其移动到合适的位置上，如图3-22所示。

图3-22

选择开始—形状—映像，选择一个合适的倒影效果，如图3-23所示。

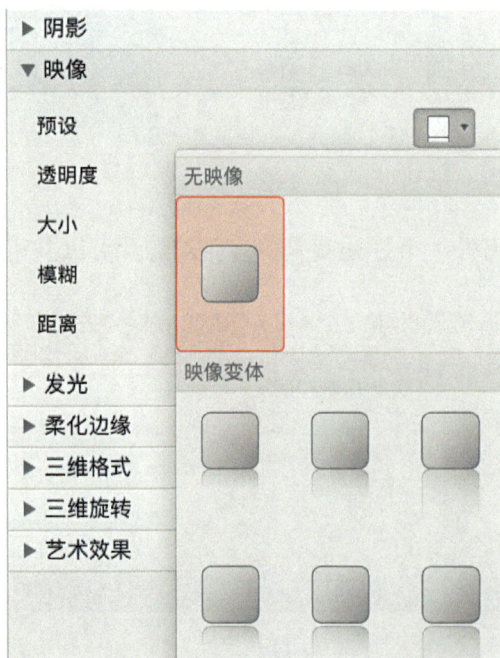

图3-23

插入"仙鹤""树木"等素材，用同样的方式调整它们的大小、位置，并根据需要设置图片效果。

最后，可以在下方插入一些花丛作为我们的前景，设置好人物与花丛之间的图层关系，加强图片的纵深感，让画面变得更加有生机。

需要注意的是，在组合图像之前一定要明确教学目的与教学需求。究竟制作什么样的资源？需要承载什么知识或者创设什么场景？达到什么目的？设计构思时，大脑中要有最终的画面效果。另外，下载使用各种图像资源时，一定要注意多个图片之间要能够相互融合，适合于同一场景，并且尽量选用PNG或透明背景的GIF等图像或动图，以便让多个图像融合时视觉效果较好，表达某个特定的教学意义；注意多幅图像叠加，图像之间是有层次关系的，必要时可借助于"开始—选择—选择窗格"快速调整图层顺序；再者，多个图片叠加的资源制作要注重空间感，可以借助于GIF动态图像，形成上下左右前后等空间运动效果，同时还能够增加整个图像的生机和动感；最后优化调整，检查是否达到教学目标需求，剔除冗余信息，尤其是对于呈现知识点的教学资源，切记不要喧宾夺主，不要让无关资源干扰学习者的视线，使学习者的注意力偏离教学目标。

活动延伸

根据某一教学选题的重难点内容，绘制由多个子图形对象组合而成的复杂图形，复杂图形符合教学实际需求。

分享作品

分享作品、操作经验、方法技巧、心得体会以及学习反思。

进阶式任务4　用多种图像格式合成作图

结合你的作业选题，请应用本模块的学习内容，设计一个合成图像。

具体要求：

①必须应用本模块的 JPG、PNG、GIF 等多种图像格式组合教学。

②有体现自己学科方向的元素。

③图文并茂，并且图文基本相关；图文美观，用到"艺术效果"；文字美观，用到"艺术字效果"。

④有一定的教育教学性，技术是支持教学的，有明确要表达的教学主题或知识主题。

⑤体现一定的创新性、技术性、美观性。

⑥可参考电视节目《经典咏流传》的背景中用到的一些设计元素。

模块四

图形资源开发

——

任务地图

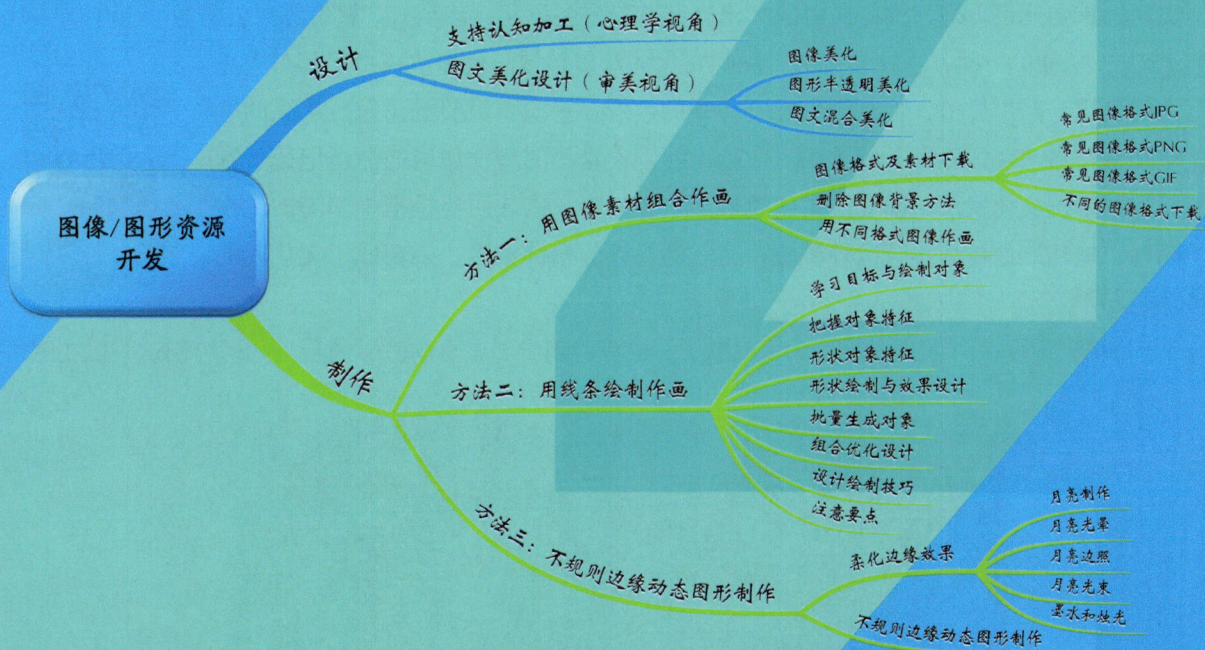

设计
　支持认知加工（心理学视角）
　图文美化设计（审美视角）
　　　图像美化
　　　图形半透明美化
　　　图文混合美化

图像/图形资源
开发

制作
　方法一：用图像素材组合作画
　　　图像格式及素材下载
　　　　　常见图像格式JPG
　　　　　常见图像格式PNG
　　　　　常见图像格式GIF
　　　　　不同的图像格式下载
　　　删除图像背景方法
　　　用不同格式图像作画

　方法二：用线条绘制作画
　　　学习目标与绘制对象
　　　把握对象特征
　　　形状对象特征
　　　形状绘制与效果设计
　　　批量生成对象
　　　组合优化设计
　　　设计绘制技巧
　　　注意要点

　方法三：不规则边缘动态图形制作
　　　柔化边缘效果
　　　　　月亮制作
　　　　　月亮光晕
　　　　　月亮边照
　　　　　月亮光束
　　　　　墨水和烛光
　　　不规则边缘动态图形制作

学习目标

1. 掌握利用PPT进行图形绘制的基本阶段，掌握
   快速制作大量的图形对象的方法。
2. 掌握不规则动态边缘图像制作的技巧。
3. 综合应用组合图像、绘制图像和柔化边缘等方
   法，创新性地制作应用于教学的图像资源。

活动专题一　用线条绘制图形资源

活动目标

1. 掌握绘制复杂对象的四个阶段，学会十步绘制桃花的方法。
2. 学会利用观察法来仿照实物或者图片描绘对象。
3. 学会用任意多边形功能绘制多种不规则图形。
4. 掌握绘制对象与编辑顶点的方法，绘制各种复杂的对象并进行效果设计。
5. 分析和综合不同对象的时间和空间特征，通过多种变形方式，在一个对象基础上，快速高效地编辑成多个对象，提高绘制技巧和效率。
6. 利用绘制对象方法，创新性地绘制多种教学资源或教学情境。
7. 用图形绘制方法展现中国传统文化元素和中国文化之美。

> **想一想**
>
> 用图像素材组合作画，最基础的一步是什么？

活动背景

党的二十大报告指出"中华优秀传统文化源远流长、博大精深，是中华文明的智慧结晶"。桃花是中国文化的重要元素，桃和桃花在中国文化史上有着重要意义，甚至有"桃红深处，藏着半部中国古代文学史"。[①] 从横的方面，在社会生活、民间文化的众多领域，桃和桃花由于其对先民的巨大的食用、药用价值，常常带着魔幻神奇的色彩，扮演着重要的角色。从纵的方面，桃和桃花自"夸父逐日"的神话时代起，就以丰富的阅历、坎坷的命运记载了它扎根其上的中国文化发展、演变的某些轨迹。东晋末年，陶渊明更是把中国陶文化推向了高峰，他巧妙地构思出"世外桃源"这一乌托邦的精神家园。桃花成了文化人的精神寄托。[②③]

> 学习目标和绘制步骤

请仔细观察图4-1，"桃花流水"为《渔歌子》这首诗创设了丰富的教学情景。如何绘制这些桃花呢？

图4-1　桃花流水

---

① 来源：https://wenhui.whb.cn/third/baidu/202004/21/342083.html
② 罗漫：《桃、桃花与中国文化》，载《中国社会科学》，1989（4）。
③ 木石：《桃之起源与中国桃花文化》，https://www.sohu.com/a/47093496_111648。（网址打开时间为2021年12月13日）

桃花绘制步骤如图4-2所示。

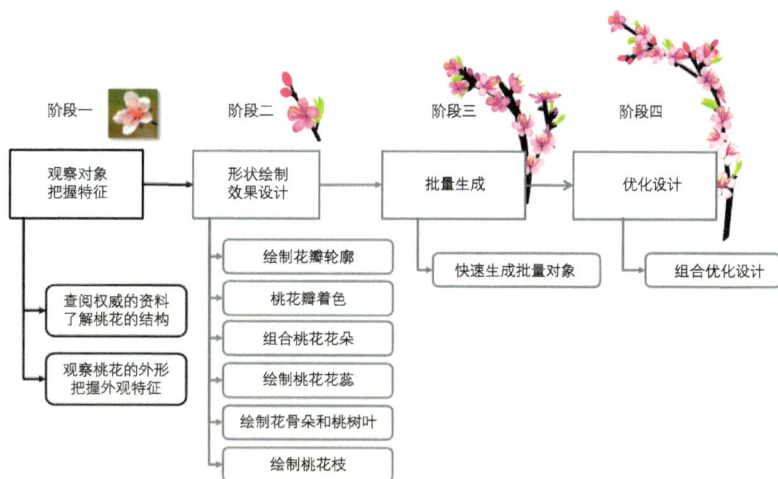

图4-2　绘制阶段

📂 **活动过程**

一、绘制步骤

（一）阶段一：观察对象，把握特征

把握对象主要特征，是绘制的基础，可以有两种方法，一是查阅资料，二是直接观察。通常这两步结合使用，以便准确把握对象特征。

第一步：查阅权威的资料，了解桃花的结构。

优质的学习资源一定是要以思想性、教育性、科学性和艺术性为基础的。制作教学资源，如绘制桃花，需要基本符合桃花的生物学特征。此时需要查询相关的生物书或者百科全书。

桃花通常是粉红色离生花瓣五瓣，叶片椭圆状至倒卵状。

第二步：观察桃花的外形，把握外观特征。

要绘制一幅效果逼真的图形，不仅仅要观摩一枝桃花（图4-3）的整体特点，更要观摩一朵桃花（图4-4），甚至是其中的一片桃花瓣。

桃花是粉红色的，一朵桃花由五个花瓣组合而成，萼片五个合身花瓣，五个离生，桃叶椭圆形或倒立卵形，在桃花的周边会有

图4-3　桃花枝

图4-4　桃花朵

一些小缺口。

（二）阶段二：形状绘制，效果设计

第三步：绘制花瓣轮廓。

首先绘制桃花的轮廓，桃花瓣类似于椭圆形，首先要绘制一个椭圆，选择插入形状，找到椭圆，单击。（图4-5）

形状绘制与效果设计

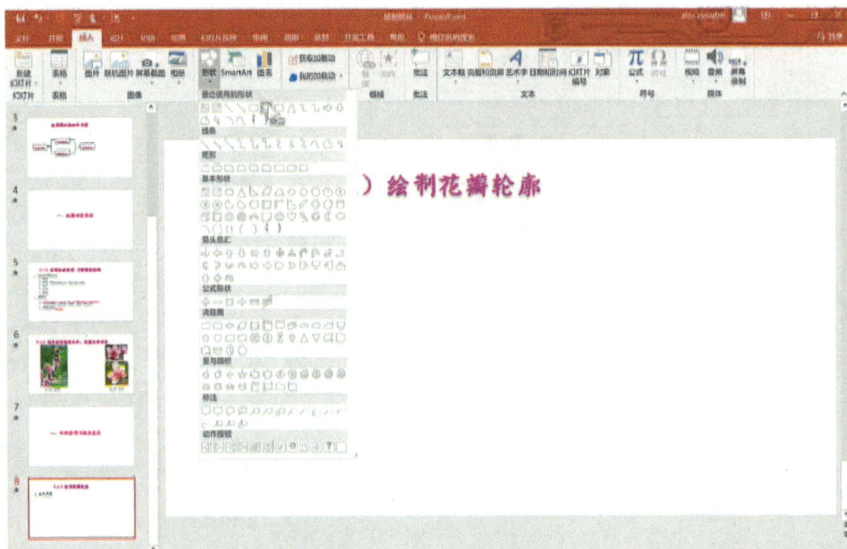

图4-5　插入形状

在空白处绘制一个纵向的椭圆，制作桃花瓣上的小缺口，这就需要编辑椭圆轮廓，这是操作技能中最为关键的一步。（图4-6）

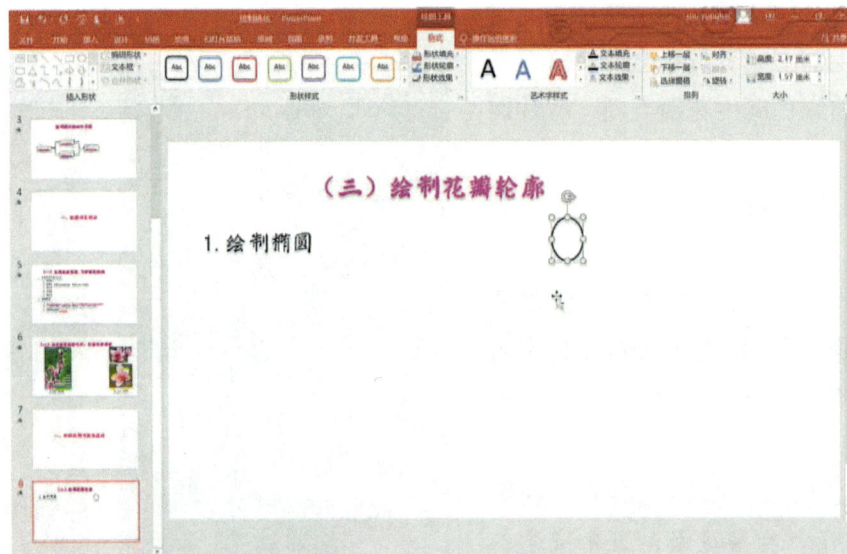

图4-6　绘制椭圆

把鼠标移动到椭圆的轮廓上，单击鼠标右键，在弹出的快捷菜单中选择编辑顶点。（图4-7）

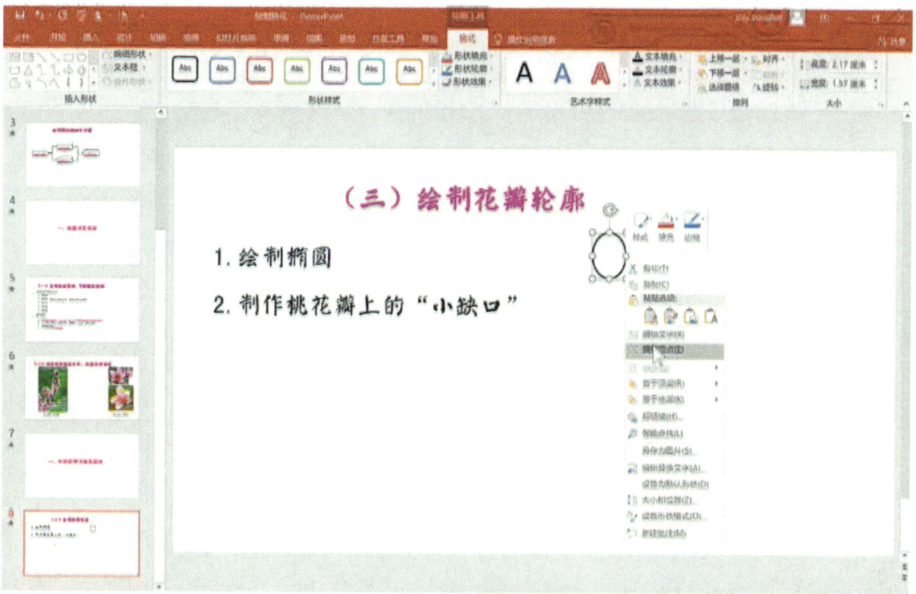

图4-7　编辑顶点

进入编辑顶点状态，表现为椭圆的四周有四个黑色的小点，这四个黑色的小点是可以进行编辑的。（图4-8）

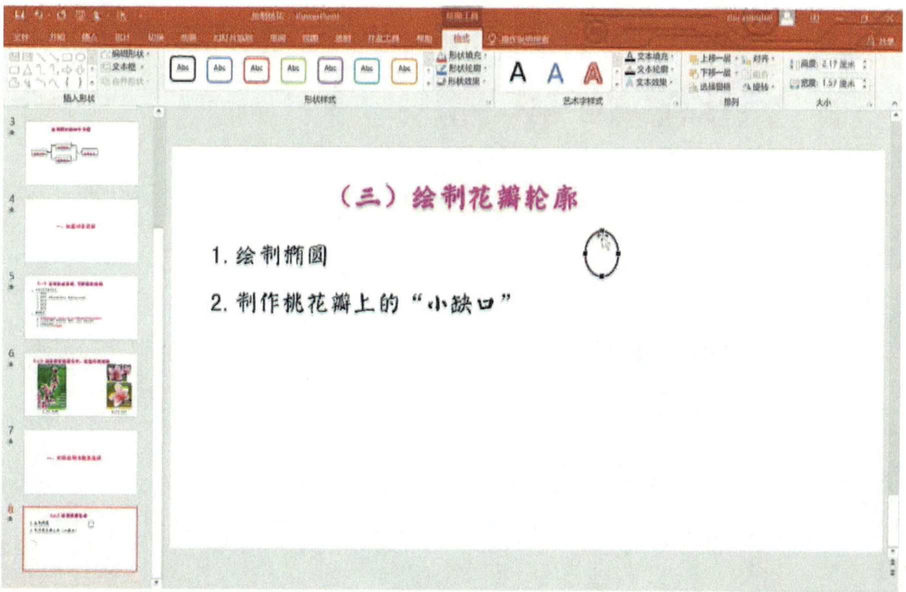

图4-8　编辑顶点

把鼠标移到最上方的小点处，单击鼠标，按住鼠标左键不放，往下拖动鼠标。这时候并没有出现小缺口，而是整体向下移动。（图4-9）

为了在椭圆上形成一个小缺口，先按住Ctrl+Z撤销，这时需要添加辅助的顶点，把鼠标移到最上

方，编辑顶点的左侧。当鼠标指针变成十字形的时候，先按住Ctrl键，滚动鼠标，把椭圆放大，把视图放大。（图4-10）

图4-9　制作小缺口

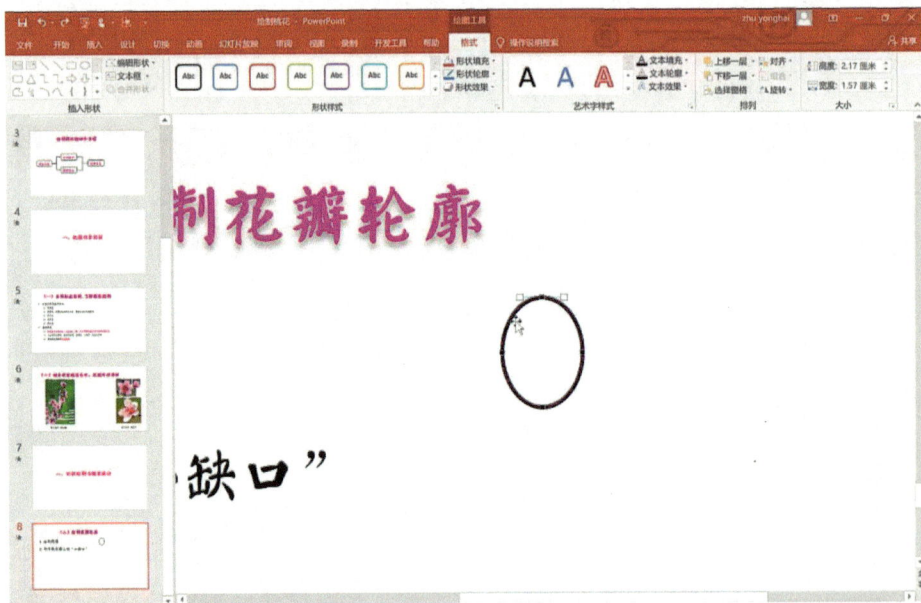

图4-10　放大视图

　　把鼠标指针移到椭圆的周边，当鼠标指针发生变化的时候，单击鼠标右键，选择添加顶点。此时在这个位置上添加了一个顶点，同样把鼠标移到最上方顶点的右侧，当鼠标指针发生变化时，单击鼠标右键，选择添加顶点。这样就添加了两个辅助顶点。（图4-11）

　　此时把鼠标移到最上方顶点处，当鼠标指针发生变化时，单击鼠标，按住鼠标左键不放，往下拖动鼠标，这样就形成了一个小缺口。（图4-12）

图4-11 添加顶点

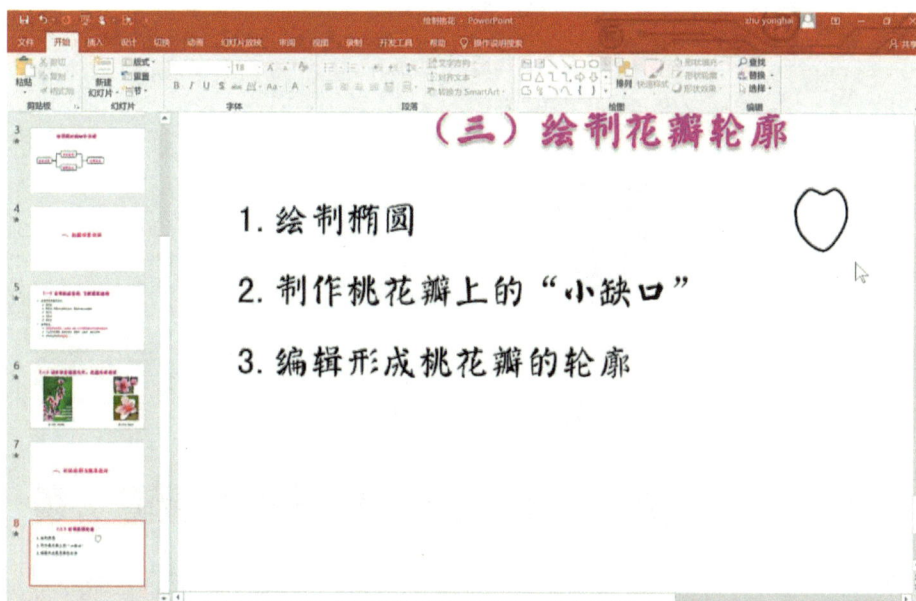

图4-12 形成小缺口

第四步：桃花瓣着色。

首先要观察桃花瓣的颜色纹路的细节。如图4-13所示，桃花瓣整体上呈桃红色，进一步观察可以发现每片桃花瓣靠近中心，花蕊的根部颜色较深，顶端和四周相对来说颜色较浅。基于这样一个观察，可以设置桃花瓣底部颜色。

在上一步的桃花瓣轮廓的基础上，把鼠标指针移到椭圆轮廓上，单击鼠标右键，选择设置形状格式。（图4-14）

在右侧出现一个设置形状格式选项板，在这个选项板中选择填充，选择渐变填充，再次选择类型为线性，这是实现形式默认的一种类型，在方向栏中选择线性向下。（图4-15）

图4-13 桃花朵

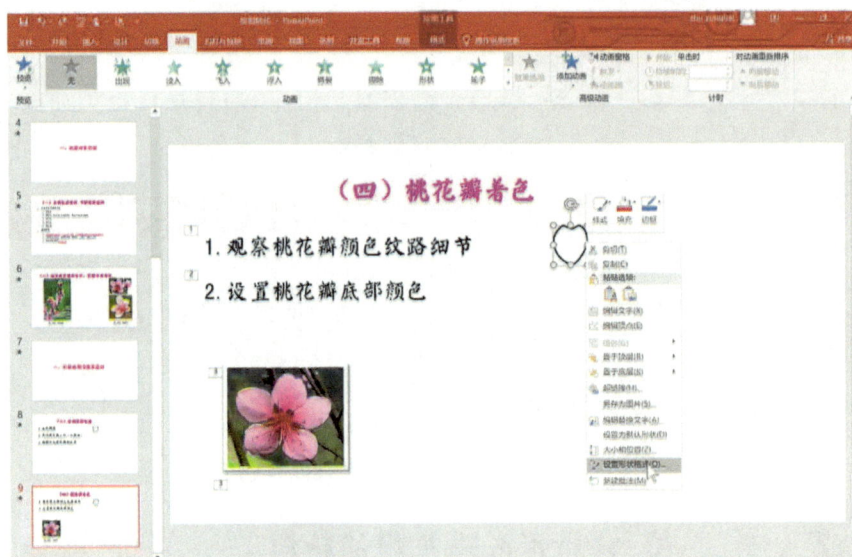

图4-14 设置形状格式

图4-15 渐变填充

　　此时在界面光圈中会出现四个光圈，依次是停止点一到停止点四，前面选择了线性向下的方向，因此上方就是渐变光圈的停止点一，桃花瓣的根部就是停止点四。（图4-16）

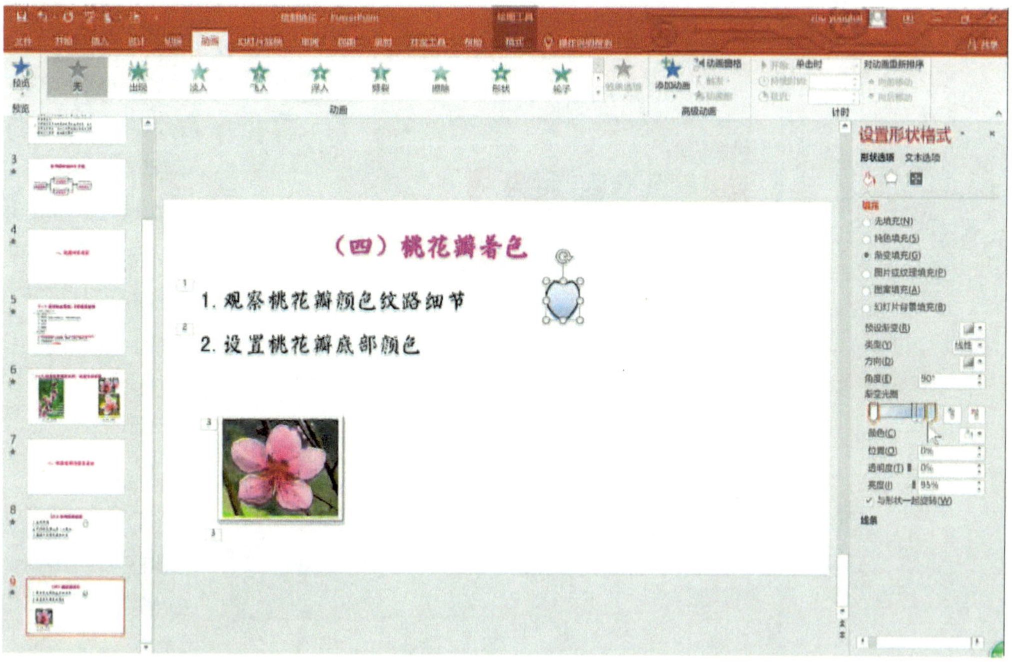

图4-16　渐变光圈

　　单击停止点四这个光圈对桃花瓣根部的颜色进行设置。在下面颜色中选择下拉按钮，选择其他颜色。（图4-17）

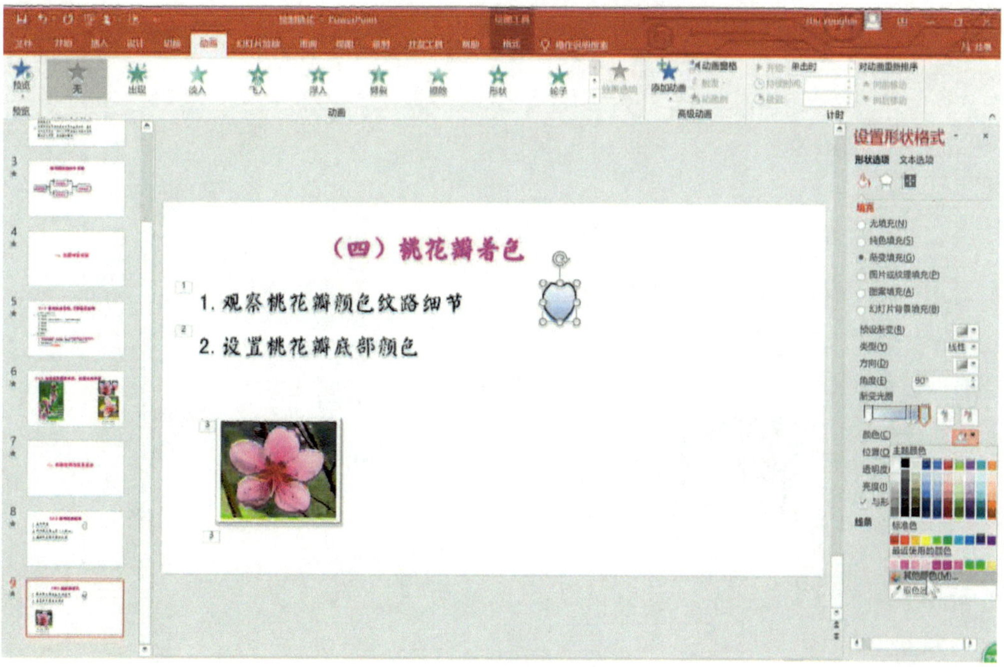

图4-17　设置根部颜色

选中自定义，找到桃红色。可以通过右侧的颜色条旁边的三角形按钮向下拉动，拉动到合适的位置，以便出现想要的桃红色。（图4-18）

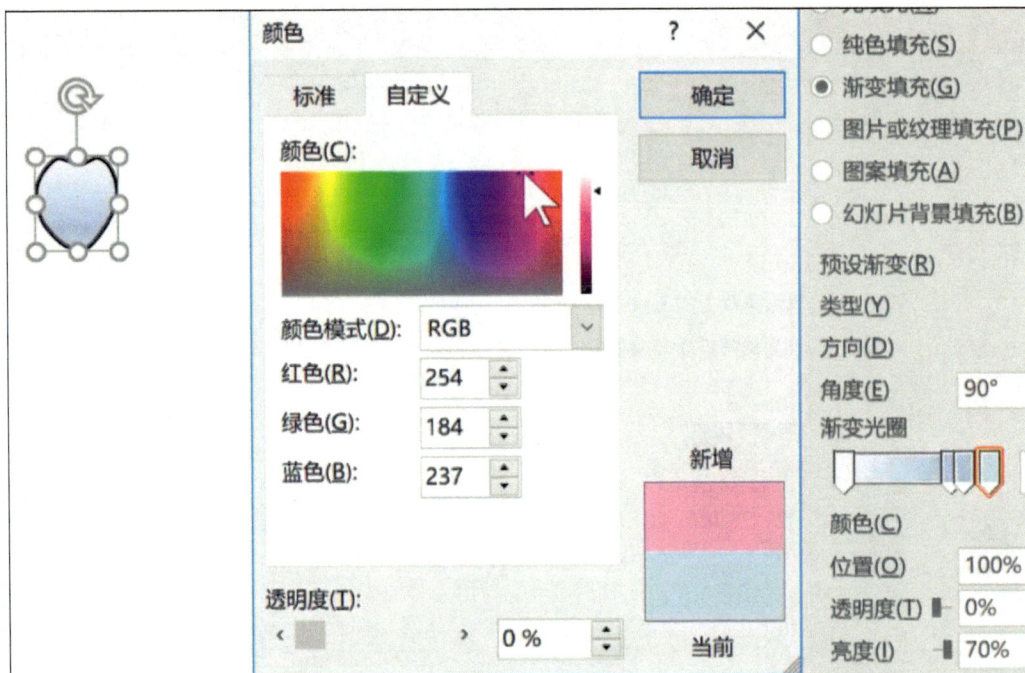

图4-18　填充桃红色

另外，如果懂得RGB颜色的同学可以在下方红绿蓝三个颜色值的方框中分别输入255、0、255，这是标准的品红色或者就是桃红色。（图4-19）

图4-19　设置RGB值

当然如果不懂RGB，那么可以大致选择一个颜色值，单击确定，桃花瓣的根部就会出现桃红色。（图4-20）

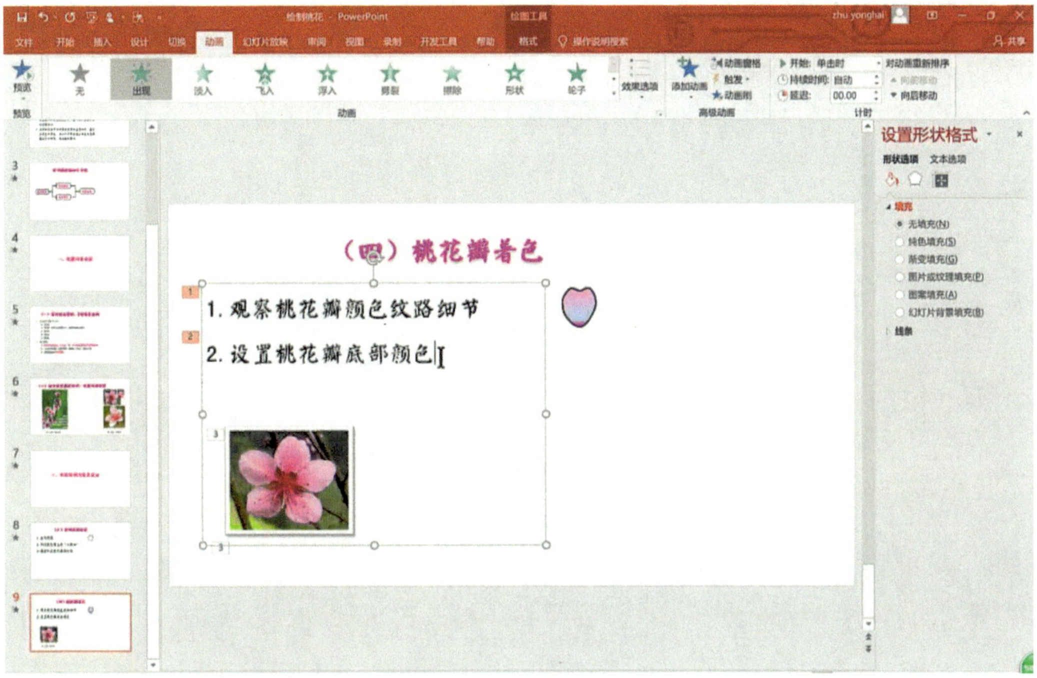

图4-20 设置根部颜色

再设置桃花瓣顶部颜色，再次选中桃花瓣，选择与桃花瓣顶端颜色相对应的停止点一这个光圈，单击。（图4-21）

图4-21 设置顶部颜色

在下方颜色框中，选择其他颜色，找到桃红色，选择一个比较浅一点的桃红色，单击确定按钮，这样顶端颜色就设置好了。（图4-22）

图4-22　设置顶部颜色

最后一步剔除冗余设置。再次单击桃花瓣，单击选择停止点三的光圈，选择右侧删除渐变光圈；选择停止点二的光圈，选择删除，或者按住键盘上的Delete键直接进行删除。（图4-23）

图4-23　删除光圈停止点

在形状轮廓中选择无轮廓。（图4-24）

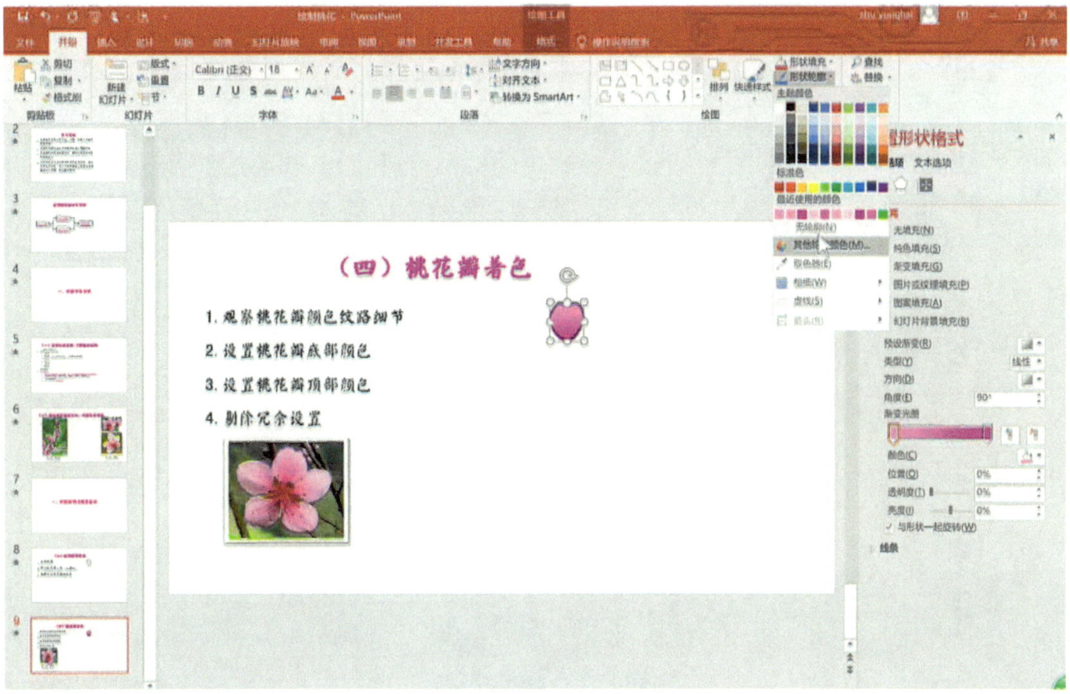

图4-24 设置形状轮廓

这样一个桃花瓣的颜色，基本上就设置好了。

第五步：组合桃花花朵。

观察桃花花朵细节。如图4-25所示，桃花花朵是五个桃花瓣依次较为均匀地排列成一个圆，不同的桃花瓣并不完全一样，有细微的差别，但还是表现出了大致相似的特点。

图4-25 桃花朵

初步组成桃花花朵，单击刚才绘制的桃花瓣，按住Ctrl+C然后连续按四次Ctrl+V，复制四朵桃花瓣。（图4-26）

图4-26 复制桃花瓣

如果让五个桃花瓣依次排列成一个圆圈，就应该依次旋转（360°÷5），即72°。单击第二片桃花瓣，这时按住Ctrl键，滚动鼠标，放大视图，以便于清晰地查看。

选择开始—排列。（图4-27）

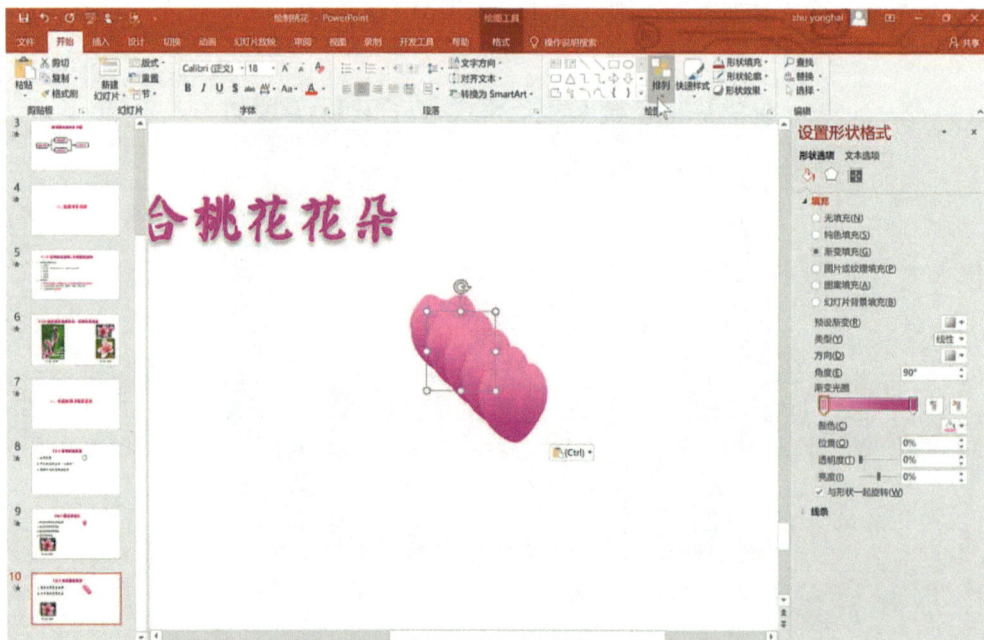

图4-27 选择排列

在排列中选择旋转—其他旋转选项。（图4-28）

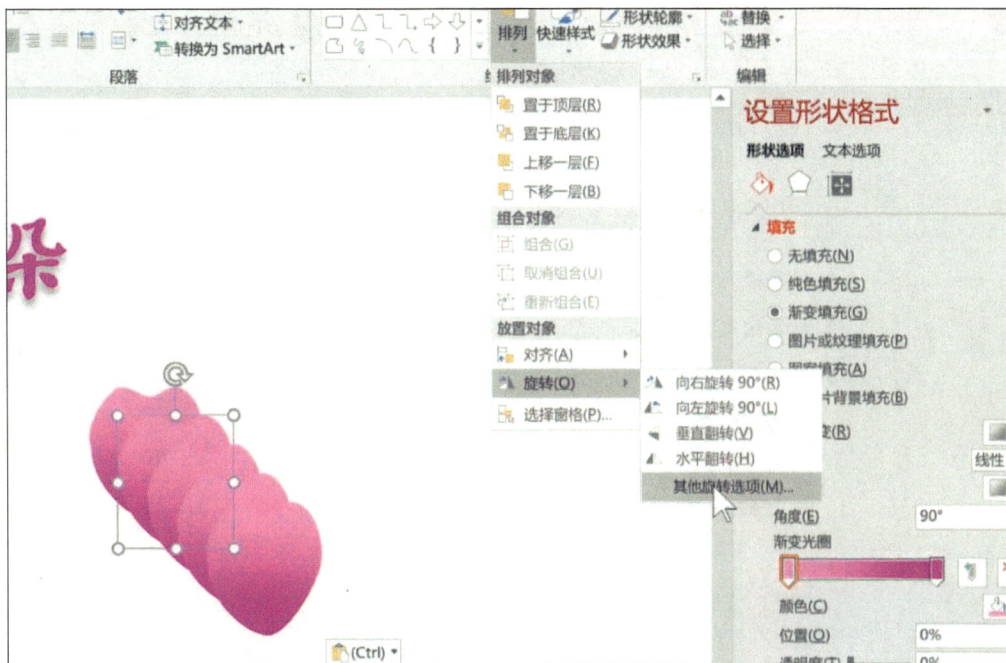

图4-28　旋转

在右侧设置形状格式中可以设置旋转角度72°，按下键盘上的Enter键，桃花瓣发生了旋转，依次按住三片桃花瓣，在右侧旋转中选输入144°、216°、288°。（图4-29）

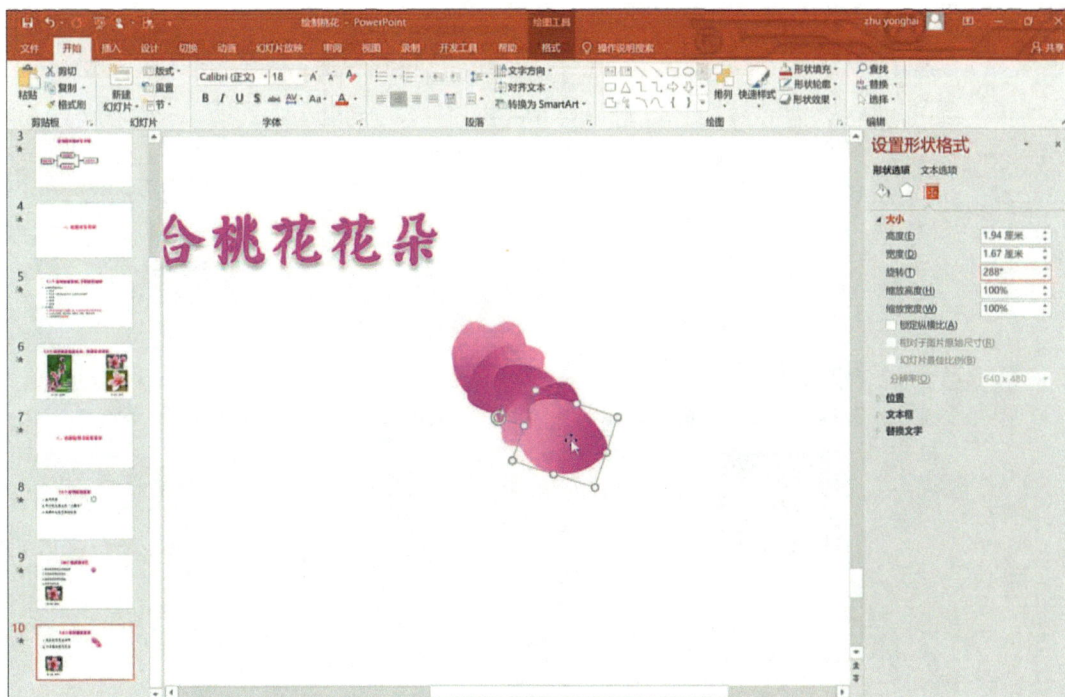

图4-29　设置旋转角度

再把它们排列成一个圆圈，中间适当留空白。（图4-30）

图4-30 排列桃花瓣

编辑形成不同位置桃花瓣。在实际中每个桃花瓣之间还是有一定差异的，因此需要把每个桃花瓣稍微修改一下。选中桃花瓣，单击鼠标右键，选择编辑顶点，按住Ctrl键，放大视图，对其进行适当修改，以便让其有所差别。（图4-31）

图4-31 编辑顶点

经过对每一片桃花瓣进行细微调整，形成不同花瓣的桃花朵。（图4-32）

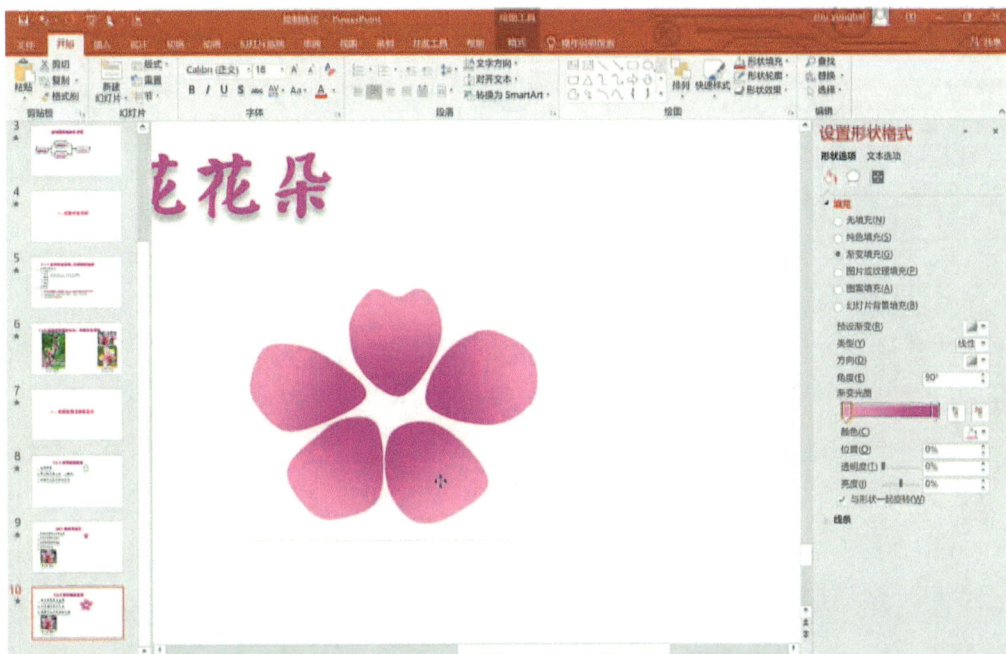

图4-32　形成不同花瓣

第六步：绘制桃花花蕊。

如图4-33所示，桃花的花蕊是黄色的，包括有多个花丝和花药，以及一根花柱和柱头。本课程制作的图形定位在情境创设中的桃花，而并不是生物学解剖意义上的桃花资源，故不用划分得这么详细。

直接粗略地观察为四周花丝比较细，中间的花柱比较粗，顶端头部比较大。

图4-33　桃花花蕊

　　绘制花柱。选择插入形状任意多边形，单击鼠标右键，单击一次，再单击一次，绘制一个折线形的线段，此时可以双击，停止绘制。（图4-34）

图4-34　插入任意多边形

　　再次选择插入形状任意多边形，在刚才花柱的顶端，按住鼠标左键不放，拖动鼠标，绘制一个椭圆形。选中花柱，单击鼠标右键，选择编辑顶点，在中间这个顶点处选择平滑，让它呈现一定的曲线，并不是折线。（图4-35）

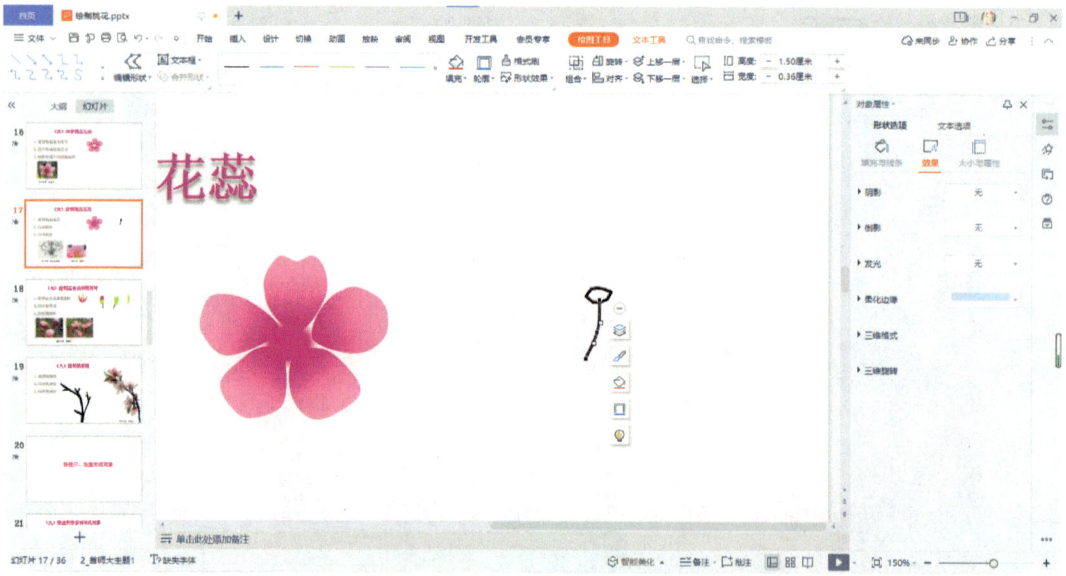

图4-35　平滑顶点

选择它的填充颜色、形状轮廓，这样一个花柱就做好了。（图4-36）

把两者同时选中，单击鼠标右键选择组合成为一个整体。

按照同样的方式再绘制一个较细、较短的花丝。

图4-36　花柱

按住Ctrl键拖动鼠标，此时就会绘制出不同的花丝，把花丝的大小适当地更改一下。（图4-37）

图4-37　制作花丝

按照同样的方式对其他花丝进行修改，把花丝摆在花柱的两侧，让它们的根部聚焦在一个点上并适当地旋转。（图4-38）

选中所有花丝，单击鼠标，右键选择组合，把所有的花丝组合在一起。（图4-39）

图4-38　旋转花丝

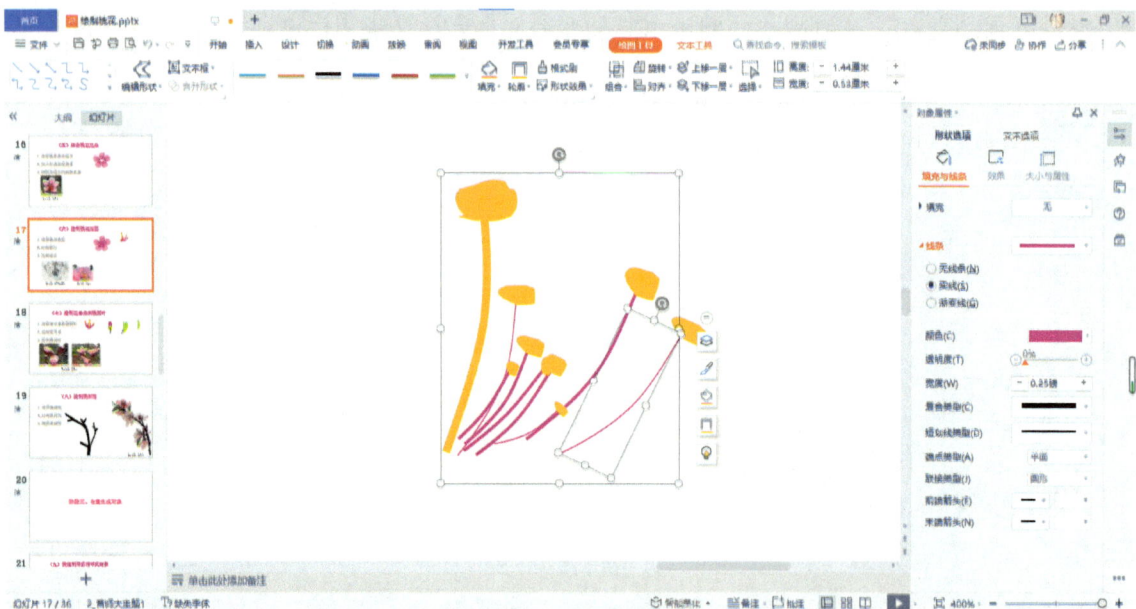

图4-39　组合花丝

再次复制一束花丝，选择旋转—水平翻转。（图4-40）

把旋转完的花丝移向花柱的另外一侧，这样花丝就制作好了。

把花柱和花丝都选中，选择组合在一朵桃花之上。这样一朵桃花的雏形就制作好了。（图4-41）

图4-40 复制花丝

图4-41 组合桃花

桃花的中心有一团红色，因此可以在桃花中间做一个柔化效果。选中一个圆绘制一个椭圆，填充为桃红色，选择无轮廓。（图4-42）

选中椭圆—鼠标右键—设置对象格式—形状选项—柔化边缘，设置柔化边缘的大小值为"9"。（图4-43）

选中花丝和花柱，单击鼠标右键选择置于顶层，就形成了一个柔化边缘效果的原型，用它来近似

图4-42 插入椭圆

图4-43 柔化边缘

图4-44 桃花效果

地替代桃花的"子房",形成一定的视觉效果。(图4-44)

第七步:绘制花骨朵和桃树叶。

桃花的花骨朵呈现一个椭圆形,在花骨朵上有椭圆形的萼片。桃树叶和花骨朵是相互分离的,由多片组合而成。(图4-45)

先来绘制花骨朵,选择插入形状椭圆,绘制一个椭圆形,填充为桃红色,无轮廓。(图4-46)

再为花骨朵制作几个萼片,制作方式和花骨朵制作方式相似。(图4-47)

图4-45 花骨朵

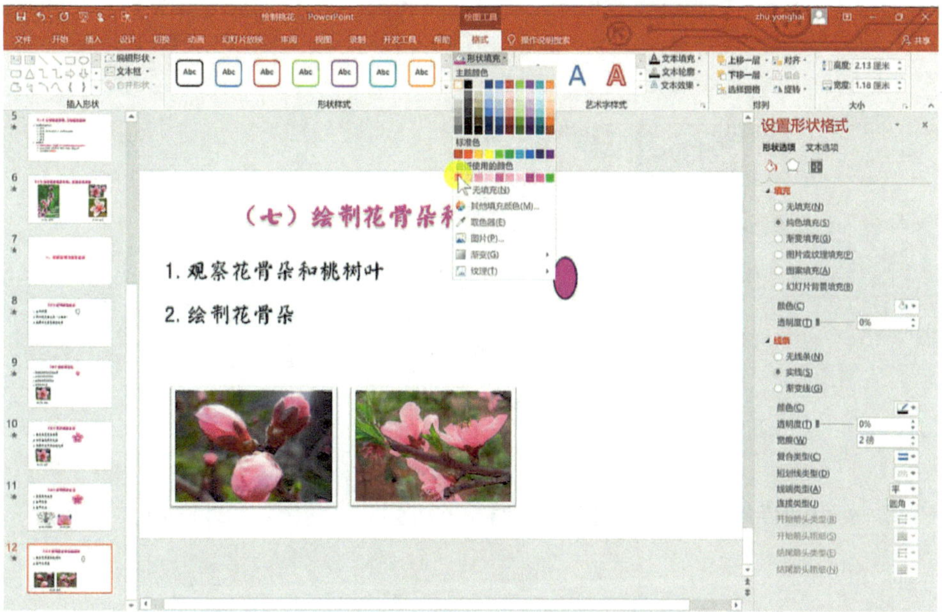

图4-46 插入椭圆

图4-47 绘制萼片

组合花骨朵和萼片。（图4-48）

图4-48　组合形状

绘制桃树叶，按照同样的方式选择椭圆，绘制一个竖向的椭圆。（图4-49）

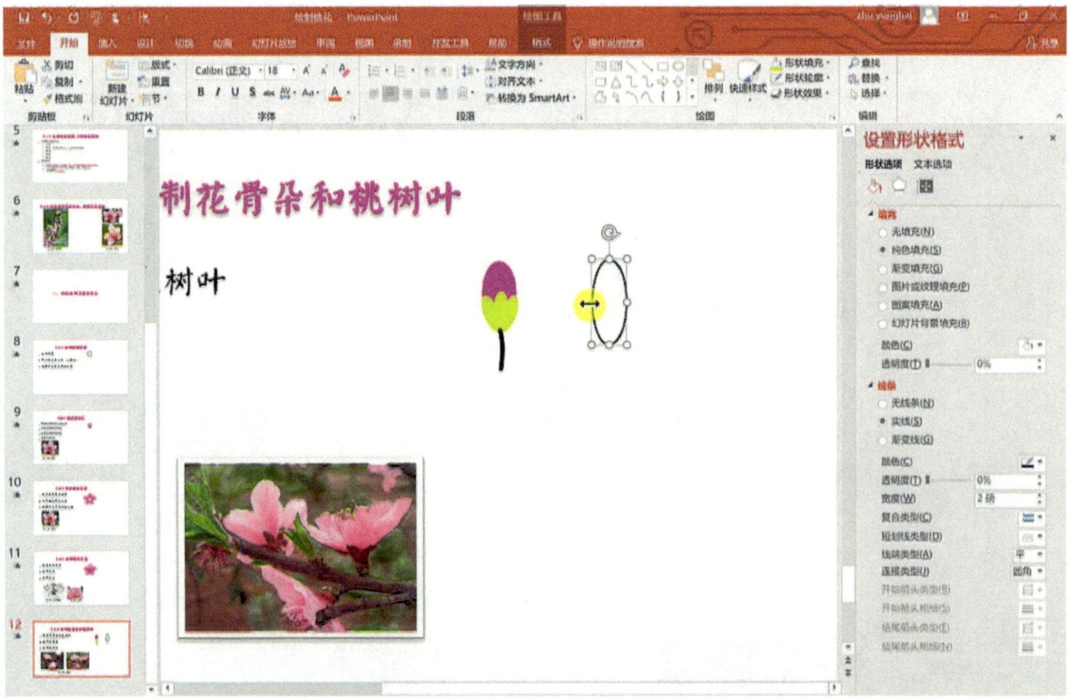

图4-49　绘制桃树叶

单击鼠标右键，选择编辑顶点。（图4-50）

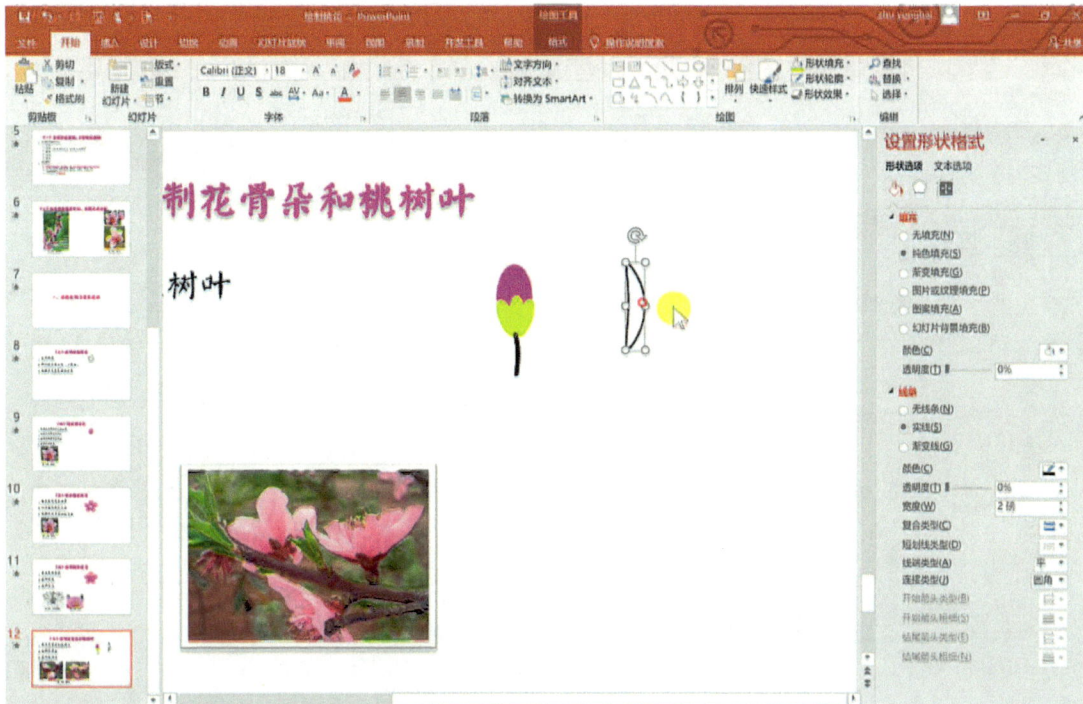

图4-50　编辑形状

填充为嫩绿色，选择无轮廓。这样就绘制好了一片桃树叶。（图4-51）

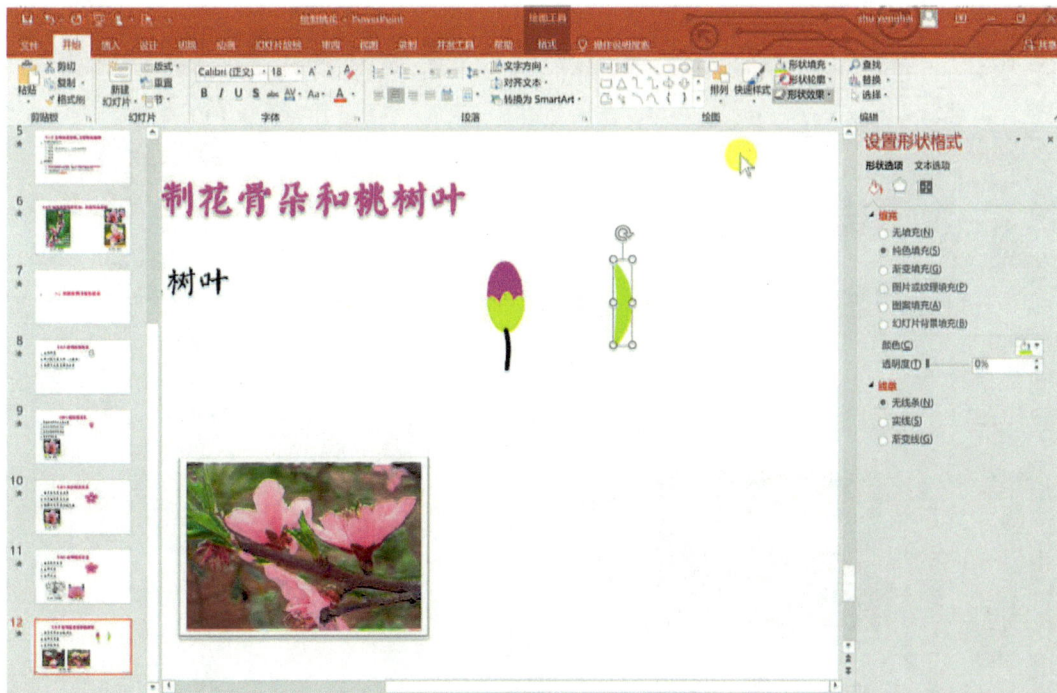

图4-51　设置颜色和轮廓

按住Ctrl键再次拖动，适当旋转，进行适当重合。（图4-52）

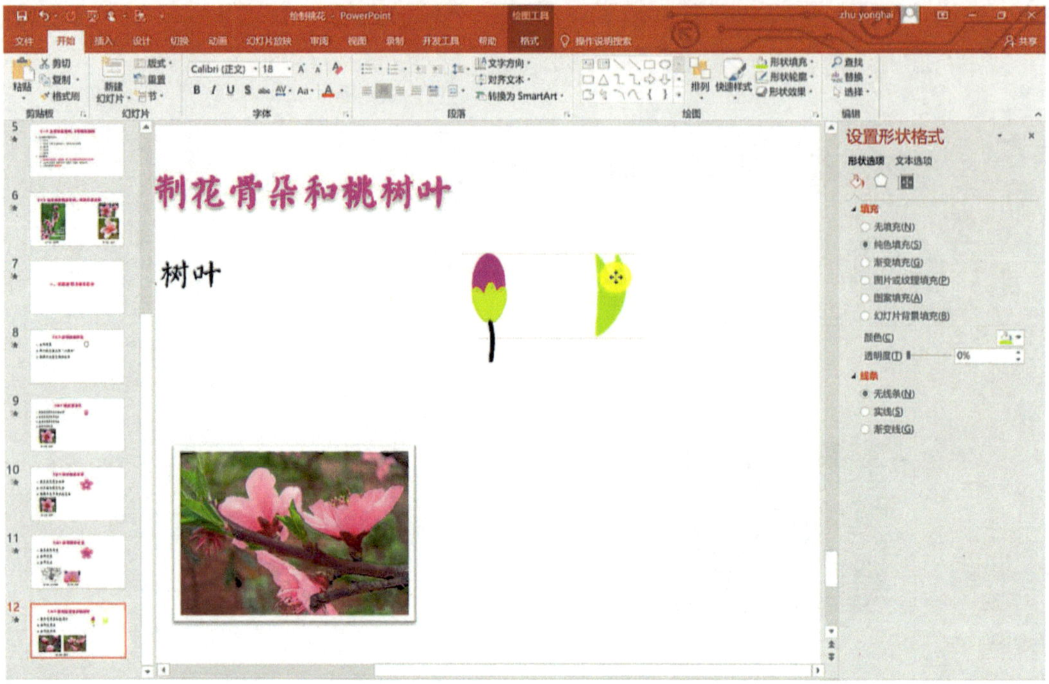

图4-52　复制叶片

适当地再次更改它的形状，重新排列一下，把中间的桃树叶的颜色设置得深一些，选择其他填充色—选择标准—选择一个深色—置于底层。（图4-53）

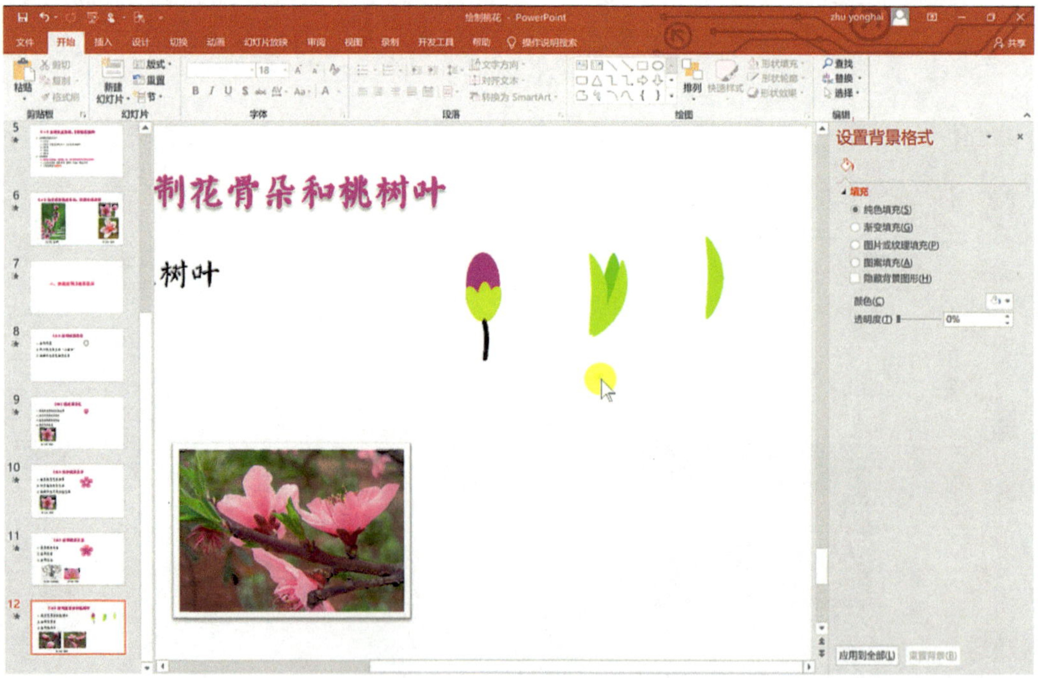

图4-53　编辑叶片

同样复制花茎，置于底层，选中所有对象选择组合，这样桃树叶就绘制好了。（图4-54）

图4-54 组合叶片

第八步：绘制桃花枝。

观察桃花枝：多数的桃花枝都是比较曲折的。（图4-55）

快速绘制一个桃花枝：选择插入形状任意多边形。在画面的底端单击鼠标之后一定要松开手往上移动，仿照右边的图绘制一个桃花枝。（图4-56）

（八）绘制桃花枝

1.观察桃花枝

图4-55 桃花枝

图4-56 插入任意多边形

填充为黑色。（图4-57）

图4-57 设置填充颜色

按住Ctrl键，拖动桃花枝，然后压扁缩小移动它，使其形成一个分枝。（图4-58）

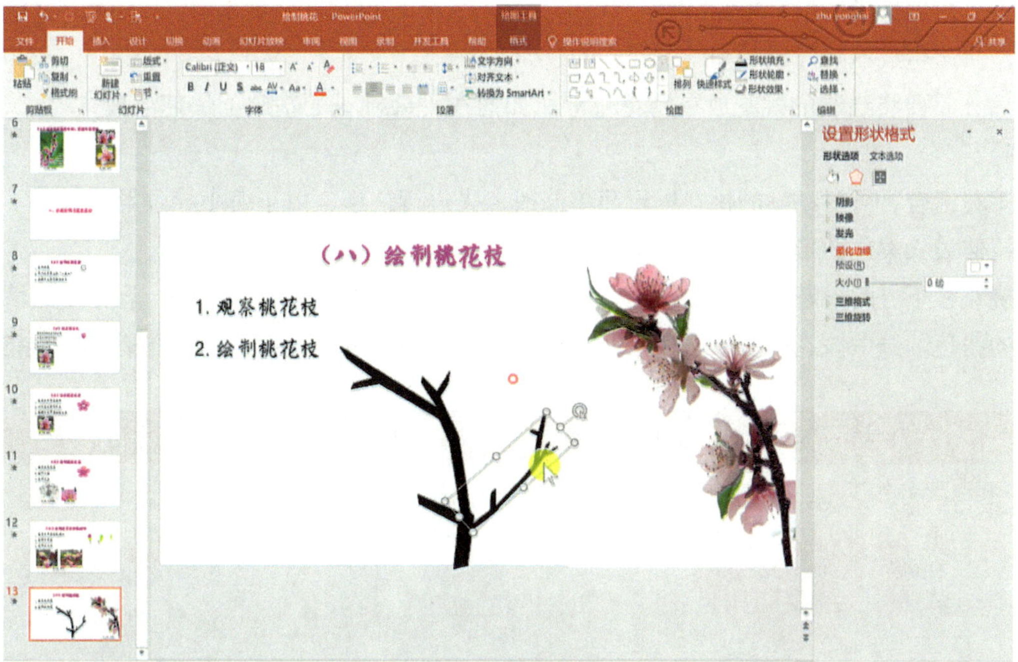

图4-58 添加分枝

简单地对桃花枝进行编辑，把过于折线的地方适当地进行平滑处理，删除多余的顶点。这样一个桃花枝就做好了。（图4-59）

图4-59 组合树枝

（三）阶段三：批量生成

第九步：快速生成批量对象。

第一，快速生成不同开放时间的桃花。

这一部分需要将绘制的桃花放在桃花枝上。如何在一朵桃花的基础上快速生成许多桃花呢？

复制桃花组合，再对粘贴的桃花进行简单修改，先进行缩小，由于缩小导致柔化效果不明显，因此需要再拉伸放大柔化的形状。

靠近桃花枝下方的桃花通常开放时间较长，且颜色较淡。选中一个桃花瓣，将花瓣的填充颜色设置为稍淡的粉色。选中该花瓣，双击格式刷，鼠标的状态发生改变后单击其他花瓣。（图4-60）

快速生成不同开放时间的桃花

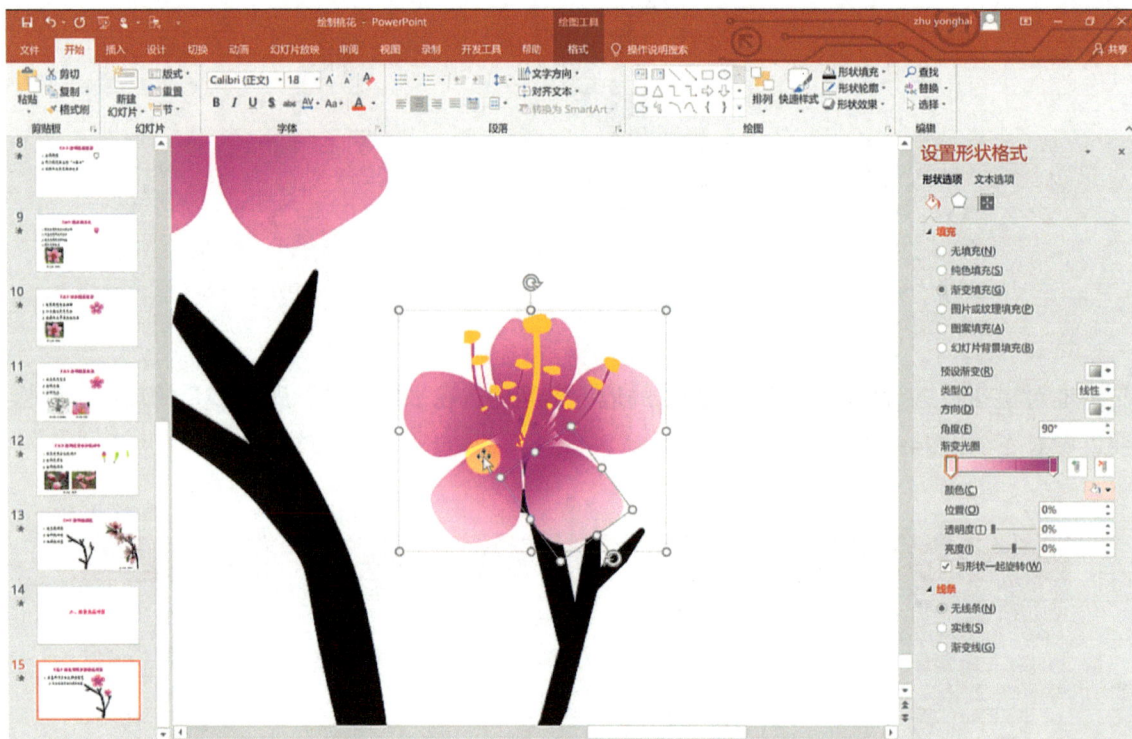

图4-60　使用格式刷

这样就可以快速将颜色效果复制到其他花瓣，使花朵颜色整体变淡。这样我们就可以认为这是一朵开放时间较长的桃花。（图4-61）

按照同样的方式再复制一朵桃花到更下方，同样可把它的颜色改得更加淡一些。每个桃花瓣的颜色也不是绝对一样的，所以使用格式刷之后，还需要再进行细节修改。

通过颜色与大小的调整后，将不同的花朵置于恰当的位置。深色的桃花开放时间稍短，花朵更小，位置更加偏上。（图4-62）

第二，快速生成不同开放朝向的桃花。

一个桃花枝上的桃花可以有很多朝向，因此，每个花朵的形状也要进行调整。（4-63）

快速生成不同开放朝向的桃花

图4-61 形成开放时间较长的桃花　　　图4-62 初步桃花枝　　　图4-63 桃花枝

　　向上开放的桃花整体较为扁平，因此选中一朵复制的桃花，通过鼠标缩放将其压缩成扁平状。（图4-64）

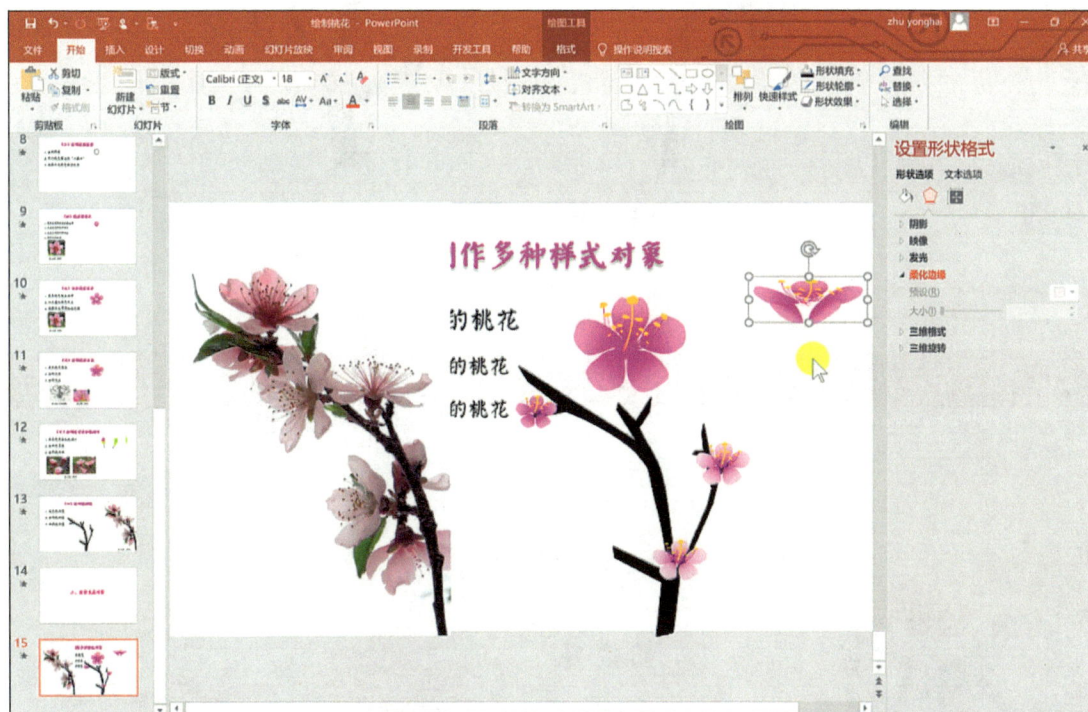

图4-64 压缩桃花

　　通过观察桃花实拍图片，有些桃花瓣的中间下陷，边缘向上。因此对于这个花瓣我们可以通过编辑形状并添加一条弧线来增加立体感。

　　在一个花瓣上添加弧线，选择任意多边形，单击绘制一条弧线，再次双击退出绘制状态。（图4-65）

　　选择编辑顶点，平滑顶点，编辑线条改成细线条，设置颜色为红色。（图4-66）

　　再次微调桃花瓣颜色，单击鼠标右键，选择设置形状格式。（图4-67）

　　在类型中选择射线，在方向中选择"从中心向四周"。（图4-68）

　　这样桃花瓣中心颜色就会变淡，四周颜色就会变得较深，可以看到花瓣变得更加立体。（图4-69）

图4-65　添加弧线

图4-66　调整弧线

图4-67 设置形状格式

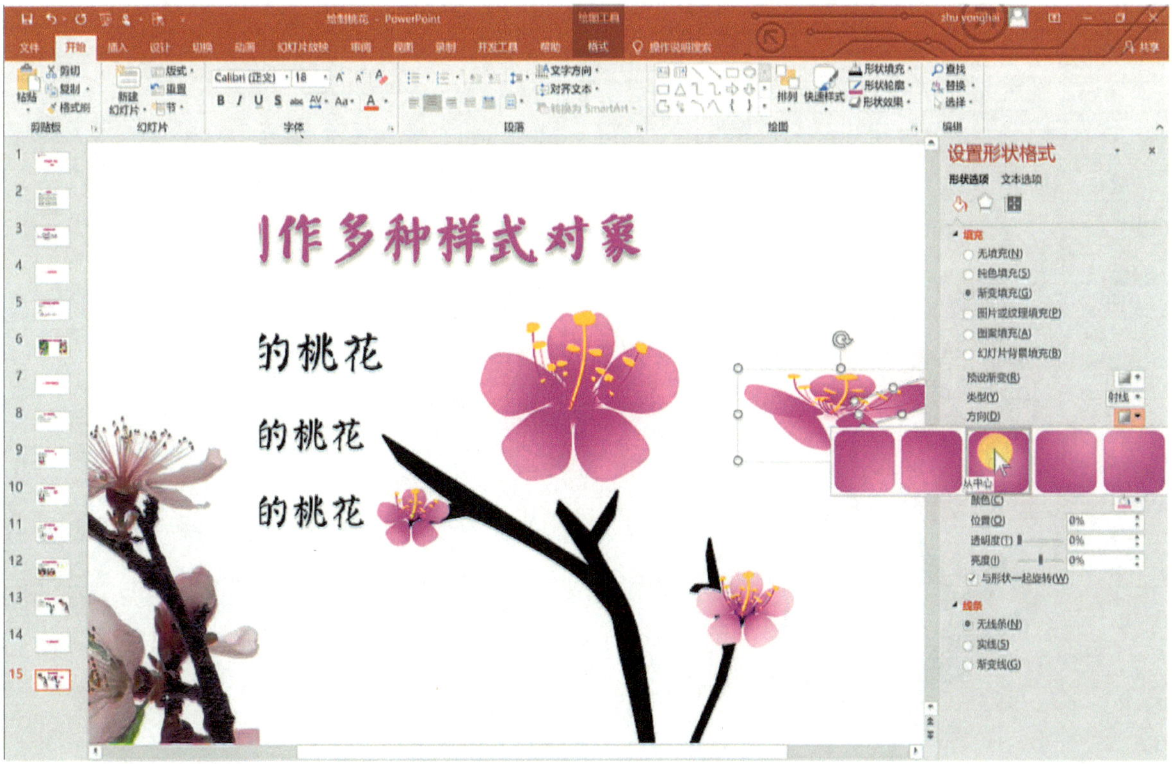

图4-68 设置渐变类型和方向

图4-69 立体花瓣图

选中该花瓣，选择格式刷，将这种渐变颜色效果复制到其他花瓣上。即让所有花瓣都形成中间凹陷，边缘向上的立体效果。（图4-70）

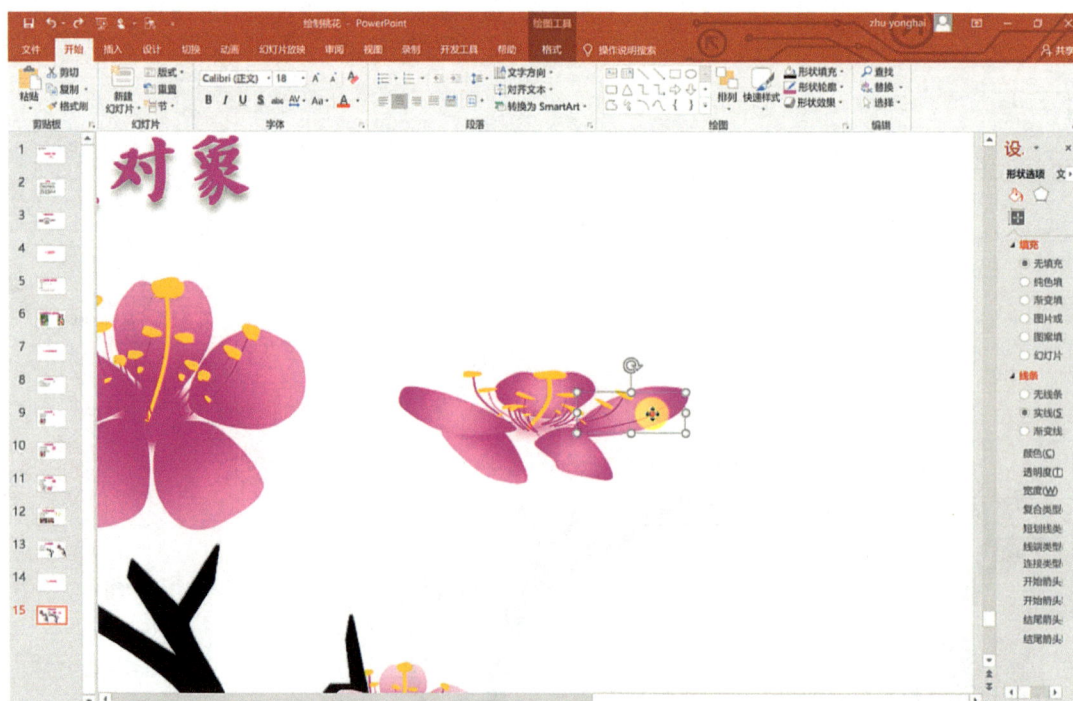

图4-70 使用格式刷

将弧线复制到其他花瓣上，并通过编辑顶点来改变花瓣形状，最后使得其他方位的花瓣也形成向上的立体效果。（图4-71）

图4-71 复制弧线

再给花朵做一个子房。从侧面看到的桃花，子房比较明显。插入椭圆—编辑顶点—填充为青绿色—选择无轮廓—移到合适的位置—置于底层。（图4-72）

图4-72 绘制子房

将桃花各个部分与子房组合，整体上缩小，移到桃花枝上。（图4-73）

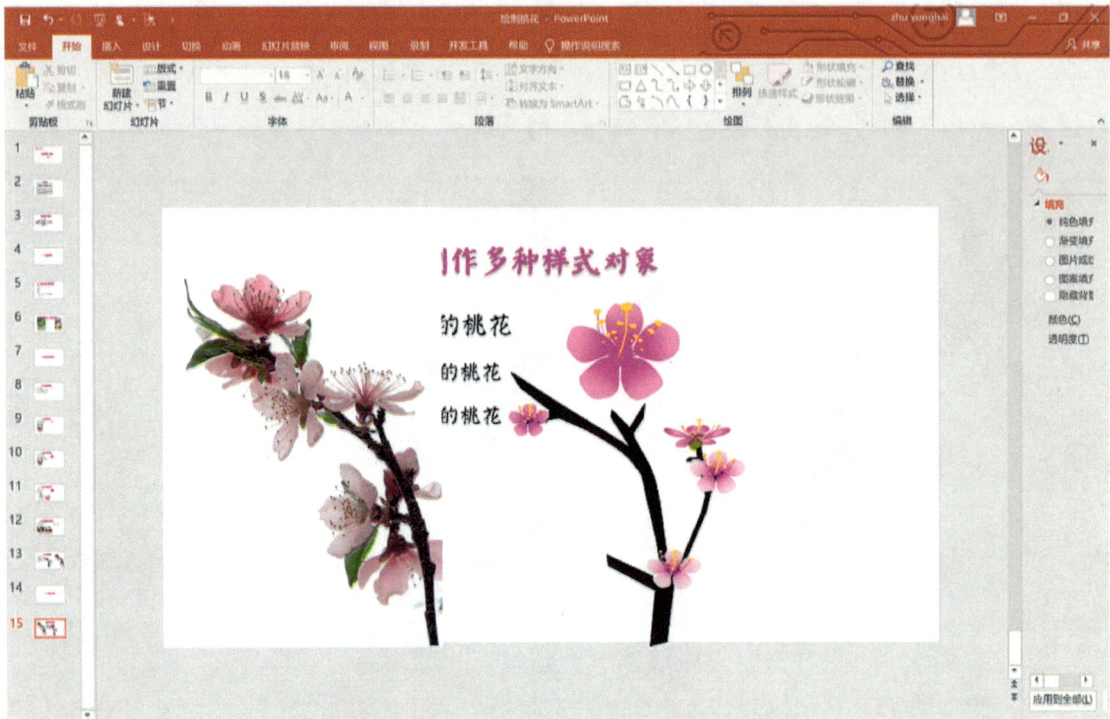

图4-73　组合桃花

按照同样的方式，制作朝左或朝右开放的桃花。复制一朵桃花，设置花瓣渐变颜色。（图4-74）

图4-74　制作向左开放的桃花

左右朝向的花朵需要进行横向压缩。（图4-75）

图4-75 横向压缩花朵

再对不同方位的花瓣进行调整，靠近树枝的花瓣较窄，朝外的花瓣较宽。（图4-76）

图4-76 调整花瓣

调整花丝朝外。（图4-77）

图4-77　调整花丝

再对各个部分进行微调，如花柱的长短、粗细、位置，花瓣的大小、形状、位置，然后进行组合后缩放到合适大小，移到合适位置。（图4-78）

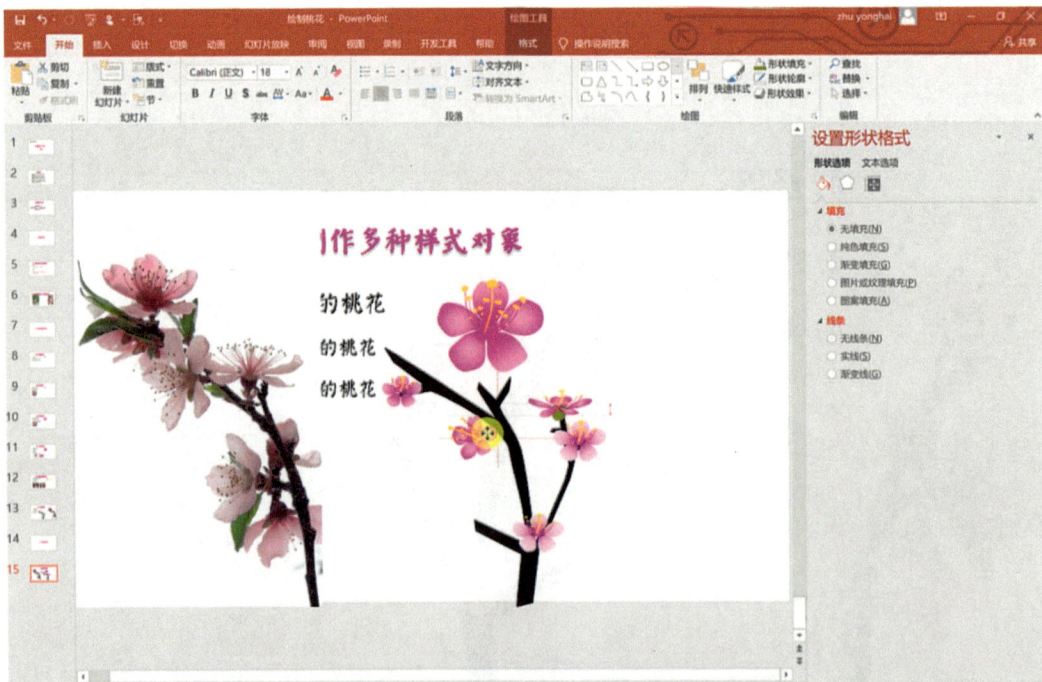

图4-78　细节调整

第三，快速生成多种样式的花骨朵和桃树叶。

把之前制作的桃树叶和花骨朵复制过来，对它们进行批量化的修整。

复制花骨朵，粘贴到合适的位置，置于底层。按住键盘上Ctrl键，拖动鼠标，重新复制，缩小，放在适当位置，可复制任意数量，并放在适当位置。（图4-79）

快速制作多种样式的花骨朵和桃树叶

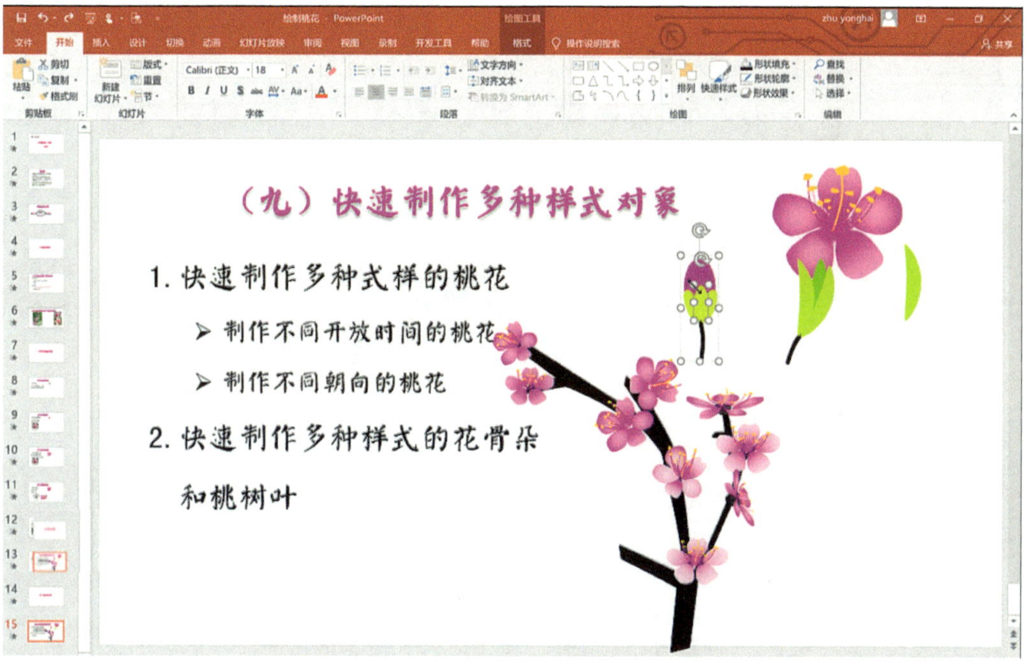

图4-79　复制花骨朵

按住Ctrl键复制桃树叶，并缩小到合适的比例，放在合适的位置上。（图4-80）

图4-80　复制桃树叶

再次进行复制，把其中中间一片桃树叶，旋转调整叶片方向，并置于顶层，从而换了种组合形式，形成另外一种不同的桃花叶，进行不同的排列。（图4-81）

图4-81 改变树叶样式

按照同样的方式可以进行其他排列。经过排列，可以基本上排出桃花树的样态。（图4-82）

图4-82 排列花朵与枝叶

（四）阶段四：优化设计

第十步：组合优化设计。

第十步是把上一步绘制并经过初步排列的多种对象，进行较为统筹的组合，并适当地优化调整部分细节设计，让设计的作品更符合教学应用需求。

比如在绘制的桃花组合形式中，桃花枝太粗像棵树，可以把它调整得更细一点，让它由"桃树"变"桃枝"。（图4-83）

组合并优化设计

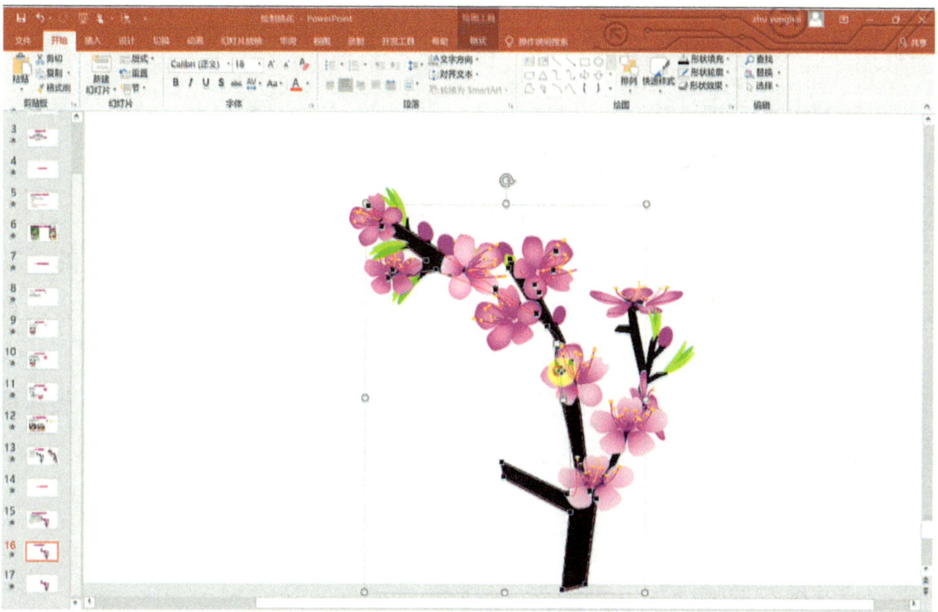

图4-83　调整桃花枝一

选中桃花枝，选择编辑顶点，通过编辑、删除顶点，细化或删除树枝，然后缩小树枝，并重新进行排列、编辑。按照桃花的朝向调整桃花在桃花枝上的布局和分布，按照桃花开放的时间适当地调整桃花的颜色。（图4-84）

添加落款。（图4-85）

图4-84　调整桃花枝二

图4-85　添加落款

二、设计与绘制技巧

设计与绘制技巧

批量生成对象是绘制高质量教学资源的基础，如果每朵桃花都需要一笔一笔地绘制，显然这样难以实际推广应用，很少有教师能够有大量时间去绘制复杂对象。因此，需要利用快速方法来进行批量生成，主要应用方法就是"复制后调整"。但并不是"随意地复制"和"任意地调整"，也要适当地考虑在桃花枝不同的地方，会有不同形式的桃花样式。

快速生成多样不同的对象是本节教学的重难点，简单归纳如下。

（一）制作不同开放朝向的桃花

可以用以下几种方式来实现。

①直接通过旋转桃花，改变桃花的朝向。

②调整花丝的整体朝向，也可大致确定桃花的朝向。

③调整不同侧面花瓣的大小、长短、形状，可改变桃花朝向。 面向学生开放的桃花朵，对面的花瓣，应该是大且长；而学生这一侧的花瓣应该是小且短。背对着学生开放的桃花，对面的桃花瓣必然是小且短，而学生侧的桃花瓣必然是长且大。

④花丝和花瓣的上下层次方位表示不同的朝向。花丝在几乎所有花瓣的上方，表示桃花向着学生开放；花丝在学生这一侧桃花瓣的下方，表示桃花向内侧开放。

（二）制作不同开放时间的桃花

开放时间比较长的桃花的特征如下。

①整体上桃花开口比较大，桃花瓣已经完全展开。

②花瓣之间差异比较大，更加不规则。

③桃花的颜色比较浅，花蕊和花丝略呈现白色。

④花丝比较稀少。

（三）调整桃花样式的方法

从整体到细节，从整个桃花枝、花朵、桃花瓣等几个角度归纳如下。

①将制作好的桃花枝组合成一个整体，可以进行快速调整。

②改变整个桃花的大小。

③改变整个桃花方向、花丝方向。

④改变不同桃花瓣的颜色、形状和大小。

⑤改变花瓣渐变填充的类型和方向。

⑥必要时可以借助辅助线来调整桃花样式。

三、绘制桃花主要操作要点

①观察对象。

注意要点

②绘制图形。

③编辑图形。

④设计渐变色。

⑤设计柔化边缘。

⑥复制变形制作多个对象。对设计好的一个对象进行复制和简单的变形修改，从而迅速快捷地制作出多个对象，最后，组合优化调整细节。

活动延伸

绘制桃花枝或者其他任何较为复杂的图形，要求：

①必须有一个主题（名字）。

②较为复杂。

③较为完整（花、径、枝、花骨朵）。

分享作品

分享作品、操作经验、方法技巧、心得体会，以及学习反思。

活动专题二　柔化边缘效果制作

活动目标

1. 掌握柔化边缘效果的参数设置。

2. 掌握月亮等常见教学资源中发光和柔化边缘效果的设计方法。

3. 学会应用柔化边缘效果设置来设计多种效果。

活动背景

在教学资源制作过程中，"月亮"是最为常用的一种积件化教学资源。因为，月亮对中国人来说有着特殊的情感。与天地共存，是中国传统文化挥之不去的情结，人们通过与万古高悬的月亮建立起来的联系，以证明自己和宇宙曾经的联系，从而找到一种永恒的存在，因而月亮被赋予了重要的意涵。例如，"举杯邀明月"——月亮是中国人的精神家园；"今月曾经照古人"——月亮是联结古今的纽带；"千里共婵娟"——月亮是传递感情的使者；"玉斧修月"——月亮是光明的延续。要想了解中国文化，必须深入理解中国人的月亮情结。研究中国的月亮文化，是解密中华文明的一把钥匙。因此，对"月亮"的绘制，成为我们积件化学习资源制作的基本技能。[1]

图4-86多处运用了柔化边缘效果，请仔细观察，你能找出来多少处？

---

[1] 张伯明：《月亮与中国文化》，载《新作文（高中版）》，2017（3）。

图4-86　静夜思

柔化边缘效果数量如图4-87所示。

图4-87　柔化边缘效果数量图

活动过程

一、月亮制作

设置幻灯片背景为黑色：设计—背景样式—设置背景格式—纯色填充—选择黑色。（图4-88）

绘制月亮：插入—形状—选择椭圆。（图4-89）

左手按住Shift键，绘制一个正圆。（图4-90）

月亮制作

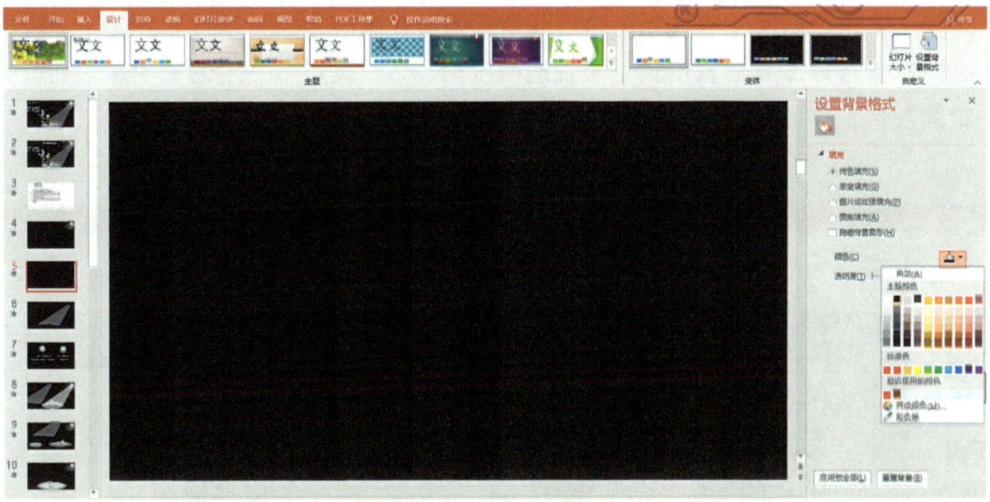

图4-88 设置背景颜色

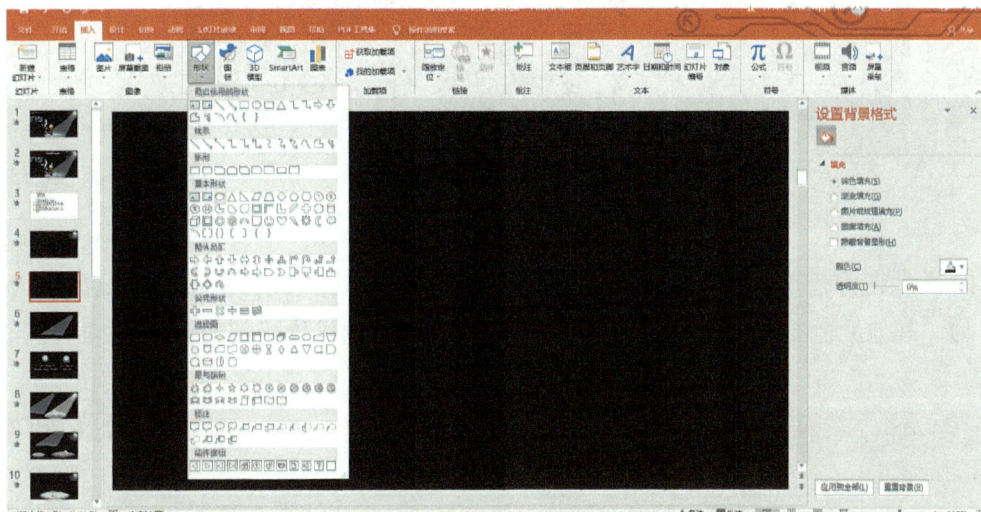

图4-89 插入椭圆

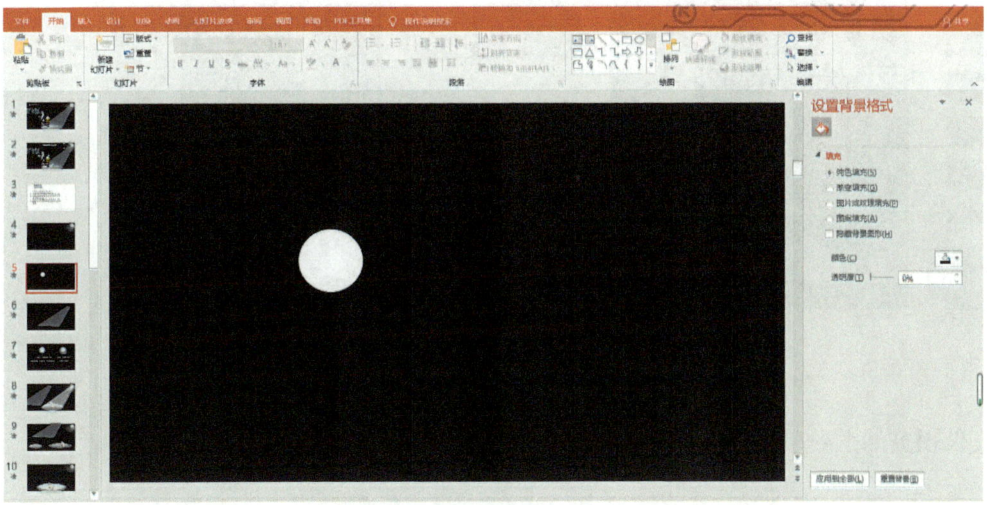

图4-90 绘制正圆

下面把这样一个白色的圆变成月亮，通过几个参数来设置一下。

选中月亮—右键选择设置形状格式—设置透明度为15%。设置了一定的透明度之后，月亮的白色就会变成一定的灰色，不那么明亮。（图4-91）

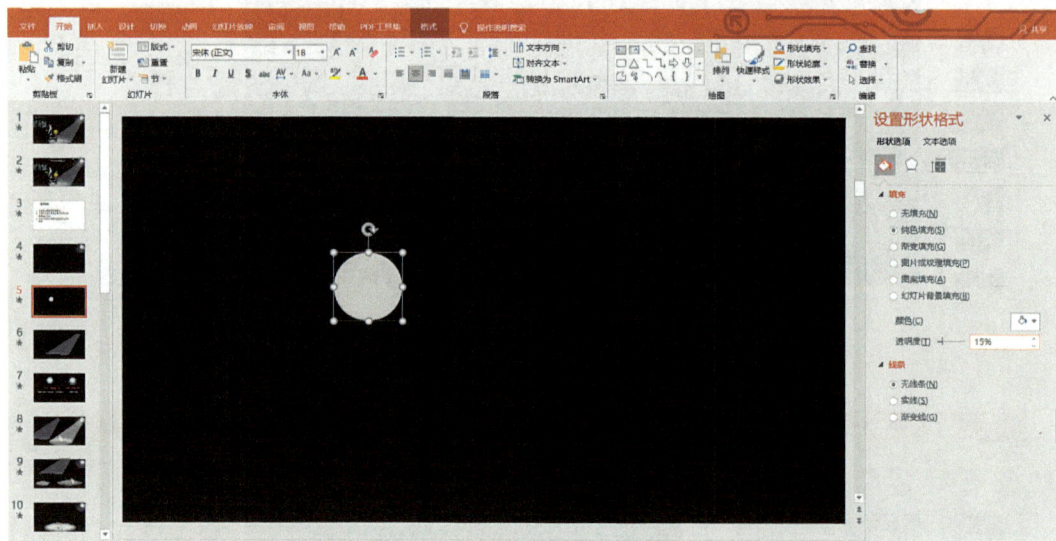

图4-91　设置月亮参数

因为有时候月亮看起来会呈现一种淡淡的蓝色或者叫青色，因此再次选择"设置形状格式"，选择"填充"为"其他颜色"，找到一种偏青色，将月亮的颜色调成较淡的青色。（图4-92）

图4-92　设置月亮颜色

月亮效果预览如图4-93所示。

图4-93　初步月亮效果

二、月亮光晕效果制作

月亮光晕的效果是最常用的课件资源制作效果之一。月光、阳光、烛光、水墨效果等都是采用同样的技术方法。

光晕本质上就是柔化边缘效果，让主体周围形成一种柔柔的雾化效果，正如这里的月亮光晕和其他月光效果。光晕效果可以让主体和背景更加有效地融合在一起。

光晕效果可以由发光和柔化边缘两个参数来设置：单击鼠标右键选中月亮—设置形状格式—发光和柔化边缘。（图4-94）

月亮光晕效果制作

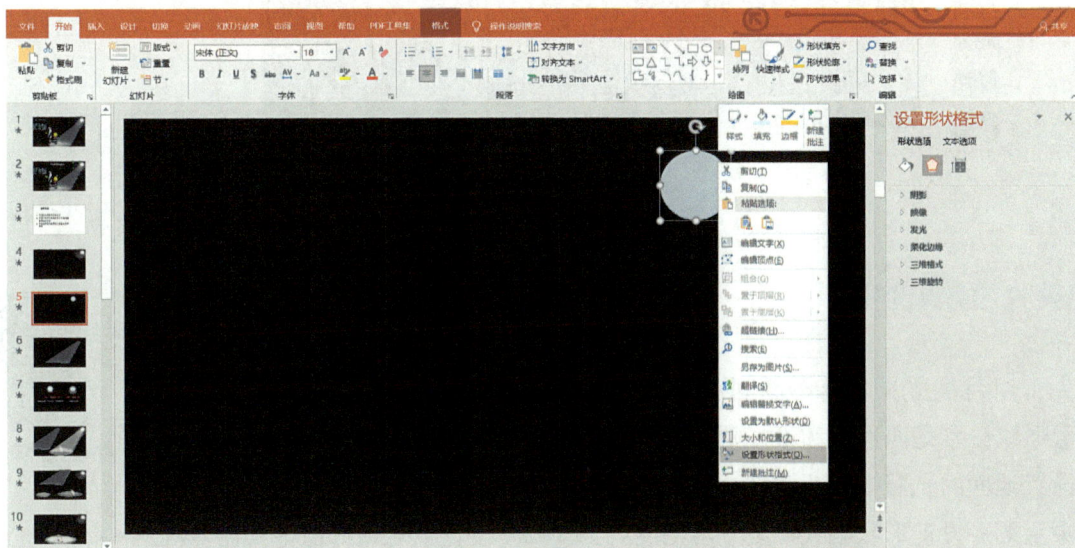

图4-94　设置月亮形状格式

设置发光参数：预设、颜色、大小、透明度。（图4-95）

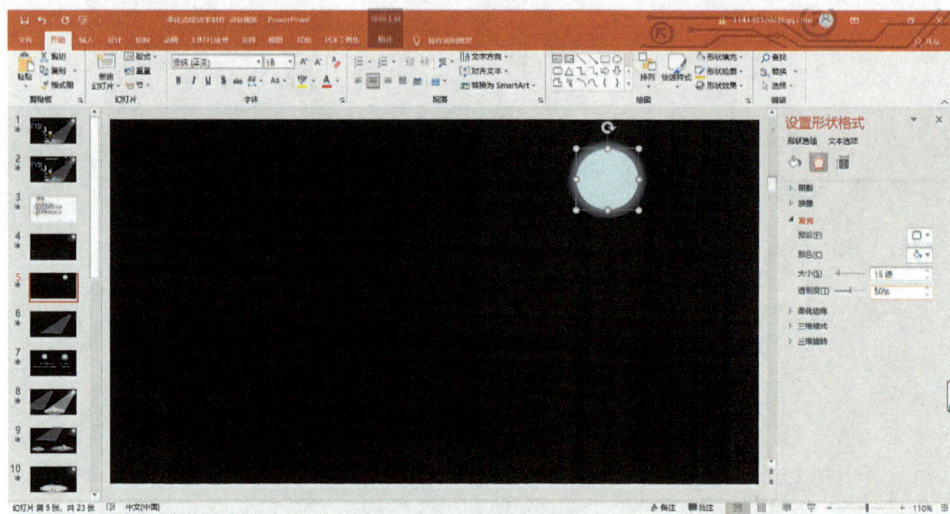

图4-95　设置发光参数

复制月亮，将粘贴的月亮放大并覆盖原来的月亮，在设置形状格式中设置粘贴月亮的柔化边缘值。（图4-96）

图4-96　设置柔化边缘效果

三、月亮光照效果制作

首先，对月亮光照图像效果进行分析。月亮光照由光线和光照两个部分组成。图形形状分别是四边形和不规则圆。（图4-97）

先设置地面的光照效果：插入—形状—星形（24角）。（图4-98）

选中星形—设置形状格式—设置透明度约为30%—设置柔化边缘值为15磅。（图4-99）

编辑顶点，使其边缘不规则。（图4-100）

月亮光照效果制作

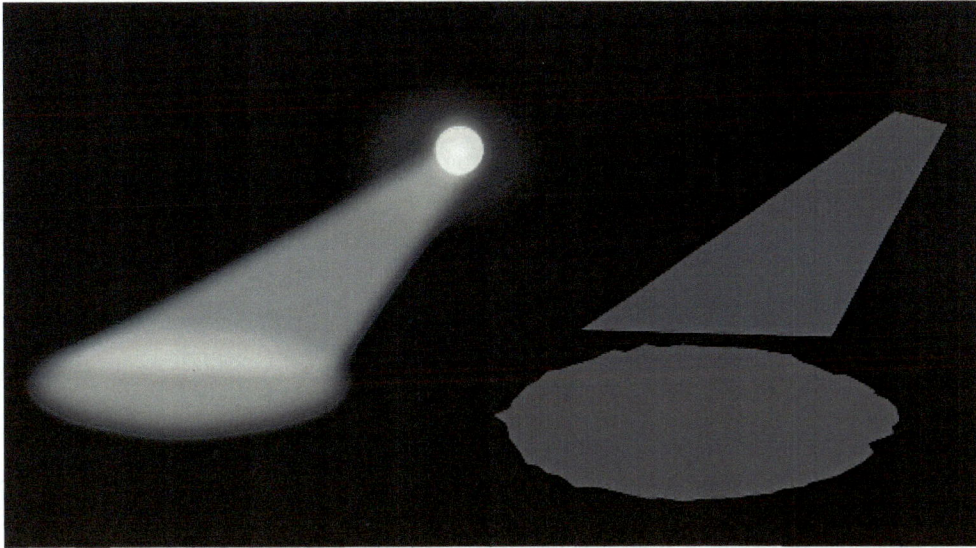

图4-97 光照效果分析

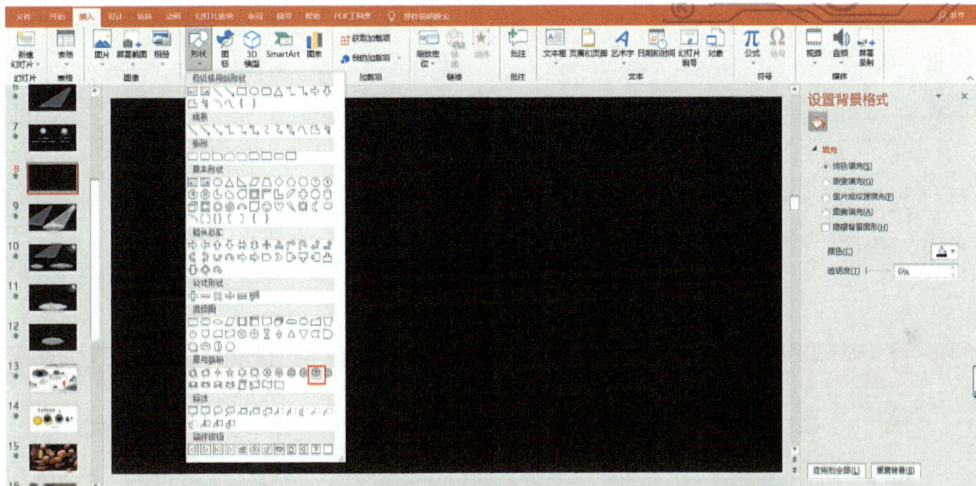

图4-98 插入光照形状

图4-99 设置光照柔化边缘数值

图4-100 编辑顶点

四、月亮光束效果制作

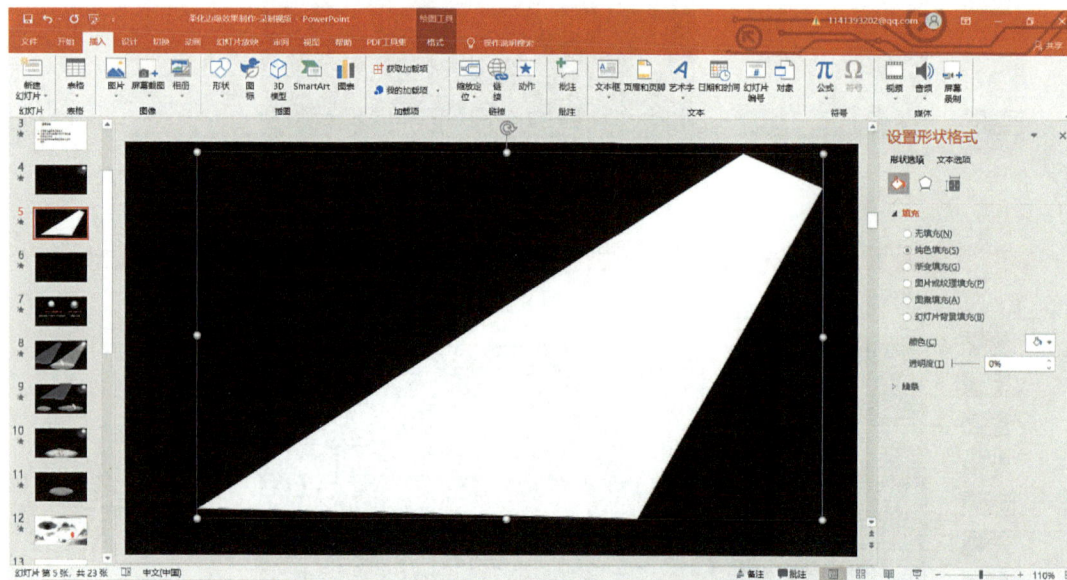

本节课月亮光束原型为一个类似于梯形的四边形。选择插入—形状—任意多边形，绘制光束四边形。（图4-101）

月亮光束效果制作

图4-101 插入四边形

设置形状格式—调整设置柔化边缘值—调整设置透明度。（图4-102）

图4-102　设置形状格式

五、墨水和烛光效果制作

中国水墨画的墨色审美起源，根植于原始农耕采集文化和阴阳五行思想，老庄和禅宗则为其奠定了主要基调。中国水墨画对墨的艺术运用，完成了原始黑色向纯粹的审美境界升华的过程，最终形成了中国水墨画独特的墨色语言系统。在万千变幻的"墨色"中，构成了一个个别具一格的"心象"和"墨象"同构的"墨境"世界，别有一番"墨韵"，具有高度的艺术审美意义和深厚的中国传统文化意蕴。[①]水墨画制作是PPT资源开发中，普通教师难以掌握的技能，因此需要重点介绍。

（一）墨水效果制作

插入—形状—星形（24角）。（图4-103）

墨水和烛光效果制作

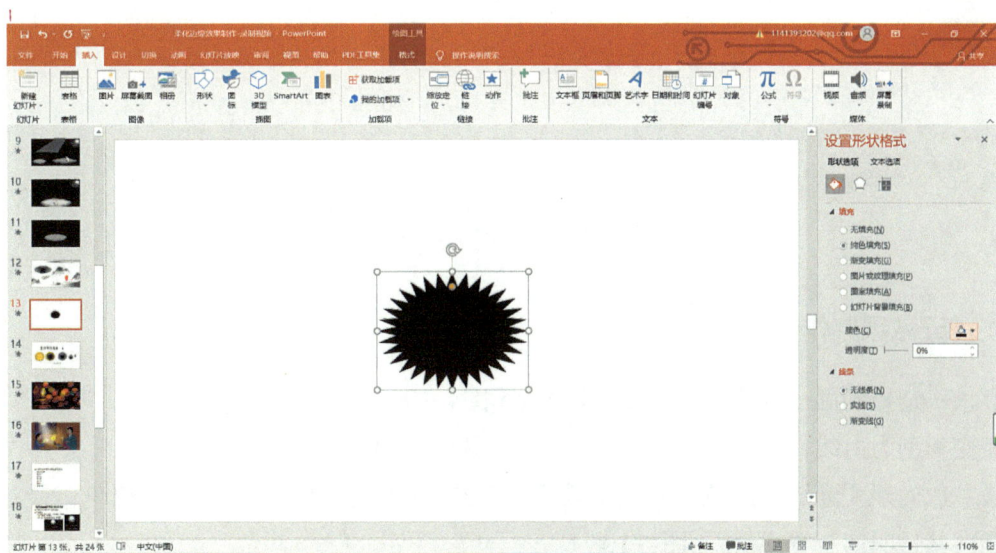

图4-103　插入形状

---

① 周斌：《中国古代水墨画"墨色"审美及其文化意蕴》，载《温州大学学报(社会科学版)》，2007（3）。

设置填充渐变颜色—设置形状为无轮廓。（图4-104）

设置柔化边缘值。（图4-105）

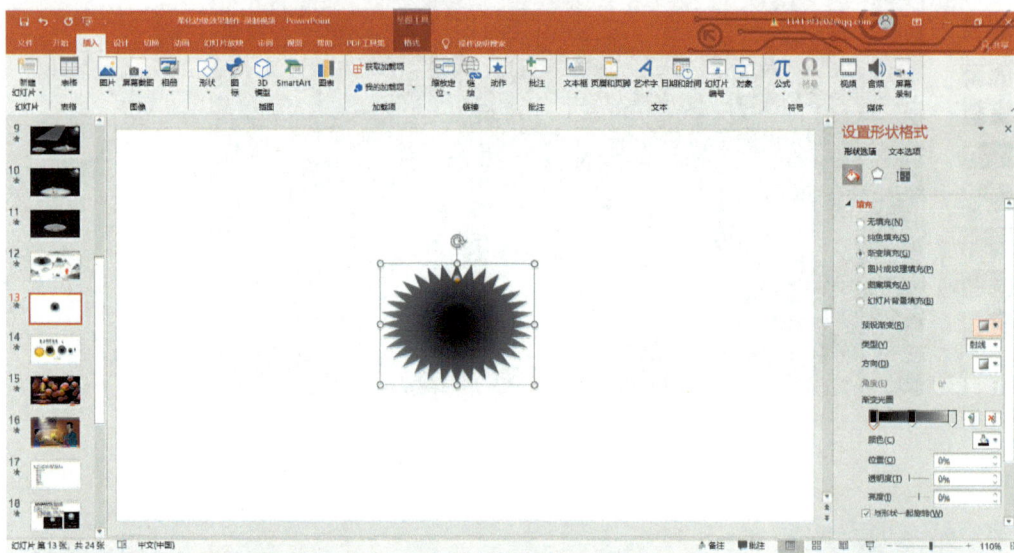

图4-104　设置形状格式

图4-105　设置柔化边缘值

（二）烛光效果制作

插入形状—选择椭圆—设置填充为渐变填充。（图4-106）

设置渐变类型为射线，方向为从中心向四周。（图4-107）

设置最左边的渐变光圈为红色，并调整其透明度约为60%。设置中间光圈为橙色，最右边光圈为黄色，并调整其透明度至合适值。（图4-108）

调整烛光的柔化边缘值与形状大小，并对形状进行编辑顶点。经过细节调整后，将其移到蜡烛火焰上。（图4-109）

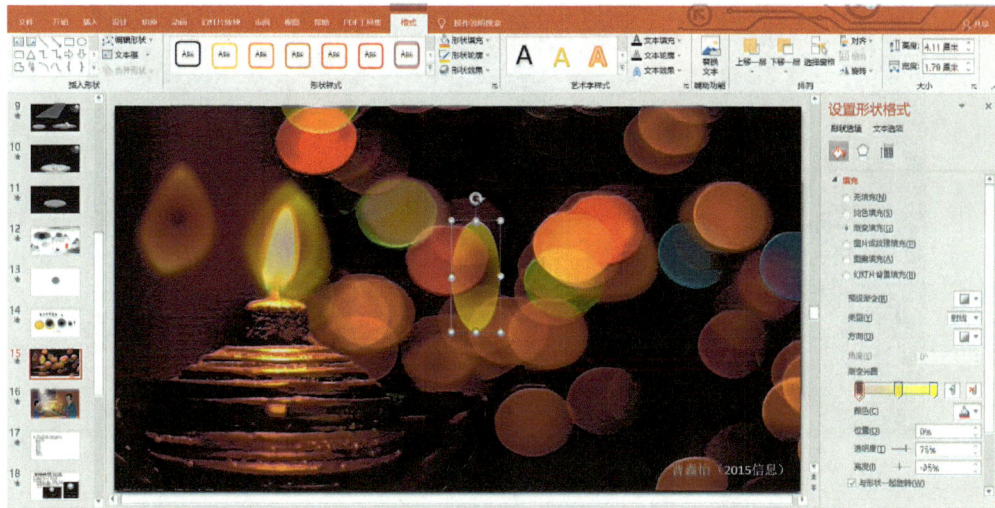

图4-106　插入椭圆

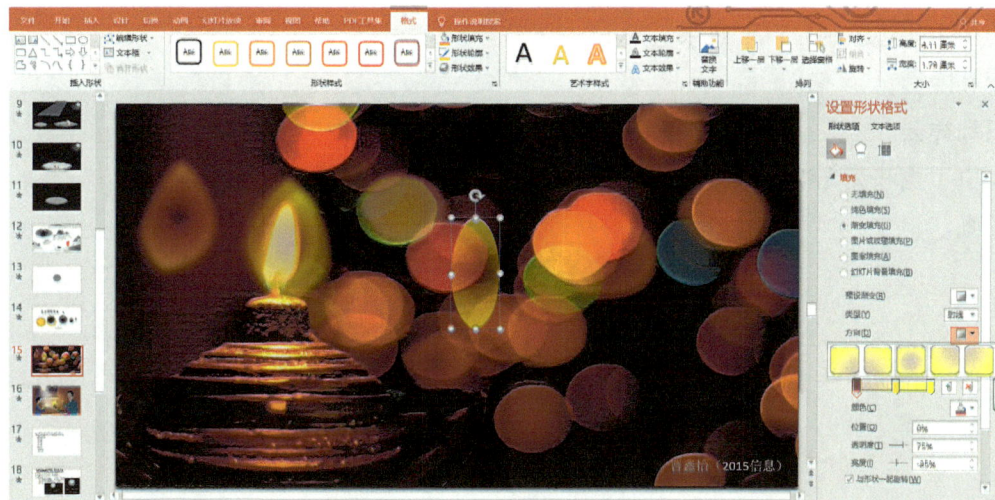

图4-107　设置渐变参数

图4-108　设置渐变颜色

图4-109 形成烛光效果

🗂 活动延伸

尝试使用柔化边缘制作以下效果：
①夕阳和晚霞。
②朝阳和祥云。
③萤火虫（虫和荧光都要做）。
④水墨画。

🗔 分享作品

分享作品、操作经验、方法技巧、心得体会以及学习反思。

进阶式任务5 用PPT绘制一幅图形

结合你的作业选题，用PPT绘制一幅含有中国文化元素（或你的本地文化元素）的图形。不允许使用下载的图片，可以适当参考。

具体要求：

①整体思想：课程思政、思政课程，在各学科日常教学中，有机地融入中华文化和思想精神。

②结合之前的作业选题来设计，不要机械地生搬硬套，有效利用作业中的相关内容等，适当选择相关文化元素。

③依据作业选题自行设计和绘制图形对象。

④作业PPT的第一页是设计图形（可以设计多张），第二页列出选题，并大概说明设计思想和意图等。

⑤作业提交PPT源文件。

进阶式任务6　一幅图形快速生成多个教学场景

结合你的作业选题，将上次作业生成四个不同的场景。

具体要求：

①每个场景变化比较大，不要只是图像的局部改动，要有位置变化和新的元素融入。

②每个场景有独立的表达意义，每一幅图像取一个独立的名称（如可以是诗句）。

③四幅图像在一起表达一个完整的意义。

④四幅图像前面再加一页作为封面，在封面上写上作品的名称。在封面上，从技术性、教育性和艺术性三个角度对作品进行简单说明，100字左右。

⑤每一幅图像都要注意美观和整体效果。

⑥评论他人的作业，要从技术性、教育性和艺术性三个角度来评论。

⑦本次作业需自留原件备份，以便为后续作业提供素材。

模块五

动画资源开发：基础技能

———

动画资源开发导学

任务地图

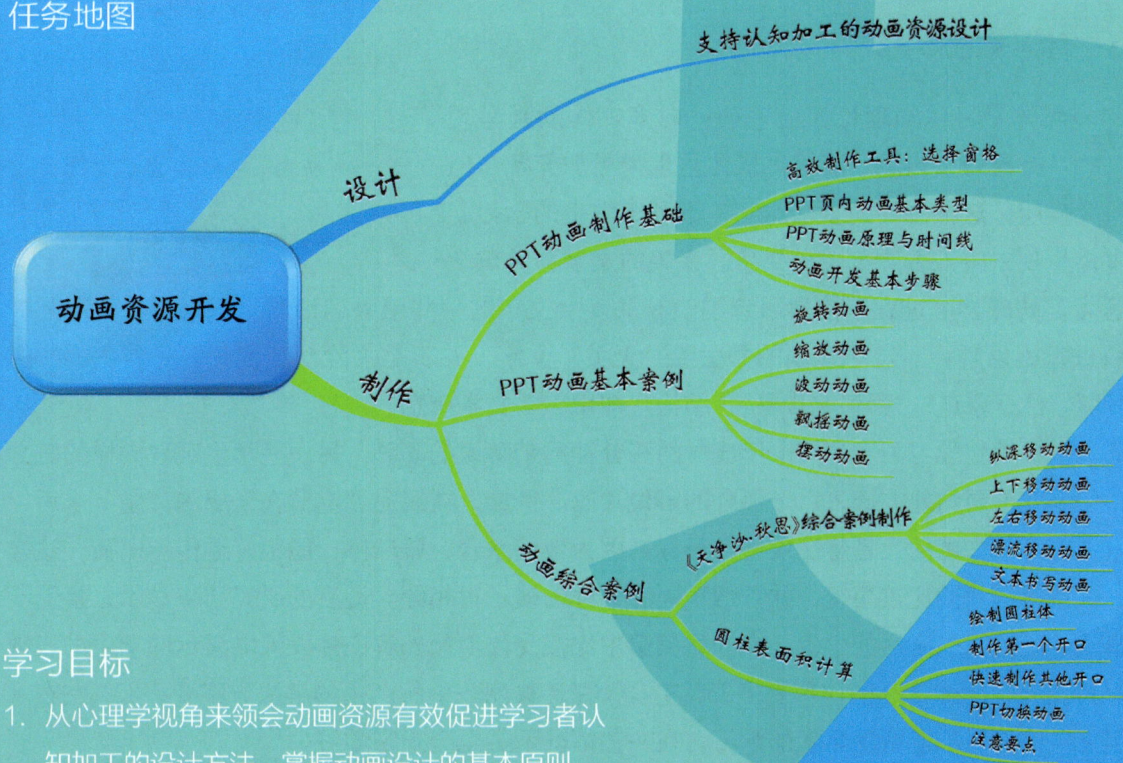

支持认知加工的动画资源设计

动画资源开发

设计

制作

PPT动画制作基础
- 高效制作工具：选择窗格
- PPT页内动画基本类型
- PPT动画原理与时间线
- 动画开发基本步骤

PPT动画基本案例
- 旋转动画
- 缩放动画
- 波动动画
- 飘摇动画
- 摆动动画

动画综合案例

《天净沙·秋思》综合案例制作
- 纵深移动动画
- 上下移动动画
- 左右移动动画
- 漂流移动动画
- 文本书写动画

圆柱表面积计算
- 绘制圆柱体
- 制作第一个开口
- 快速制作其他开口
- PPT切换动画
- 注意要点

学习目标

1. 从心理学视角来领会动画资源有效促进学习者认知加工的设计方法，掌握动画设计的基本原则。

2. 理解PPT动画原理和时间线，以及动画过程，能够基于时间线来设计动画。

3. 掌握四种页内动画类型。

4. 能够综合应用PPT组合动画，创新性地制作应用于教学的动画资源。

5. 培养独立的思考能力和高阶思维能力，以及创新性的问题解决能力。

本模块从动画资源开发的两个环节来展开讲解，一是设计，二是制作。其中，第一个环节动画资源设计，主要是从教育心理学角度进行设计，即动画资源认知加工设计。第二个环节动画资源制作，主要分析了PPT动画原理与时间线、动画开发步骤，并对PPT动画类型中的四种页内动画进行讲解，最后以两个例子作为综合案例进行深入讲解，重点落在了高阶思维能力的培养上。

知识专题　支持认知加工的动画资源设计

学习目标

• 掌握支持认知加工的动画资源设计的基本原则。

一、聚焦要义原则

（一）去除无关的文字

梅耶的多媒体学习认知理论实验表明：向多媒体动画呈现中，添加一些"有趣的"句子，能使多媒体呈现得更加充实。但是相关的研究表明，这种添加的多余文字，不利于学生的学习，所以在多媒体呈现中应该去除无关的文字。无关的文字会分散学

想一想（或议一议）
如何判断 PPT 中哪些内容是无关文字？哪些情况下需要添加声音？哪些情况下不需要添加声音？

习者的注意力，妨碍学习进程，使学习者围绕有关多余文字的一些感兴趣话题组织材料，而不是针对目标材料进行因果解释。这里强调的是去除"无关"文字，并不是去除动画视频等材料中的"标题""关键词""注意要点""程序化步骤""结构化知识"等文本信息。

梅耶要求一些学生学习关于"闪电形成"的三分钟的带解说的动画，另一些学生观看同样的三分钟的演示，但是在不同的地方插入六个额外的解说片段。例如，在说完"电荷在云层内产生"之后，解说者加入"打高尔夫球的人是易受攻击的目标，因为他们拿着金属球棒，能很好地传导电荷"这样的解说词；这些解说片段比较简短，并且似乎同三分钟的演示很相配。最后的研究结果显示，接受不包含额外解说片段的闪电演示的学生，在迁移测验中比接受伴随额外解说片段闪电演示的学生的表现要好，在保持测验中所回忆起的解释要多35%左右，在迁移测验中所产生的解决方案要多30%左右。增加有趣但无关的材料不能帮助学生的学习，在一些情况下甚至会损害学习。[①]

（二）去除无关的声音

不少多媒体呈现中都会出现这样的情况，在呈现带解说的动画时还伴随着一些多余的背景声音。有些人认为这样做可以提高学生的学习兴趣，也有些人认为这样做可以让学生的学习更轻松，但是这样真能起到良好的效果吗？研究认为，不相关的声音并不能对学习起到促进作用，在设计多媒体时应

---

① 张丽、盛群力：《技术应如何致力于促进学习？——梅耶论多媒体学习与教学设计的原则》，载《远程教育杂志》，2009（2）。

去除无关的声音。

梅耶等人的建议是避免添加无关的声音——尤其是在学习者很可能有繁重的认知加工需求的情况下。这一建议应该在较为深入理解人是如何学习的基础上使用，而不是在各种情形中简单套用。背景声音会使工作记忆负担过重，因此在学习者有较重的认知负担时使用背景声音有风险。[①]

例如，当学习者对材料不太熟悉时，当以很快的速度呈现材料时，或者当学习者不能控制呈现的速度时，多媒体中应避免添加无关的声音。当然，研究工作还需要进一步确定，是否在一些情况下背景声音的优点会超过其缺点。在检验多媒体呈现中的多余声音方面，梅耶用3秒钟带解说的动画来解释闪电的形成过程，用45秒钟带解说的动画来解释液压制动系统是如何工作的。研究者在背景中增加了循环播放的音乐，这些音乐属于轻音乐，播放音量不大，不至于掩盖语音解说的声音，也不会使其不易辨别。通过带解说的动画进行学习的学生能记住更多的呈现材料，并且在解决迁移问题时比接受同样的带解说的动画并伴随背景音乐的学生获得的分数要高。这一区别是比较大的——比没有音乐的效果要好20%～67%。在闪电和制动器两项演示中的结果是一致的。很显然，增加声音并不能改进学习，事实上会妨碍学习。

二、视觉求新/动态化呈现原则

降低认知负荷的方法有很多种，前面探讨了逐级分解资源层次和结构等方法。这里我们可以从信息加工的注意阶段，以及信息在短时记忆中进行加工的影响因素等方面探讨资源设计。

动画和音视频资源设计要符合视觉心理规律，首先要能够引起学习者的注意，让学习者快速地抓住要点，直接将心理活动指向某些目标而忽略其他刺激，以便于学习者进行下一步的选择，从而有效地降低认知负荷。从生理结构来看，人眼具有不断追寻新的图像的生理本能，在蒙太奇艺术中称为求新本能。音视频和动画教学资源设计，需要通过剪辑与组合，让画面内容不断变换，满足学习者观看事物时不断追寻新目标的本能，并不断地吸引学习者的注意力。[②]

想一想（或议一议）

在制作课件时为什么要视觉求新？该如何利用 PPT 动画来吸引学生的注意力？

三、视觉重复原则

动态呈现关键知识，突出重点，让学习者迅速把握重点，可以有效吸引学习者的注意，从而降低来自"感觉通道"方面的认知负荷。人的视觉具有强烈的选择性。在观察外部事物的过程中，来自外界的无数刺激作用于我们的视觉，大部分都被忽略掉，只有一小部分被我们的视觉选择并加以注意。我们常说"视而不见"，就是指视觉的选择性。

想一想（或议一议）

如何确定需要在 PPT 中重复的内容？可以用什么样的方式来进行重点内容的重复呢？

因此当我们不能有效表达一个意思的时候，可以利用表情、动作、节奏、押韵等另外的方式来进行强化、补充或调节，以充分表达意义或让学习者能够有效记忆。而这些表现方式在本质上来说

---

① 张丽、盛群力：《技术应如何致力于促进学习？——梅耶论多媒体学习与教学设计的原则》，载《远程教育杂志》，2009（2）。

② 朱永海：《基于知识分类的视觉表征研究》，博士学位论文，南京师范大学，2013。

都是"重复"。在知识视觉表征中，对于重点表达的内容，我们通常采用重复策略以吸引学习者的注意力：[1]

①借助于多种表征方式，如文字、听觉等配合。

②采用重复蒙太奇的方式，或者配合节奏形式。

③采用排版、意象、象征、通感视觉表征手法吸引学习者的注意力。

四、视觉引导原则

在知识视觉表征的时候，可以通过视觉引导规律，提示学习者对即将要呈现的知识进行选择性注意，以及选择性的知识加工，主要方式有：

想一想（或议一议）
在 PPT 中呈现哪些内容时需要进行视觉引导？视觉引导的方式有哪些？

①利用"变化"来进行视觉引导，从而吸引学习者的注意力。

②借助"下划线""字体颜色突出"等方式，达到引起学习者注意的目的。

活动专题一　PPT动画制作基础

🎯 **活动目标**

1. 熟记选择窗格所在的位置，掌握选择窗格的作用，能够熟练应用选择窗格来提高工作效率。

2. 掌握PPT动画的四种类型，学会页面切换动画设计，了解PPT页内动画的几种形式。

3. 理解PPT动画的原理，掌握PPT动画的特征，理解PPT动画的时间线，并能够根据时间线进行动画设计。

📒 **活动背景**

在学校的一次PPT展示大赛活动中，作为观众的三年级学生小明被炫酷生动的参赛作品深深吸引，并对PPT动画产生了浓厚兴趣。小明想要自主学习一些PPT动画制作的基础知识，他该如何展开学习呢？

📖 **活动过程**

一、PPT动画高效制作工具：选择窗格

选择窗格的四个基本作用：一是显示或者隐藏对象；二是精确选择对象；三是修改对象名称；四是选择对象的排列顺序。

---

[1]　朱永海：《基于知识分类的视觉表征研究》，博士学位论文，南京师范大学，2013。

选择"开始"选项板，在"开始"选项板的右下角有一个"选择"，单击"选择"，在最下方有个"选择窗格"，鼠标停留在"选择窗格"之上时，其下方有一个提示，叫"查看所有对象列表"。单击"选择窗格"就会打开一个列表框，叫"选择"列表框，在这里列出了当前幻灯片上所有元素。一定要明确的是，这里列的只是当前这一张幻灯片上的对象。下面分别来看一下选择窗格的四个作用。

①显示或者隐藏对象。在列表的右侧，是一些"小眼睛"，这些"小眼睛"用于控制对象的显示或者隐藏。通过在"小眼睛"上单击鼠标，"小眼睛"图标就从"睁眼"变成"闭合"状态，从而隐藏对象，再单击一次"闭合"的"小眼睛"就是显示对象。基本上大部分对象都是被显示的，个别的对象可能在制作的过程中暂时用不着，但又不想立即把它删除了，所以就可以让它先隐藏起来，以便于在后期需要时，再让它显示出来，避免重新绘制。（图5-1）

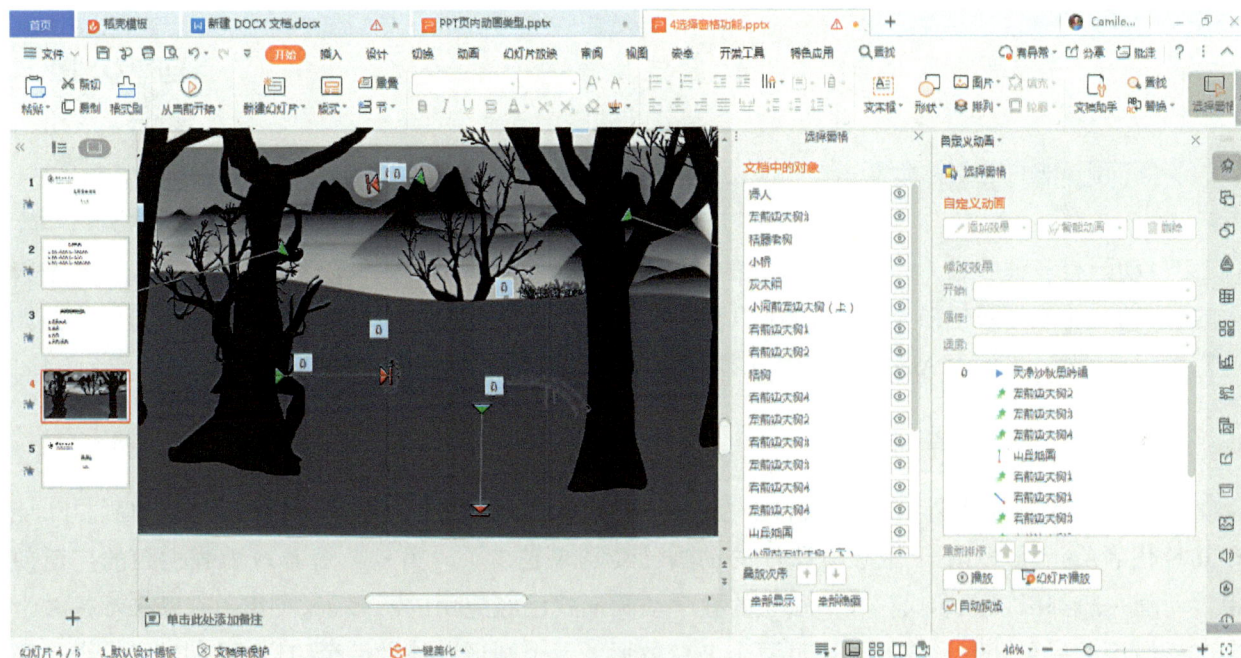

图5-1　选择窗格的显示与隐藏

②精确选择对象。对象列表自上而下排列，代表的是它们在PPT中图像上下排列的顺序。单击诗人，它就显示出来了，可以看到它是在所有图像的最上方。在选择列表中，直接选择"诗人"，同时也就是选中了PPT上"诗人"这个图像对象，从而能够让我们做到精确的选择。把它移动到这棵树上，前面两棵树都是在图像比较靠上方层次的，可以看到这个"诗人"，一直都是处于各个对象的最上方的，左手按住Ctrl+Z键撤销刚才的移动操作，让它回归到原位。（图5-2）

③修改对象名称。在列表的名称上，再次单击一次鼠标，就会进入重命名的状态，因为之前已经单击一次鼠标选中了这个列表名称，所以这里只需要再单击一次鼠标即可修改名称。（图5-3）

④选择对象的排列顺序。单击选择窗格右上角的这个箭头向下的"三角形"图标，代表的是"下移一层"的操作，箭头向上的"三角形"图标，代表上移一层。（图5-4）

图5-2   选择窗格中选择对象   图5-3   在选择窗格中修改对象名称   图5-4   选择对象的排列顺序

PPT页内动画类型

二、PPT页内动画基本类型

PPT动画有多种形式，既有外部添加的动画，也有PPT内部自己制作的动画，而且，最近几个版本的PPT动画功能越来越强大，这使得PPT动画设计的方便性表现得越来越突出。另外，近年来诸如PPT"口袋动画"（Pocket Animation, PA）插件，可以让PPT实现非常专业的动画功能。

（一）PPT 动画的类型

第一种类型：插入外在动画文件。主要包括GIF动画（动图）或者Flash（SWF）动画。Flash和其替代者Animate CC用于做教学课件的动画已经越来越少了，另外，随着教学微视频的广泛使用，动画一般都以视频形式存在，独立的教学动画形式已经应用的不多了。GIF一直以来都是教学中广泛使用的一种动图形式，如通过两个渐变方形、一个圆形，外加一个GIF动图，形成一个动画场景。

第二种类型：静态画面连续播放。静态播放是最为常用而又容易被忽略的一种动画形式。动画原理就是利用人眼视觉暂留，把多个动态图像连续播放，形成了动态效果。在PPT中，实现这种连续播放有两种形式：一张幻灯片之内连续播放；多张幻灯片之间连续播放。

第三种类型：PPT页面间切换动画。借助于"切换"选项板来实现，主要是在多张幻灯片之间，配合持续时间和切换方式等，实现动画效果。

第四种类型：PPT页内动画。页内自定义动画是PPT动画最为主要的动画形式，包括进入、强调、退出、路径等几种动画。

（二）PPT 页内动画类型

PPT页内动画就是PPT 2010版本之前的"自定义动画"。下面引用孙方老师绘制的表格，对几种动画之间的差异，做个简单比较。（表5-1）

表5-1 PPT页内动画介绍

动画类型	动画基本功能	动画特点	
进入	从无到有	对象出现的方式、时间、顺序	涉及对象动画的开始方式、持续时间等
强调	从一种形态到另一种形态	对象变化的色彩、旋转、缩放、闪烁、扭曲等	
退出	从有到无	对象消失的方式、时间、顺序	
路径	从一个位置到另一个位置	对象改变的位置和旋转	

可以在动画—动画窗格—添加动画中找到这四种动画效果。

1. 进入动画

第一种类型就是进入动画，图5-5列了很多进入动画效果，如出现、飞入。它的最大功能就是实现动画对象从无到有，也就是说在动画开始的时候，PPT画面中是没有这个对象的，随着"进入动画"的播放，对象就会从无到有地在画面中开始显现。进入动画这种出现的方式、时间和顺序都可以进行设置，不同的进入动画类型，在进入的动画效果和方式上，是有着很大的差别的。同一种进入动画，因为具体参数设置不同，也可能会产生不同的进入方式上的差别。

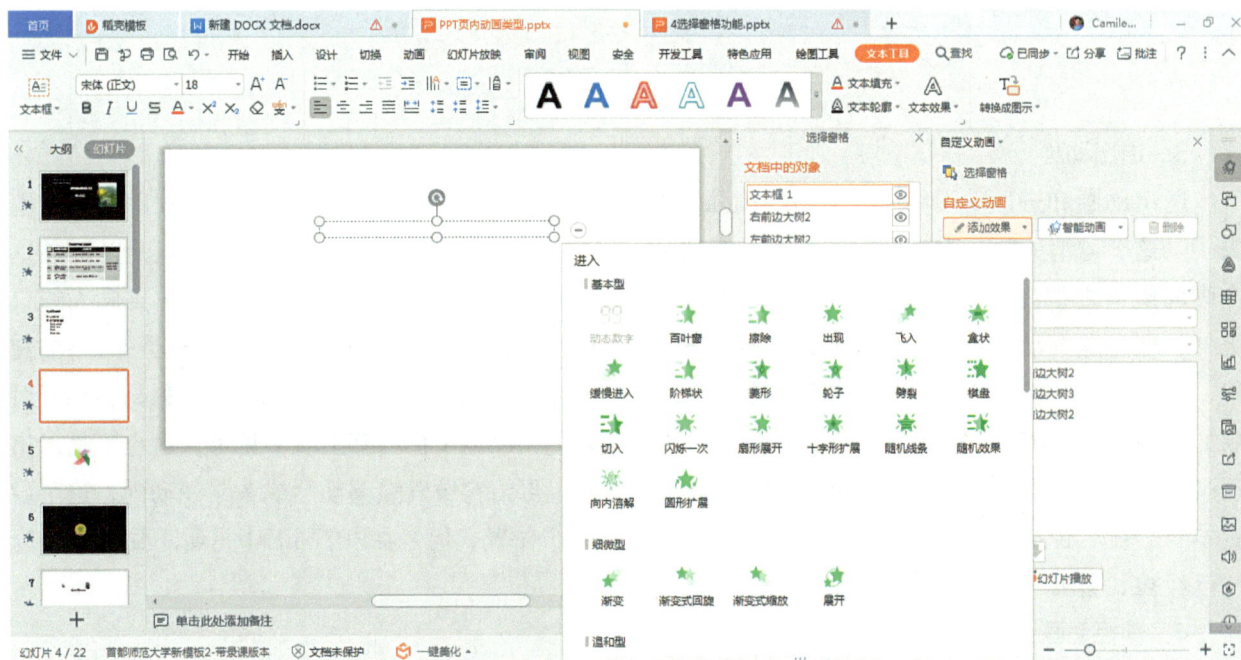

图5-5 进入动画

2. 强调动画

第二种类型就是强调动画，其基本功能强调的是动画对象"从一种形状到另外一种形状"。也就是说，在动画播放之前，这个动画对象在PPT画面中就已经存在了，只是它的大小、颜色、方位朝向等是一种状态，等强调动画结束之后，动画对象就变成了另外一种状态。需要注意的是，强调动画在PPT动画播放之前，它可能极小，甚至小得几乎看不见，但是它还是存在的。这一点和进入动画的从无到有是有着本质差别的。比如，进入动画中的基本缩放和强调动画中的放大/缩小，虽然都有放大缩小，但是它们之间是有本质差别的。（图5-6）

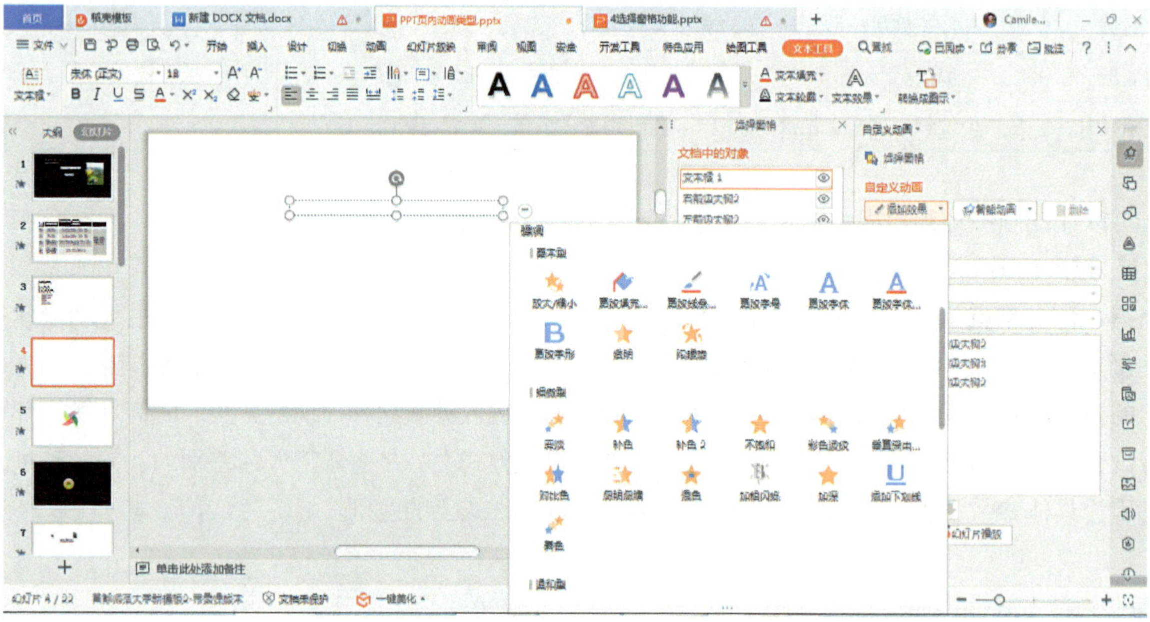

图5-6　强调动画

3. 退出动画

退出动画和进入动画相反，退出动画强调的是动画对象从有到无，就是动画在播放的过程中消失了。这个"消失"一定是经过计算机计算之后，让它在PPT中"不见了"，但是如果只是从当前这个画面窗口之中消失并不代表就一定是退出动画。比如，动画对象从画面窗口之中移出到画面窗口之外，但是这个动画对象并没有因为动画运算而让动画对象在PPT中消失，它只是移出了PPT当前窗口，我们看不见了而已。所以，这不是退出动画，这可能是其他三种的任何一种动画。另外，动画对象如果变得非常小了，或者是变得非常淡了，甚至是无色，以至于在屏幕上看不见了，这也不是退出动画，可能是强调动画。如果对于退出的这个消失动画，再给它设置强调动画或者路径动画，这个设置本身会在后台执行，比如会被放大或者被移到另外一个位置，但是在PPT画面中是看不见的，因为它已经被"退出"了。（图5-7）

4. 路径动画

路径动画就是把动画对象，从一个位置转移到另外一个位置。路径动画的动作路径或者说动作路线是可以通过"编辑顶点"被编辑的。（图5-8）

需要注意的是，PPT中所有的动画效果，最终都会落到这四种类型的动画技术上，这四种动画就相当于"元动画"，是我们制作一切动画的最为基础的技术，所有的动画最终都要借助于这四种类型的动画技术来实现。比如，"圆变直线，直线变圆"这个动画，虽然我们把它分解为正向画圆、滚动画圆、逆向画圆、调整画圆起点等动画，但是这些动画还可以再进一步分解为进入动画类型下的"轮子动画"、强调动画类型下的"陀螺旋动画"、路径动画类型下的"直线动画"。这些具体的PPT动画技术是动画效果的最终载体。

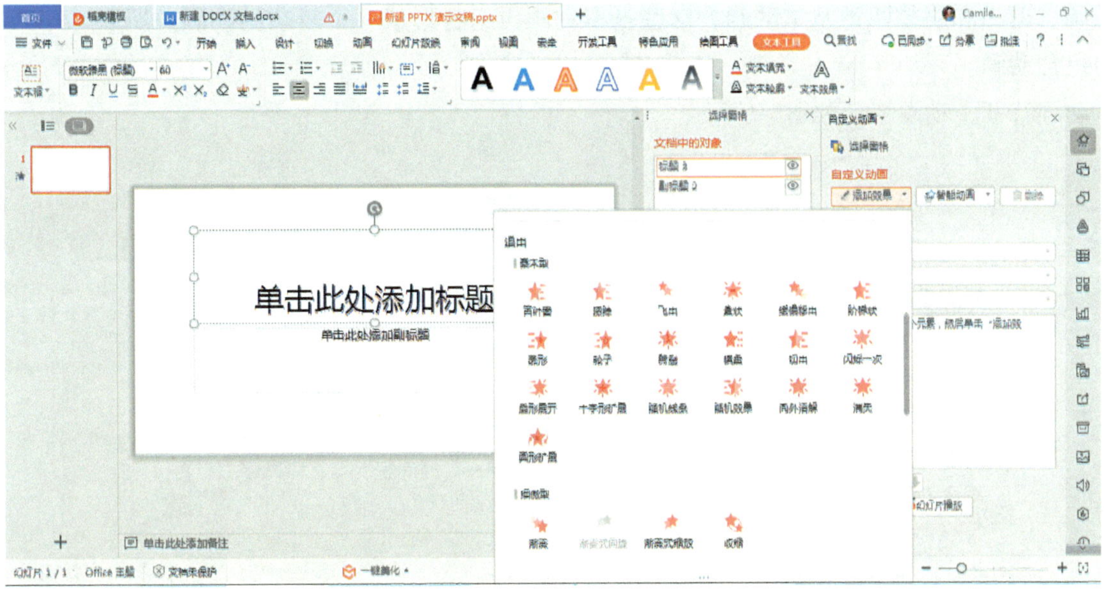

图5-7　退出动画

图5-8　路径动画

党的二十大报告指出："坚持以人民为中心发展教育，加快建设高质量教育体系"，考虑到当前高校学生是"数字原住民"，而职后教师又有一定的PPT或WPS操作基础，因此，我们这里依据学习对象已经有了一定基础的现实情况，在现有基础之上，进一步介绍"PPT动画原理和时间线"，让大家更进一步地掌握PPT动画技巧。

（三）PPT 动画原理及时间线

1. 动画原理及特征

①动画原理：借助于人眼视觉暂留效应，将多幅静止图片连续播放，以形成一个动画。但是，PPT页内动画，不涉及这个层面的问题。PPT页内动画，是为幻灯片内对象元素分别设计不同的进

入、强调、退出和路径四种基本动画，这些基本动画再组合形成一个复杂的动画。所以，PPT动画是典型的组合动画。

②动画特征：动画特征如图5-9所示。

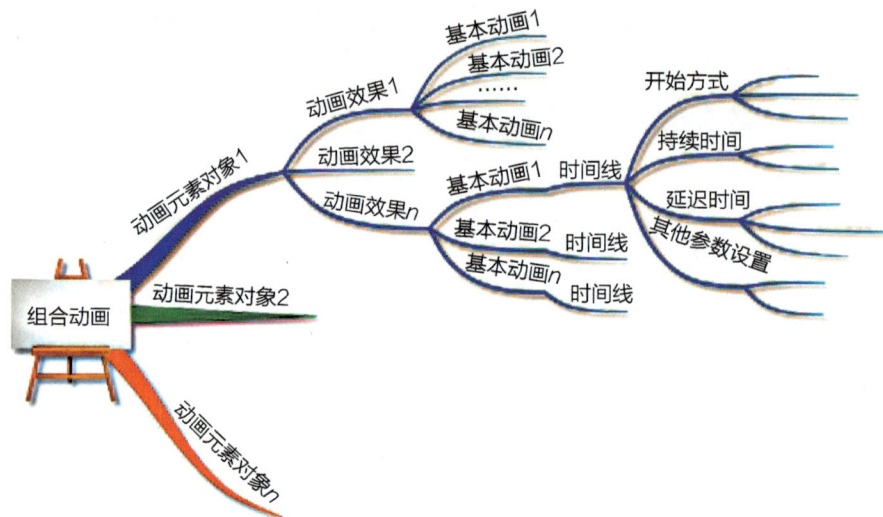

图5-9　动画特征

一是，PPT页内动画可以由多个动画元素对象组合而成。例如，"圆周变直线"动画，可以由"圆变直线，直线变圆"动画组成。

二是，PPT页内动画的每个动画元素对象可以由多个动画效果组成。

三是，PPT页内动画的每个动画效果，可以由四种基本（页内）动画组成：进入、强调、退出和路径。

四是，PPT页内动画的每个基本动画，都对应一条时间线，一个对象有多个基本动画，就可以对应多条时间线。借助于多个基本动画，在一个元素对象上，按照一定的时间先后顺序组合而成一个复杂的动画。

五是，每个基本动画都有开始方式、持续时间、开始（延迟）时间和其他相关参数设置，借助于这些时间参数设置，可以形成某一个对象的基于时间的动画。

六是，组合动画的"组合"体现在几个方面：多元素对象组合；多动画类型组合；多动画方式组合。设置多个元素对象，设计多个动画类型，设置多种动画方式，从而形成错综复杂的时间线和错综复杂的动画。

2. PPT动画时间线

①动画与时间的关系：时间是形成动画的基础，所有动画总是表现为对象随时间的变化而不断改变位置、大小、颜色、形状等。

②PPT动画与Flash动画的不同之处在于它们对时间线的操作。Flash以时间为中心来调配不同的动画对象，所以它提供了更多的基于时间的特性。而PPT是以对象为中心来调配时间的，这就表现为一个对象的动画效果就有一条时间线。注意：这里并不是指每个对象对应一条时间线，而是指每个对象动画对应着一条专用型时间线，可以把这些专用型时间线称为子时间线，所有子时间线统一于整个幻灯片的主时间线。（图5-10至图5-12）

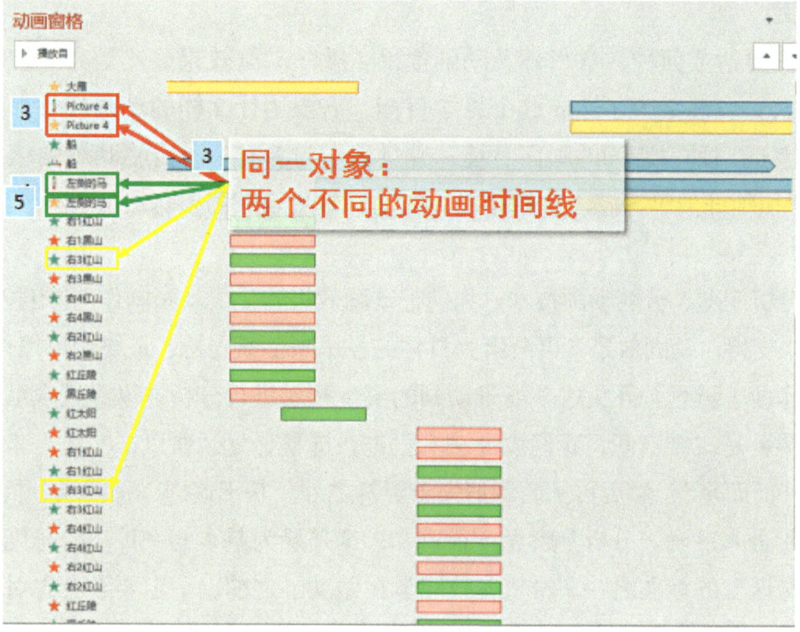

图5-10 同一对象的不同动画时间线

图5-11 动画子时间线

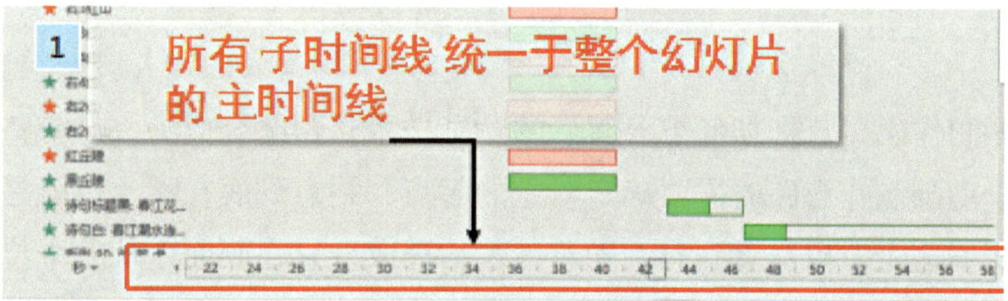

图5-12 主时间线

（四）教学动画制作基本步骤

教学动画制作有四个基本步骤，这四个基本步骤有助于我们更高效地解决教学问题，提高教学效果和效率，更主要的是有助于我们提高目标规划能力及分析和综合等高阶思维能力。这四个基本步骤是：教学目标确定、分析、综合、重点参数设置。这是制作稍复杂动画的基本步骤，具体案例可以参考本教材的综合动画案例。（图5-13）

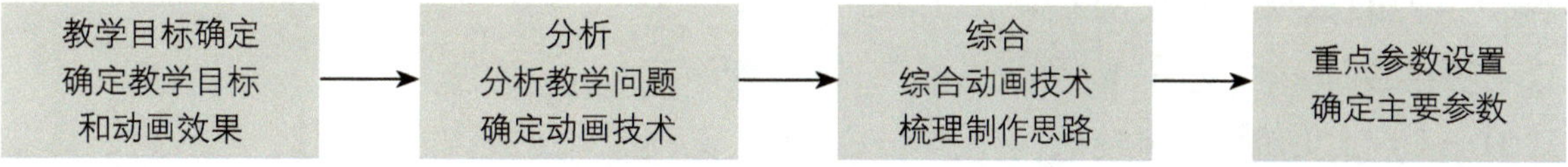

图5-13 教学动画制作基本步骤

1. 教学目标确定

首先，明确动画要达成何种教学目标及动画效果。教学动画效果显然是为了教学目标服务的，即需要实现什么样的教学目标，为了达成这个教学目标，需要用什么样的动画效果来支持。例如，在教学中为了给学习者营造一种古诗词的画面意境，并且让学习者有一种身临其境的感觉，我们需要借助于PPT动画技术，增加画面的纵深感。这就是我们的动画效果及其需要达成的目标。

2. 分析

其次，要学会分析问题，分解动画技术。如何把动画效果转化成动画制作的PPT技术？教学问题的解决，需要动画效果来支持，动画效果又可分解为具体的技术来创新支持，最终用可操作的PPT技术来解决教学问题。对《天净沙·秋思》开头这个场景动画的实现技术进行分析：纵深进入动画，表面上看是我们进入树林中，但屏幕是二维空间，我们没办法真正进入屏幕深处，所以，本质上来说，纵深进入动画其实就是让树木"扑面而来"，然后再从两侧消失于屏幕之外。基于这样一种问题分析和分解，我们就可以选用基本缩放这种进入动画。分析分解思维很重要，这是最为基本的一种高阶思维能力，也是教育部最近特别强调的"金课"的标准之一。希望各位同学在做动画之前，一定要学会先对动画过程进行逆向思考，进行分解分析，再进行整合综合，实现动画制作，培养高阶思维能力。（图5-14）

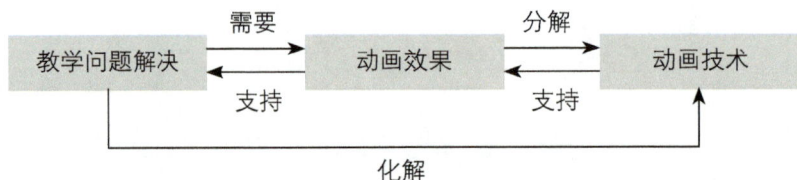

图5-14　教学问题与动画的关系

3. 综合

再次，明确动画制作思路，即如何把分解后的动画技术，再综合成为一个完整的动画，来顺利地解决教学问题。明确动画制作思路时需要确定对象的起点和终点到底在哪。也就是说，给一个对象做一个进入动画，要明确这个对象从无到有，随着动画的播放，它在画面中从哪个位置开始，起点在哪儿；动画播放结束后，这个对象最终呈现在画面的哪个位置，即终点在哪个位置。这是我们做进入动画时必须考虑的问题。

4. 重点参数设置

最后，明确关键动画的参数。需要明确画面中的每一个对象，以什么样的方式开始，持续时间是多长，是否需要延迟开始，多个动画之间的放映顺序是什么，以及动画的具体参数和效果如何设置。这些在做动画之前应该有个初步的思考，在制作过程中再不断调整和具体优化。

◆ 活动延伸

制作一个组合动画，要求：
①有手绘画面。
②有一个以上的组合动画。

③有动态水面（可选）。

④有背景音乐或解说词。

分享作品

分享作品、操作经验、方法技巧、心得体会以及学习反思。

活动专题二　PPT动画基本案例

活动目标

1. 掌握画圆动画、缩放动画、陀螺旋动画、波动动画、飘摇动画、摆动动画等的基本制作过程和动画技术。

2. 学会从需求结果反向分析推理从而确定动画技术的方法。

3. 学会对大量相似对象进行快速动画处理的方法和技巧。

4. 学会观察动画时间线，从动画时间线可以预判动画效果；同时，能够在时间线上直接操作动画对象，对动画进行调整。

5. 能够利用各种动画来解决相关问题。

活动背景

2022年，我国举办冬奥会。学校为此特意举办了一系列宣传活动。其中一个活动任务就是设计并制作一个冬奥会宣传PPT。小明之前掌握了一些PPT制作基础知识，并对此非常感兴趣，于是他踊跃报名，成了学校冬奥会宣传队中的一员。在信息技术课上，小明主动向教师请教，信息技术教师为他提供了一些典型的PPT动画制作案例，里面有清晰的制作步骤与过程。于是他对这些案例展开了学习。

活动过程

案例一　轮子动画：画圆

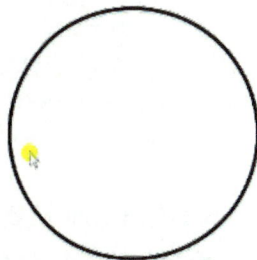

案例一　轮子动画：画圆[①]

圆以及画圆的动画在各个学科教学中都是最为基础的教学资源组成元素。请看图5-15所示的图像，我们怎样把画圆的过程用动画描绘出来呢？

①绘制圆形。

操作技巧：插入一张新建幻灯片，版式设置为空白，选择开始下面的绘图工具，左手按住Shift键，绘制一个正圆。（图5-16）

图5-15　圆

---

① 选自南方科技大学教育集团第二实验学校徐莹莹老师优化设计案例。

图5-16　绘制一个圆

②给圆添加轮子动画。

操作技巧：选择动画选项板，在这里选择添加动画，找到并单击更多进入效果，在打开的添加进入效果对话框中，找到轮子动画，这就是轮子动画效果。（图5-17）

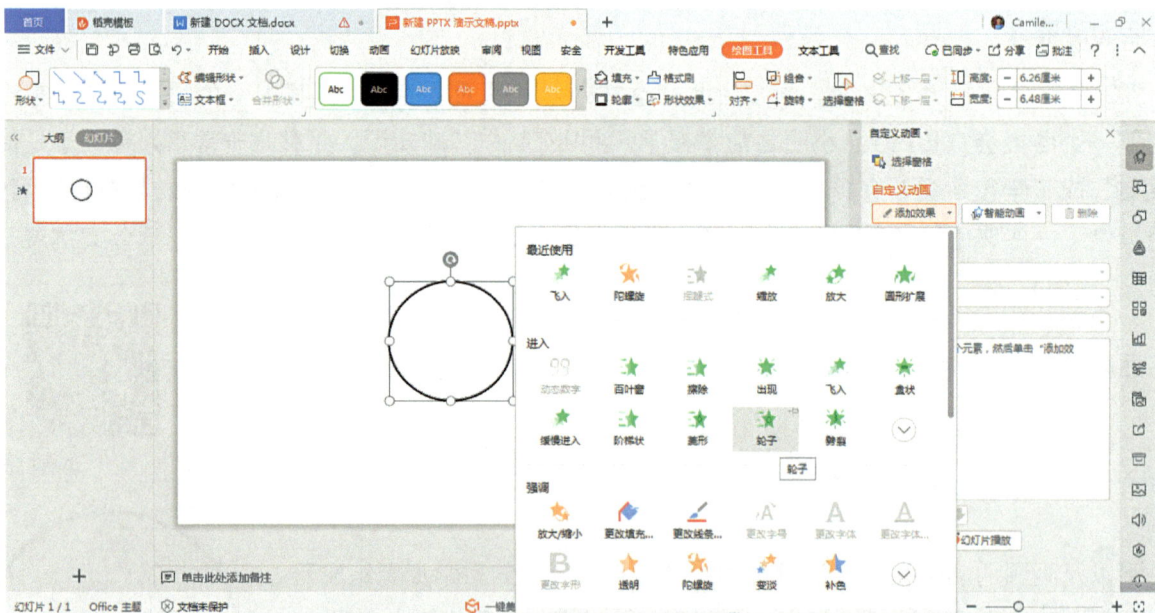

图5-17　给圆添加轮子动画

③给轮子动画设置参数。

操作技巧：选择动画窗格，在右侧动画列表框中，找到轮子进入动画的时间线，双击时间线，在打开的轮子动画参数对话框上，可以看到效果选项板的设置辐射状参数框中，有多种不同的动画效果方案，默认的为"1轮辐图案"画圆。这里有"2轮辐图案"，是从圆的横向直径的两端同时画圆；"3

轮辐图案"，从三个位置同时画圆；"4轮辐图案"从十字架的四个方向开始画圆；"8轮辐图案"从八个方向开始画圆。这就是不同的画圆方式，可以根据不同的情境使用。在轮子动画参数对话框的计时选项版中，没有特殊的设置。（图5-18）

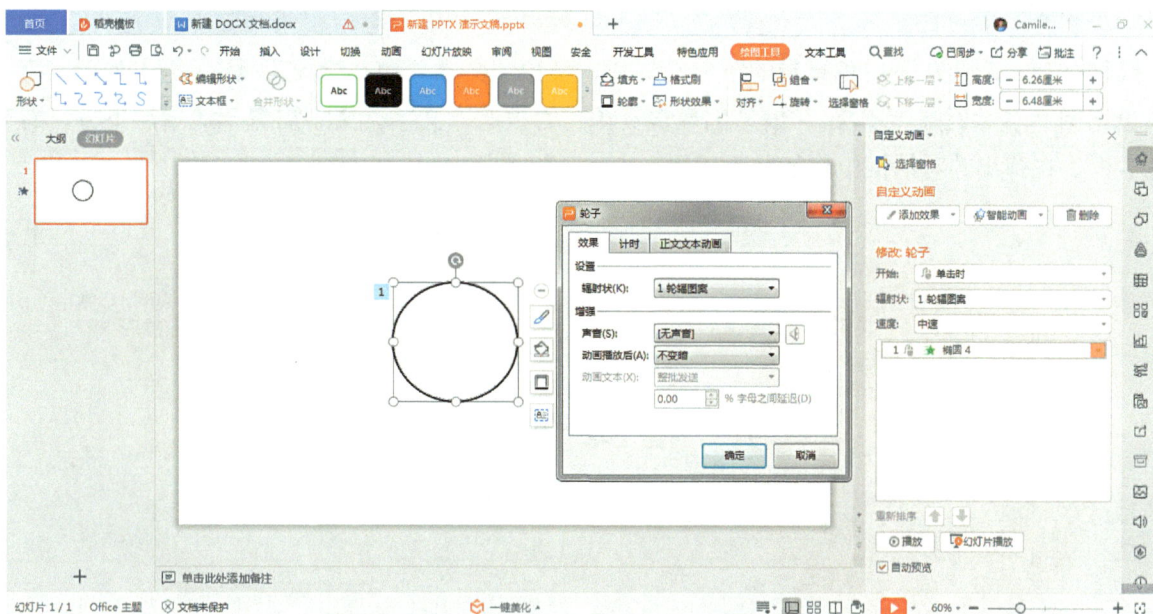

图5-18 给"轮子"动画设置参数

案例二 遮罩动画：照射文字[①]

遮罩动画是常用的动画类型，很多效果丰富的动画都是通过遮罩动画来完成的。请看图5-19案例效果，我们怎样实现呢？

图5-19 遮罩动画

---

① 选自淮北师范大学张琪教授设计案例。

什么是遮罩动画？"遮罩"是一种特殊的显示效果，可以在遮罩层上创建一个任意形状的"开孔"，下方的对象可以通过该"开孔"显示出来。为了得到特殊的显示效果，可以在遮罩层上创建一个任意形状的"视窗"，遮罩层下方的对象可以通过该"视窗"显示出来，而"视窗"之外的对象将不会显示。

①绘制遮罩层

操作技巧：新建一张白色背景的空白幻灯片，利用"文本"和"绘图工具"，输入如下文字，绘制黄色正圆。本示例圆遮罩层，"信息化教学资源"为被遮罩文字，文字需置于遮罩层下方。右键点击文本框，在弹出的对话框中将其置于顶层。

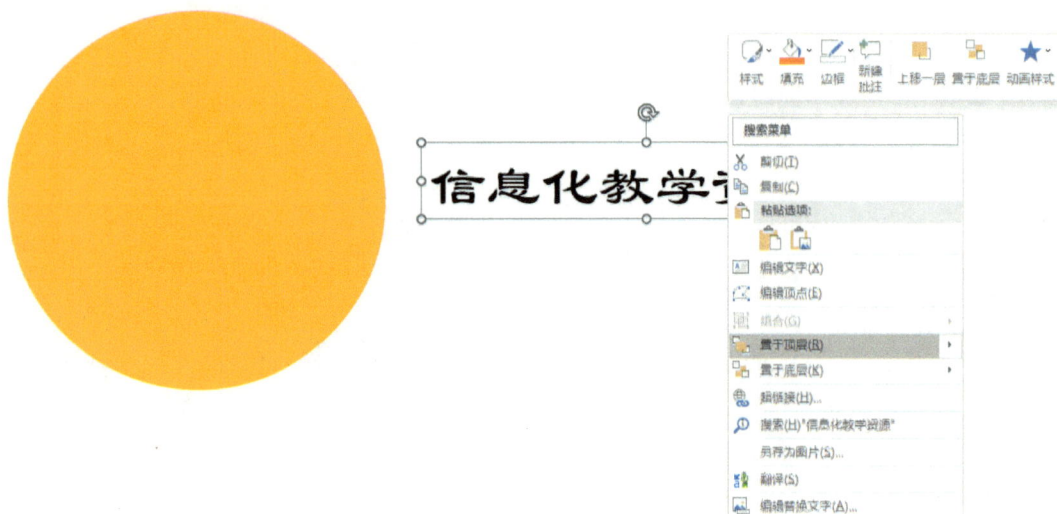

图5-20　绘制遮罩层与调整图层

②缩放画布与更改背景颜色

按住ctrl键同时滚动鼠标滚轮缩放画布，将圆形置于左侧的不可见区域。幻灯片背景颜色设置于文字颜色相同，在这里设置为黑色。

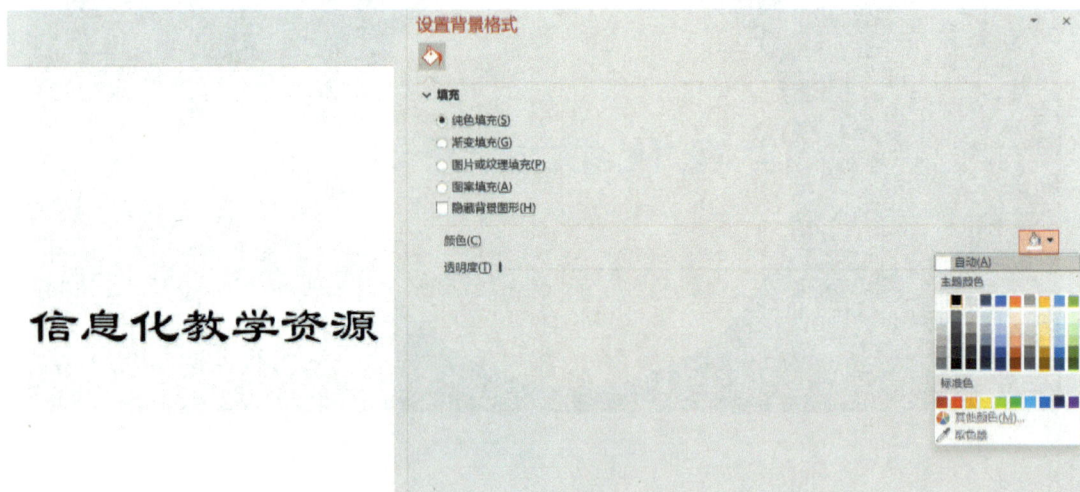

图5-21　画布与颜色设置

③添加路径动画

操作技巧：通过改变"直线"路径的终点（红色三角），让圆形通过画布到达最右边不可见区域，通过改变"计时"中的"期间"，设置合适的动画时间，在这里设置为5秒。

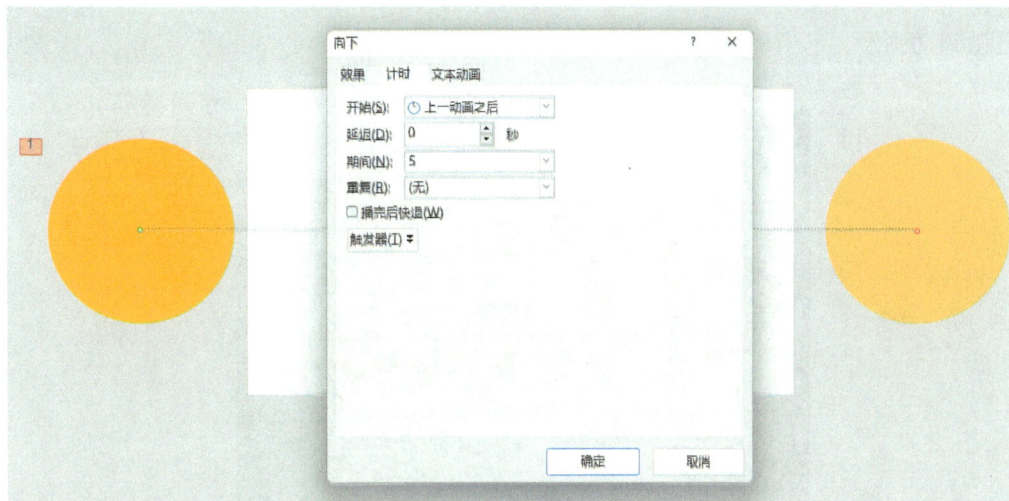

图5-22　为图形添加路径动画

④给遮罩层添加加强调动画

操作技巧：选中圆形，利用之前操作的方法添加"放大/缩小"动画，效果选项卡中的尺寸改为"1500%"（修改数值后需回车确认），同时在"计时"中设置出现顺序为"上一动画之后"。

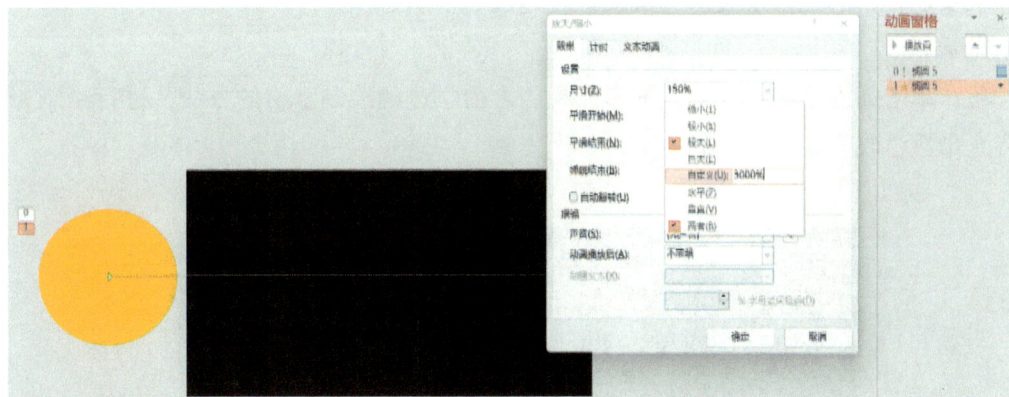

图5-23　添加"放大"效果

小结：

第一，遮罩层必须在被遮罩层之上，可以通过设置"层"进行调整。

第二，只要是镂空的文字或图形，都可以灵活尝试。例如，"形状"中的同心圆是镂空的，也可以尝试同时选中"文本框"或者"矩形"等元素，利用"合并形状"进行布尔元素的剪除实现更为多样的镂空图文。

第三，可以对遮罩层设置其他类型的路径动画以及重复动作，实现更为复杂的效果。

案例三　强调动画：烛光闪烁

请看图5-24所示的图像，怎样使图中的烛光表现出动态感，营造出夜晚的意境呢？

什么是强调动画？

案例二　强调动画：烛光闪烁

图5-24　烛光

强调动画指的是对象从一种状态到另外一种状态的变化，它通过变化的颜色、缩放、旋转、闪烁、扭曲等来实现，目的是为了突出对象或者表达出一种状态。

①绘制光晕。

操作技巧：单击插入形状，找到椭圆形，利用之前学过的绘制素材的方法，进行绘制，设置光晕的颜色，将光晕颜色改为黄色。（图5-25）

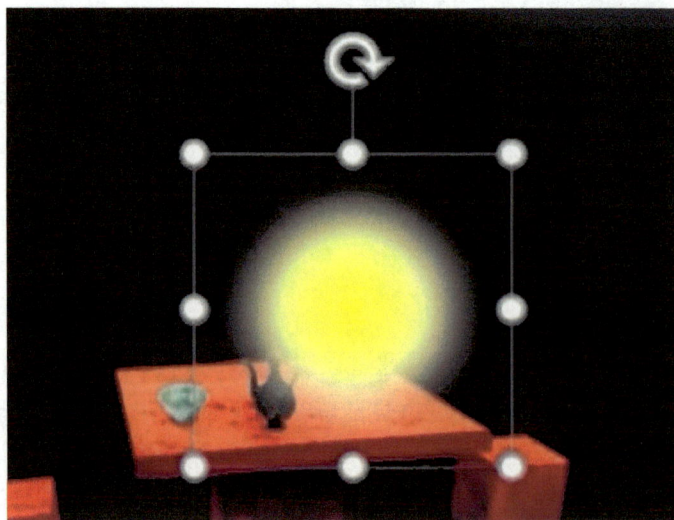

图5-25　绘制光晕

②给光晕设置透明度。

操作技巧：设置光晕的透明度，可以设置为50%。（图5-26）

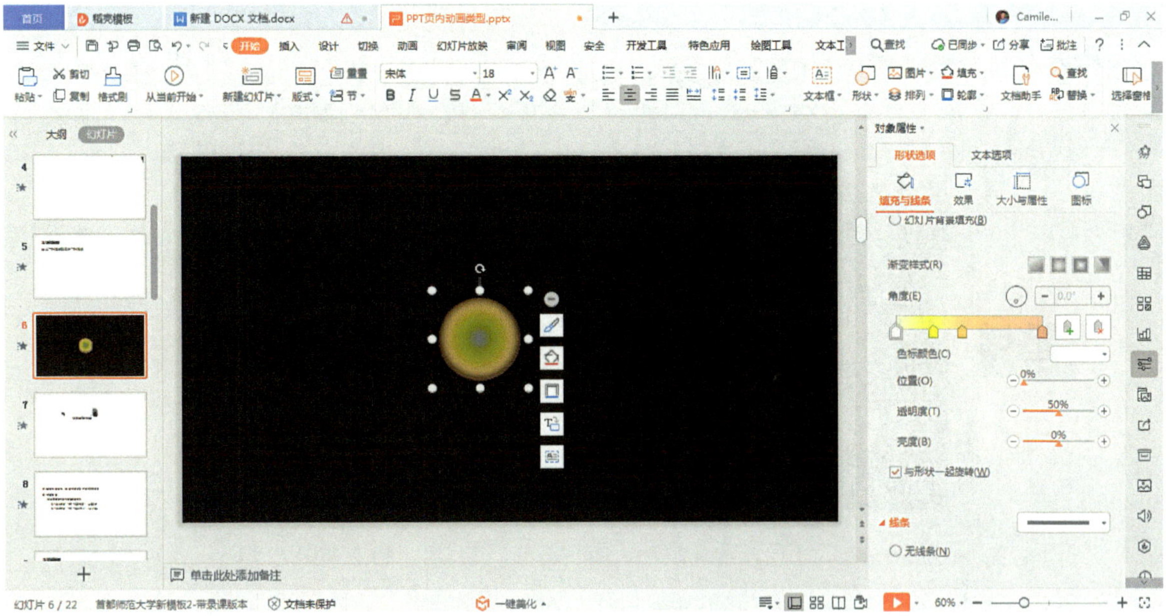

图5-26 给光晕设置透明度

③给光晕添加强调动画——放大和缩小。

操作技巧：选中光晕，单击上方栏目中的动画按钮，有一个下拉的三角菜单，单击，可以看到有很多的动画效果，强调、退出和动作路径，选择放大和缩小效果。（图5-27）

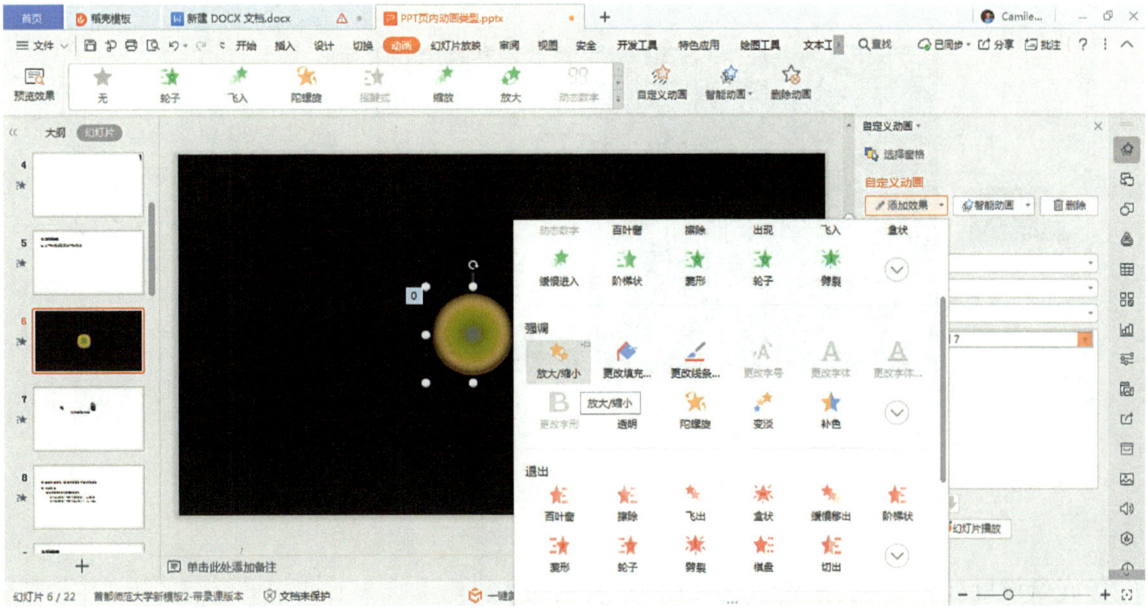

图5-27 给光晕添加强调动画——放大和缩小

④给光晕设置参数与速度。

操作技巧：可以通过动画窗格来设置参数。在动画窗格中选中对象单击右键选择效果选项，首先根据需要设置光晕尺寸，可以选择较小，或者较大，也可以进行自定义的设置。设置后需单击回车键，才可以选择上。然后设置计时，根据需要选择速度。（图5-28）

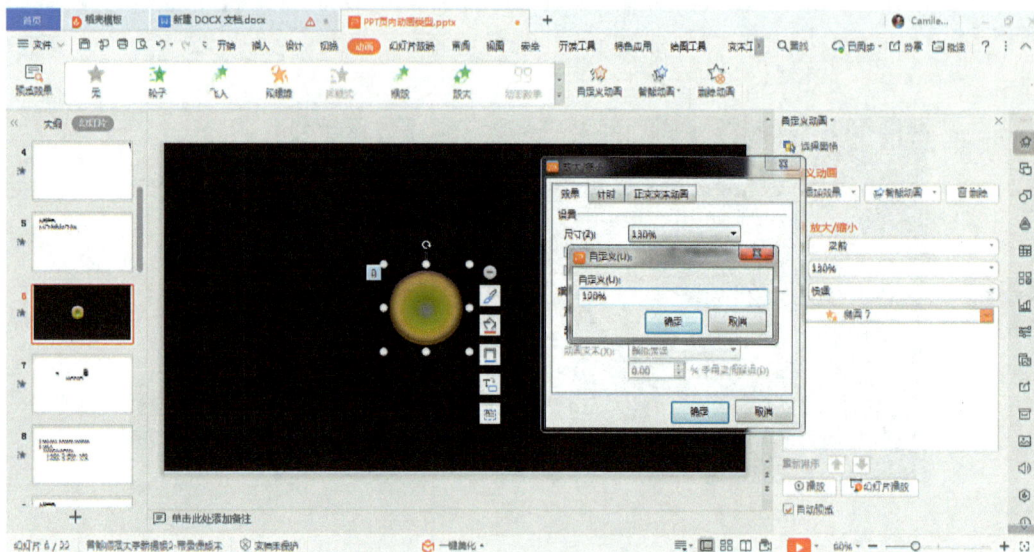

图5-28　给光晕设置参数

⑤重复光晕动画效果。

操作技巧：在重复选项中，选择直到幻灯片末尾。设置完参数后单击确定按钮。（图5-29）

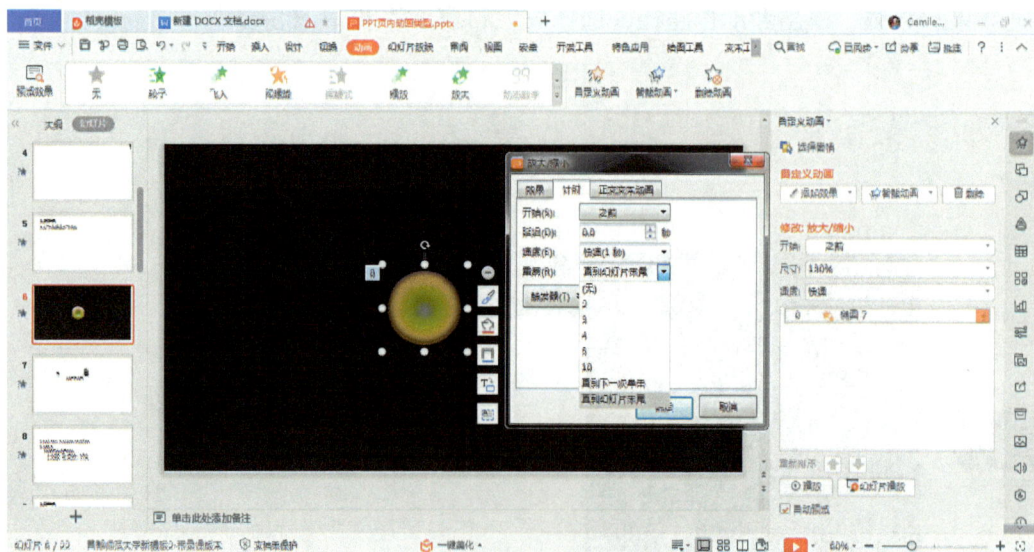

图5-29　重复光晕动画效果

⑥给光晕设置自动翻转，使光晕放大后可以自动缩小。

操作技巧：在效果选项里，单击自动翻转。（图5-30）

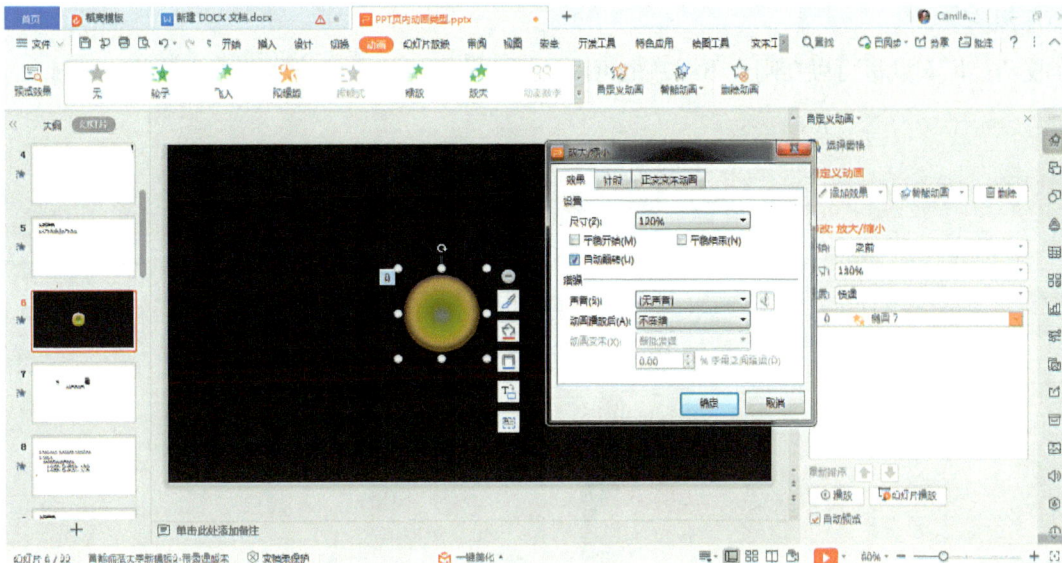

图5-30 给光晕设置自动翻转

小结：

第一，绘制烛光轮廓，并对其进行颜色和透明度的设置。

第二，对光晕进行动画效果设置，首先明确对象的尺寸大小，也就是说当这个动画放大时，可以放大到多少，其次设置对象的持续时间。

第三，要设置水平翻转，让光晕放大后可以再反向缩小回来，使光晕效果更加自然。

案例四 陀螺旋动画：大风车[①]

请看图5-31所示的图像，怎样使图中的风车转动起来呢？

风车转动的动画效果就是陀螺旋动画，它是强调动画的一种，也就是其中的旋转。它的特点就是可以让对象进行循环或不循环旋转，一般可以用在风车、单摆、时钟等场景中。

案例四 陀螺旋
动画：大风车

图5-31 转动的大风车场景

————————

① 选自南方科技大学教育集团第二实验学校徐莹莹老师优化设计案例。

①添加风车素材。

操作技巧：风车素材可以在网上下载，也可以利用之前学过的素材绘制方法自己进行绘制。（图5-32）

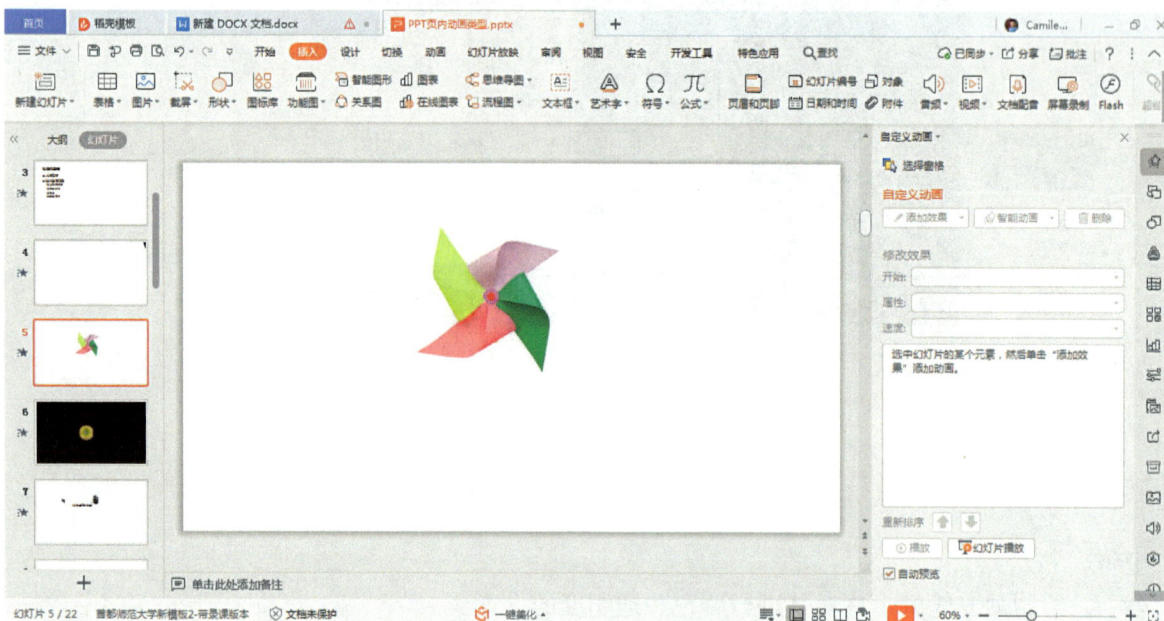

图5-32　添加风车素材

②为风车添加陀螺旋动画。

操作技巧：选中添加对象，选择幻灯片上面栏目中的动画，单击下拉菜单，在强调动画区域中，选择陀螺旋。（图5-33）

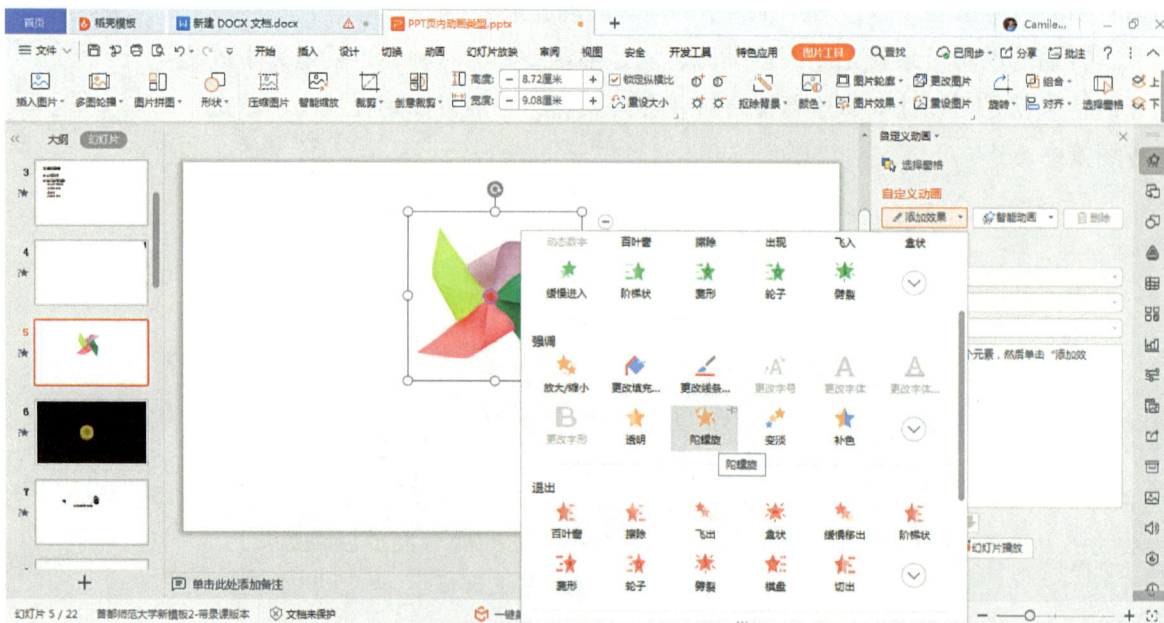

图5-33　为风车添加陀螺旋动画

③为风车陀螺旋动画设置参数。

操作技巧：单击动画窗格，在动画窗格中选中对象，单击右键效果选项。可以自定义旋转的度数，也可以选择方向是顺时针还是逆时针。（图5-34）

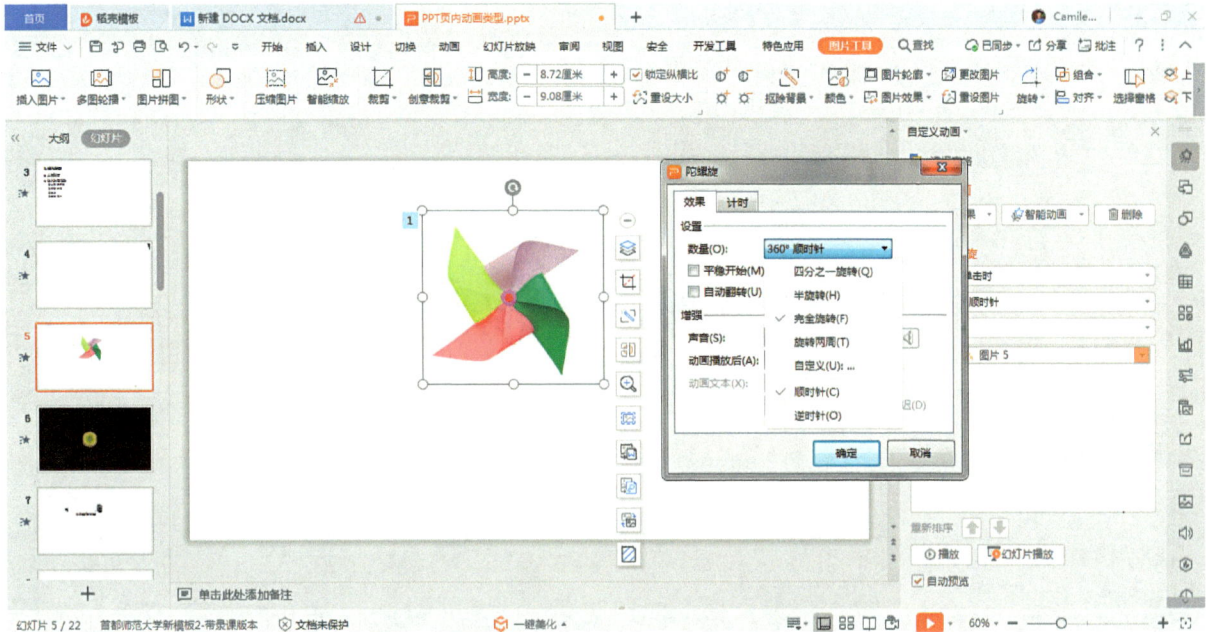

图5-34 为风车陀螺旋动画设置参数

④为风车动画设置速度。

操作技巧：在计时选项中，根据需要调整快慢。（图5-35）

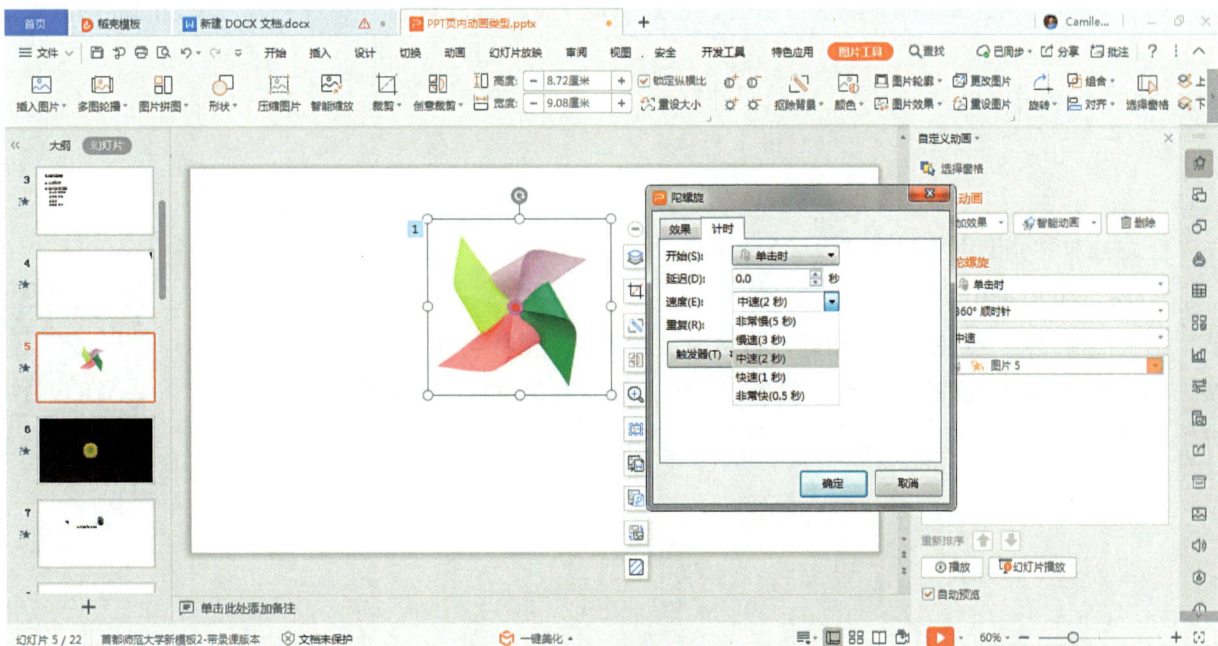

图5-35 为风车动画设置速度

⑤重复直到幻灯片末尾。（图5-36）

强调：风车在设置动画时必须是一个独立的对象，不能和其他对象进行组合。否则和它组合在一起的图形都会进行旋转。

图5-36 风车动画重复直到幻灯片末尾

总结：

第一，在设置陀螺旋动画时，必须明确对象的数量、对象旋转的度数和旋转的方向。

第二，明确对象的持续时间，是旋转几秒钟还是直到幻灯片末尾。

第三，风车不能和其他对象进行组合，它必须是一个单独的对象，要对它进行单独的动画设置。

案例五   任意轴对称作图[①]

任意轴对称作图用到的是"万能翻折法"。

1. 将△ABC沿AB边翻折

①→圆(椭圆)，按住Ctrl+Shift键，将鼠标放在点A处(鼠标会变成十字架，将十字架中心放在点A处)将圆拉大，直至覆盖△ABC，然后点击格式，将圆设置为无填充有轮廓。

任意轴对称作图

---

① 选自科大讯飞股份有限公司教研中心副主任张雷等设计的案例。

图5-37　以A顶点为圆心绘制圆形

图5-38　将圆形设置为无填充有轮廓

②选中△ABC和圆，按住Ctrl+G键将这两个图形组合，然后选中这个组合图形，点击添加动画→更多退出效果→基本旋转→确定。

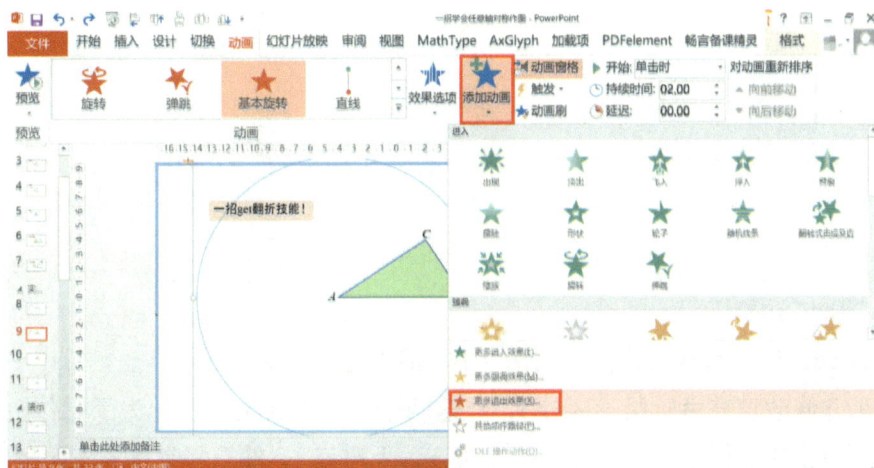

图5-39　组合图形并添加退出效果—基本旋转动画

③在动画窗格中选中上一步设置的动画，点击效果选项，将方向改为垂直。

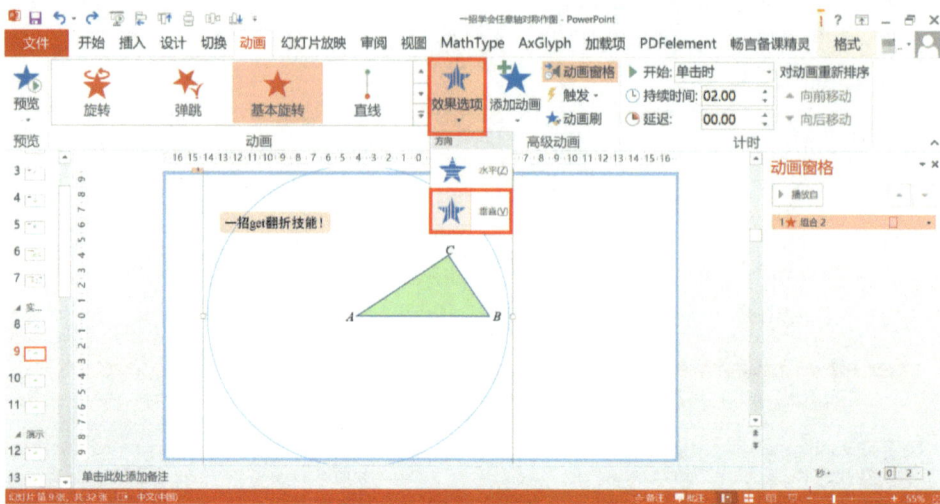

图5-40 设置动画效果

④在动画窗格中选中刚才设置的动画，点击右边的下拉箭头，在计时中将期间改为中速2秒（可根据动画快慢需要调整），重复改为0.4（这一点尤为重要），再点击确定，最后将圆的轮廓改为无即可。

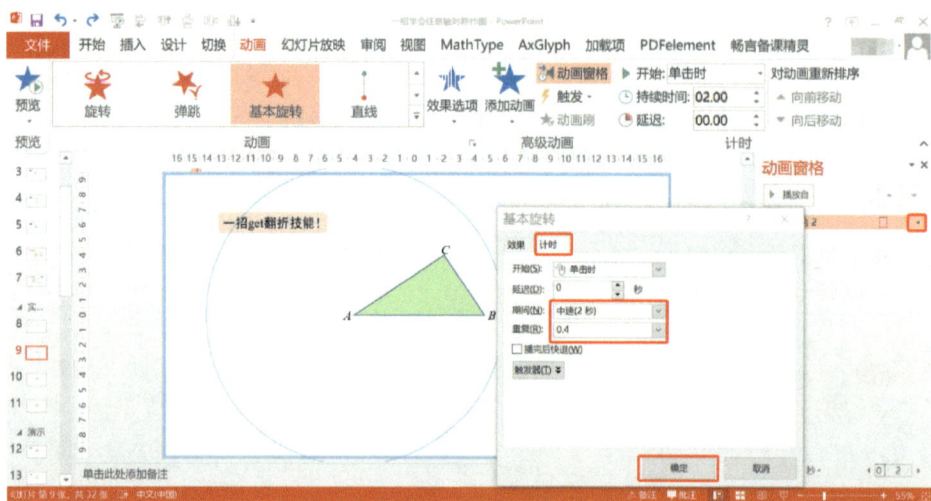

图5-41 设置动画期间与重复

2. 将△ABC沿AC边翻折

说明：要将△ABC沿AC边翻折，仍然先作△ABC沿AB边翻折的动画。

①复制△ABC并修改填充色（便于区分），让这两个三角形完全重合（为了操作更准确，可先选中两个三角形，再点击工具栏中的对齐，选择左对齐，上对齐），然后将复制的三角形置于底层。

图5-42　复制旋转图形并使之重合

②按照上述将△*ABC*沿*AB*边翻折的步骤进行操作，将圆的轮廓暂时保留。

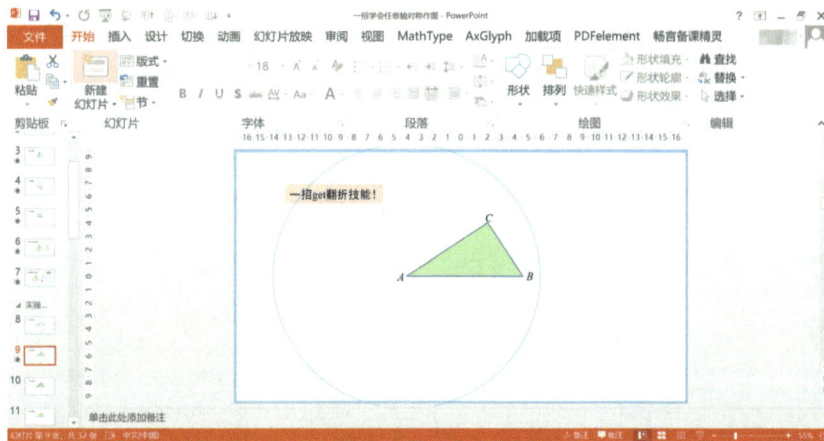

图5-43　以A顶点为圆心绘制圆形轮廓并组合图形

③选中组合图形，按住Alt键，将组合图形进行旋转，将三角形①的*AC*边旋转至与三角形②的*AB*边重合的位置（如图5-44所示）。

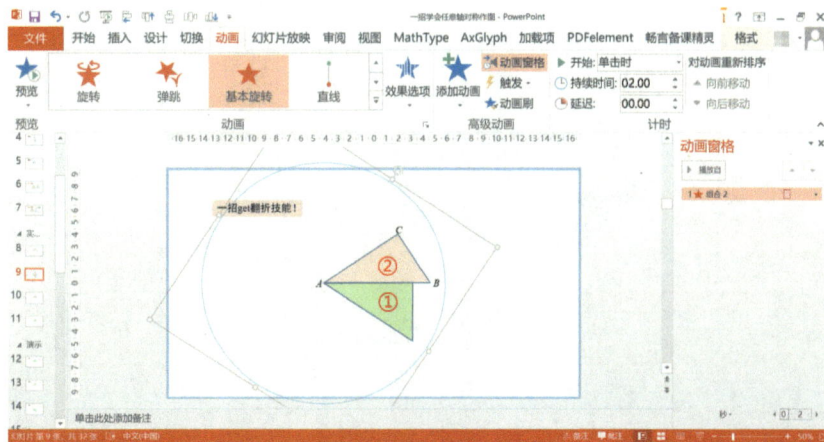

图5-44　旋转组合图形

④选中组合图形，点击右键→大小和位置，查看旋转角度（33°）。

图5-45 查看旋转角度

⑤选中组合图形，点击添加动画→更多强调效果→陀螺旋→确定；在动画窗格中选中陀螺旋的动画，点击右边的下拉箭头，在下拉剪头中将旋转角度改为-33°（上一步中看的旋转角度），最后点击确定。

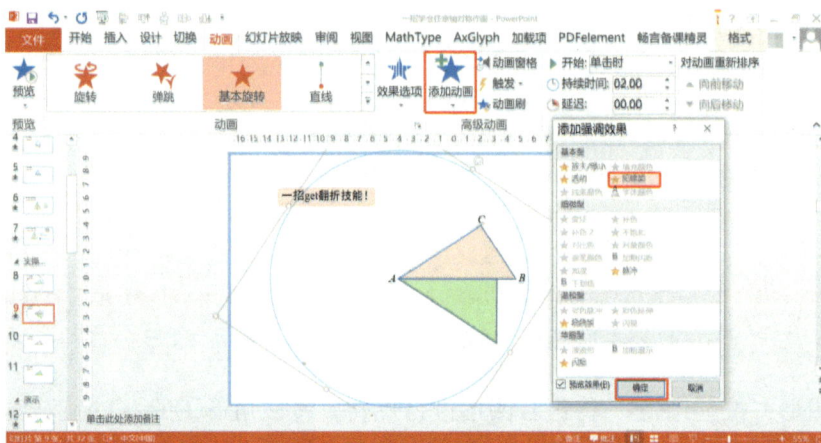

图5-46 将组合图形添加陀螺旋动画

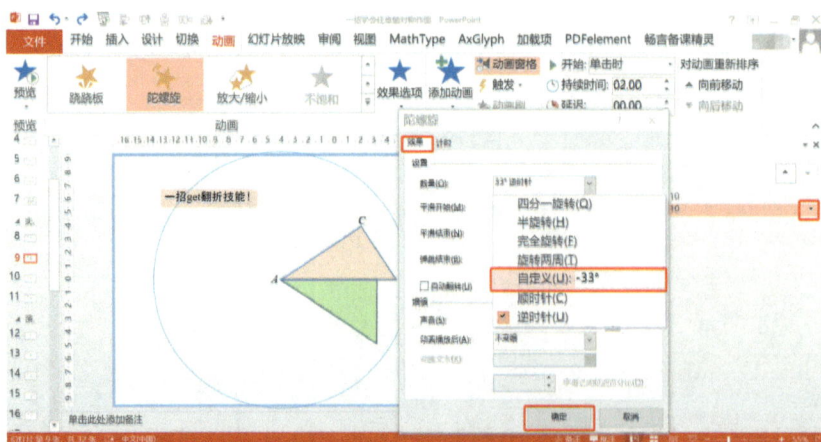

图5-47 设置陀螺旋动画的旋转角度

⑥ 在动画窗格中选中陀螺旋的动画，在工具栏中将持续时间改为0.01。

图5-48　设置陀螺旋动画时间

⑦ 在动画窗格中同时选中这两个动画，点击下拉箭头，选择从上一项开始，最后将圆的轮廓改为无，三角形②删除即可。

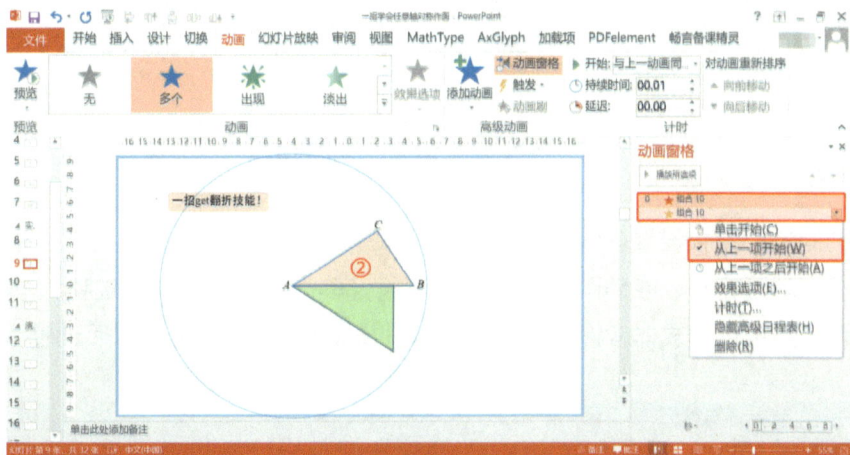

图5-49　设置动画播放顺序并删除辅助图形

案例六　波动动画：鹅[①]

请看图5-50所示的图像，鹅在水中游，怎样使图中的水具有波纹效果呢？

①运用任意多边形工具绘制场景。（图5-51）

②给水添加正弦波动画。

操作技巧：选中水这个素材，单击栏目上面的动画按钮，下拉菜单中，找到其他动作路径，水波纹的效果可以用正弦波来进行设置。（图5-52）

案例六　波动动画：鹅

———————————

① 动画案例来源于网络。

图5-50　鹅在水中游的场景

图5-51　绘制场景

图5-52　给水添加正弦波动画

③对正弦波动画进行参数设置。

操作技巧：单击动画窗格，在动画窗格中选中对象，单击右键选择效果选项，单击第二个计时。首先对速度进行调整，可以调成非常慢（5 s），如果觉得5 s还是很快，也可以手动输入10 s。（图5-53）

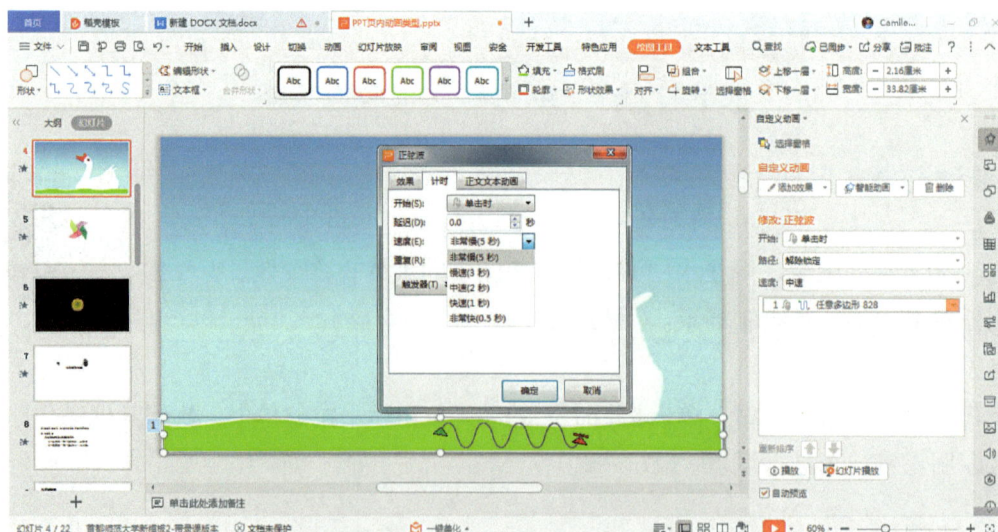

图5-53　为正弦波动画设置参数

④对水的正弦波动画进行重复设定。

操作技巧：找到重复选项，选择直到幻灯片末尾。（图5-54）

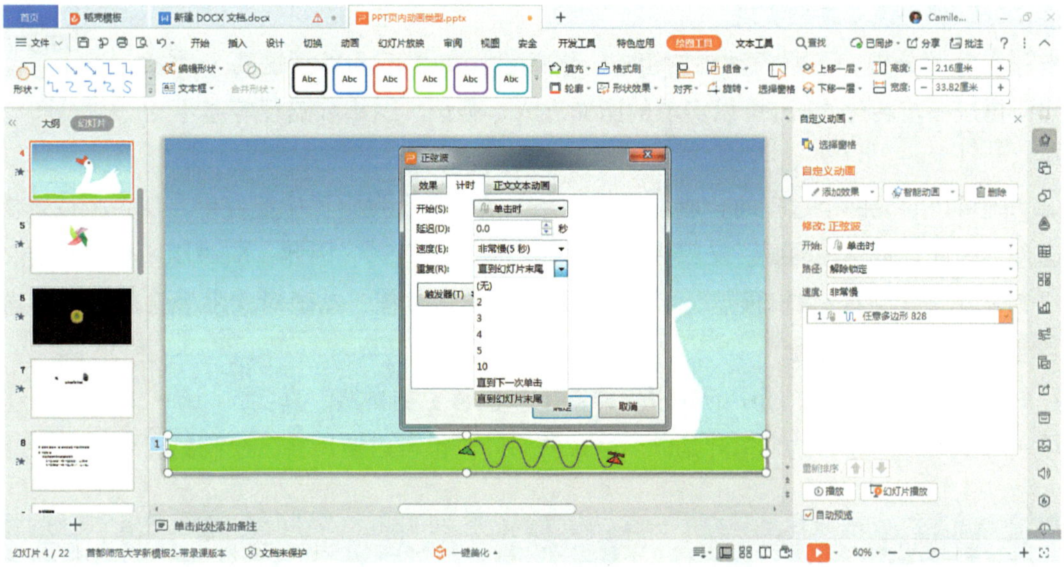

图5-54 对水的正弦波动画设置重复

⑤为水的动画设置平稳开始与平稳结束。

操作技巧：水的流动，是一个连续变化的过程，在设置的时候要注意这点。单击效果选项，找到平稳开始和平稳结束，并根据需要修改时间。（图5-55）

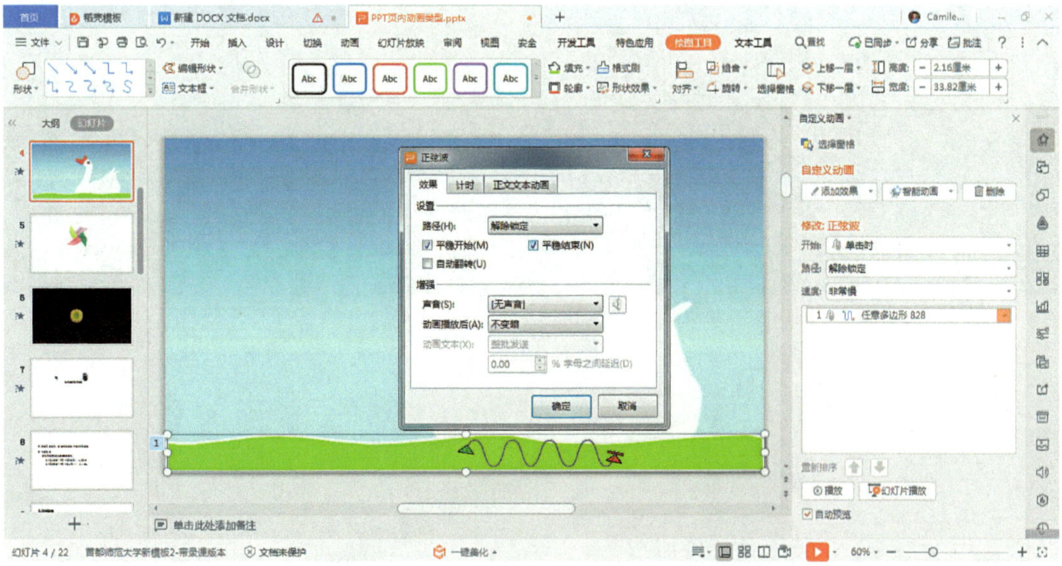

图5-55 为水的动画设置平稳开始与平稳结束

案例七　飘摇动画：落叶①

　　飘摇动画包括"飘落+摇摆"两个动画效果。落叶、落花、雪花等质量较轻的物体飘落，可以利用该动画来实现。

　　先来深入分解分析一下飘摇动画的组成，飘摇动画的飘落和摇摆这两个动画效果，如何再进一步转化为PPT可以实现的诸如进入、强调、退出和路径等基本动画技术呢？

　　飘摇动画可以看成两个过程的合成：第一个是飘落过程，发生了位置变化，从一个位置变换到另外一个位置，因此，是路径动画。又因为是飘落，不是垂直下落，因此，应该用一个"自定义路径"动画，或者是"直线路径+编辑顶点"。第二个是摇摆旋转过程，动画对象发生自旋转的状态改变，强调的是动画中的陀螺旋动画。

　　请看图5-56所示的图像，图中的叶子怎样落下来能够更加自然、真实？

　　①导入一张树叶图片，这个树叶是PNG格式的树叶，也可以使用自己绘制的树叶图形。（图5-57）

图5-56　叶子飘落场景

图5-57　PNG格式的树叶

① 选自深圳市龙华区第三实验学校龚雨秋老师设计案例。

②选择动画选项板，首先给叶子设置一个下降的动画，选择添加动画—其他动作路径—绘制自定义路径。（图5-58）

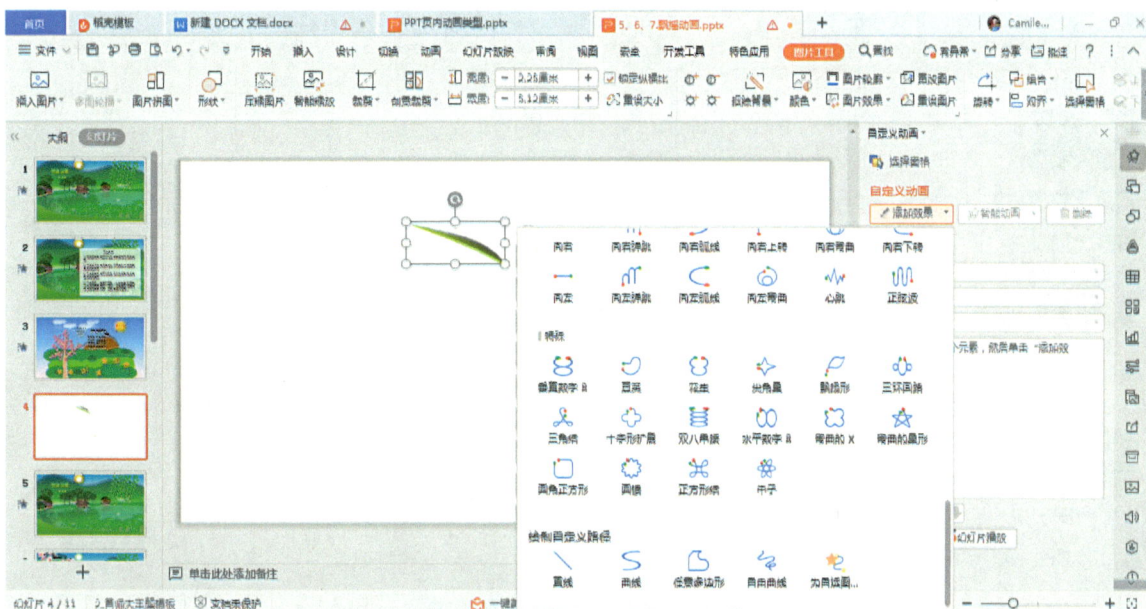

图5-58　给叶子添加路径动画

③绘制一个动作路径。

把起点放在树叶的中心位置上，然后应该画一条直线，还是画一条斜线呢？显然是应该画一个稍微有点斜的线，因为树叶会受到风的影响，假设风是从左吹向右边，树叶飘落路径就应该向右边倾斜。绘制好路径后我们可以双击鼠标，以停止绘制。这样就绘制了一个动作路径。（图5-59）

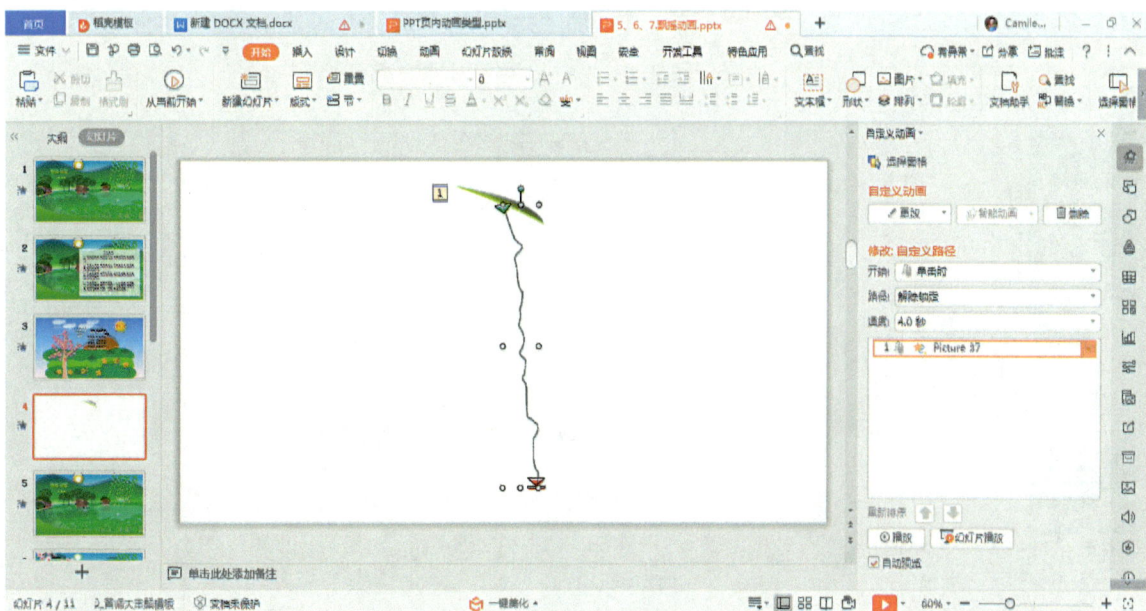

图5-59　绘制动作路径

④选择添加动画—强调—陀螺旋。(图5-60)

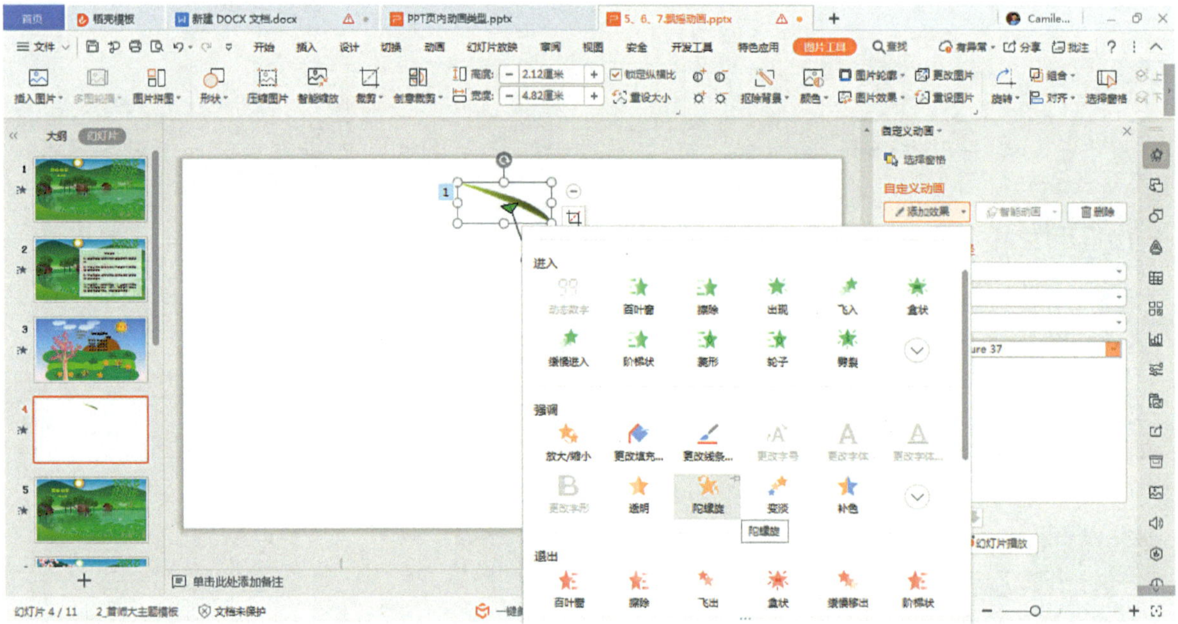

图5-60　给叶子添加陀螺旋动画

⑤使树叶下降的过程是它自身旋转的过程，并设置动作路径动画的持续时间。

操作技巧：在动画开始方式中，选择与上个动画同时选项。如果感觉树叶落得比较快，可以把它设置得慢一些。在右边动画窗格列表中，选择树叶的动作路径动画，把它的持续时间改为4 s。(图5-61)

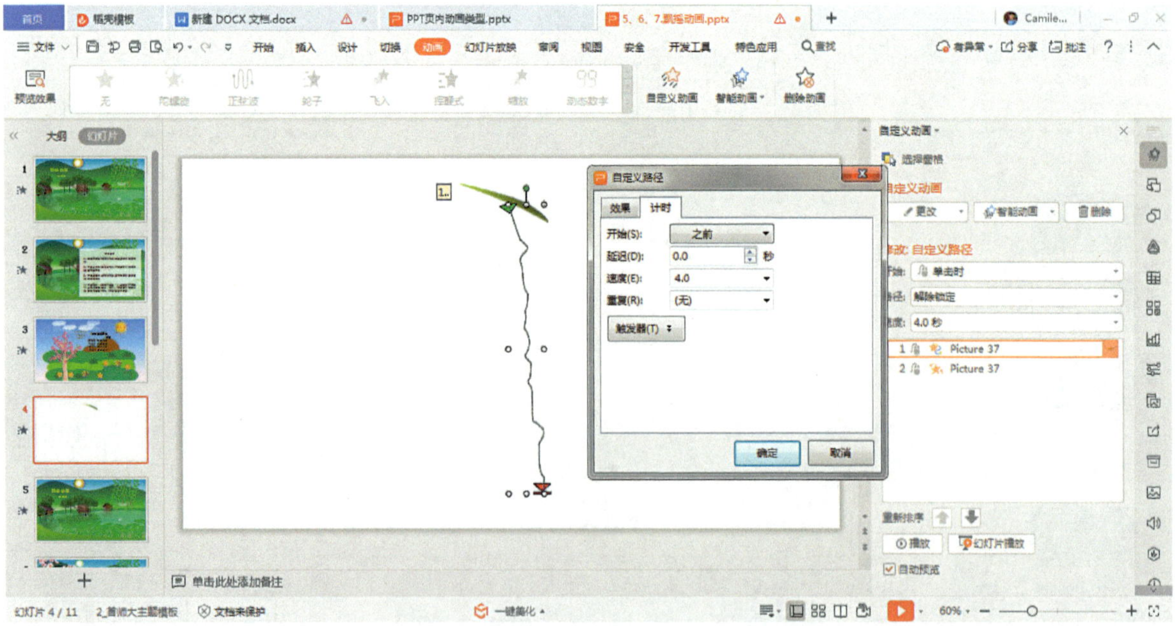

图5-61　给叶子的路径动画设置参数

⑥设置陀螺旋动画的持续时间。

操作技巧：播放动画会看到树叶在下降的过程中，下降到一半的时候，它就不再进行自我旋转了，什么原因呢？因为下降的过程持续时间为4 s，而树叶的陀螺旋动画持续时间只有2 s，所以它在下降到一半的时候，就不再进行自我旋转了，这时候可以给陀螺旋动画改成4 s。这样设置好之后，就比较逼真了。这两个动画持续时间也不一定需要严格对应，可以把陀螺旋动画改成3.5 s。树叶在即将落地的时候，通常情况下不会再旋转了，因为地面上的风比较小。这样调整后画面就比较真实了。（图5-62）

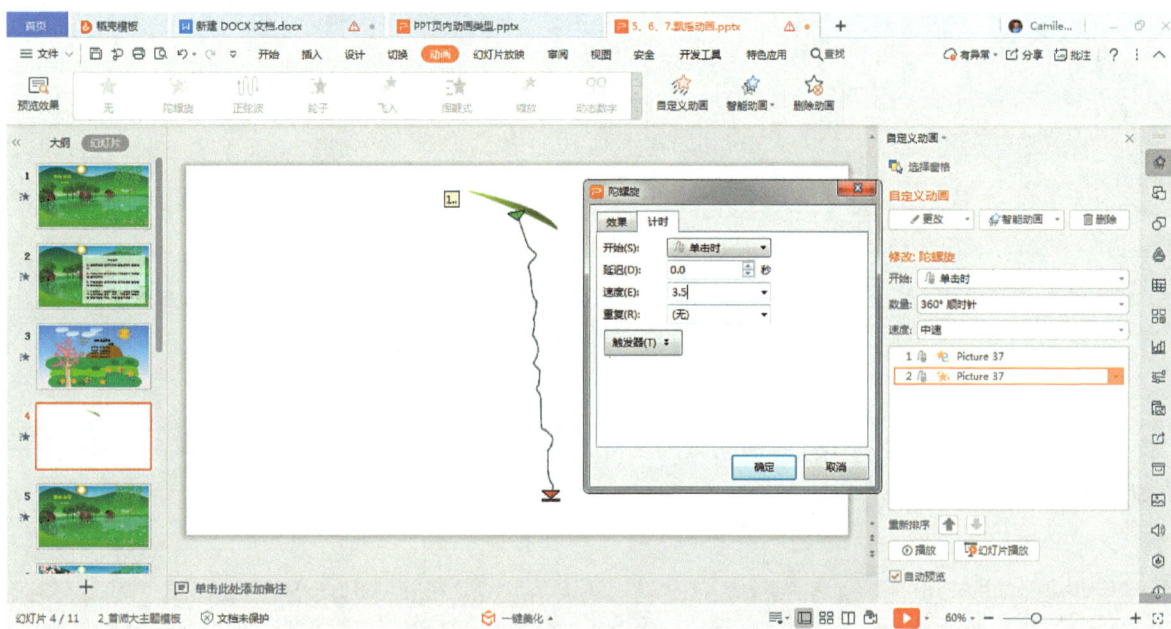

图5-62 给叶子陀螺旋动画设置时间

案例八 飘摇动画：雪花

飘摇动画不仅仅可以用于落叶，落花也是飘摇动画的效果。无论是树叶还是落花，它们在下落之后，花瓣或者树叶都不会消失。但是雪花在下落的过程中，可能会伴随着雪花的消失，这种消失动画要怎么做呢？另外，落花和树叶通常都是一朵一朵或一片一片落下的，但是雪花是很多雪花一起飘落的，如何快速地制作很多片雪花呢？

1. 导入雪花

下载雪花PNG图像，导入到PPT中。（图5-63、图5-64）

2. 快速给雪花设置飘摇动画

①在一个静态的雪花对象上做飘摇动画，可以采用非常快捷的方式，就是把树叶的飘摇动画效果直接复制到雪花上。

案例八 飘摇动画：落雪片

图5-63 PNG格式的雪花

图5-64　雪花飘落场景

　　操作技巧：先选中已经制作好飘摇动画的树叶，在动画选项板下单击选择动画刷，刷取树叶的飘摇动画效果。（图5-65）

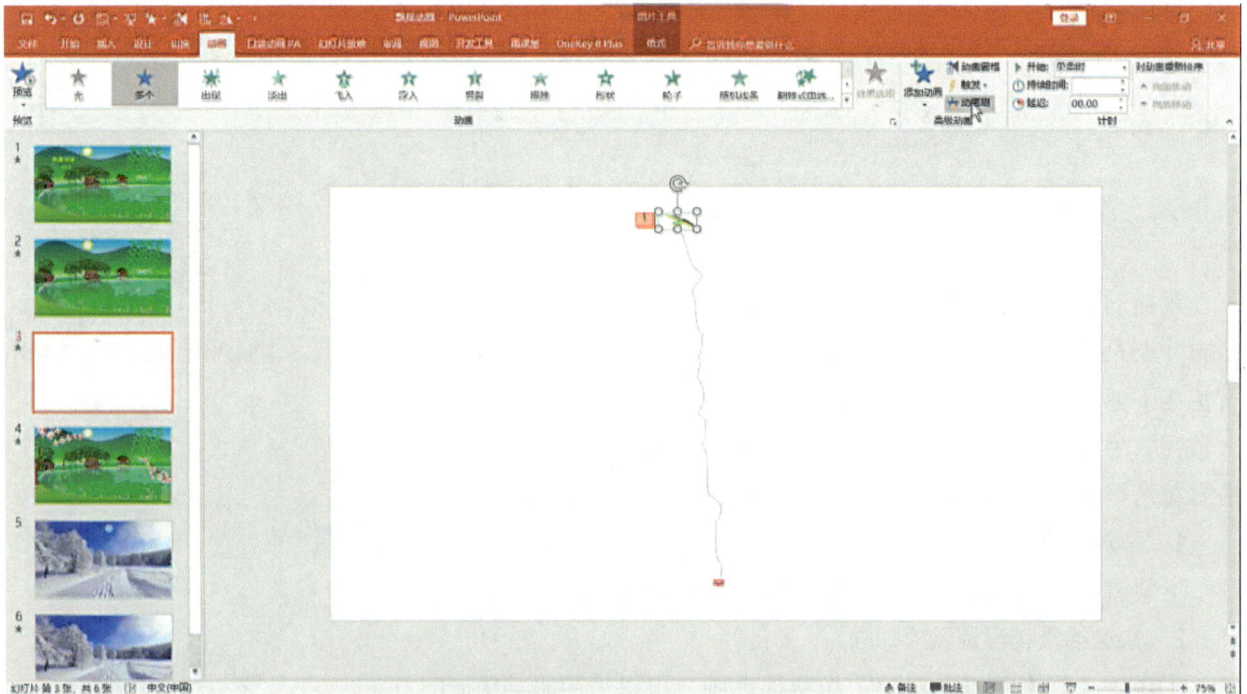

图5-65　快速给雪花设置飘摇动画

②找到雪花这张幻灯片，把鼠标移到雪花上，这时候鼠标的指针已经发生了变化，在鼠标指针旁边有个小刷，单击雪花，雪花就会被赋予和树叶一样的动画效果。（图5-66）

图5-66　动画刷

③看一下右侧的动画窗格，这里有动画列表。这个自定义动画的持续时间是4 s，陀螺旋的动画持续时间是3.5 s，和树叶的动画效果及具体参数是完全一样的。（图5-67）

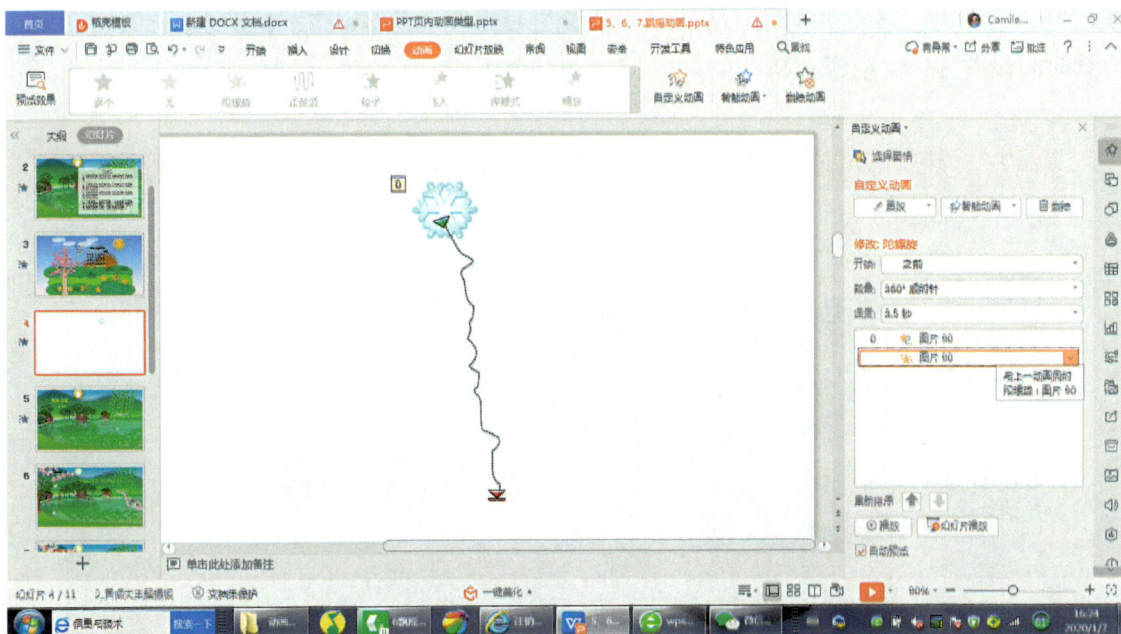

图5-67　查看雪花动画参数

3. 给雪花设置消失动画

①在雪花上再添加一个渐渐地消失的动画，这是一个典型的退出动画。

操作技巧：选中雪花，单击添加动画—退出—淡出。这里不选择消失，因为消失没有"渐渐地"这个过程。（图5-68）

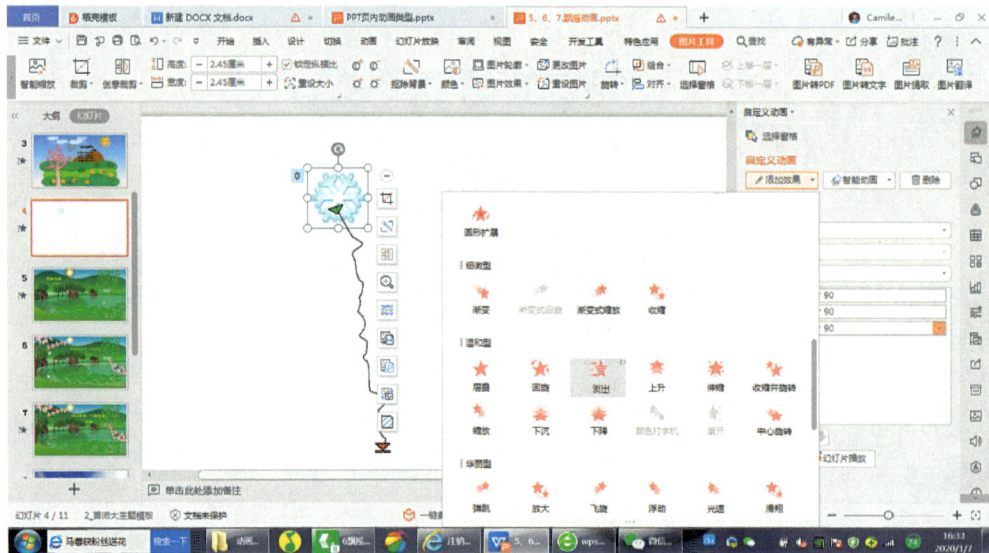

图5-68　给雪花设置消失动画

②给雪花设置参数。

操作技巧：选择开始方式为与上一个动画同时。放映后再单击鼠标，这时雪花还没有出现飘摇动画，就已经消失了，因此参数设置需要更改一下，让淡出的退出动画有个延迟，在雪花快要落到地面的时候，再让它淡出。路径动画时间是4 s，需要让它延迟3 s，在3 s之后才出现这种淡出动画，淡出动画持续时间设置为1 s。（图5-69）

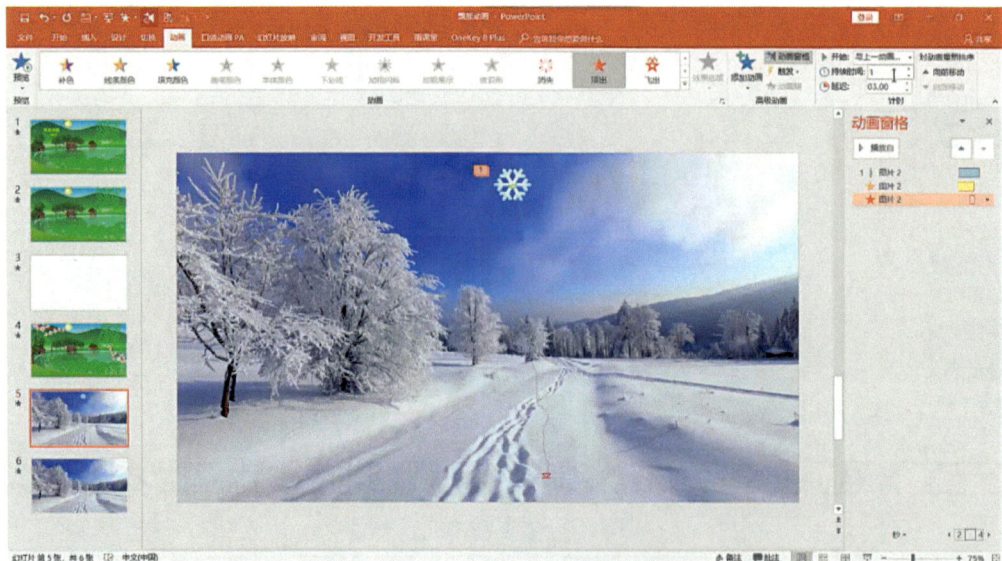

图5-69　给雪花设置参数

③把它延迟的时间稍微提前一点，选中这个淡出时间线上的动画条，再按住鼠标左键，往前也就是往左拖动鼠标，这样，可以直观将延迟时间往前提一点。这种方式快捷，但是在时间控制上，并不是很精确。（图5-70）

图5-70　将雪花延迟时间提前

4. 雪花通常都是很多片一起飘落的，怎么制作呢？

①复制雪花。

操作技巧：左手按住Ctrl键，右手按住鼠标右键，拖动鼠标，就会复制不同的雪花，包括它们的效果。（图5-71）

案例八　飘摇动画：雪花飞舞

图5-71　复制雪花

②修改雪花名称。

操作技巧：在右侧列表框中，可以看到这些动画列表，以及不同雪花的名称，可直接在开始—选择—选择窗格中，对它们的名称进行修改。

③设置雪花自定义动画时间参数。

操作技巧：在动画窗格中，选中自定义路径动画，左手按住Ctrl键，同时单击几片雪花的自定义路径动画，这样可以把开始方式都改成与上个动画同时。按住Ctrl键，依次选中这后面三个自定义路径动画，把延迟时间参数设置为0。

注意：是把自定义路径的延迟时间设置为0，不要把雪花淡出的延迟设置为0。选择的时候一定要仔细。（图5-72）

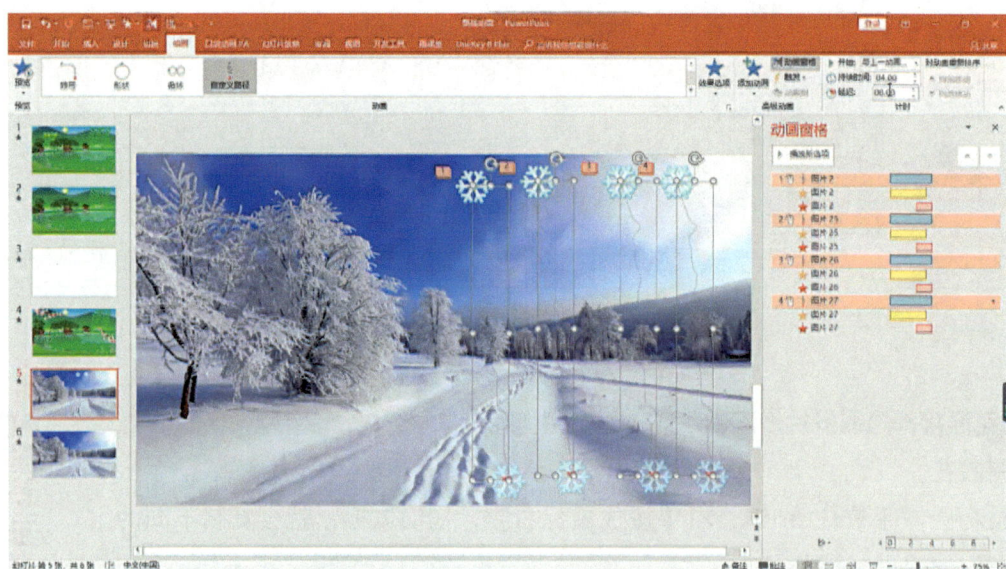

图5-72　设置雪花自定义动画时间参数

④对雪花的动画参数做进一步调整，使雪花飘落得更加逼真。

操作技巧：雪花飘摇动画上，共有三个动画，每个动画有开始方式、持续时间和延迟时间等至少三个选项可以调整参数值；除了开始方式一般都设置为与上一个动画同时以保证雪花动画是自动播放外，每个动画还有两个参数可以调整，这样可以调整控制雪花飘摇动画参数有3×2=6个，共有4片雪花，所以都需要调整的话，最多就应该需要调整4×6=24次。这里简单地对它们修改一下。

第一，可对不同雪花飘落动画的开始时间参数做调整。第2片雪花，比如可以延迟0.8 s才开始下降；第3片雪花，可以延迟0.5 s才开始下降；第4片雪花，可以延迟1.3 s再开始下降。这样雪花下降得就比较错落有致了。

第二，可对不同雪花飘落的陀螺旋动画开始时间做调整。第1个陀螺旋动画可以保持延迟时间不变，或者也可以把延迟改成0.5 s；第2个动画延迟可以改成0.2 s；第3个动画改成0.8 s的延迟；第4个动画改成0.3 s的延迟。

第三，可对不同雪花飘落的陀螺旋动画持续时间做调整。第1片，陀螺旋持续时间可改为2.5 s；第2片，陀螺旋持续时间可以改为3 s；第3片保持不变；第4片改成4 s。

第四，可对不同雪花飘落的淡出时间点做调整。比如，第1片雪花在2 s就开始消失，消失所用的时间是2 s；第2片雪花在3 s开始消失，消失的时间保持1.5 s；第3片可以让它在3.5 s开始消失，消失的时间1 s。

这样就基本设置好了，这些参数的调整设置，主要是根据我们想要的效果来进行调整，目的就是让它们不要整齐划一。（图5-73、图5-74）

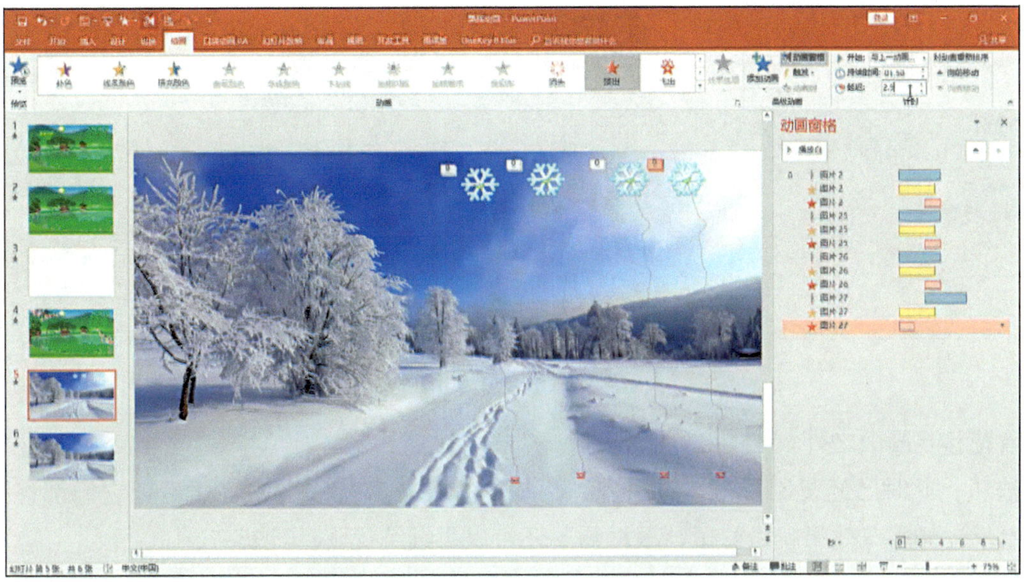

图5-73 调整每一片雪花的动画参数

图5-74 调整参数后雪花的降落

⑤快速复制多片雪花。

操作技巧：首先要同时选中4片雪花，左手按住键盘上Ctrl键，再次拖动鼠标进行复制，按照这种方式复制两次后，共有12片雪花。为了增加效果的逼真性，可以把所有雪花同时选中，再同时缩小一点，当然可以只针对几片雪花进行缩小，以便错落有致。（图5-75）

图5-75　快速复制多片雪花

⑥将雪花移至画面之外。

操作技巧：此时已经复制了很多片雪花，再把这些雪花都统一选中，然后把它们都移到画面之外，再复制。这样雪花效果就做好了，根据需要还可以再继续优化。（图5-76）

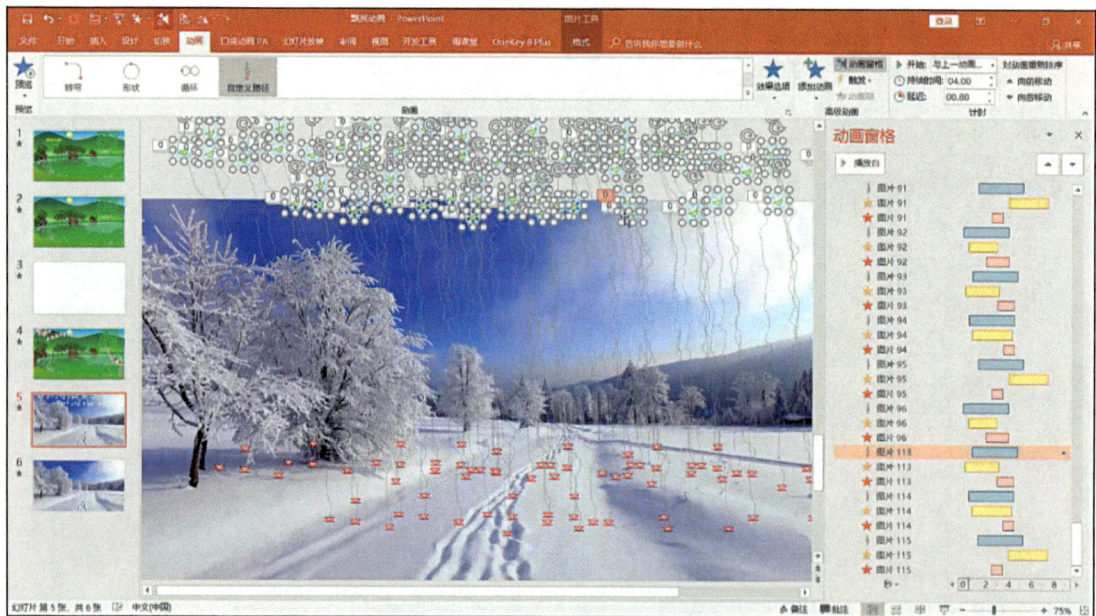

图5-76　将雪花移至画面之外

小结：

第一，使用动画刷来复制动画，这样可以快速制作动画。

第二，复制几片雪花后，调整参数以便使雪花看起来错落有致。

第三，大批量复制调整好参数的几片雪花，这样可以不用再调整参数，从而提高效率。

第四，把动画的起始位置置于画外，这样让动画看起来更加逼真。

案例九 摆动动画：单摆

请看图5-77所示的图像，我们怎样让树枝和荷叶随风摆动呢？

图5-77 树枝与荷叶随风飘动场景

摆动动画是在一个场景动画中，类似钟摆的动画，是在一定的幅度范围内来回摆动。当然这些动画并不是物理学上的单摆。

摆动动画的特点：围绕着一个轴心进行摆动，它有一个摆动的轴心点，和单摆非常相像，但不具备单摆的物理学特征。

1. 分析摆动动画

①如图5-78所示，选中摆动对象，发现摆动对象上边有一个"尾巴"，似乎有对象，但是却看不见，是不是隐藏了呢？

②选中摆动对象，再选择开始—形状轮廓，给这个对象所有的边框设置为蓝色，相当于给它描边，可以看见对象的全貌。（图5-79）

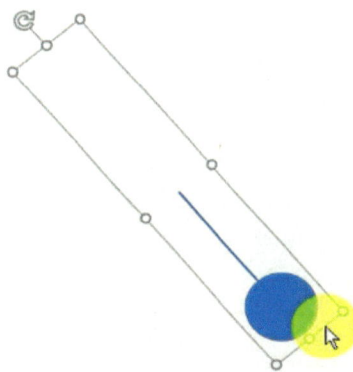

图5-78 选中摆动对象

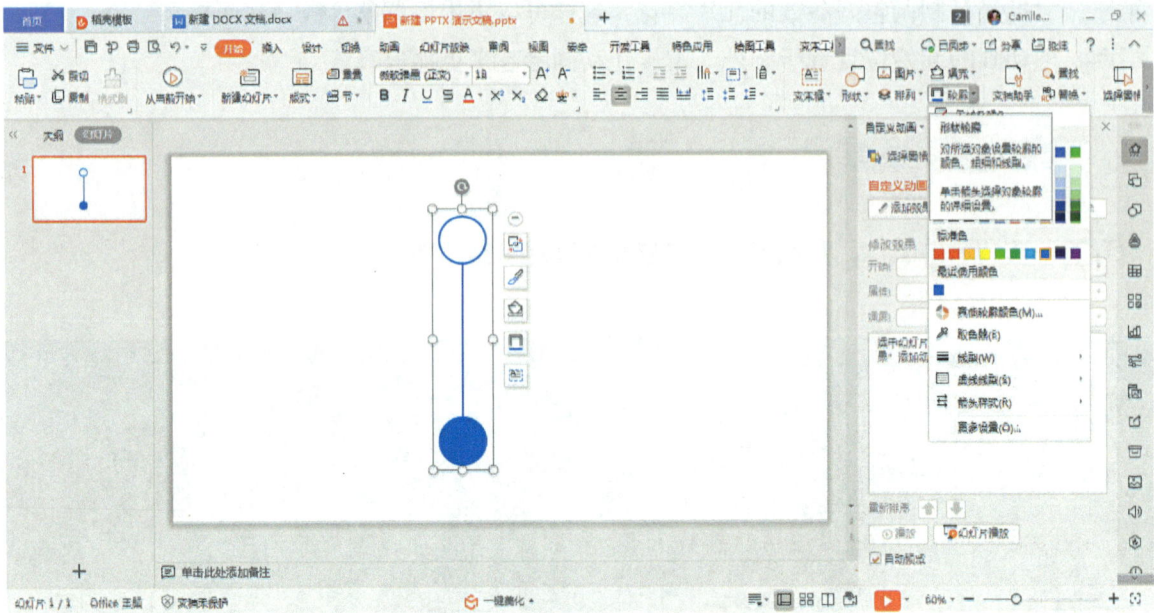

图5-79 给对象描边

③按住Ctrl+Z，撤销刚才的操作，了解到了它上边是隐藏的。（图5-80）

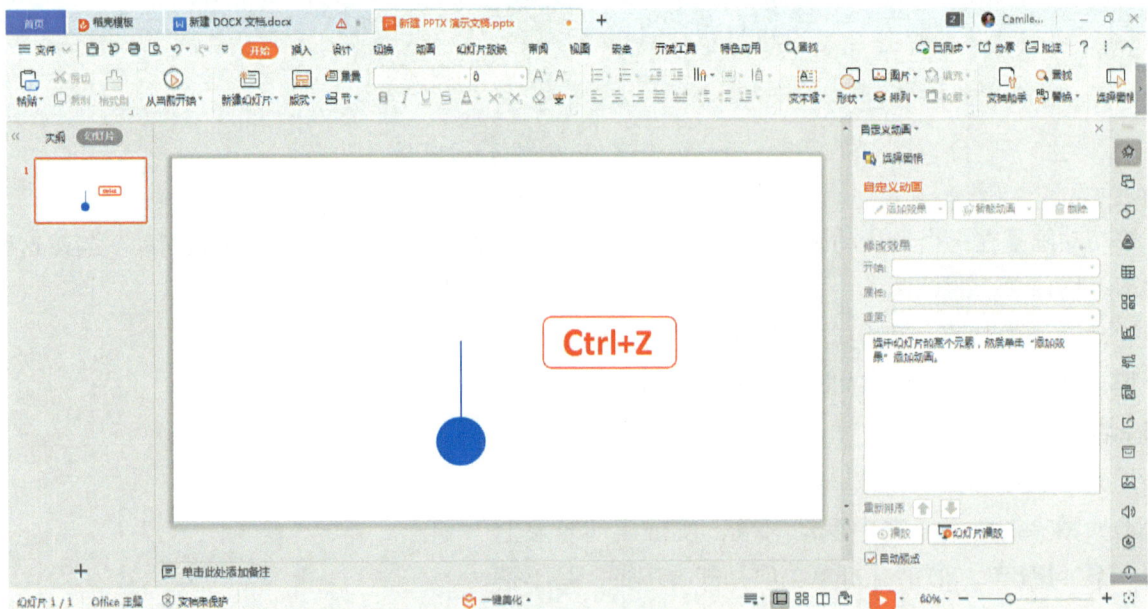

图5-80 撤销操作

④选中上面隐藏的部分，在隐藏对象的大致位置上单击一下，直到选中该隐藏对象中的一条线段，把它改成绿色，并把上面隐藏的圆选中后也改成绿色。把下面的部分轮廓改成它之前的蓝色。它们是上下两个完全对称的图形，对称的中心点就是这个摆动旋转的轴心点。（图5-81）

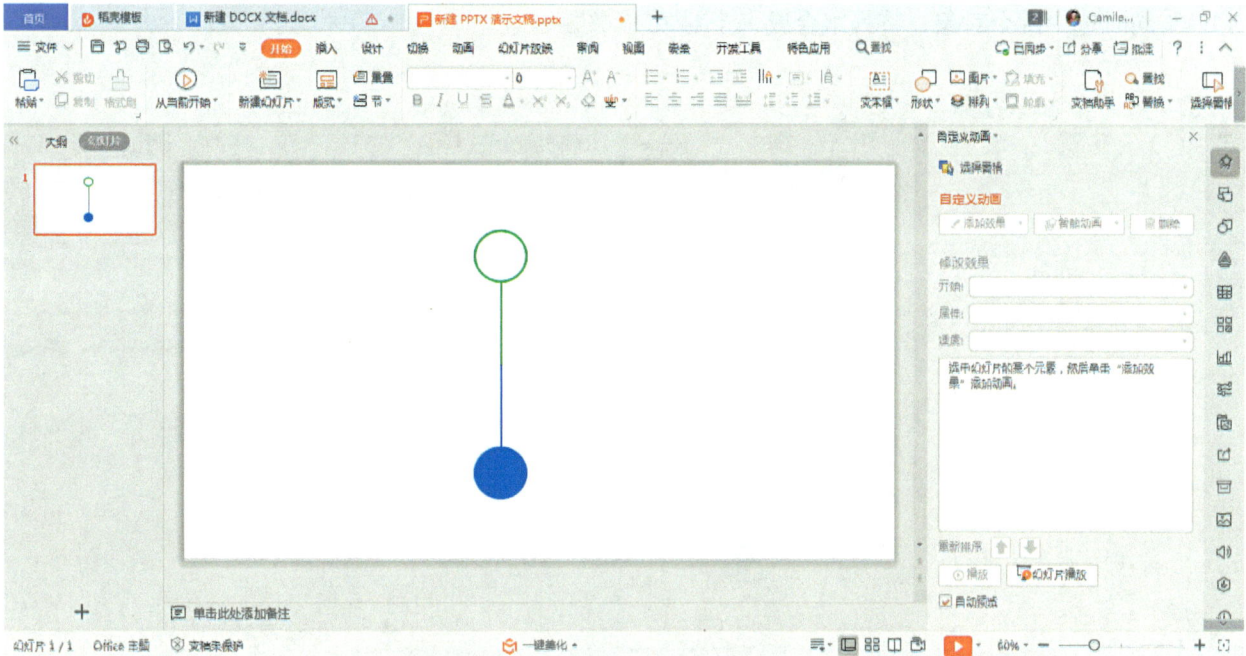

图5-81　更改隐藏部分的轮廓颜色

2. 制作单摆动画

①先制作下部图形。绘制一个圆，左手在键盘上按住Shift键，拖动鼠标绘制一条直线，保证这条线是垂直的，设置线条合适的粗细。（图5-82）

图5-82　绘制一个单摆

②同时选中两个对象，将其组合成一个对象。（图5-83）

图5-83　组合单摆

③选中刚才的摆动对象，按住Ctrl键拖动鼠标，复制一个同样的摆动对象。（图5-84）

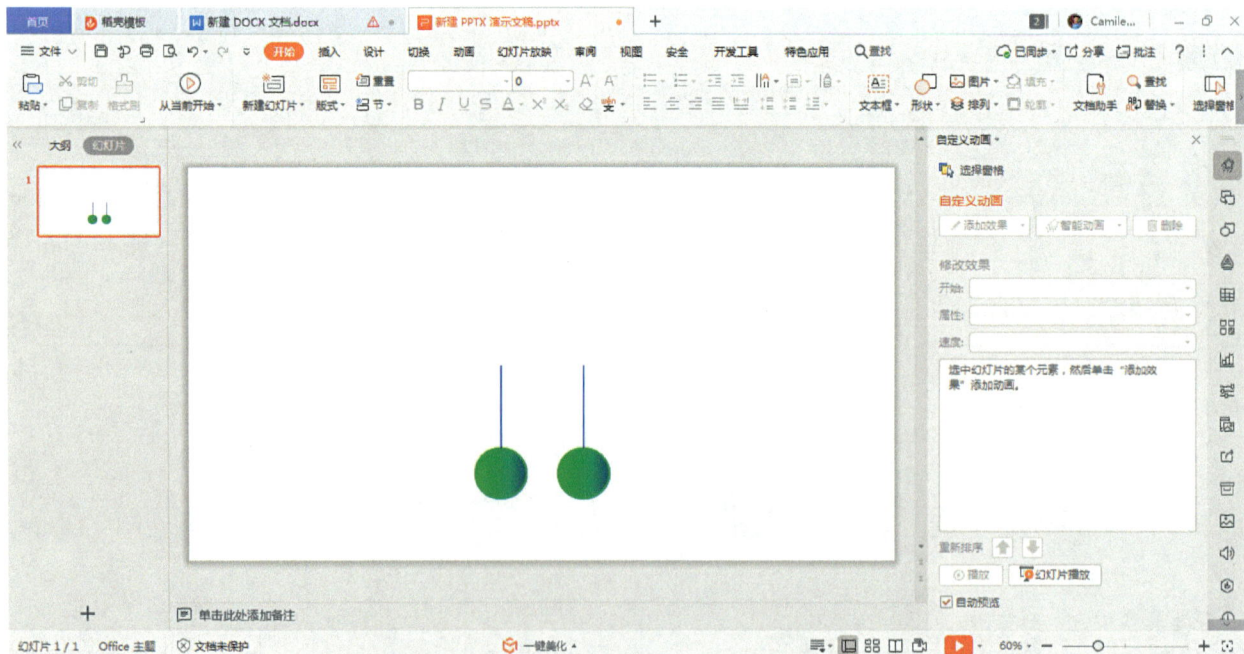

图5-84　复制单摆

④然后选择开始—排列—旋转—垂直翻转。（图5-85）

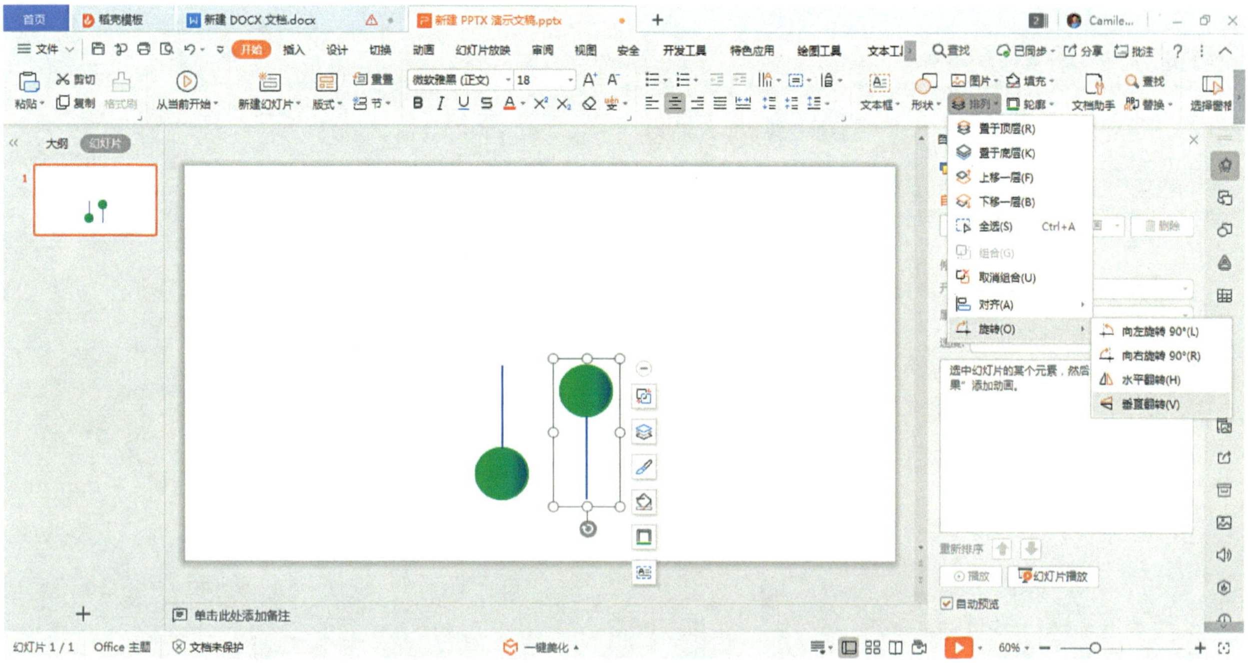

图5-85　对复制的单摆垂直翻转

⑤移动旋转后的摆动对象，使其和之前绘制的摆动对象对齐。（图5-86）

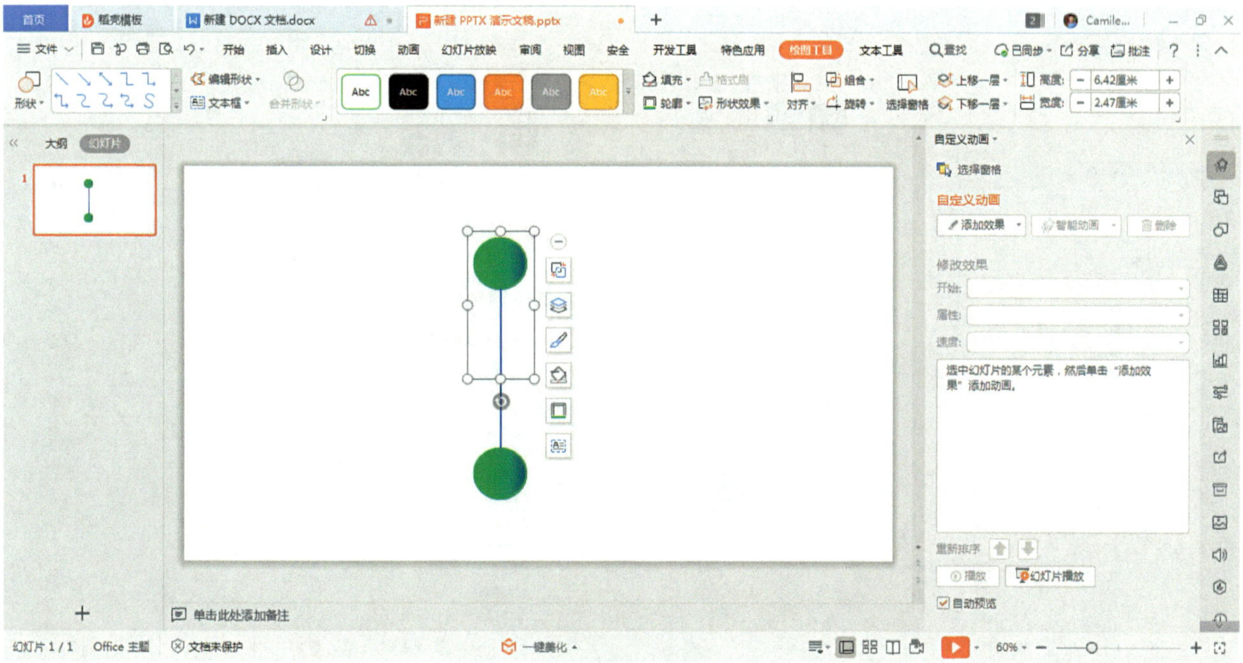

图5-86　移动单摆位置

　　⑥对齐之后，同时选中这两个摆动对象，选择组合对象，它们两个就变成了一个新的对象。（图5-87）

图5-87　组合两个单摆

　　⑦选中单摆组合对象里靠近上面摆动对象的"线条"对象，把它指定为无轮廓和无填充颜色；再选择上面这个"圆形"对象，也把它指定为无轮廓和无填充颜色。（图5-88）

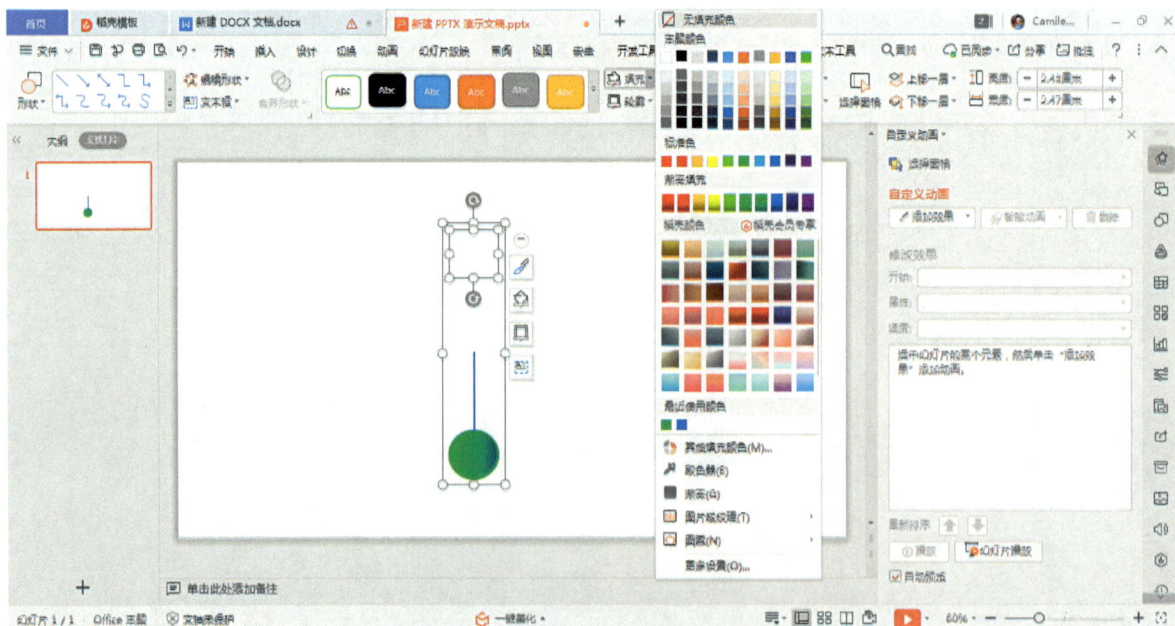

图5-88　隐藏上半部分的单摆

⑧再给它添加陀螺旋动画，形成摆动效果。（图5-89）

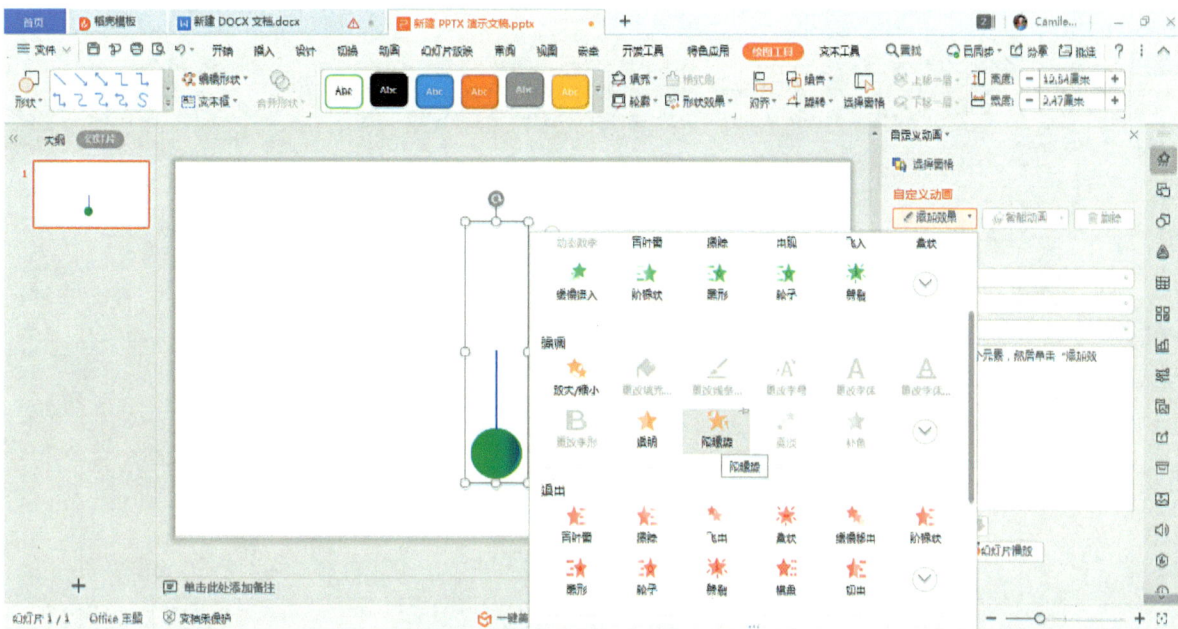

图5-89 给单摆添加陀螺旋动画

⑨给摆动对象设置绕转角度。调出动画窗格，双击陀螺旋动画，在弹出的陀螺旋动画参数设置对话框中，在自定义中输入90°，然后按回车键。（图5-90）

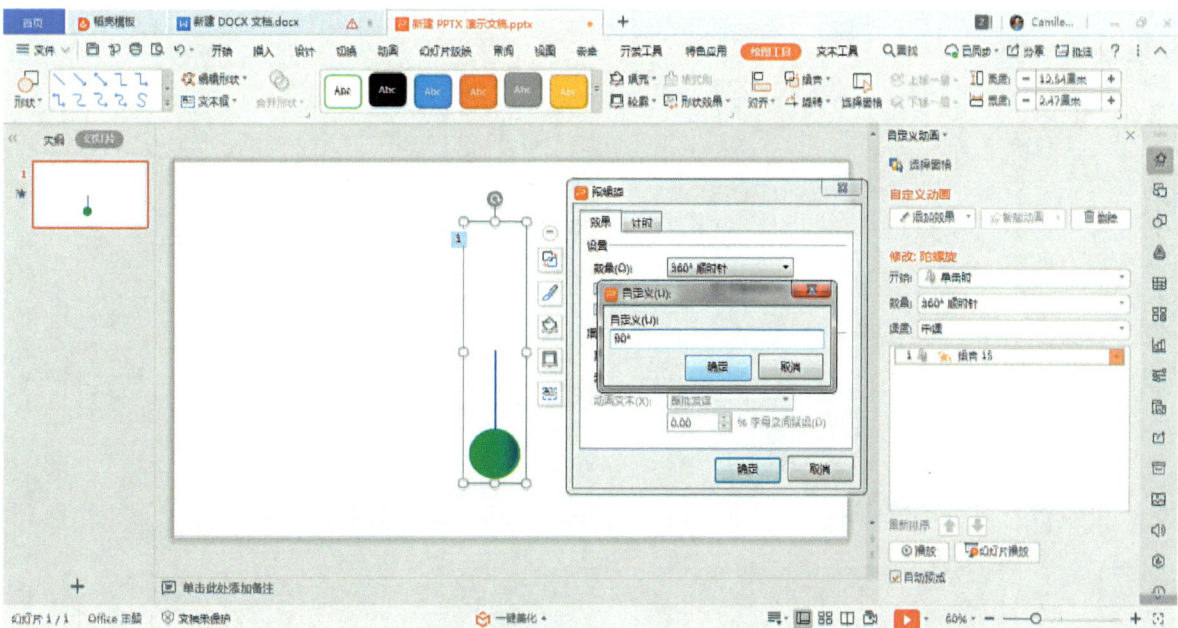

图5-90 给单摆陀螺旋动画设置绕转角度

⑩选中摆动对象，再选择开始—排列—旋转—其他旋转选项，在大小与属性下的旋转数值框中输入-45°或者315°。（图5-91）

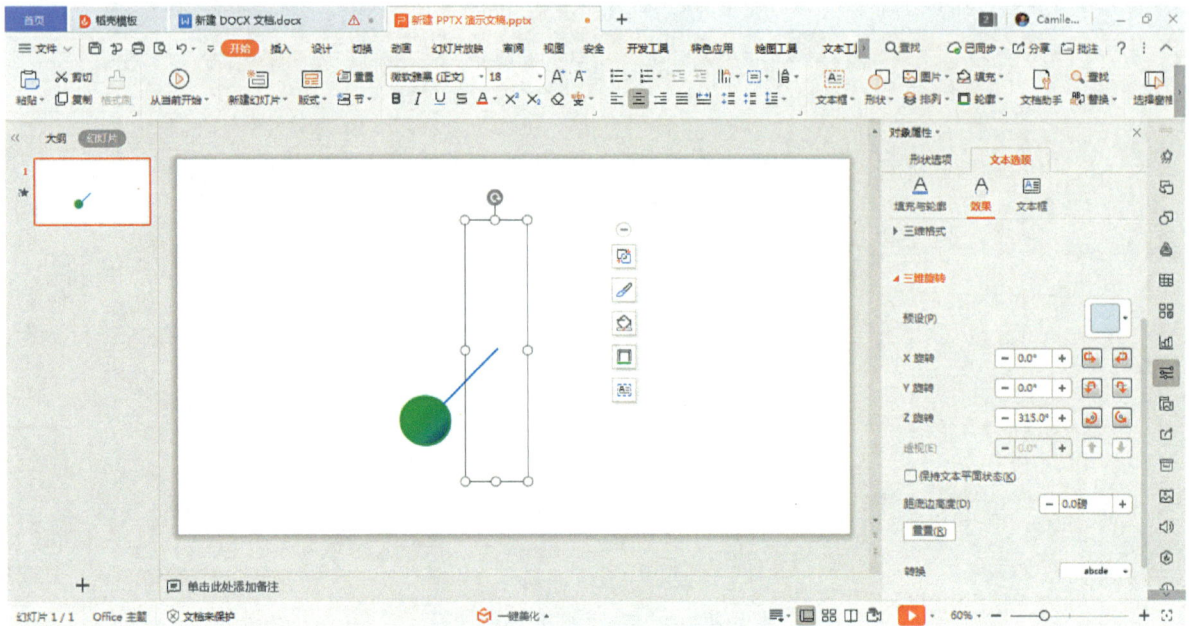

图5-91　给单摆设置旋转角度

⑪在时间线上双击打开陀螺旋动画设置对话框，在效果选项板的设置下面，勾选自动翻转。（图5-92）

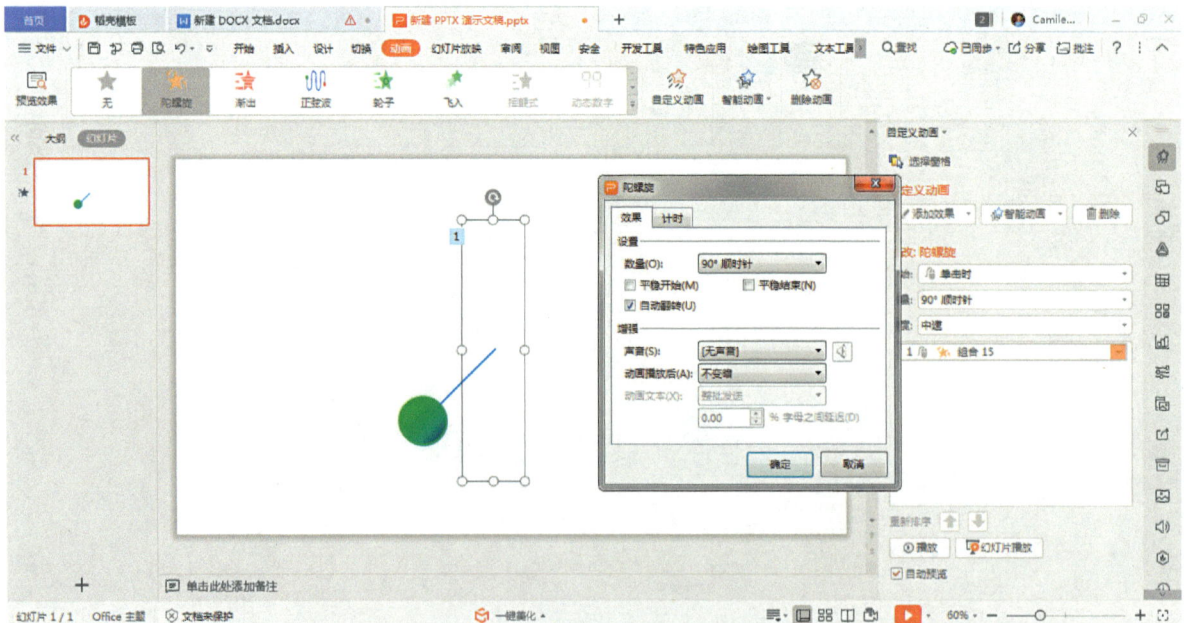

图5-92　给单摆动画设置自动翻转

⑫在计时选项板中，单击重复下拉按钮，可以选择直到幻灯片末尾。（图5-93）

图5-93　给单摆动画设置重复

案例十　动画触发器[①]

在语文等各个学科教学中，教师经常需要对学生掌握不到位的语言文字内容进行标注或解释。教师通过演示文稿动画中的触发器控制动画的进入与退出，从而帮助学生更加高效地理解、掌握语言文字。（以人民教育出版社《语文》四年级下册 第二页《四时田园杂兴（其二十五）》杂兴的解释为例）

①创建标注图形。

新建演示文稿，输入古诗内容。（图5-94）

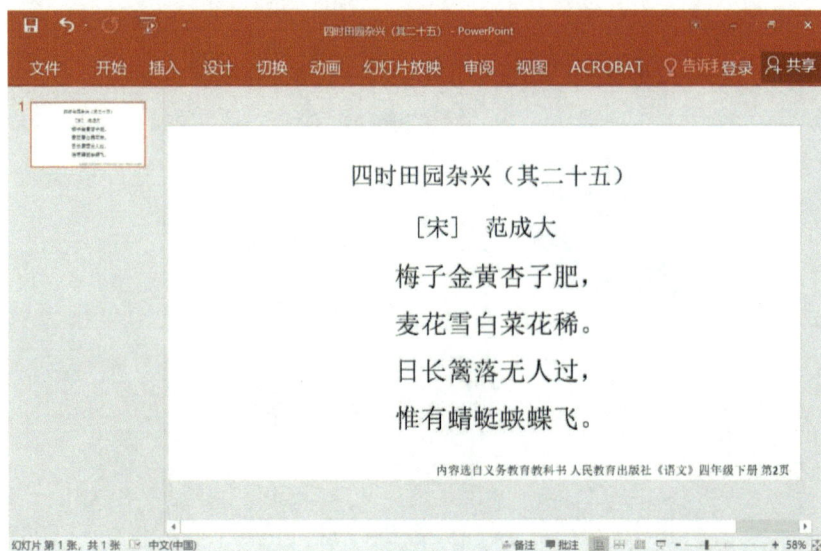

图5-94　输入古诗内容

---

① 首都师范大学附属育新学校科技中心主任薛晓京设计的案例。

插入标注。单击【插入】菜单—【形状】下拉菜单—【标注】—单击【矩形标注】。（图5-95）

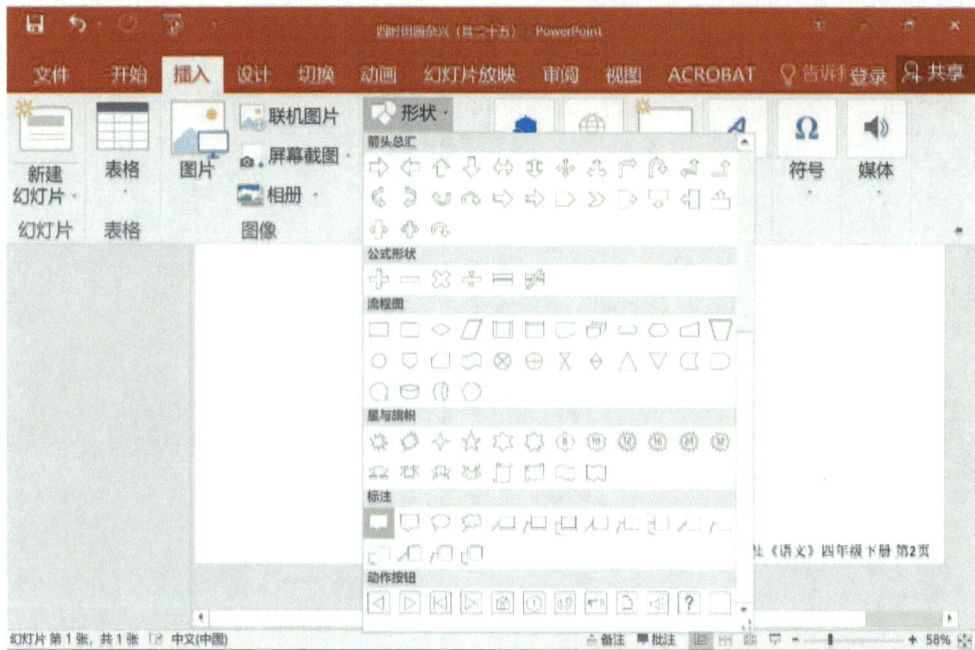

图5-95　插入标注

在工作区单击并拖动，创建矩形标注图形，在图形上右击，选择【设置形状格式】命令。（图5-96）

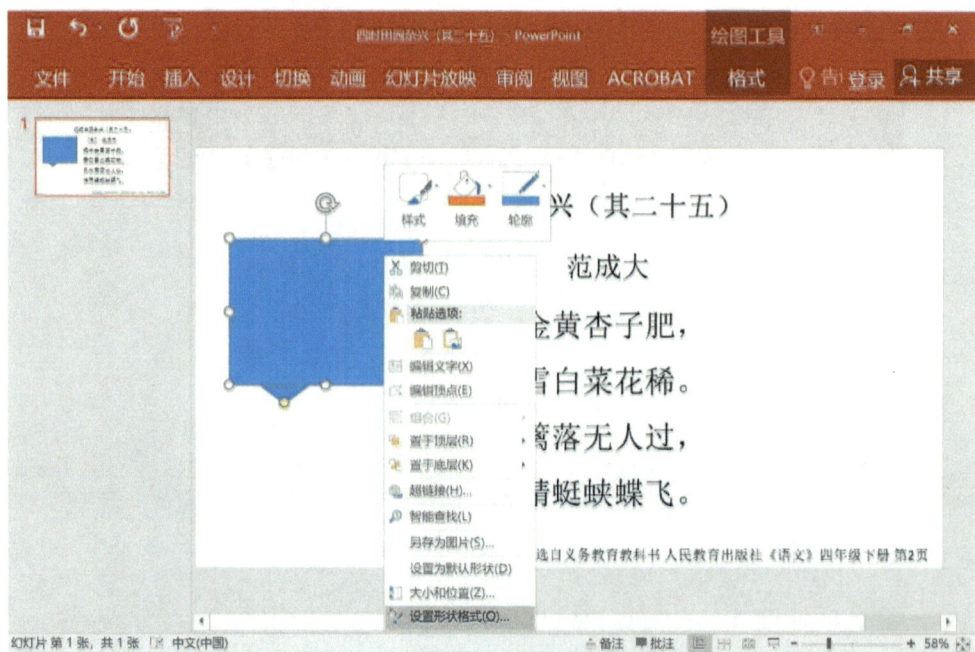

图5-96　对"标注"进行设置

在右侧【设置形状格式】窗口，调整矩形标注的填充颜色后，再次右击矩形标注图形，单击【编辑文字】命令。输入"【杂兴】随兴而写的诗。"（图5-97）

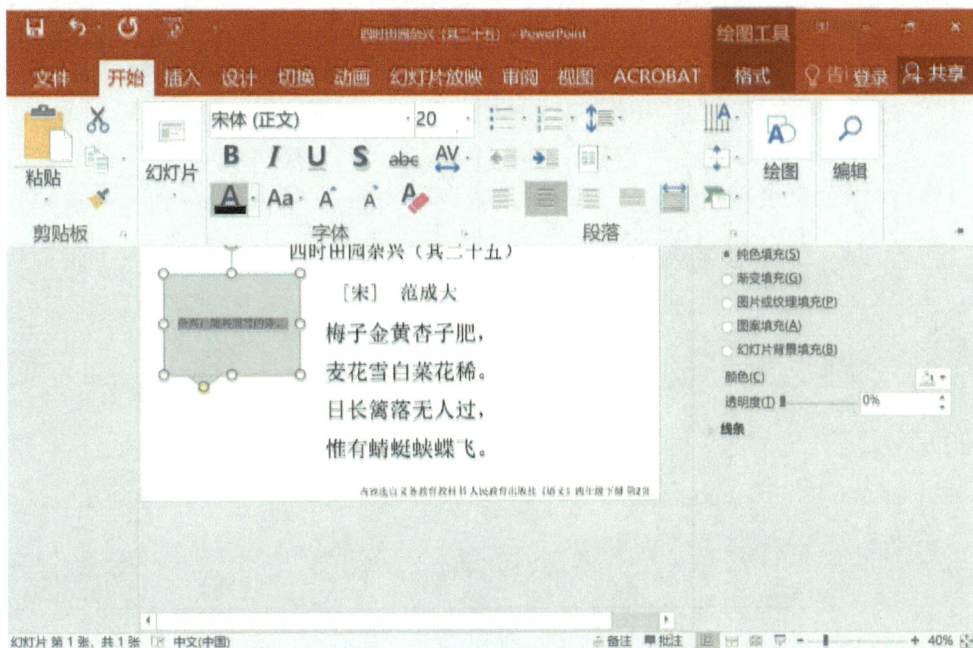

图5-97　在"标注"中插入注释文本

单击并拖动【矩形标注】下方黄色控制点，指向文中"杂兴"。（图5-98）

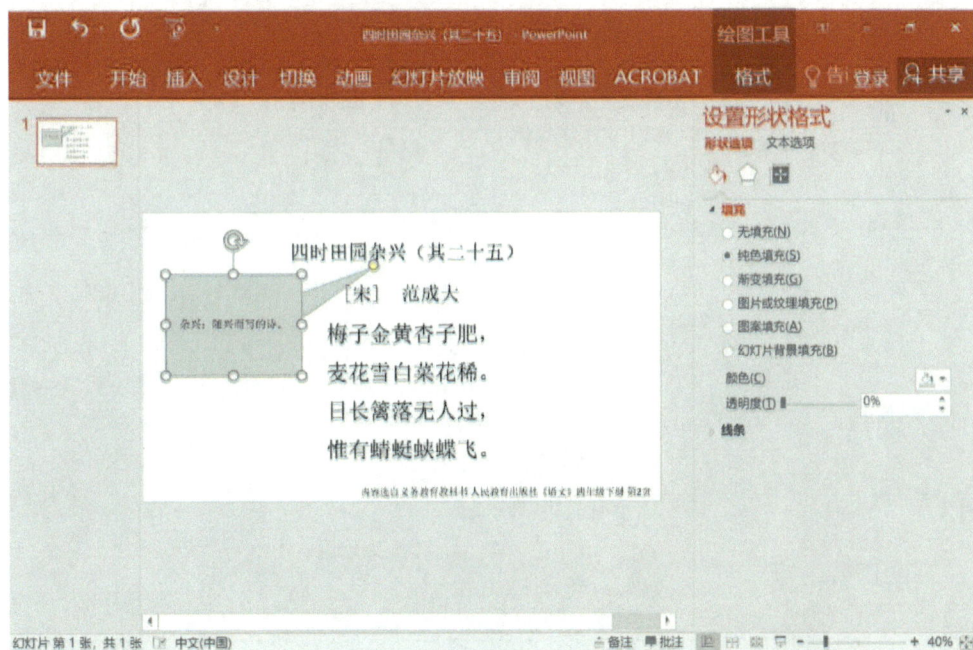

图5-98　注释文本指向准确

单击【动画】菜单—单击【出现】动画效果，为矩形标注添加【出现】进入动画效果。（图5-99）

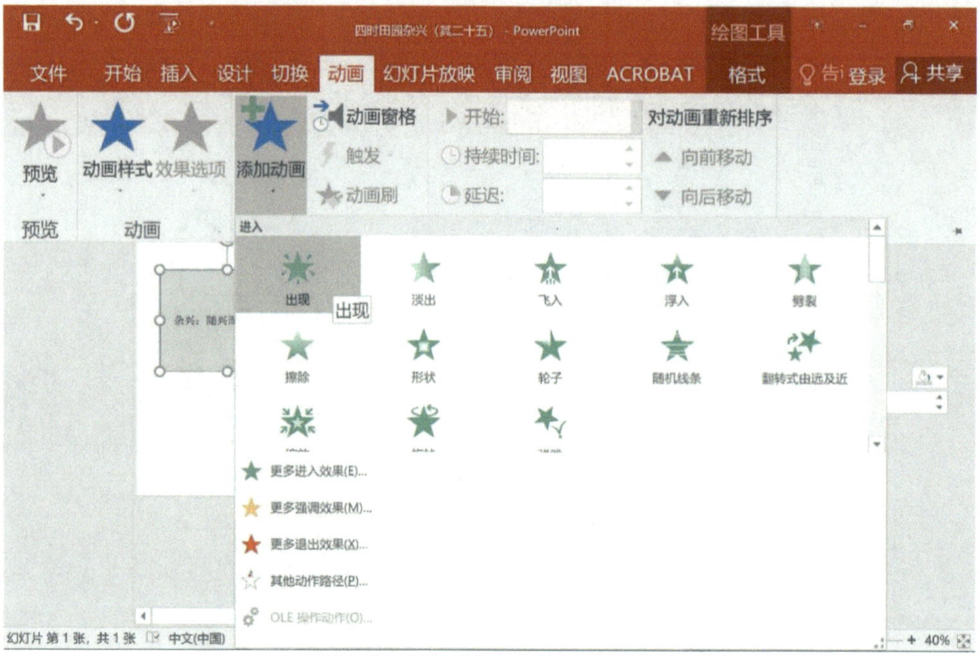

图5-99　为注释文本添加动画

单击【动画】菜单—【动画窗格】命令，打开动画窗格窗口。可以看到为矩形标注成功添加的进入动画。（图5-100）

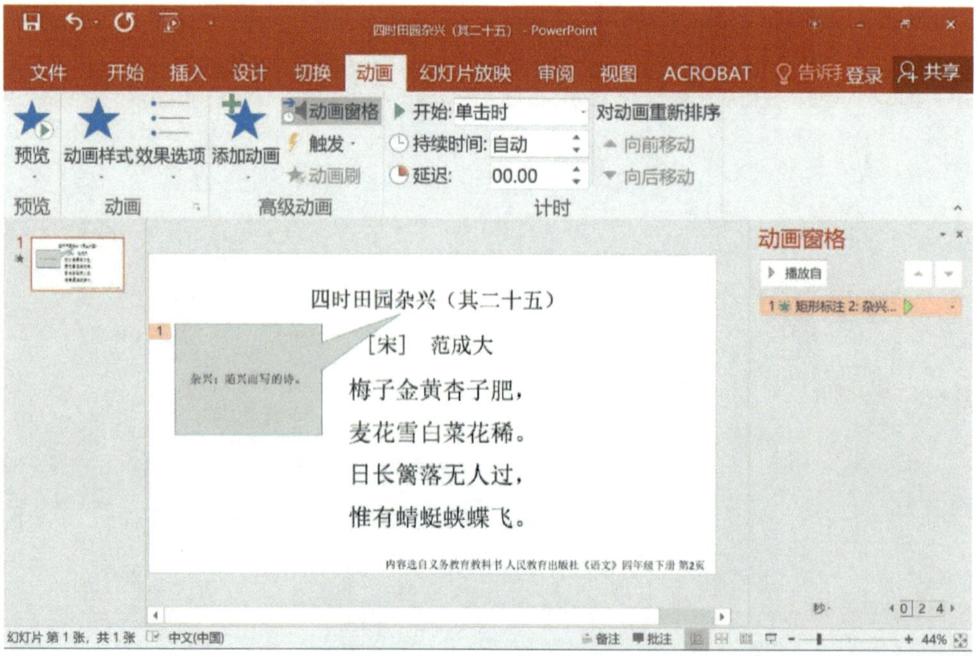

图5-100　注释文本动画效果

单击【插入】菜单——【图形】下拉菜单—单击【矩形】命令。在文中"杂兴"文字上单击并拖动，创建矩形图形。（图5-101）

图5-101 注释文本动画效果

右击矩形图形，单击【设置图形格式】命令，设置矩形【填充】菜单下透明度为100，【线条】菜单为无线条，"杂兴"文字将显示在幻灯片中。（图5-102）

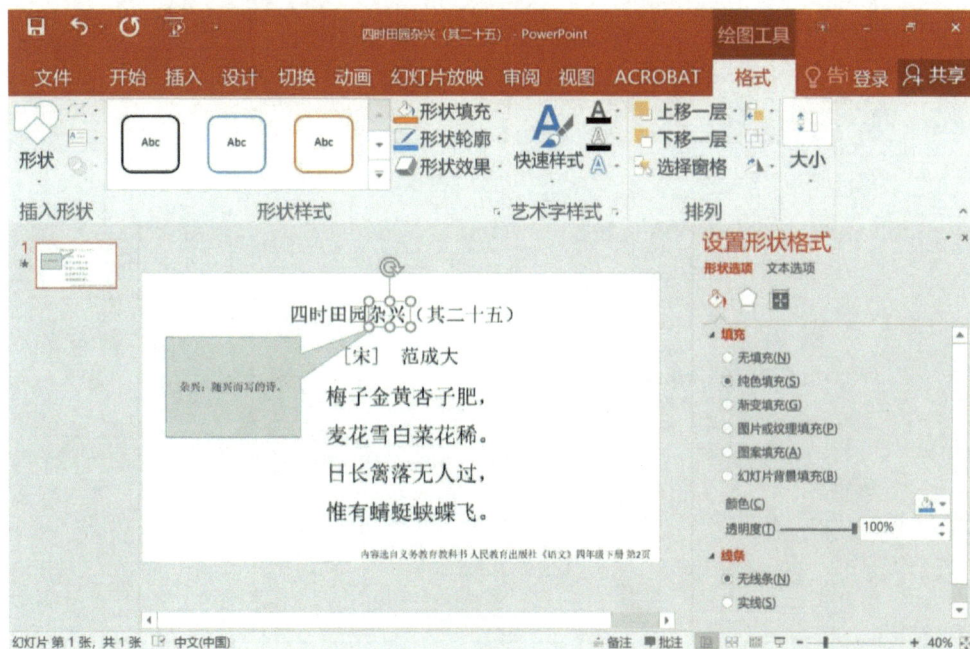

图5-102 参数设置

②设置动画触发器。

选中矩形标注，在【动画窗格】窗口，右击已添加的进入动画后单击【计时】命令。（图5-103）

图5-103　设置"标注"的进入动画参数

在计时窗口单击【触发器】，勾选【单击下列对象时启动效果】，并在右侧下来菜单中选择【矩形3】。（图5-104）

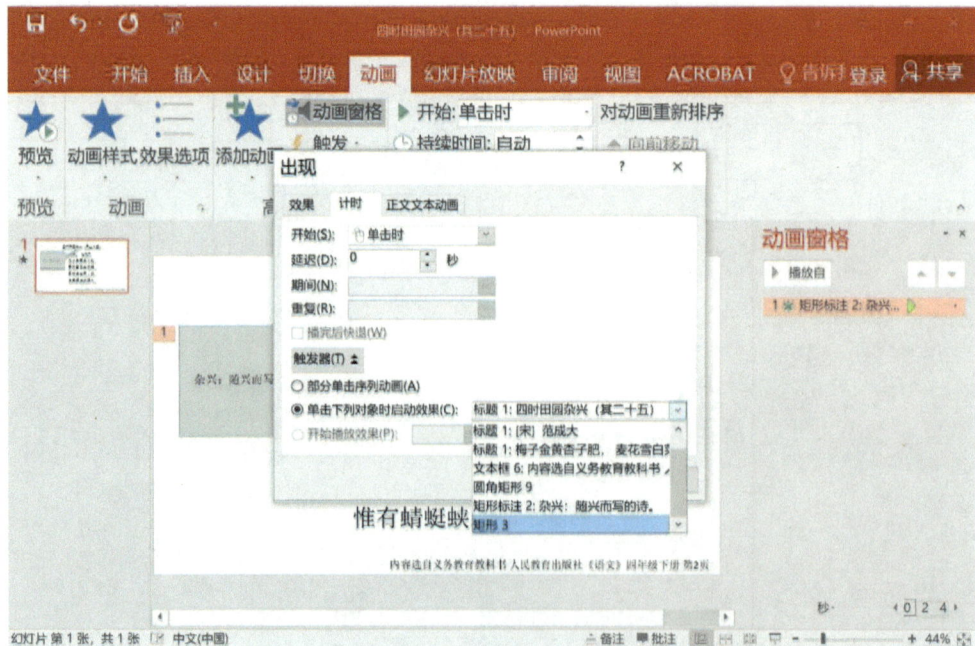

图5-104　设置触发器参数

单击【动画】菜单—【添加动画】下拉菜单—选择【退出】动画下的【消失】动画效果。（图5-105）

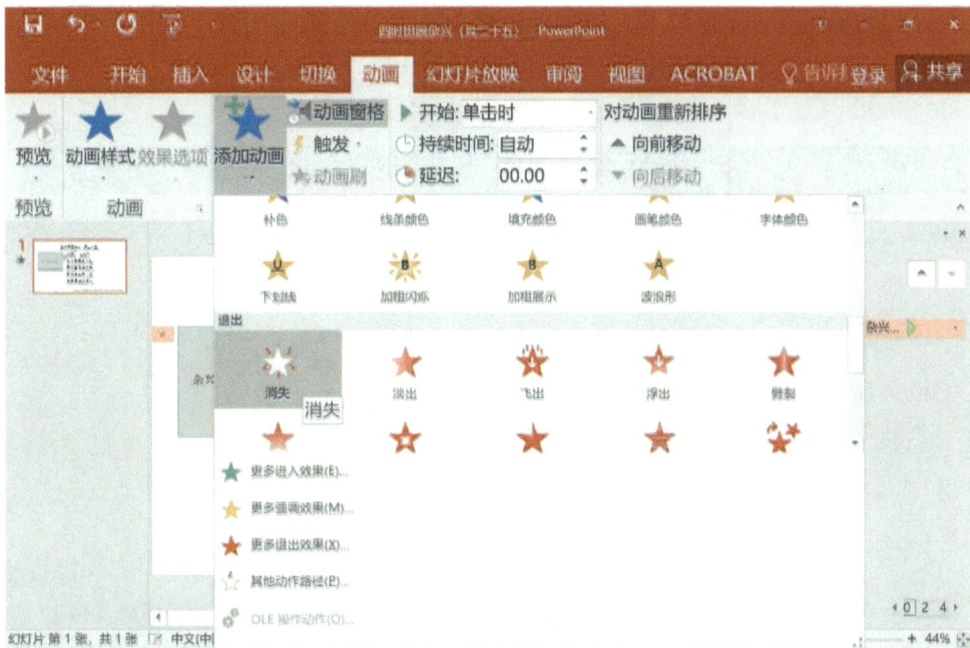

图5-105 设置"标注"退出参数

单击【动画】菜单—【触发器】子菜单-【单击】子菜单-单击选择【矩形3】，设定矩形标注【消失】动画效果触发器。（图5-106）

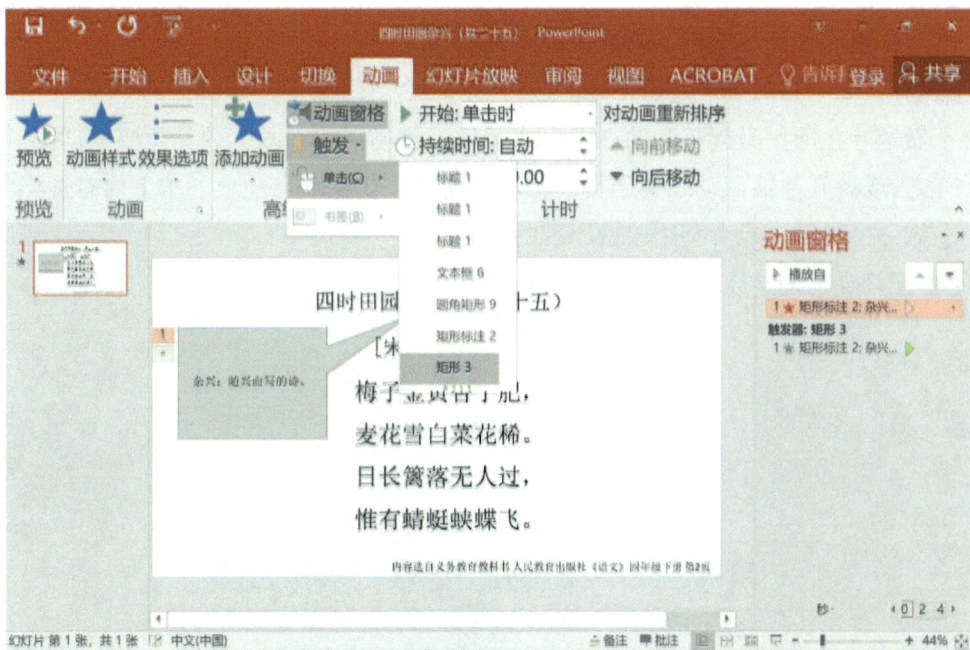

图5-106 设置"标注"触发器参数

③放映幻灯片。

单击【幻灯片放映】菜单—【从当前幻灯片开始】播放，在播放窗口中，鼠标移动到文中的"杂兴"文字上，鼠标变成手形图标时单击，矩形标注内的解释文字就会出现，再次单击就会消失。同样的操作方法，可以对多个文本进行解释。（图5-107）

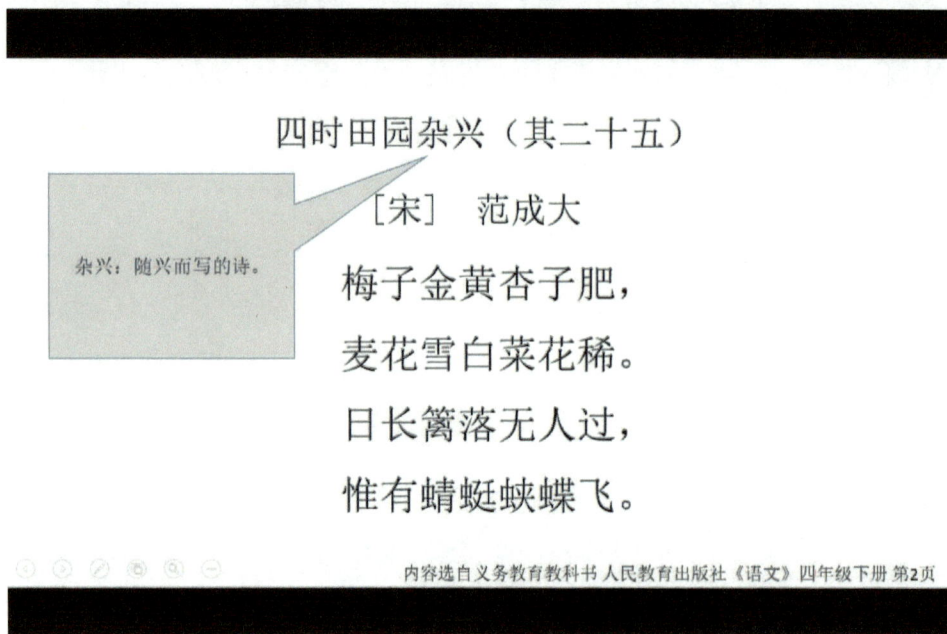

图5-107　设置"标注"触发器参数

📚 **活动延伸**

【任务一】制作圆周长计算演示动画或用圆规画圆的动画。

要求：①逼真；②画圆时圆规定点不动。

【任务二】做落叶在河里激起涟漪的动画，或元旦下雪场景的动画，或其他飘摇动画。

要求：①落雪或者其他摇摆动画要逼真；②动画连贯；③飘落在地上、水上要有适当变化。

【任务三】做一个时钟，或者利用单摆原理的动画。

要求：①单摆符合物理学原理；②动画逼真。

📒 **分享作品**

分享作品、操作经验、方法技巧、心得体会以及学习反思。

进阶式任务7　把静态图形转换成动画

请把本模块的动画内容，融入你之前绘制的静态图形场景的作业中。

具体要求：

①体现支持认知加工的设计理念。

②体现"PPT动画高效制作工具"的基本应用，但不要机械应用。

③体现动画技巧的应用，设计巧妙。

④动画可以分布在不同场景的幻灯片中。

⑤可以对之前的场景进行进一步优化和美化。

⑥PPT整体美观大方、生动活泼，能够激发学生的兴趣。

模块六

动画资源开发：综合案例

任务地图

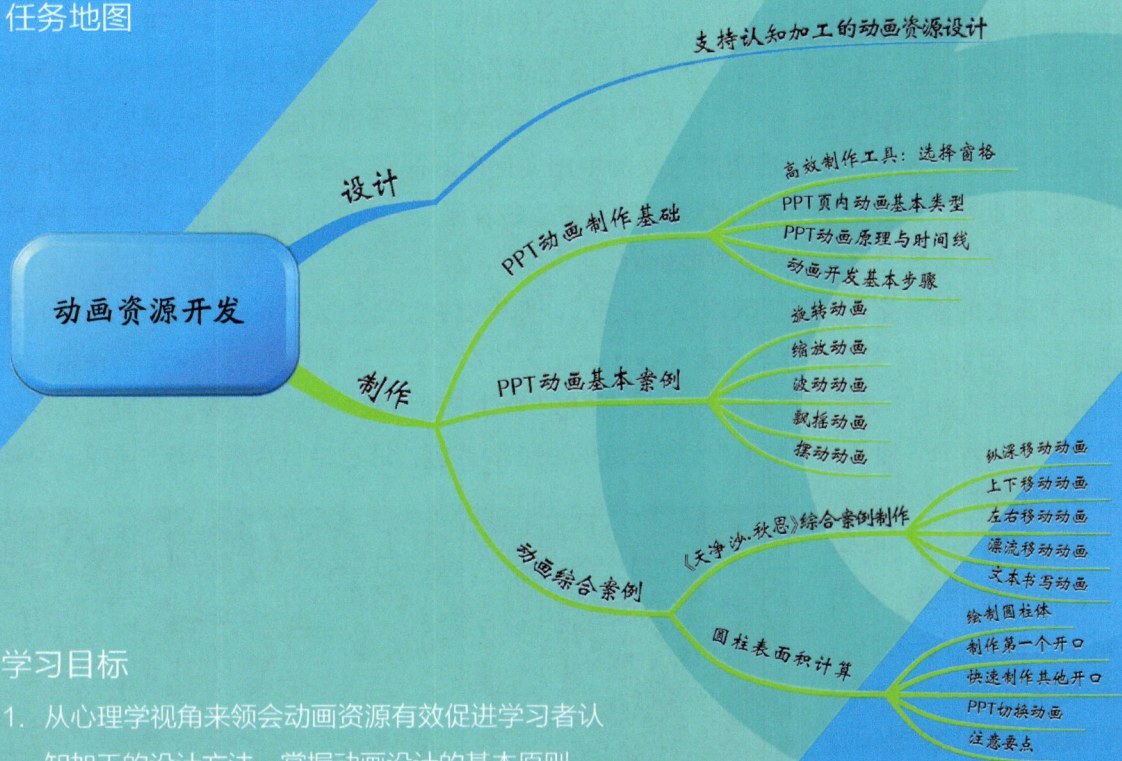

支持认知加工的动画资源设计

设计

动画资源开发

制作

PPT动画制作基础
- 高效制作工具：选择窗格
- PPT页内动画基本类型
- PPT动画原理与时间线
- 动画开发基本步骤

PPT动画基本案例
- 旋转动画
- 缩放动画
- 波动动画
- 飘摇动画
- 摆动动画

动画综合案例

《天净沙·秋思》综合案例制作
- 纵深移动动画
- 上下移动动画
- 左右移动动画
- 漂流移动动画
- 文本书写动画

圆柱表面积计算
- 绘制圆柱体
- 制作第一个开口
- 快速制作其他开口
- PPT切换动画
- 注意要点

学习目标

1. 从心理学视角来领会动画资源有效促进学习者认知加工的设计方法，掌握动画设计的基本原则。

2. 理解PPT动画原理和时间线，以及动画过程，能够基于时间线来设计动画。

3. 掌握四种页内动画类型。

4. 能够综合应用PPT组合动画，创新性地制作应用于教学的动画资源。

5. 培养独立的思考能力和高阶思维能力，以及创新性的问题解决能力。

活动专题一 《天净沙·秋思》综合案例制作

活动目标

1. 学会动画制作思路。
2. 掌握用任意多边形绘制图形资源的方法。
3. 掌握四种基本动画的用法。
4. 能够创新性地运用多种基本动画，组合成为一个完整的动画资源，以支持学习者学习和教学内容表征。
5. 坚定历史自信、文化自信，能够在设计中突出我国优秀传统文化元素。

活动背景

党的二十大报告指出："我们必须坚定历史自信、文化自信，坚持古为今用、推陈出新"，在信息化教学资源开发中，要善于结合中国古代文化，融合信息技术等，进行文化创意创新，善于古为今用，在日常信息化教学资源开发中有效地挖掘中华文化创意价值。

秋是中国古代文化中的一个重要元素。在中国文学艺术作品中，在中华民族的思维方式、审美习惯、表述方式、文化思想的影响下，经千百年的积淀，秋由单纯的环形而衍生放射，也具有了全息性圆形模式的特性，由之，秋也成为具有母题意义的中国文化话语符号。它是观者较多直接面对的物化了的艺术家心灵世界，乃至中华民族的心灵世界，它蕴藉着深层的文化思想及情感。[①]其中《天净沙·秋思》在中国古代诗词曲文化中具有重要价值。

本书中一个重要的综合案例就是《天净沙·秋思》，如果能够完全把这个案例做好，说明资源开发具有较高水平。结合中国文化来分析《天净沙·秋思》的设计，可以看出，在"深秋、秋思、悲秋"的绘制主题指引下，可利用PPT绘制《天净沙·秋思》全曲三组意象（枯藤、老树、昏鸦；小桥、流水、人家；古道、西风、瘦马、夕阳）作为情景动画的主要内容。通过绘制众多密集的意象，勾勒

出一游子深秋远行图，实现以景托情，寓情于景，在景情交融中创设一种凄凉悲苦的意境，来表达作者的羁旅之苦和悲秋之恨，使画面充满浓郁的诗情，让学习者应用该资源时，可以深刻体验"悲秋"这一审美情感，从而深入理解中国古典诗歌的艺术特征。

仔细观察图片，思考如何设计并制作如下综合案例动画。（图6-1至图6-3）

图6-1 《天净沙·秋思》图一

---

① 王瑾瑾：《从"秋文化"看中国文化的结构模式与美感神韵》，载《西藏大学学报（社会科学版）》，2000（2）。

图6-2 《天净沙·秋思》图二

图6-3 《天净沙·秋思》图三

活动过程

一、动画教学设计

绘制动画场景之前需要先规划场景设计，即先确定《天净沙·秋思》的动画制作思路：明确表达主题—明确绘制对象—明确绘制思路—实施绘制。

（一）明确表达主题

《天净沙·秋思》的主题为：深秋、秋思、悲秋。即描绘深秋的景色、表达秋思的情怀以及悲秋的情感。

依据主题确定该案例的景象基调为黑白色。

（二）明确绘制对象

本案例对象由三组意象组成：
①枯藤、老树、昏鸦。
②小桥、流水、人家。
③古道、西风、瘦马、夕阳。

（三）明确绘制思路

①提前绘制较为复杂、独立的对象，如乌鸦、大树。
②绘制场景。
③在场景中绘制简单、零散的对象，便于预览场景整体效果。

（四）实施绘制

实施绘制。

二、绘制乌鸦

（一）绘图工具：任意多边形

插入—形状—任意多边形。（图6-4）

图6-4　插入任意多边形

（二）绘图步骤

1. 下载图片

下载图6-5所示图片。

图6-5　乌鸦图片

2. 观察图片

乌鸦可以分为三个部分：身子和两条腿。接下来针对这三个部分分别进行绘制。

3. 绘制轮廓

对照乌鸦图片，利用任意多边形绘制出乌鸦的轮廓，并填充为黑色，选择无轮廓。

再右键选中乌鸦，选择编辑顶点，对乌鸦轮廓进行细节修改。（图6-6）

图6-6　绘制乌鸦

利用同样的方法分别给乌鸦绘制两条腿。（图6-7）

图6-7　绘制乌鸦

给乌鸦添加眼睛，选择插入—形状—椭圆，并填充颜色，选择无轮廓。（图6-8）
绘制完各个部分就可以将其组合起来，调整大小，移到动画情境中了。

图6-8　给乌鸦添加眼睛

三、纵深移动动画——单个对象进入

（一）主要动画：基本缩放动画

属于进入动画，最大特点是能让画面形成一种纵深空间感。

单个对象进入

（二）动画步骤

首先，明确动画达成目标：增强画面纵深感，给学习者创设身临其境的感觉。

其次，明确动画制作思路：纵深进入动画实质是让树木"扑面而来"，再从两侧消失于画面。

最后，明确动画的起点为画面中心，终点位置为摆放的初始位置。

（三）动画制作

在本案例中，添加基本缩放动画的对象是树木。

选择动画—添加动画—更多进入效果—基本缩放。（图6-9）

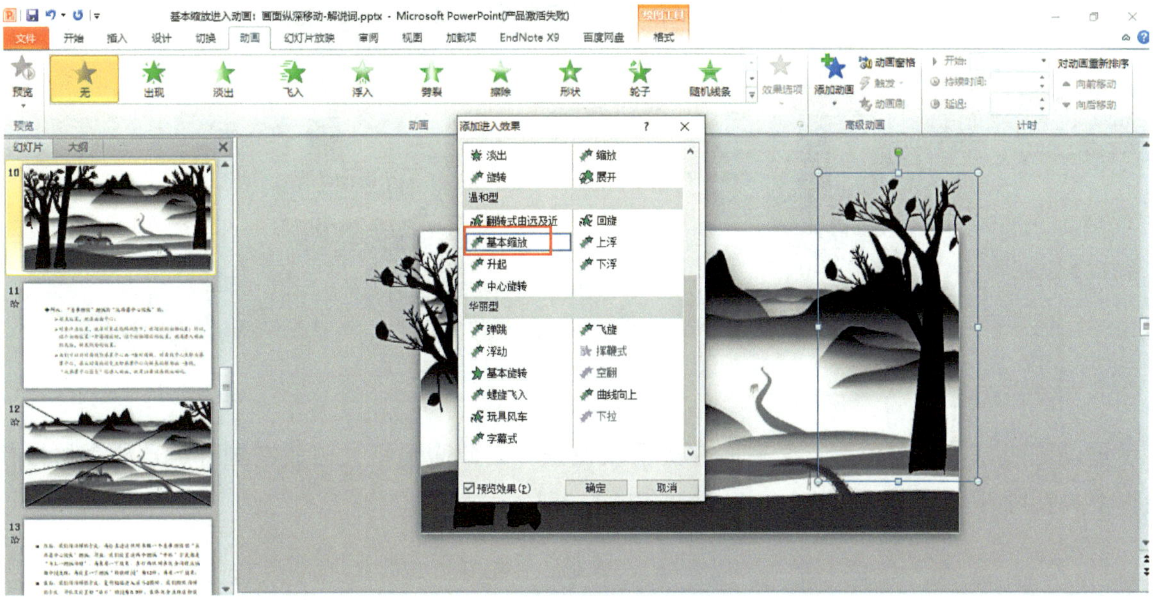

图6-9 添加基本缩放动画

再对动画参数进行设置，选择动画—动画窗格，双击进入动画时间线。（图6-10）

图6-10 双击时间线

在弹出的效果设计对话框中设置缩放为从屏幕中心放大，即大树的起点位置在屏幕中心。（图6-11）

图6-11　设置动画效果

设置动画对象的终点位置：大树所在的摆放位置。因此需要将大树放在画外，这样就可以使大树最终消失在画外。（图6-12）

图6-12　设置动画终点位置

最后在计时中设置动画时长为3 s。（图6-13）

图6-13　设置动画时长

四、纵深移动动画——整体进入效果

选中已设置基本缩放动画的大树之后，选择动画—动画刷。（图6-14）

整体进入效果

图6-14　动画刷

当鼠标的状态变成刷子状后单击左边的树，将该树的动画效果复制到左边的树上。（图6-15）

图6-15　复制动画效果

将左边的大树移至画外，并缩放到合适大小。（图6-16）

图6-16　设置动画终点位置

设置两棵树的开始方式为：与上一个动画同时。（图6-17）

图6-17　设置动画开始方式

按照同样的方式，双击动画刷，给两侧的大树都添加一样的基本缩放动画，并摆放到合适的位置。（图6-18）

图6-18　复制动画效果

在动画—计时—延迟中给每棵树设置出现的时间，每一边第一棵树的延迟为0 s，第二棵树的延迟为0.5 s，第三棵树的延迟为1 s，依此类推。（图6-19）

图6-19　设置延迟时间

五、上下移动动画

《天净沙·秋思》的开头有一个降镜头，最前面的两棵老树有一个下降的过程。

因此选中左前方的老树，选择动画—添加动画—更多进入效果—基本缩放。（图6-20）

上下移动动画

图6-20　添加基本缩放动画

在动画窗格列表中，双击该基本动画时间线。设置缩放为：从屏幕底部缩小。在计时选项版中设置开始方式为与上一动画同时。（图6-21）

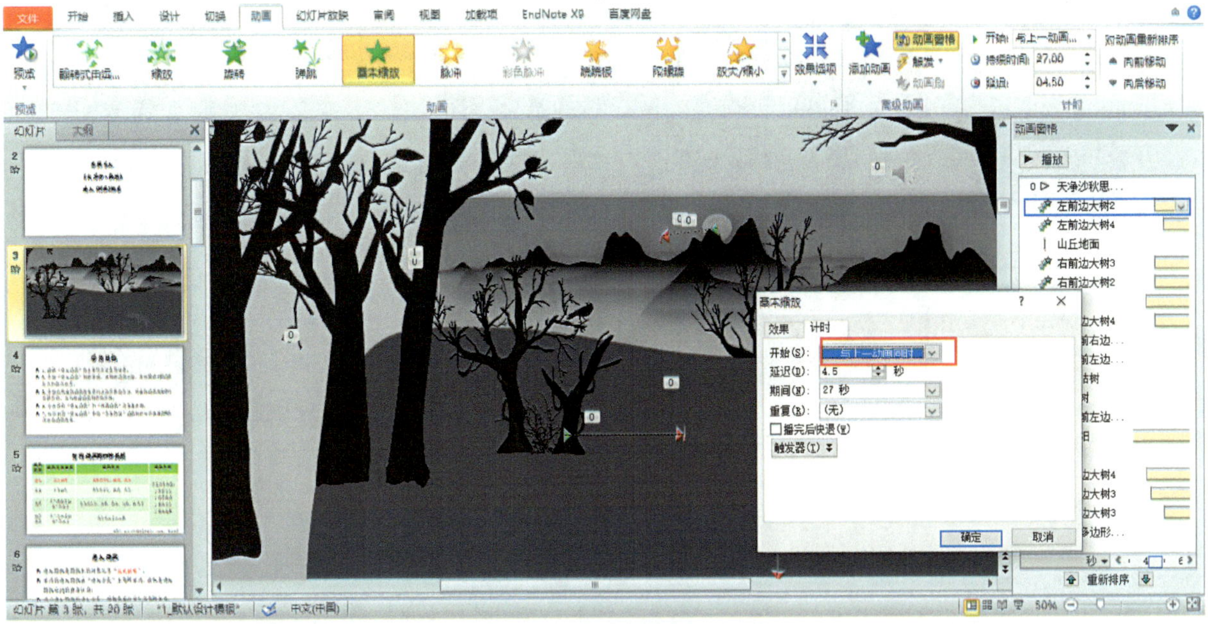

图6-21　设置动画效果

设置期间，即动画持续时间为9 s。（图6-22）

图6-22　设置动画计时参数

仍然选中左前方的老树，选择动画—添加动画—其他动作路径—对角线向右下。（图6-23）

设置该基本缩放动画的开始方式为：与上一动画同时，延迟时间为9 s，期间为7 s。（图6-24）

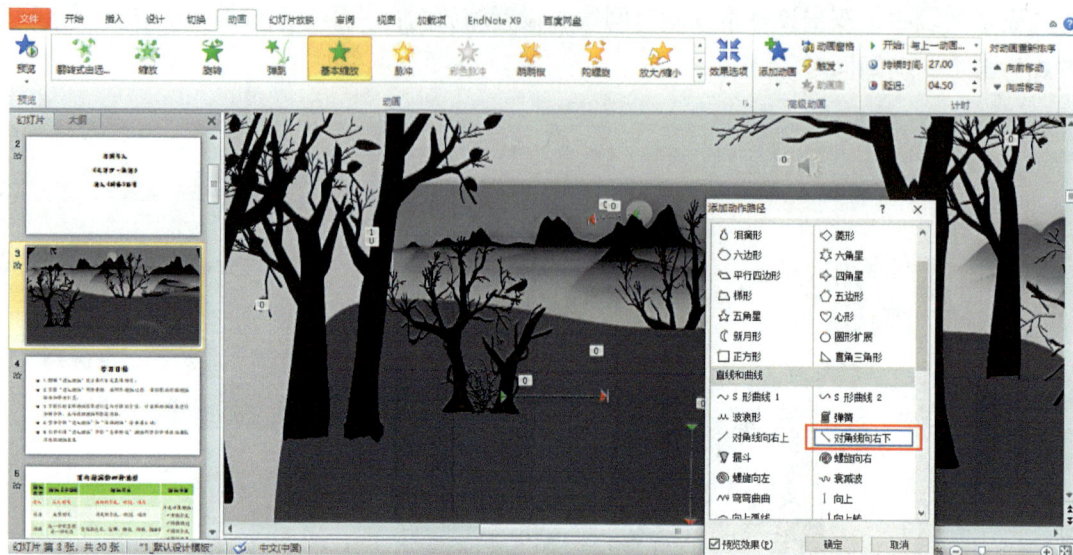

图6-23　添加动画效果

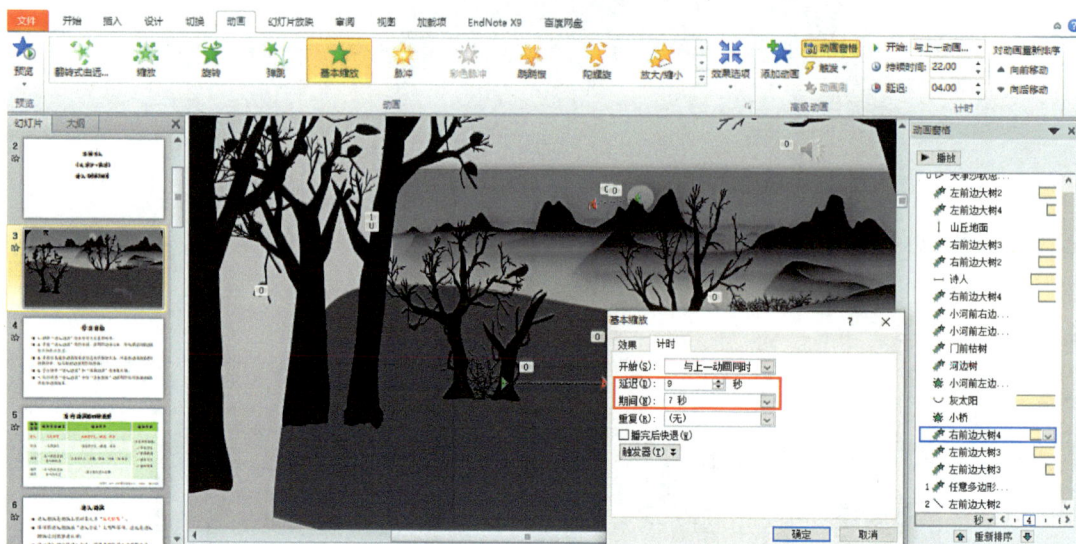

图6-24　设置动画计时参数

将左前方老树移至左侧画外。（图6-25）

按照同样的方式对右前方大树进行设置，并对整体动画进行细节修改。这样就形成了镜头下降的视觉效果。

《天净沙·秋思》动画案例在进入树林之后，会伴随以下两个动画效果。

其一是越过丘陵的动画，即视野在不断上升。可以转化问题视角，采用丘陵地面不断下降来显示翻越丘陵的过程。

选中丘陵后选择动画—添加动画—其他动作路径—直线向下。（图6-26）

调整终点位置，设置动画开始方式、延迟、期间等动画参数。（图6-27）

其二是在丘陵下降的过程中，丘陵后面的小村庄也渐渐显露出来，由于丘陵后面的大树较高，并不能完全被遮挡，影响动画开始的美观性，因此，需要给丘陵后面的大树设置一个渐渐上升的动画效果。

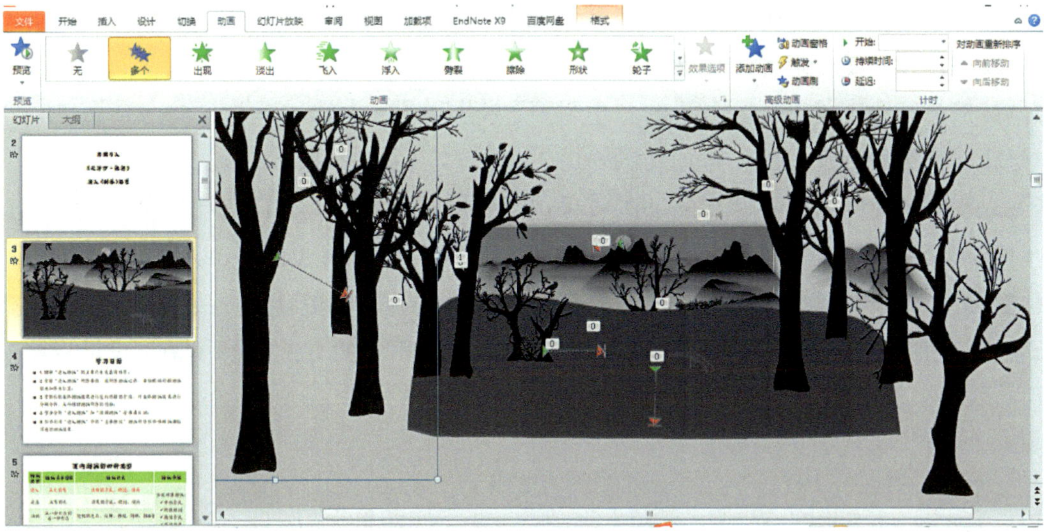

图6-25　设置动画终点位置

图6-26　添加路径动画

图6-27　设置动画参数

由于丘陵后面的对象不易被选中，因此需要先将丘陵隐藏起来。

选中丘陵后选择开始—选择—选择窗格。（图6-28）

在选择窗格的列表中单击丘陵旁边的"小眼睛"将其隐藏。（图6-29）

选中村庄的大树后选择动画—添加动画—进入—飞入。（图6-30）

双击飞入动画的时间线，在弹出的动画效果选项版中，设置飞入方向为自底部。（图6-31）

在计时选项版中设计动画开始方式、延迟时间、动画持续时间。（图6-32）

按照同样的方式设置其他老树与老树上的乌鸦，再通过选择窗格设置丘陵为可见。这样带领学生进入《天净沙·秋思》情境学习的动画就做好了，主要是用不同的方式变换视角，设计动画。

图6-28　选择窗格

图6-29　隐藏对象

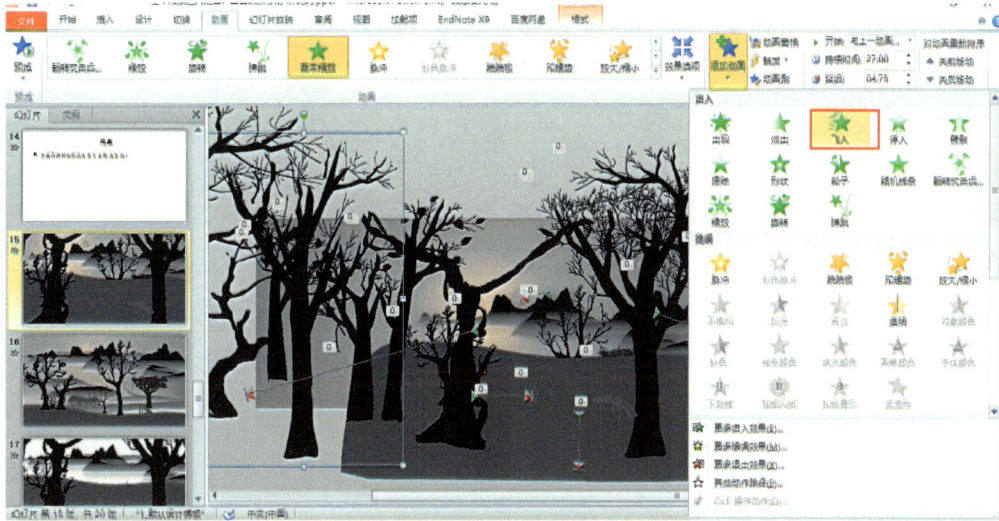

图6-30 添加动画

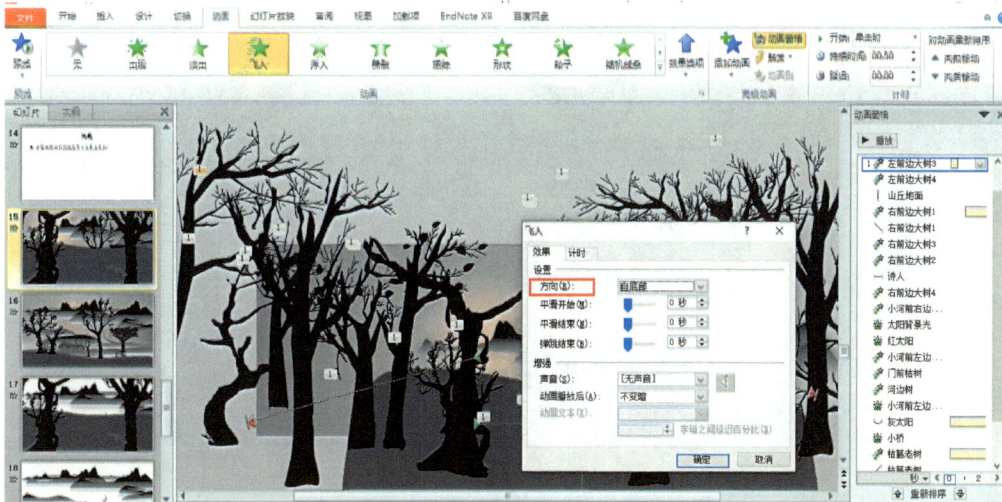

图6-31 设置动画效果

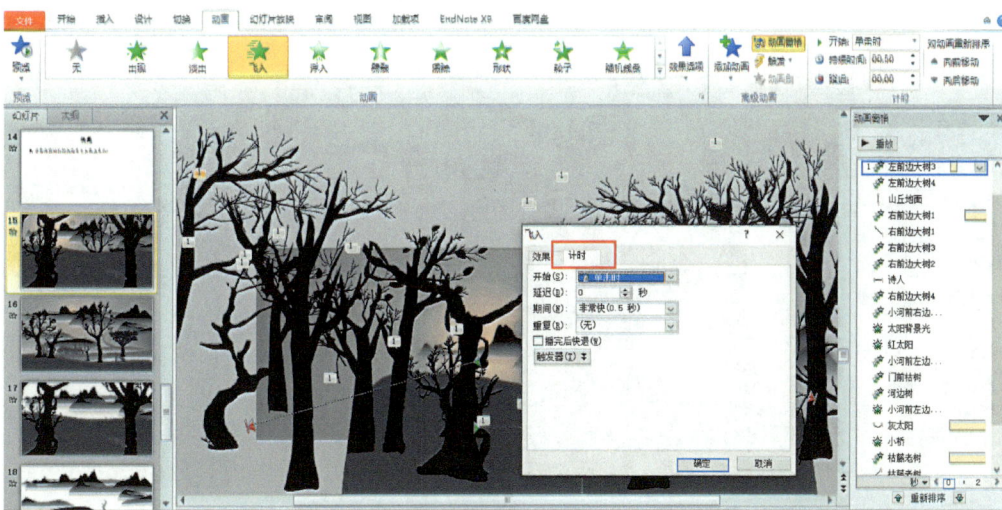

图6-32 设置动画计时参数

六、左右移动动画

左右移动动画

复制粘贴幻灯片，删除丘陵及其前面的大树，保留村庄和山川对象作为左右移动动画的场景。

选择动画—动画窗格，删除该页幻灯片的所有动画。（图6-33）

左右移动动画需要形成诗人向右移动的动画，在此需要转换视角。将诗人固定在画面中间，前景与背景向左移动。在向左移动的过程中，前景与背景移动的速度是不一样的，由此将诗人周围的景物划分为三个层次：前景层次、主体附近层次、背景层次。其移动速度递减。

选中所有前景景物，树木、河岸、小桥，将其组合。选中前景组合，选择动画—添加动画—其他动作路径—向左。（图6-34）

图6-33　快捷复制动画场景

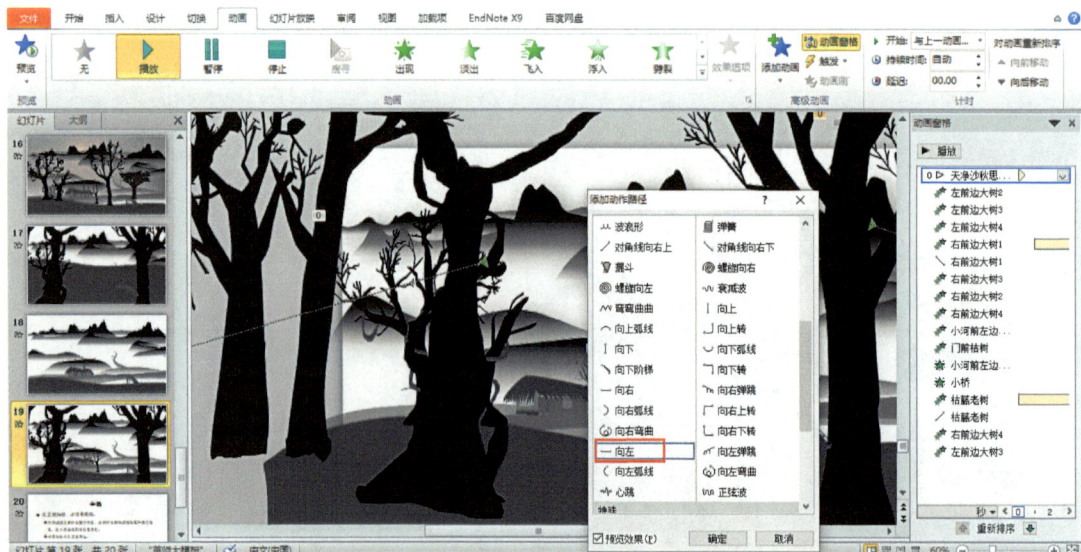

图6-34　设置前景景物动画

双击动作路径时间线，在计时选项版中设置动画开始方式、延迟、持续时间。持续时间需要根据左右移动动画整体效果进行调整。（图6-35）

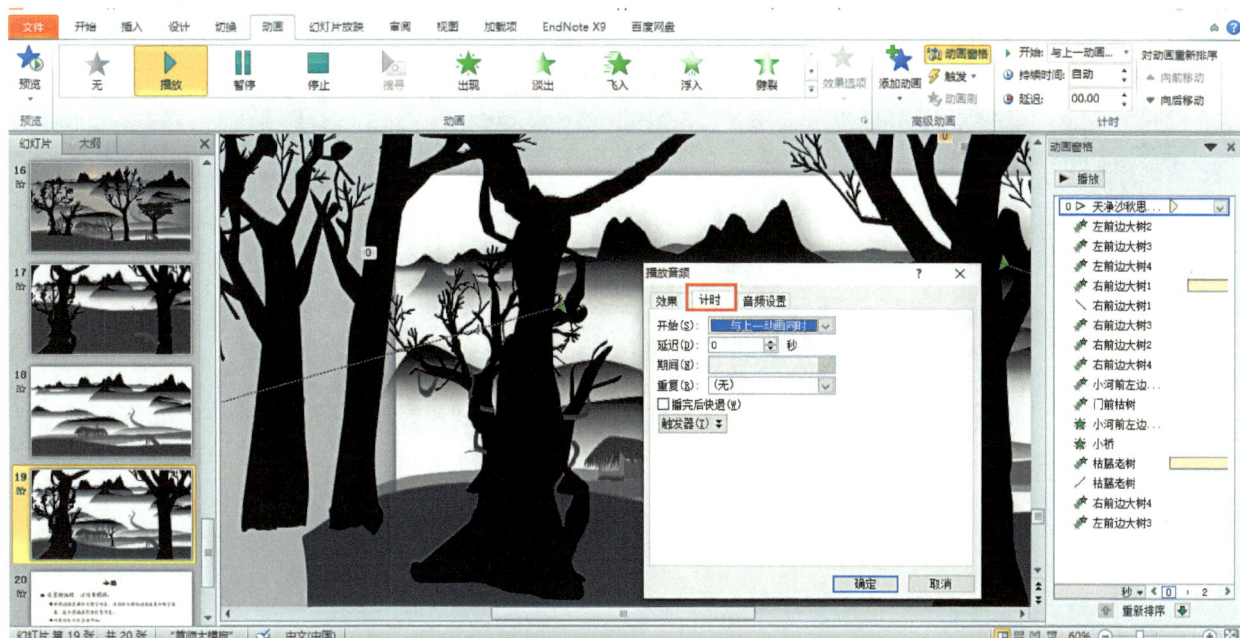

图6-35　设置动画参数

按照同样的方式设置主体附近的动画，前景和主体附近移动的时间一样，前景移动速度较快，因此需要将主体附近移动的路径长度设置得小些。

利用动画刷复制前景的动画到背景上，只需要将背景的运动路径长度设置得更小。

最后组合右侧的天涯场景并添加向左移动动画，时间、距离与主体附近景物相同即可。

七、文本书写动画

文本书写动画是一种基本动画，即在文本上做动画处理，以便让学习者能够借助于较为抽象的文本信息来开展有效学习。

在文本上做动画的第一步是准备好文本素材，输入文本内容，并确定文本字体、字号、颜色、位置等。

选中文本，选择动画—添加动画—进入—擦除。设置擦除效果选项为自顶部。（图6-36）

选择动画—动画窗格，双击擦除动画时间线。在弹出的参数对话框中选择效果板块，设置动画文本显示方式为：按字母。（图6-37）

文本书写动画

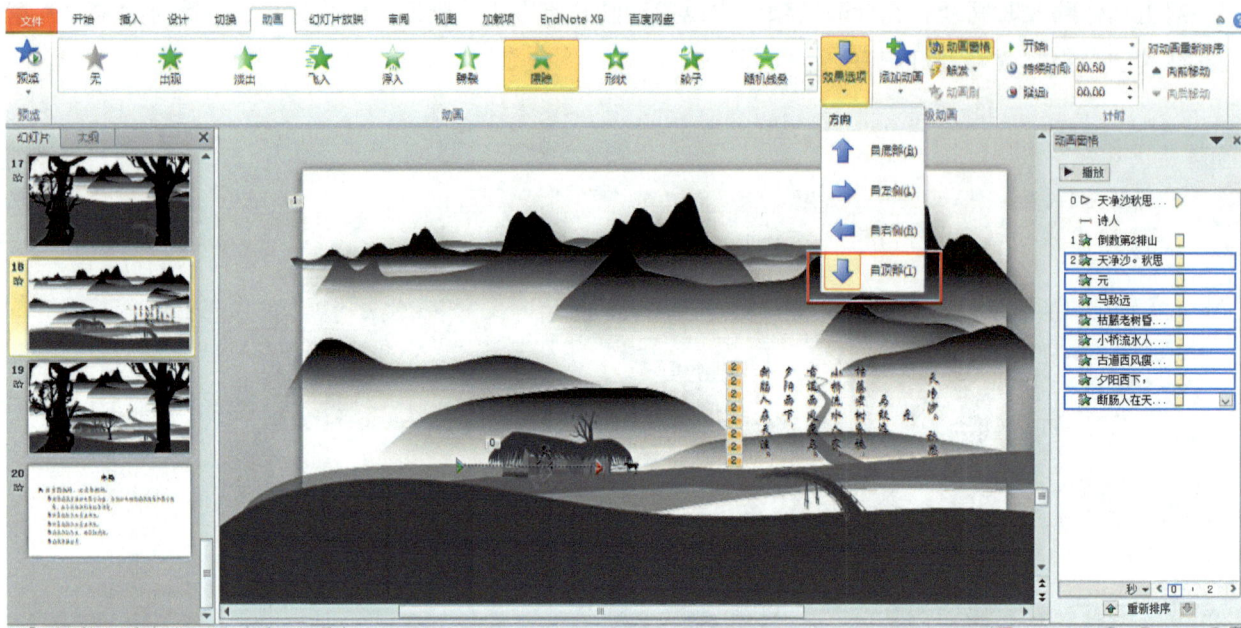

图6-36 设置动画效果

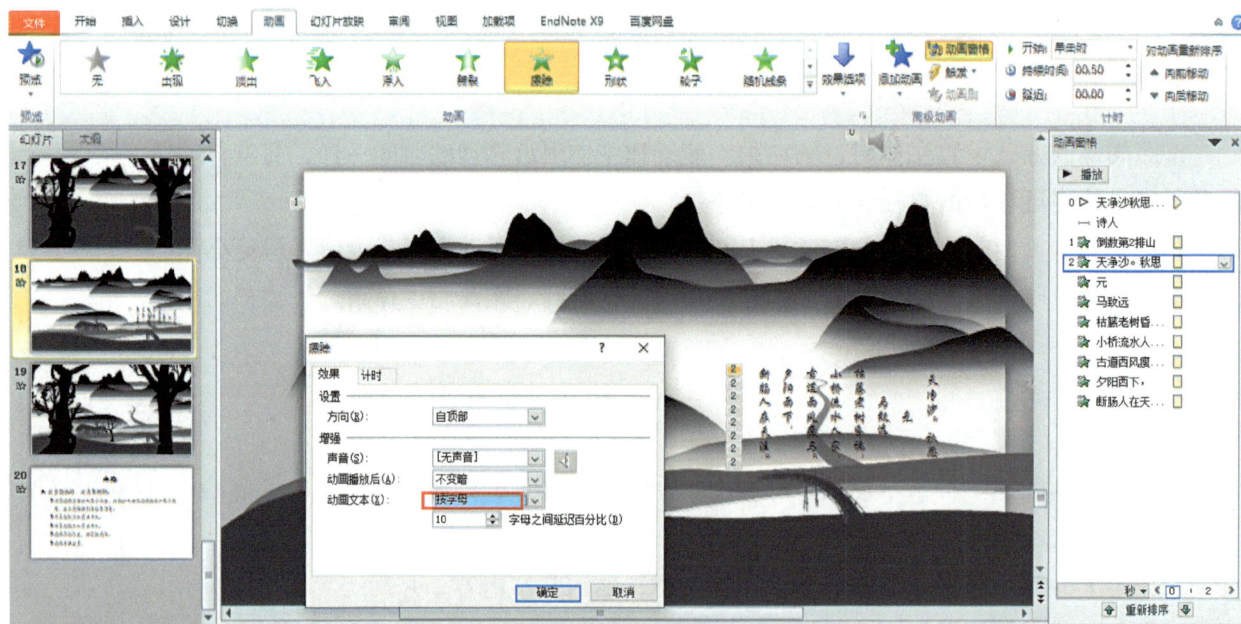

图6-37 设置文本动画方式

根据《天净沙·秋思》文本字数与朗诵的总时长确定文本动画的持续时间为与文字间隔时间，即设置动画文本字母之间的延迟为100%。（图6-38）

在计时中，设置期间为42 s。（图6-39）

图6-38　设置文本速度

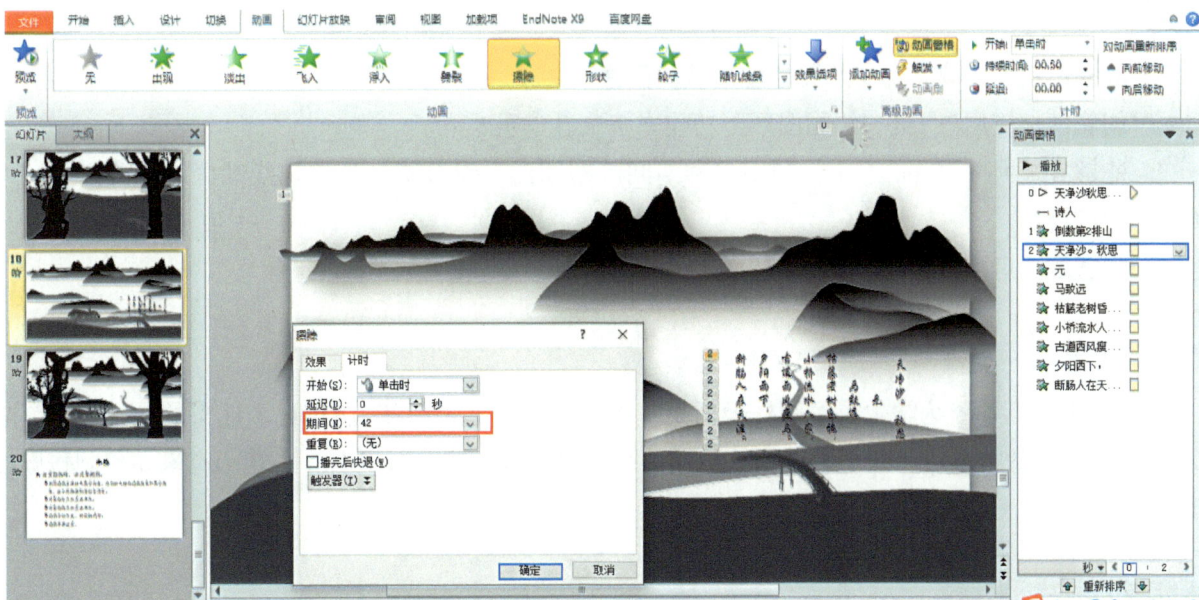

图6-39　设置动画持续时间

案例小结

本案例最大的特色亮点是针对《教育信息化2.0行动计划》提出的问题，突破创新融合基础之一的"教学资源创新开发"，在绘画能力"零基础"上，仅仅利用PPT绘图功能和技术绘制出三组意象，在PPT画面中实现"纵深移动""上下移动""左右移动"等多种动画效果，使画面具有较强的立体空间感，摆脱PPT平面动画印象，从而实现利用简单的PPT技术与课程深度融合、创新融合，开发复杂的、高质量的教学资源。

活动延伸

用PPT绘制一个中国风的画面，要求：
①只能用PPT绘制。
②画面不少于5个对象，不少于3种颜色。
③画面较为完整和谐。
④体现中国古典风格。
⑤适当配上音乐。

分享作品

分享作品、操作经验、方法技巧、心得体会以及学习反思。

活动专题二 《圆柱表面积计算》综合案例制作

活动目标

1. 能根据动画需要，熟练绘制任意形状的图像。
2. 创新性地应用PPT的"绘制图形"功能来解决教学重难点。
3. 能够在多种不同的PPT中，利用多种不同静态图形，设置幻灯片的切换动画，使其形成一个连续的动画过程。
4. 能够综合运用PPT动画来解决教学中的问题。

活动背景

小学数学王老师要为学生讲解圆柱表面积计算这节课，她想用PPT制作一个连贯的动画过程，来展示圆柱表面积的组成，以便于学生能够根据动画更好地理解这个知识点。王老师应该如何制作圆柱表面积的动画呢？

活动过程

一、绘制圆柱体

这个案例需绘制不同阶段的静态图形，再将这些静态图形连续播放，形成一个连续的动画。

动画最基本的元素：一条竖线、一条弧线、一把辅助的剪刀。

绘制圆柱体之一

（一）下载素材

弧线和剪刀素材，可以通过搜索引擎来查找、下载。打开浏览器，输入"剪刀"，加上一个"空格"，后面再加上一个"png"。（图6-40）

图6-40　搜索剪刀素材

（二）画一个圆柱

①首先画一条线，左手在键盘上按住Ctrl键，拖动鼠标，复制一条竖线，作为圆柱的两个侧边。（图6-41）

绘制圆柱体之二

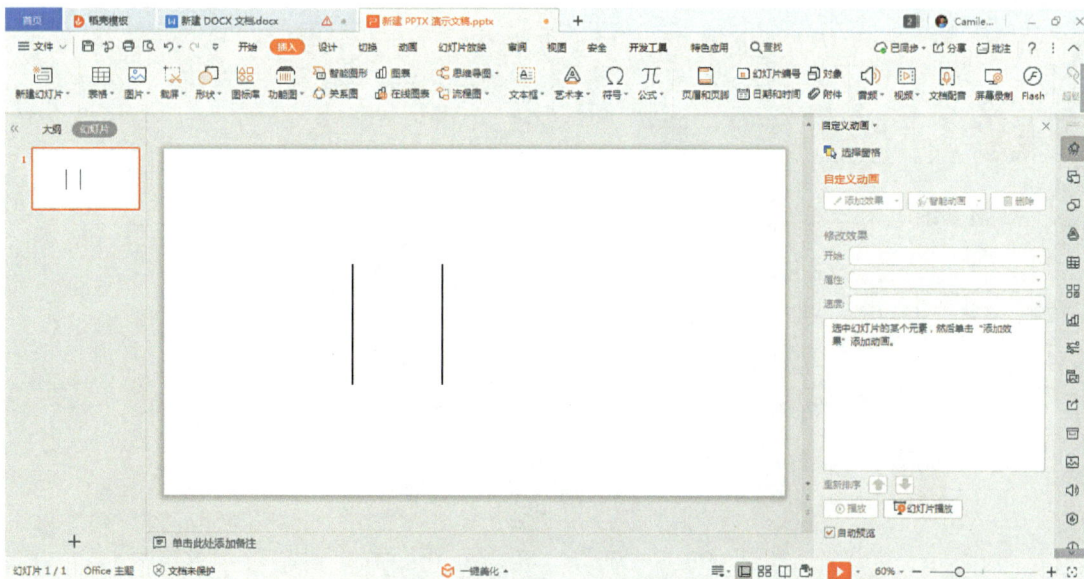

图6-41　绘制圆柱的两条侧边

②画一个椭圆作为圆柱的上底面，按住Ctrl键，拖动鼠标，复制一个椭圆作为圆柱下底面。（图6-42）

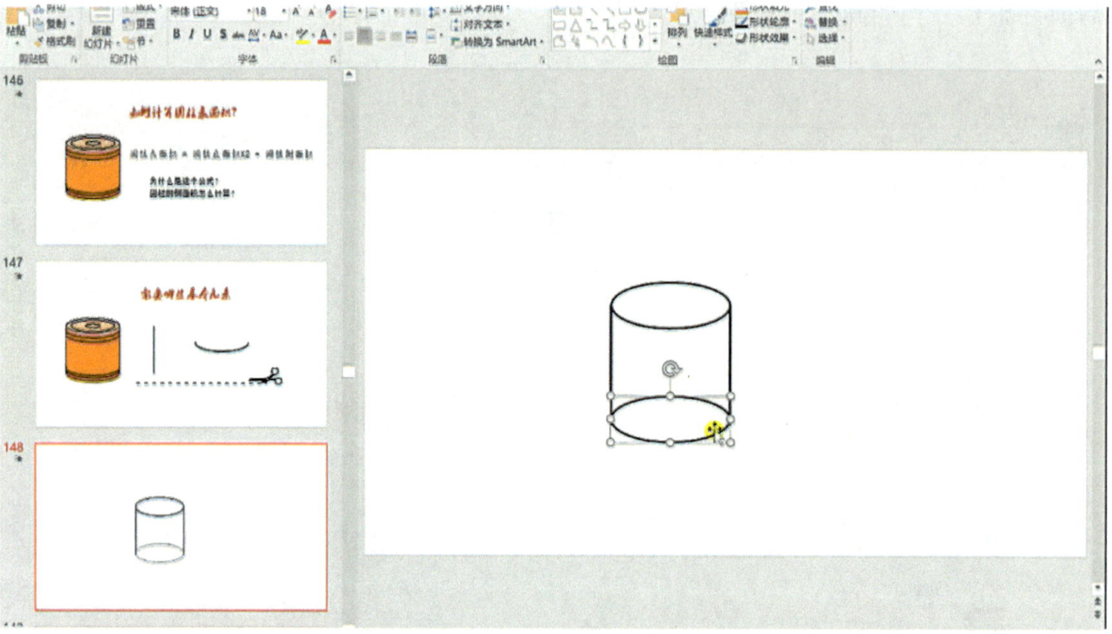

图6-42　绘制圆柱的上下底面

（三）给圆柱贴上一个带有颜色的表面

①选择开始选项板中的绘制图像，选择任意多边形，按住Ctrl键，滚动鼠标，把这个窗口视图放大一些。（图6-43）

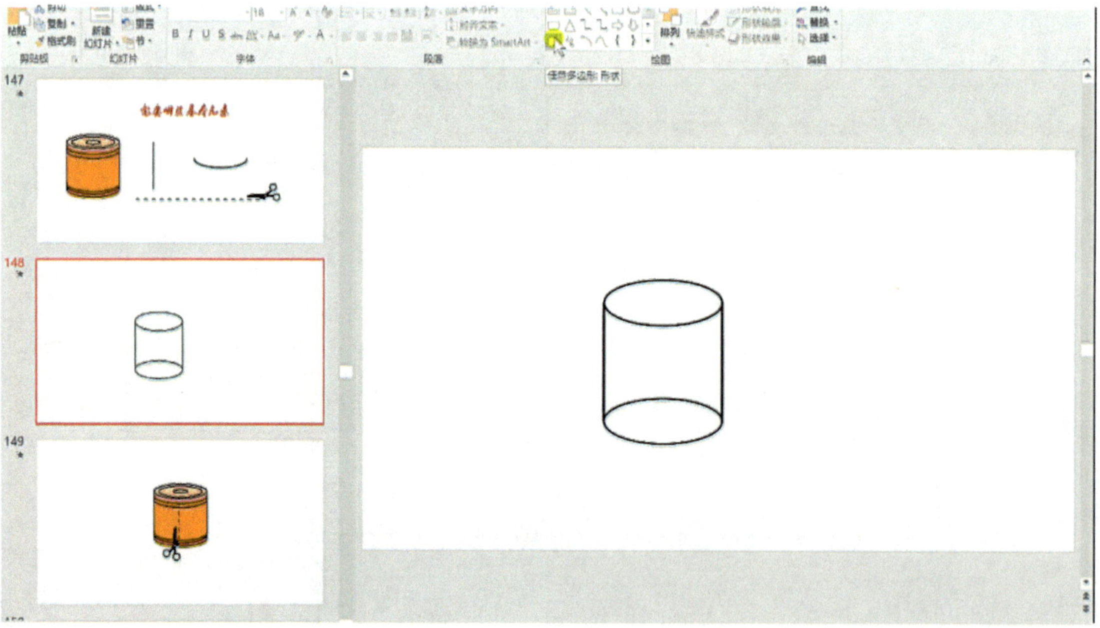

图6-43　放大圆柱视图

②在接口处，单击鼠标绘制一个顶点，然后再单击几次。在绘制的起点处，再单击，这样一个封闭的图形就绘制好了。（图6-44）

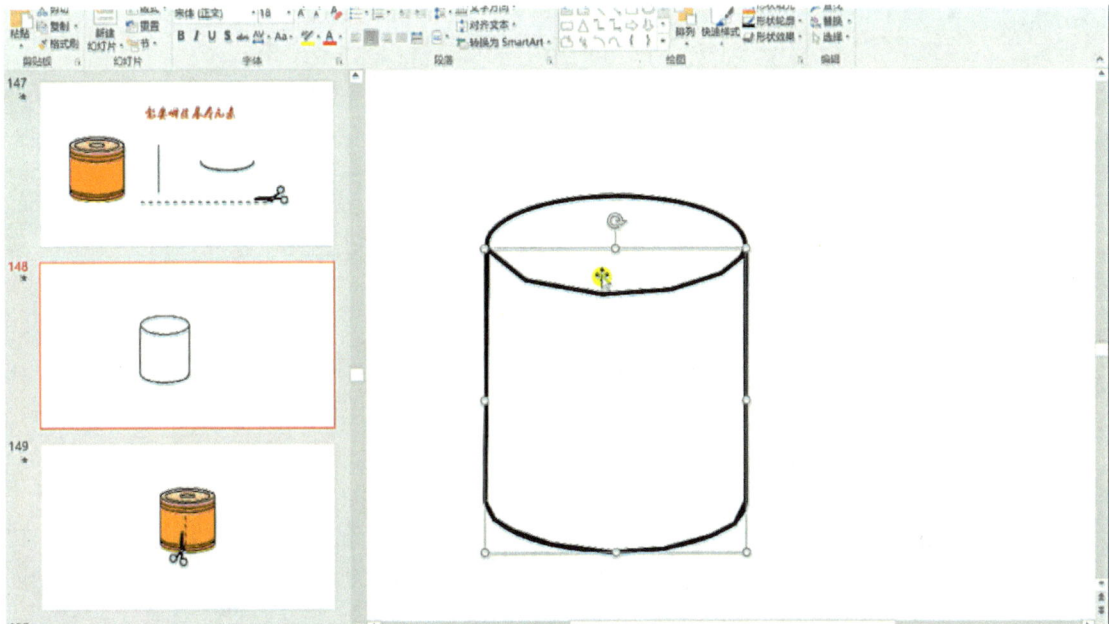

图6-44　绘制封闭图形

③在刚才绘制的图形对象上，单击鼠标右键，选择编辑顶点。一定要把鼠标放在它的"边缘轮廓"位置上单击鼠标右键。（图6-45）

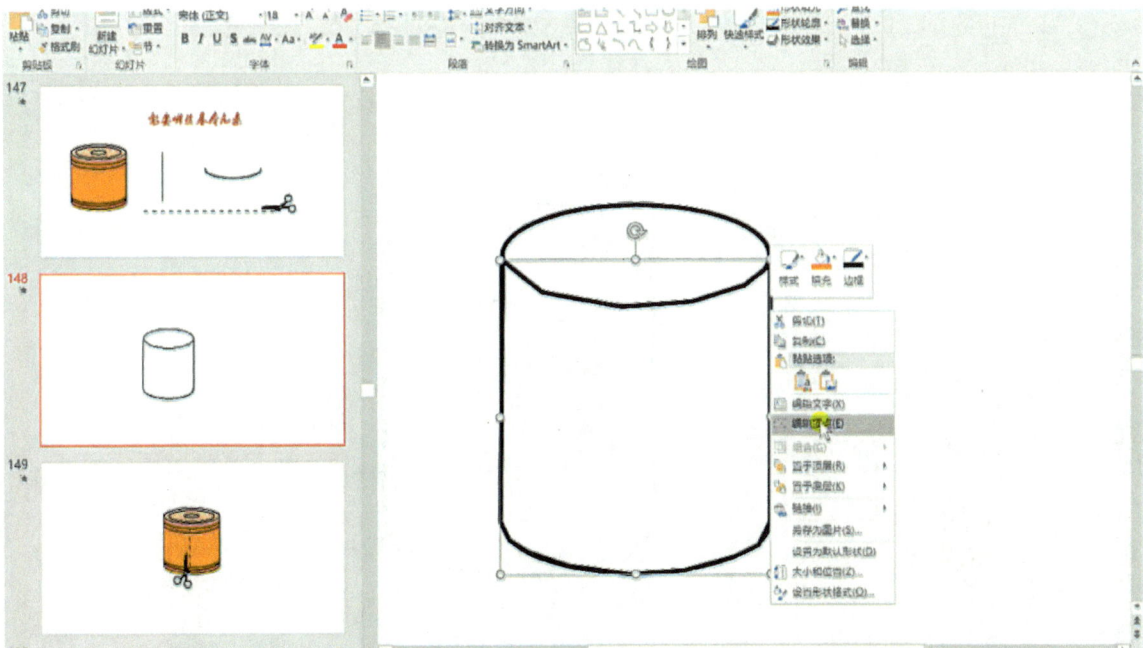

图6-45　对封闭图形编辑顶点

④可以再添加一个顶点以便更容易编辑对象，在空白处单击鼠标右键选择添加顶点。（图6-46）

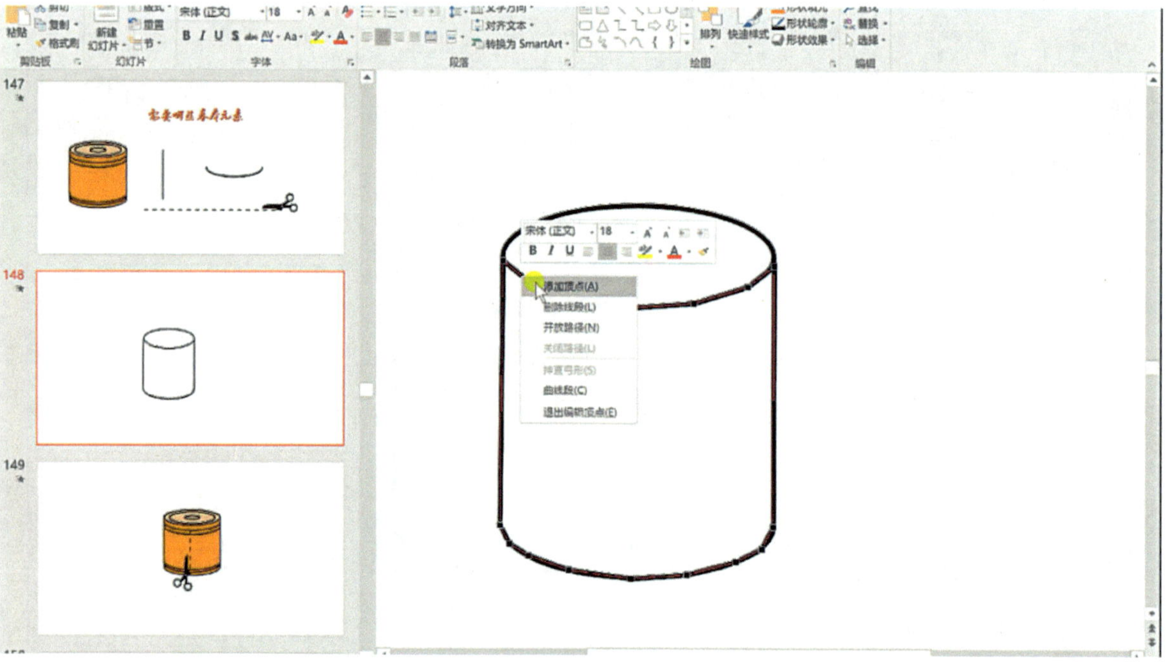

图6-46　对封闭图形添加顶点

⑤在第二个顶点上单击鼠标右键选择平滑顶点。同样，可以在每个顶点上，都选择平滑顶点，对这些顶点做精细化的处理。（图6-47）

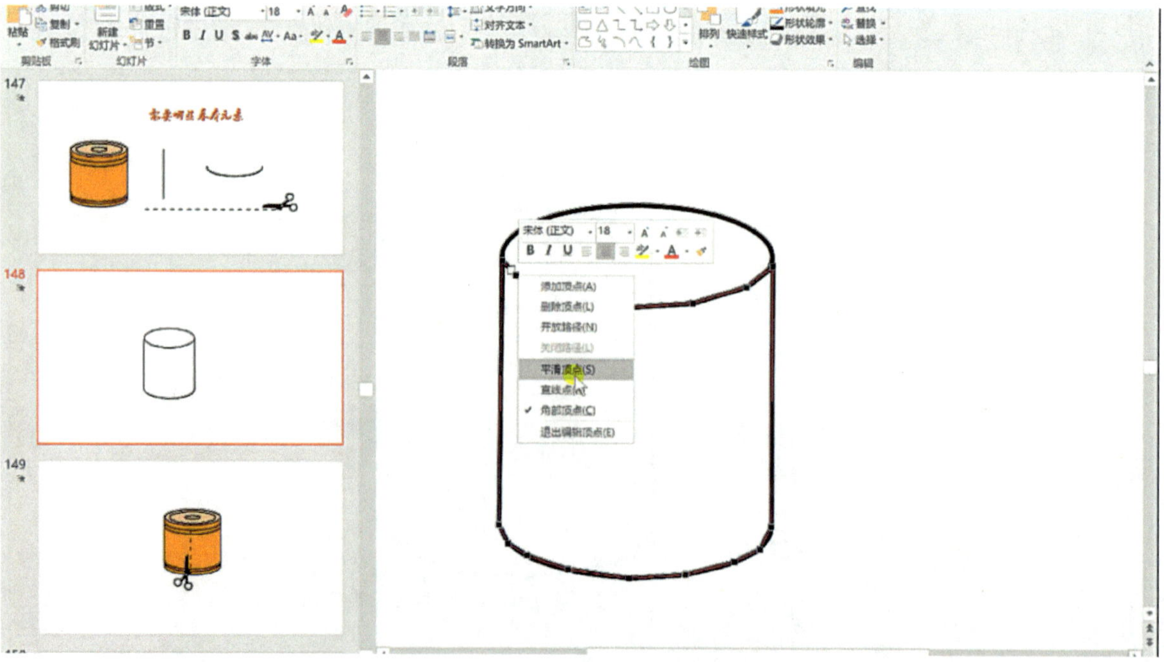

图6-47　添加平滑顶点

⑥选中绘制的不规则的图形，填充为黄色。（图6-48）

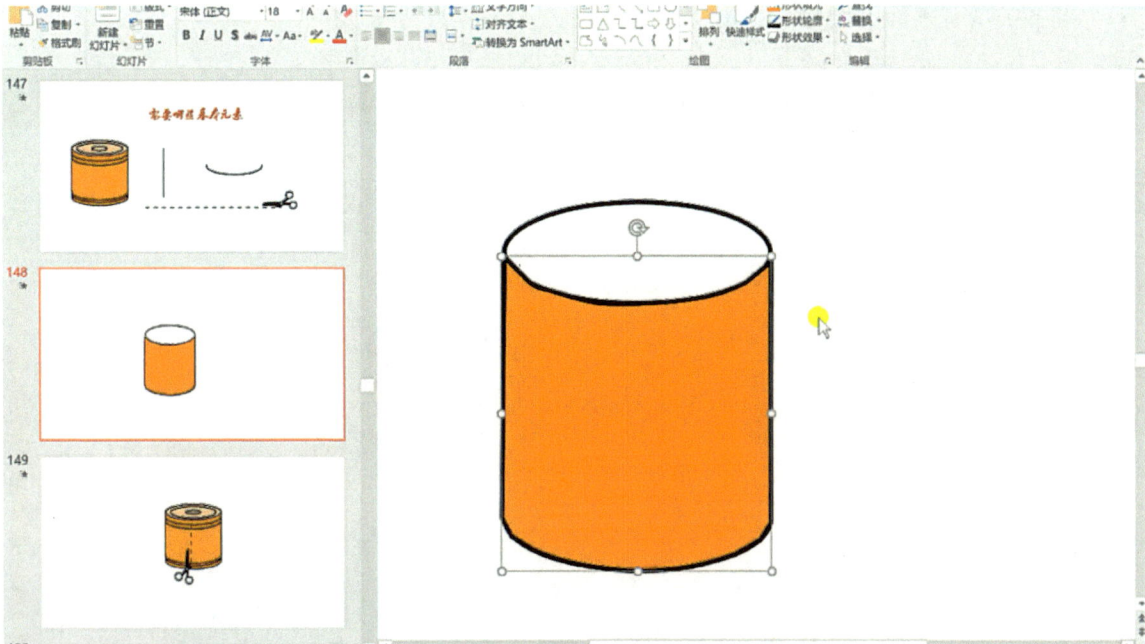

图6-48 填充颜色

（四）在圆柱上绘制一些辅助对象

绘制辅助对象。（图6-49）

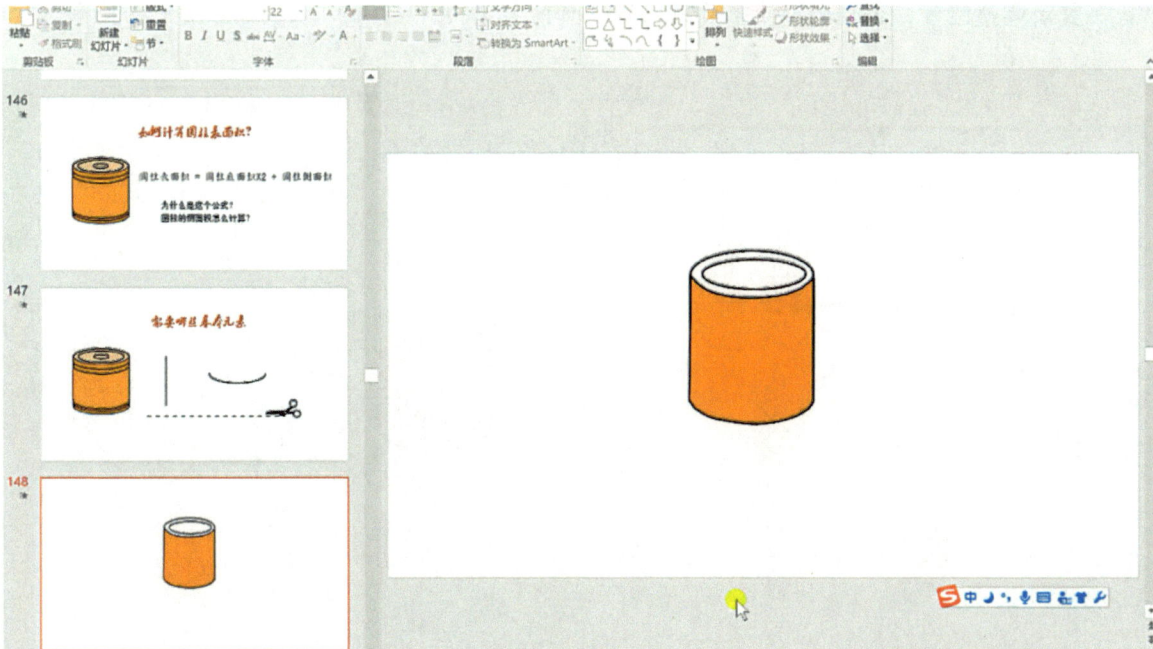

图6-49 绘制辅助对象

（五）插入剪刀

选择插入图片，选择下载的剪刀，放在中间位置，选择格式—剪裁，把多余部分剪掉。这样就做好了一个准备被剪开表面的圆柱。（图6-50）

图6-50　插入剪刀素材

二、制作第一个开口

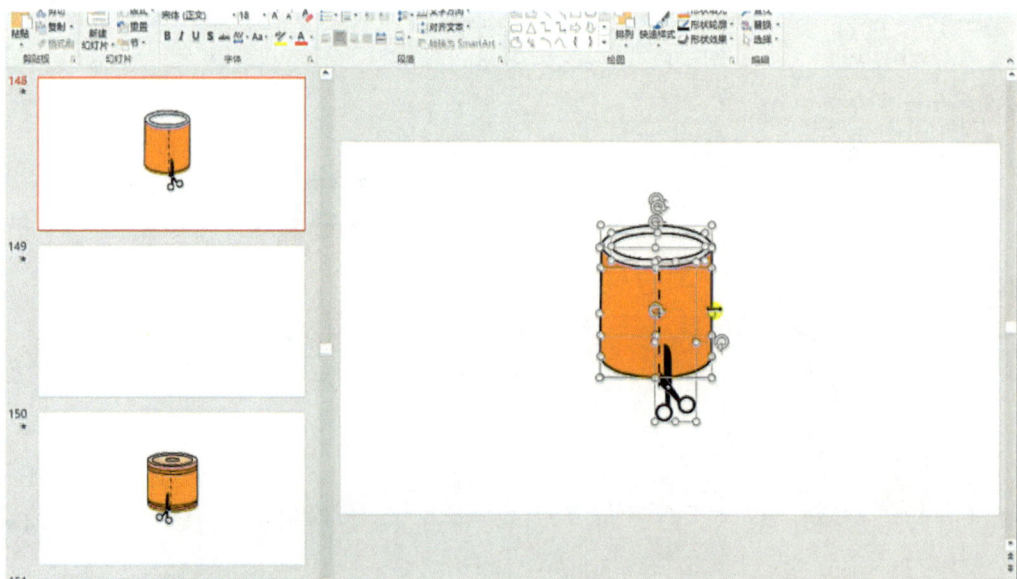

①插入一张新的幻灯片，把之前做好的圆柱对象放在幻灯片中间比较合适的位置。放好之后就不能再动了，一旦在我们制作过程中再动对象位置，后续的所有对象都需要重新调整位置，否则会直接影响最后的动画效果。（图6-51）

制作第一个开口

图6-51　复制圆柱对象

②选中圆柱上所有的对象，按住Ctrl+C，到下一张幻灯片，按住Ctrl+V，这样就复制了一个对象。在这个对象的基础上，删去剪刀。（图6-52）

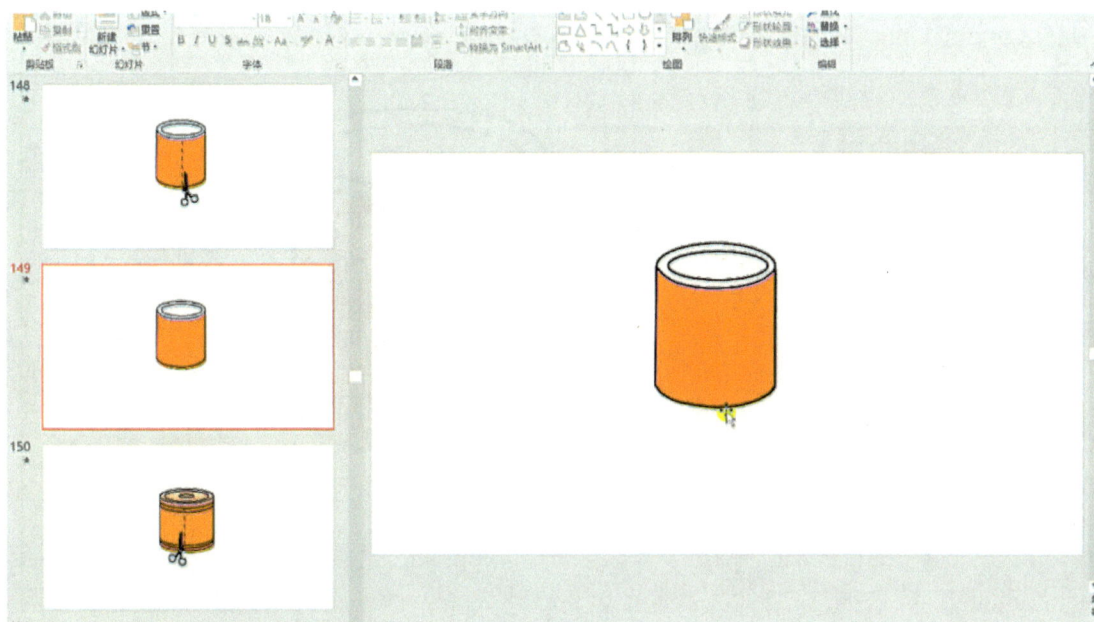

图6-52　删除剪刀

③选择不规则的图形，在中间线偏左侧的位置，在圆底边上作为开始，单击，再多单击几次绘制出一个圆弧状，这样会制成一个类似于被剪开的样式。（图6-53）

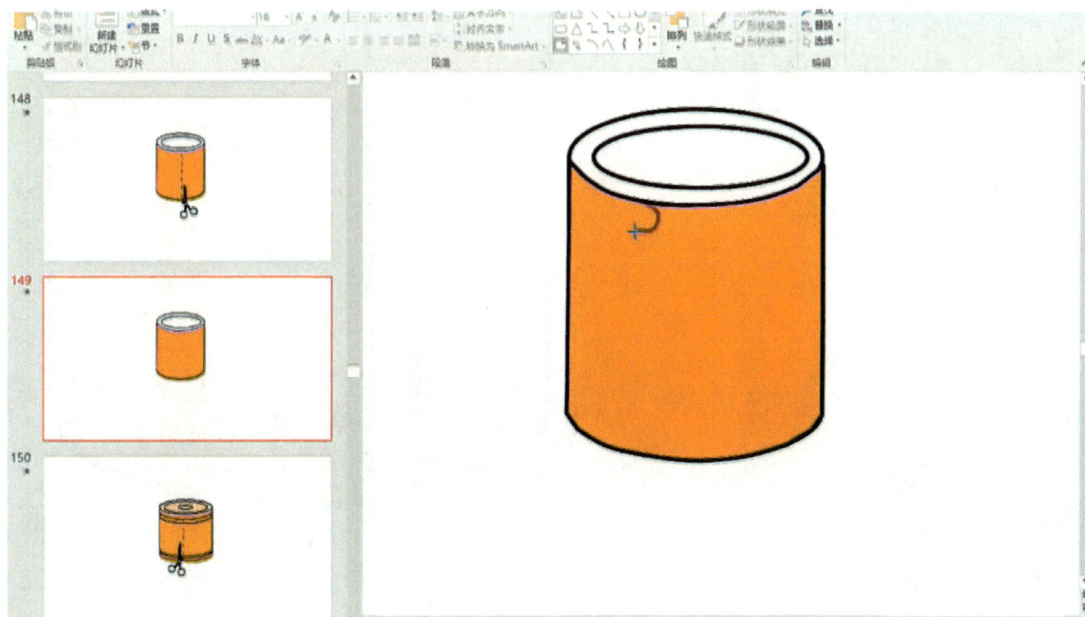

图6-53　绘制圆弧

④按住Shift键，保证拉下来的是一条直线，再单击一次，绘制出圆弧状，再次单击，因为它不是起点所以没办法闭合，必须双击鼠标，这样这个绘制对象就变成一个封闭的图形。（图6-54）

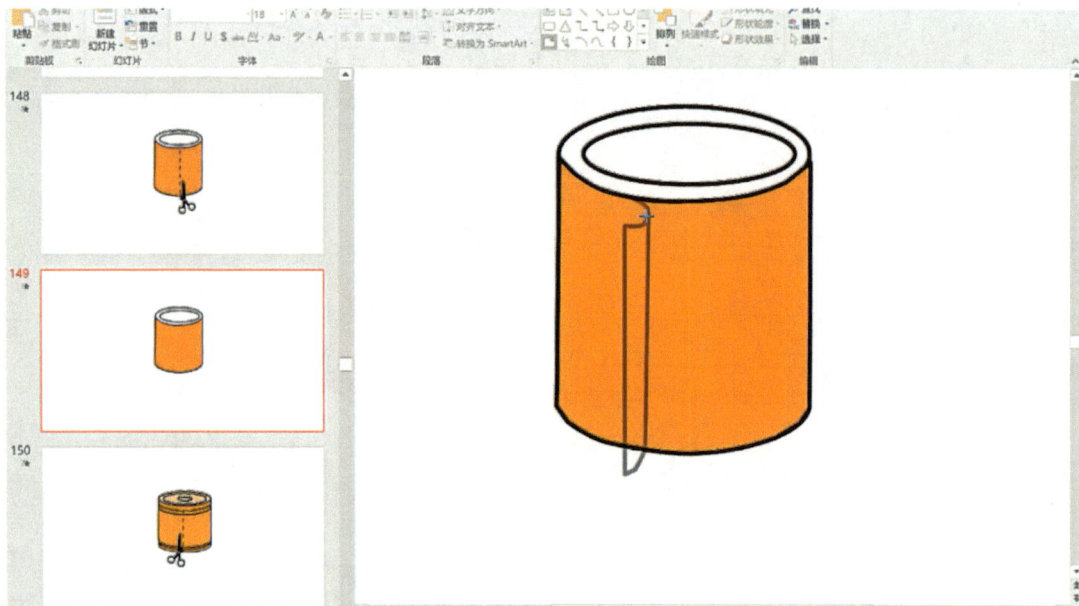

图6-54　绘制封闭图形

⑤调整圆弧大小。在圆弧上单击鼠标右键选择编辑顶点，将所有的顶点往外侧拖动一些。（图6-55）

图6-55　编辑顶点

⑥现在制造剪开的效果，露出来的是圆柱的里表面，将里表面填充上不同的颜色。（图6-56）

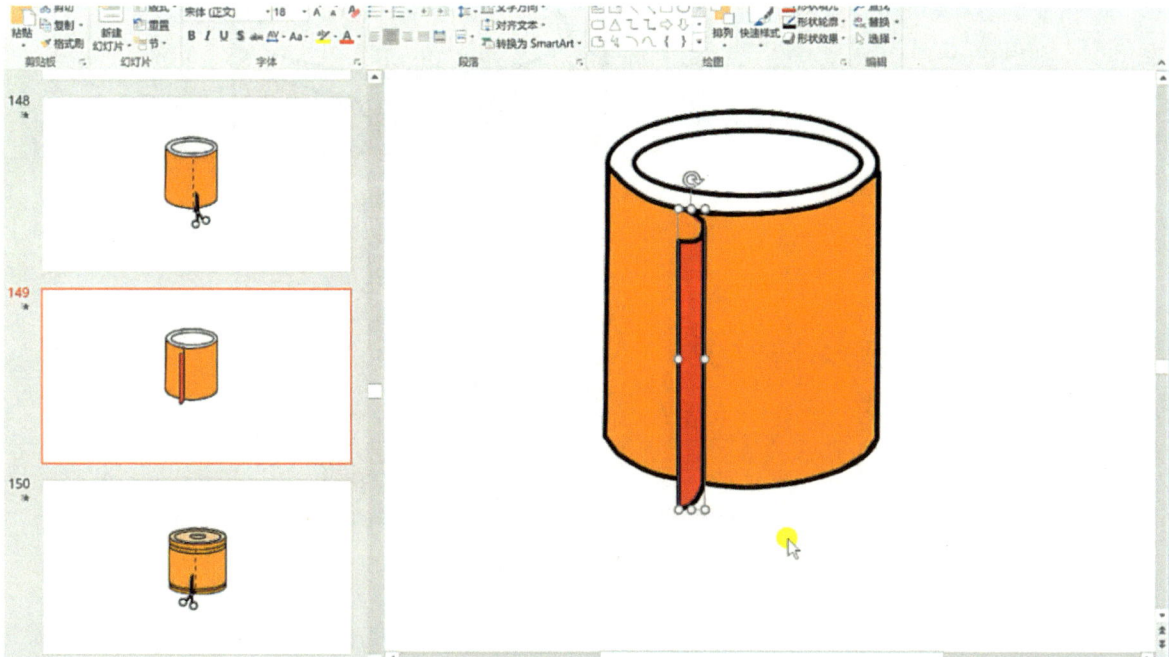

图6-56　填充圆柱里表面颜色

⑦在中间线的右侧，按照同样的方法，再绘制一个封闭图形，填充颜色。（图6-57）

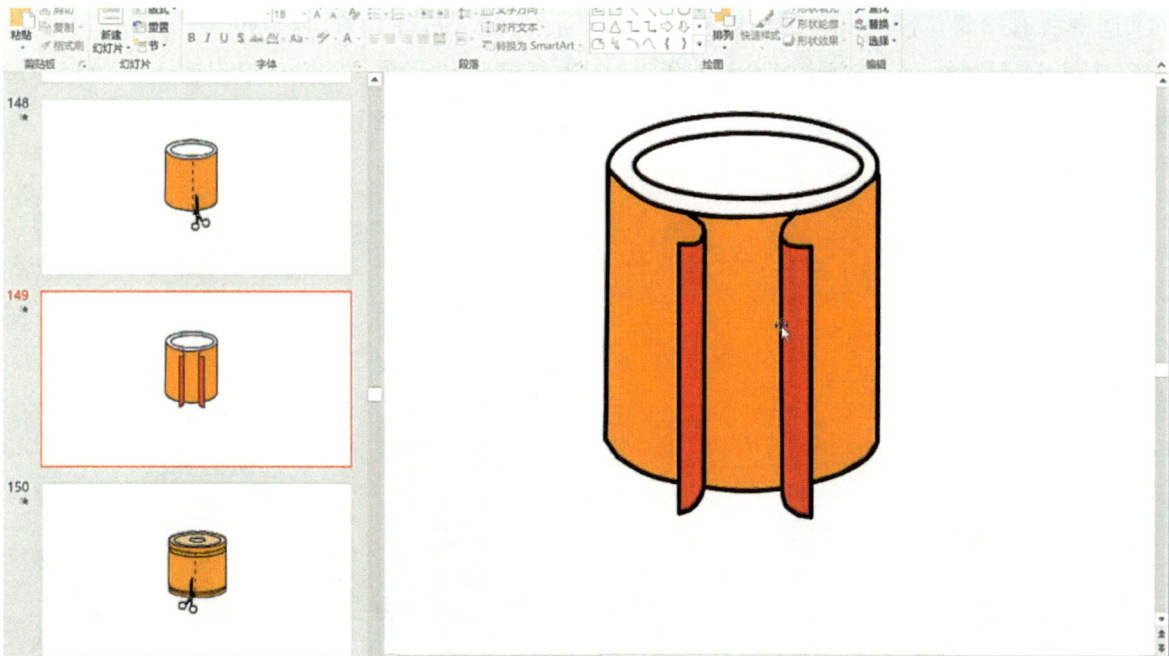

图6-57　绘制右侧剪开图形

⑧填充圆柱里表面。再次绘制不规则的图像，并将它填充为红色，这样就制造了圆柱表面被剪开了一个口子的效果。（图6-58）

图6-58　填充圆柱里表面颜色

三、快速制作其他开口

快速制作其他开口

根据动画原理，一个开口状态难以形成动画。既然是动画，就需要多剪辑几个开口状态，这样再连续播放，才可能形成动画效果。

①选中所有对象，按住Ctrl+C复制对象，选择插入一张新建的幻灯片，按住Ctrl+V，粘贴这个对象。一定要使用Ctrl+C和Ctrl+V进行复制和粘贴，这样可以保证上下两张幻灯片的两个对象的位置不会发生变化，从而可以保证动画的连贯性和逼真性。（图6-59）

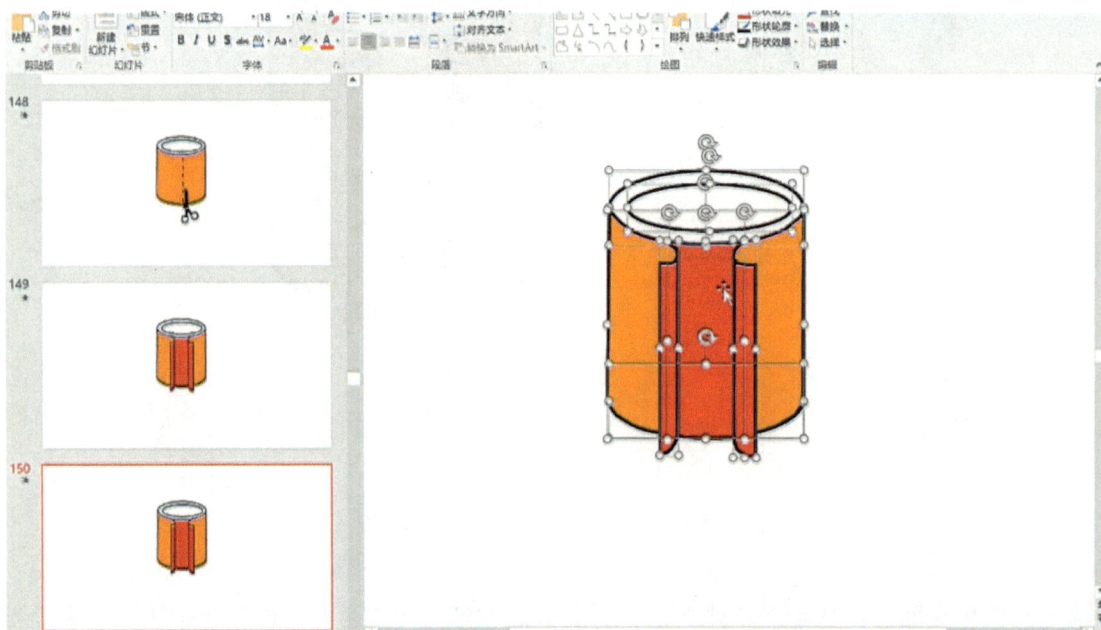

图6-59　复制圆柱对象

②把口子开得更大一些，将它向左侧和右侧移动。在左边多边形上单击鼠标右键，选择编辑顶点，把上面拐角和下面拐角处顶点拉大。（图6-60）

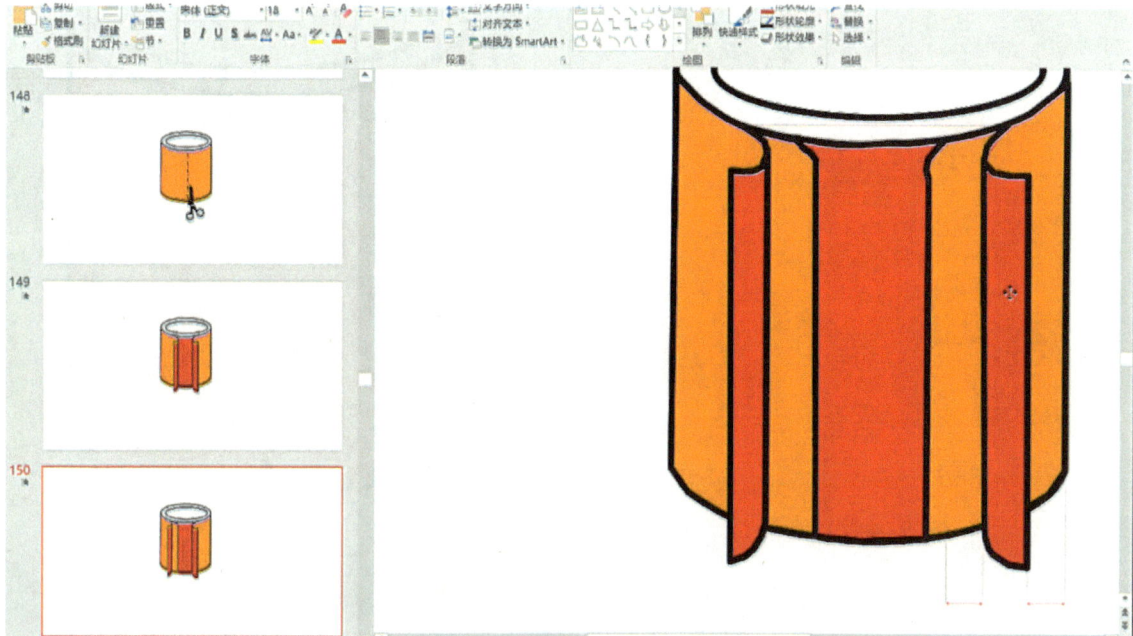

图6-60 编辑顶点，拉大口子

③将右边多边形，按照同样的方法拉大。（图6-61）

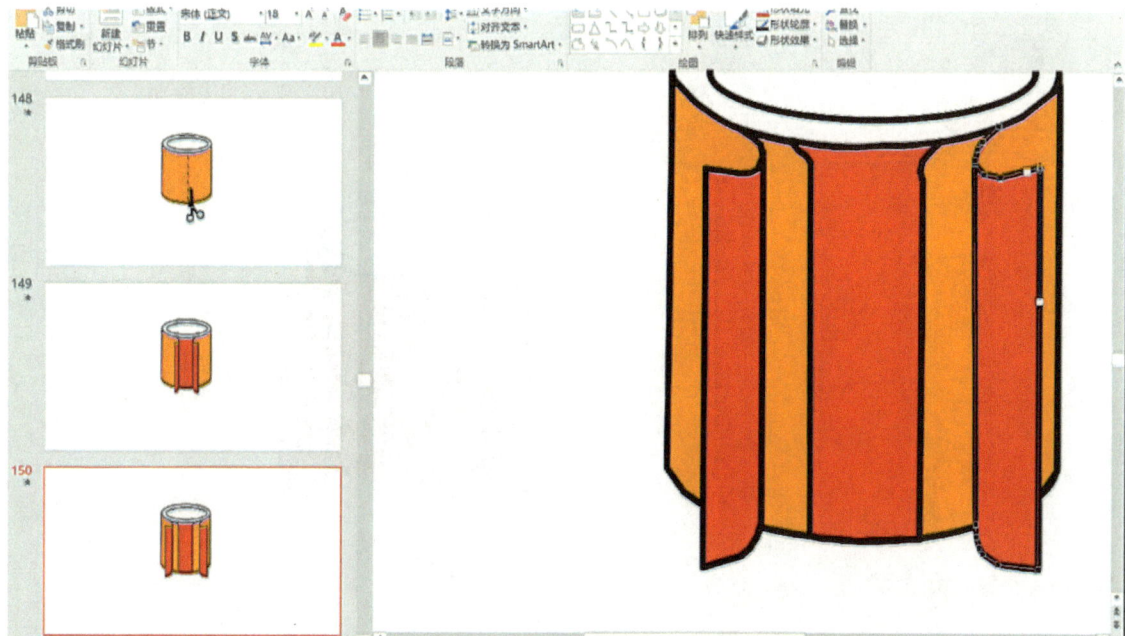

图6-61 拉大口子

④对中间的任意多边形进行编辑修改。（图6-62）

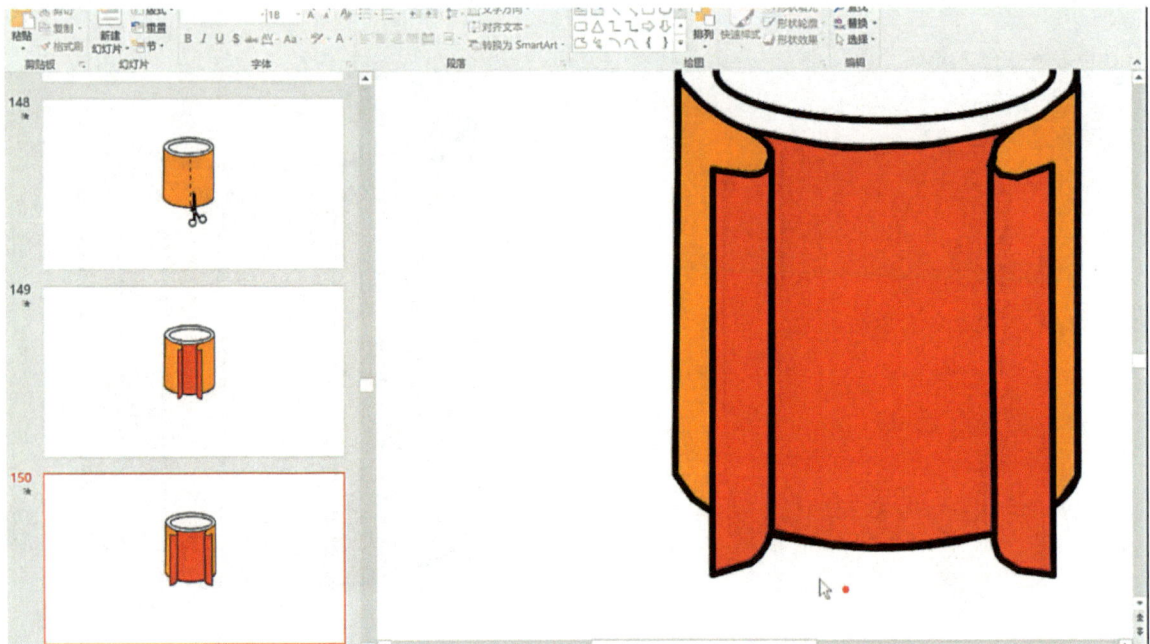

图6-62　修改中间的任意多边形

⑤按照同样的方法，继续选中第二个开口状态的圆柱，按住Ctrl+C和Ctrl+V进行复制和粘贴。用直接拉大变形的方式，将开口放大到合适的大小后，再使用编辑顶点，进一步做精细化调整。按照同样的方法把右边的图形编辑好，中间的多边形也要拉大。（图6-63）

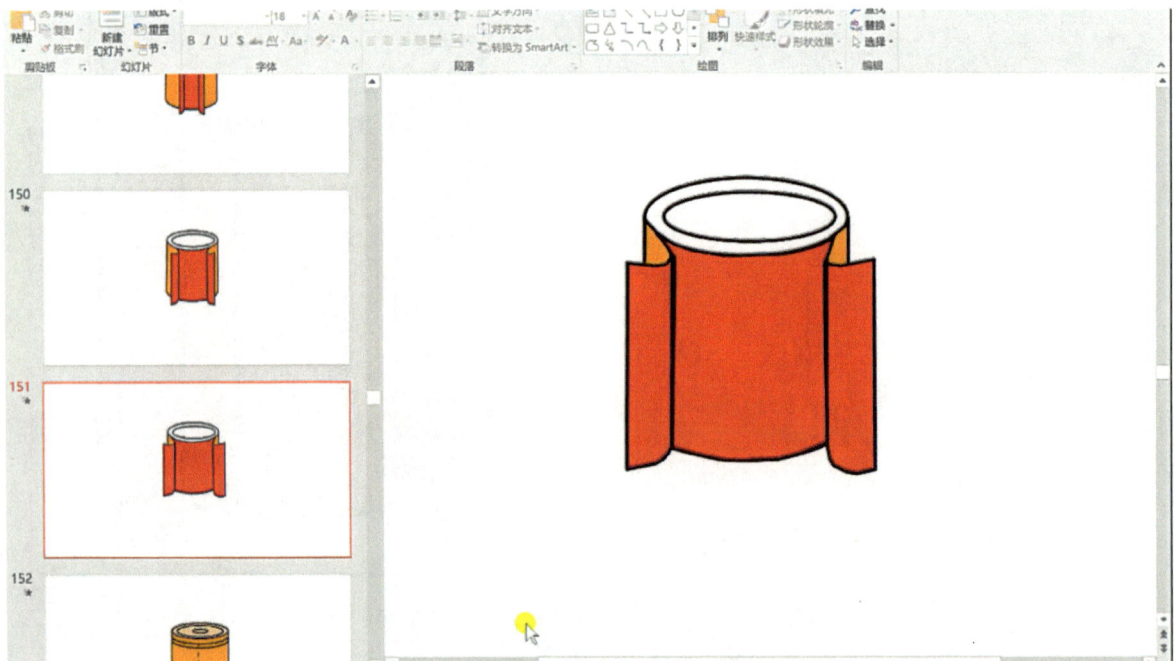

图6-63　复制对象，进一步调整

⑥整体复制圆柱，然后再次粘贴，把它设计成完全展开的形式，形成一个长方形。所以应把刚才绘制的多边形删除。（图6-64）

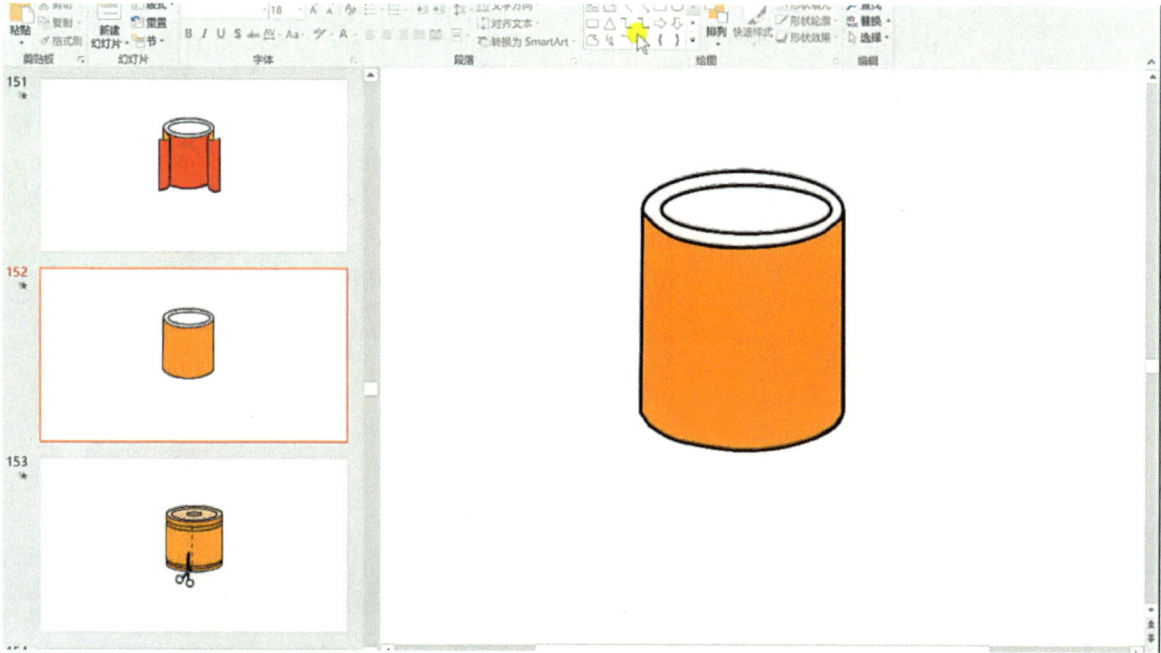

图6-64　删除多边形

⑦在左边绘制一个长方形，填充，再复制这个长方形到右边，使其变成展开比较充分的形式，并且看到的完全是圆柱的里表面颜色。（图6-65）

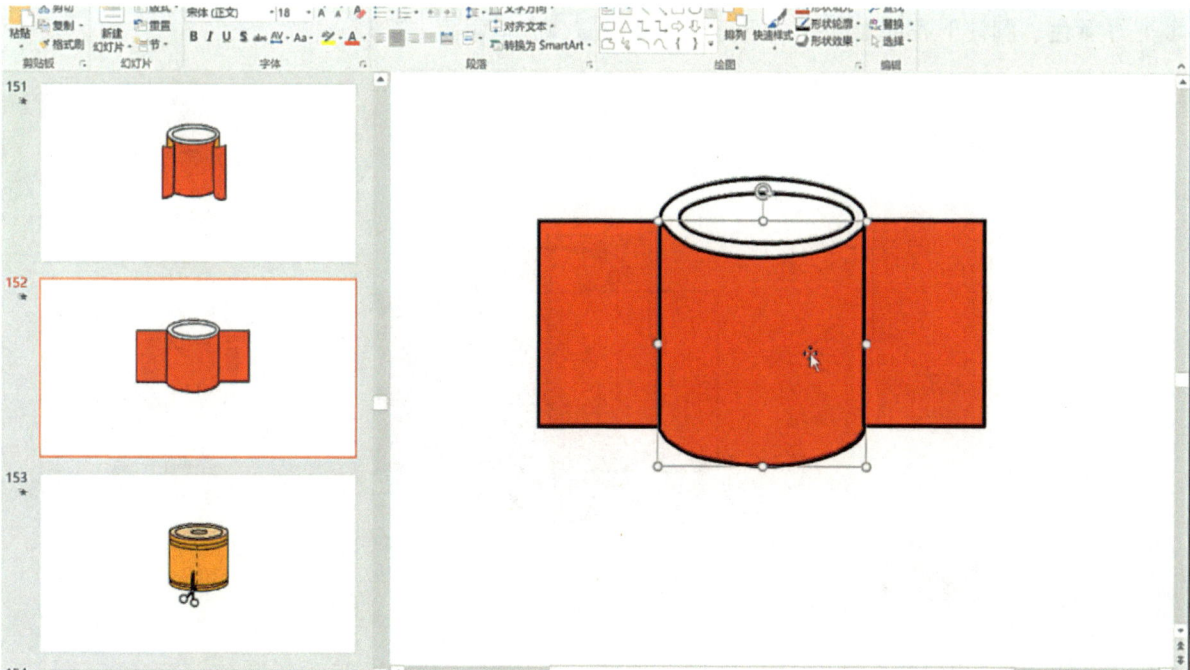

图6-65　在圆柱左右绘制长方形

⑧按照同样的方法，继续绘制，直到把它完全剪开。将两边的矩形置于底层，对圆柱体进行设计，最终形成图6-66所示的形式。

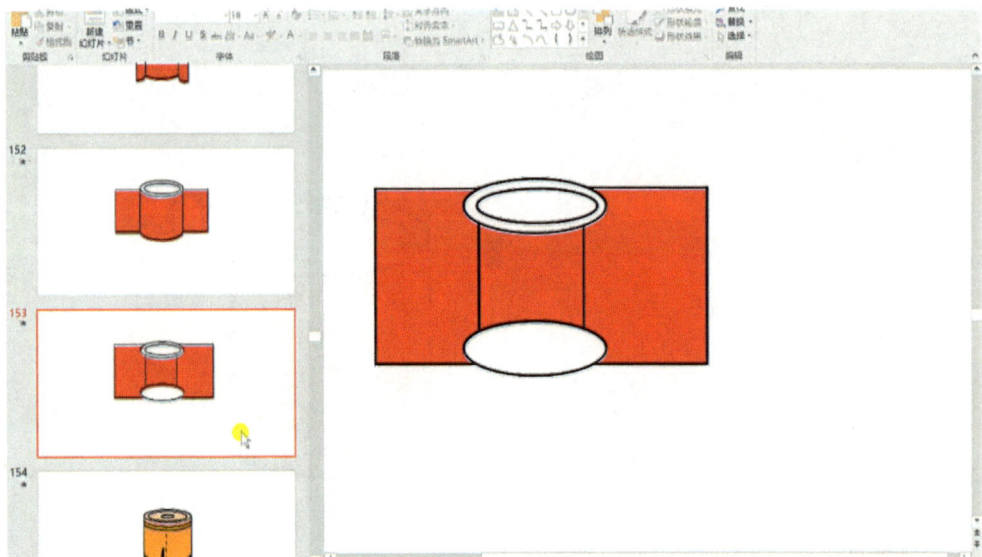

图6-66　将矩形置于底层

四、打开圆柱上下底面积

相对于圆柱侧面表面积动画来说，圆柱上下底面积打开的动画，实际上就是一个圆的不同角度的透视问题。

①复制粘贴圆柱部分展开的幻灯片，把圆柱上底面往上打开，把两个圆圈都往上提，表示打开，并填充好颜色。圆柱下底面也同样往下打开，并设置颜色。（图6-67）

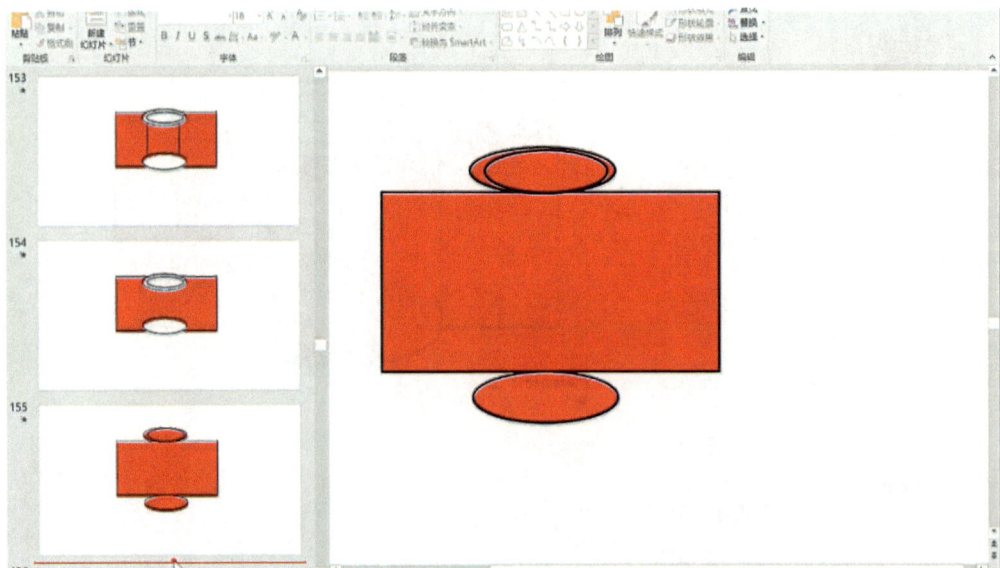

图6-67　将圆柱上下底面打开

②再次复制幻灯片，Ctrl+V粘贴，将圆柱上下底面打开的面积更大一点。（图6-68）

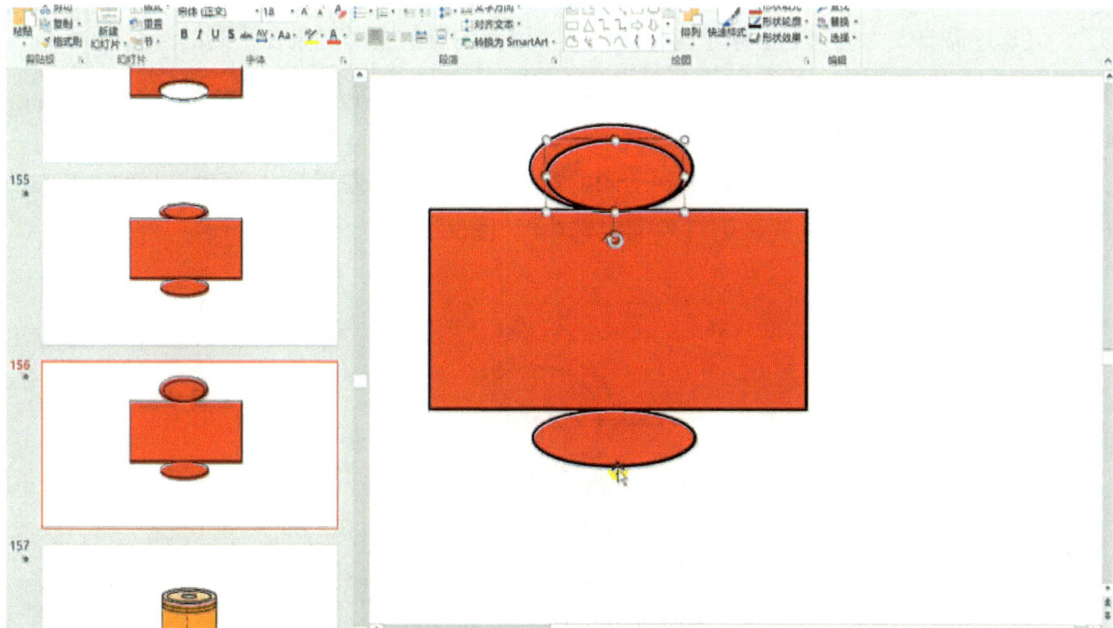

图6-68　将圆柱底面拉大

③再次复制幻灯片，把圆柱上下底面全部展开成为一个正圆。（图6-69）

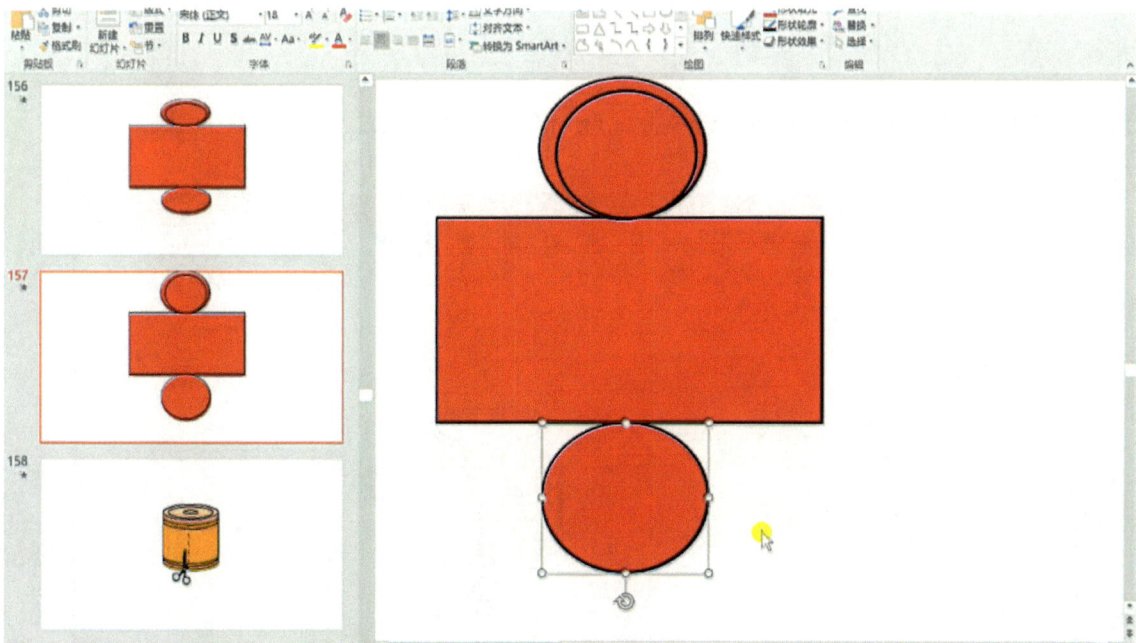

图6-69　将圆柱上下底面完全打开至正圆形

五、幻灯片切换动画设置

页面切换动画设置

前面已经介绍了整个圆柱表面积展开的动画，现在整体上已经像一个圆柱体展开的过程了，但是还需要人为地单击鼠标才能逐渐展开。因为主要的图形对象在不同的幻灯片之中，显然，这不是PPT课件典型的页内动画。那么，如何让它形成一个自动播放的连贯的动画呢？这就需要我们设计幻灯片切换动画。

①单击选中最后一张幻灯片，一直滚到动画的第一张幻灯片，左手按住Shift键，然后单击动画的第一张幻灯片，把需要做动画的几张幻灯片同时选中。（图6-70）

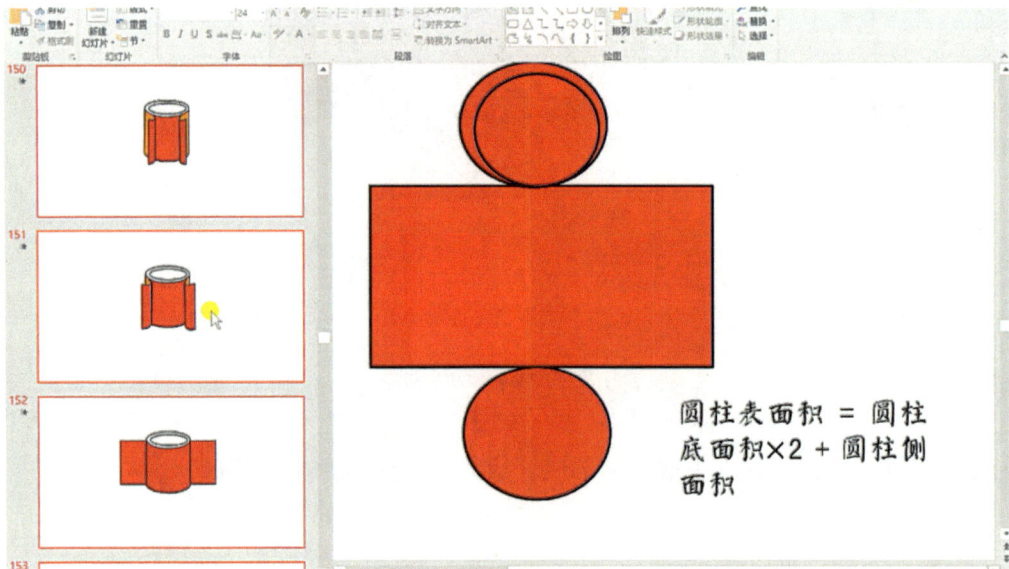

图6-70　同时选中幻灯片

②选择最上方主选项菜单中的切换选项板，进入幻灯片切换设置。（图6-71）

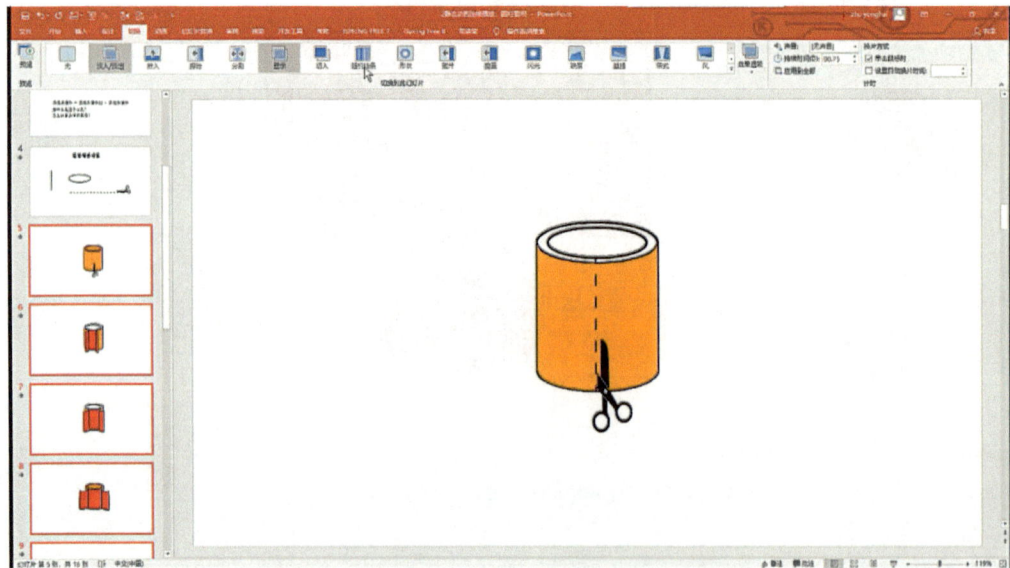

图6-71　进入幻灯片切换设置

③选择切换过渡方式为淡入/淡出。

操作技巧：幻灯片之间切换的过渡方式可以直接选用，Office最新的几个版本，增加了很多视觉效果很好的过渡效果，可以适当使用。当然，通常课件制作的幻灯片之间不使用过渡效果，以避免喧宾夺主；如果必须要使用，也不提倡一个幻灯片课件中使用很多不同的过渡效果，可以选择一种使用。这里使用的是淡入/淡出过渡效果。（图6-72）

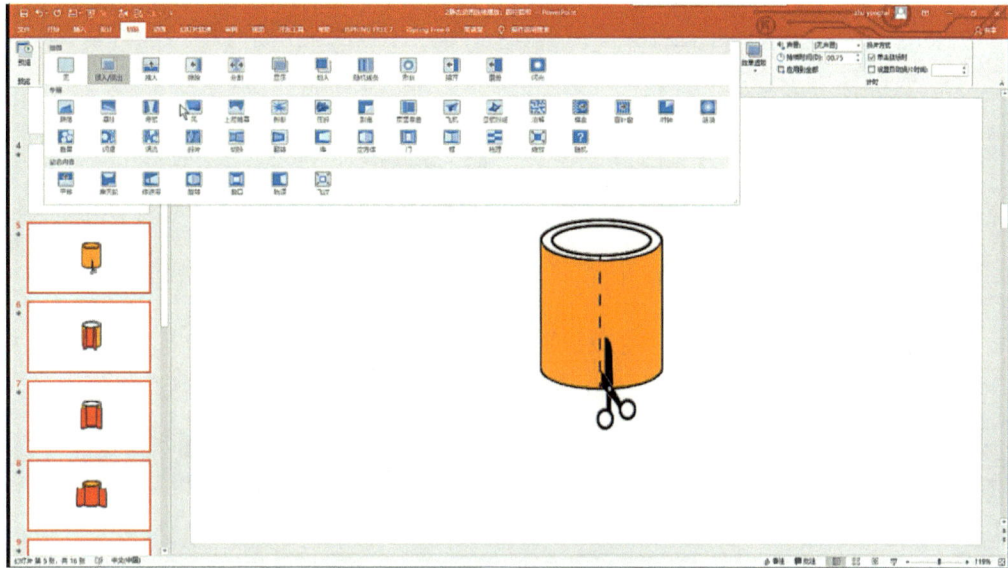

图6-72　选择切换方式为淡入/淡出

④对幻灯片切换声音进行设置。

操作技巧：在切换选项板的右侧区域可以进行多种参数设置，可以在这里选择幻灯片之间切换时的声音。通常也不推荐使用声音，除非在"电子相册"或其他情境中使用。（图6-73）

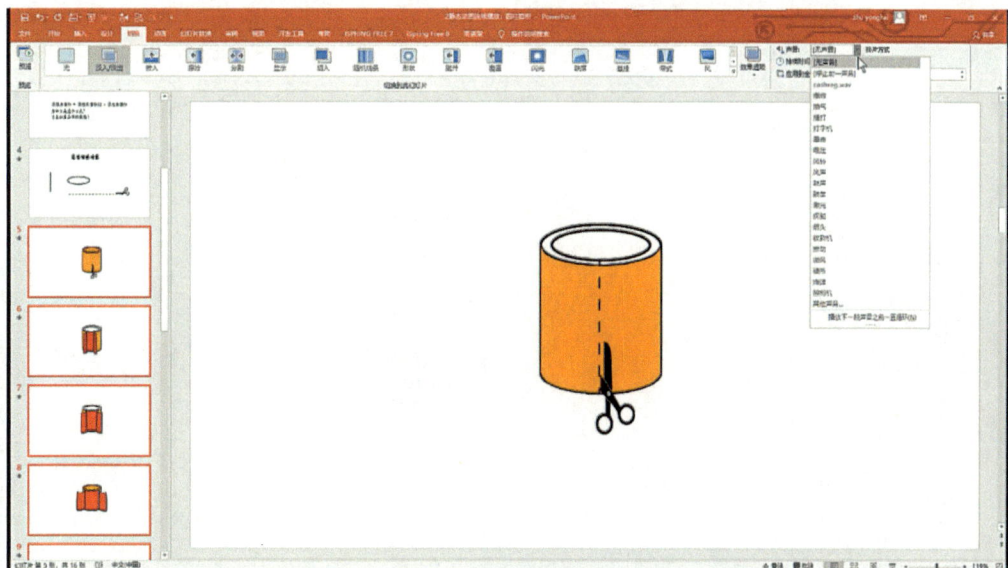

图6-73　设置幻灯片切换声音

⑤对切换效果的时间进行设置。

操作技巧：持续时间，指的是幻灯片切换效果的持续时间，也就是这里淡入/淡出过渡效果持续的时间。（图6-74）

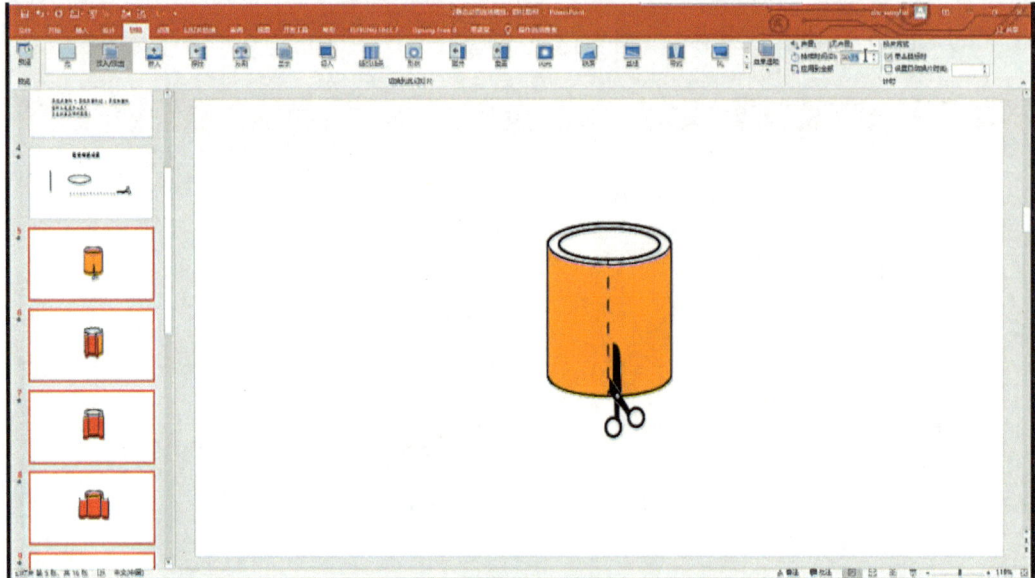

图6-74　设置幻灯片切换时间

⑥将换片方式设置为自动换片时间。

操作技巧：在最右侧换片方式中的单击鼠标时这个复选框，默认是被选中的，任何幻灯片都是默认单击鼠标时放映。对于本案例来说，需设置自动换片时间，并把指定时间间隔设置为0.5 s，也就是说每两张幻灯片之间每隔0.5 s切换一次。当指定了自动放映时间后，幻灯片的单击鼠标时的放映方式可以取消，当然也可以保留，作为一个备选项，允许单击放映。（图6-75）

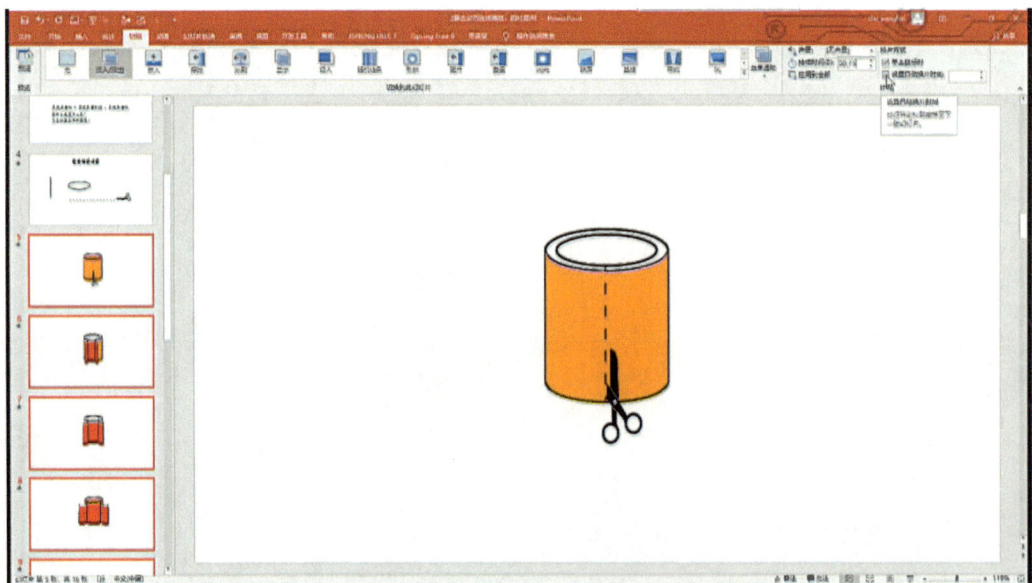

图6-75　对幻灯片设置自动换片时间

六、注意要点

注意要点

《圆柱表面积计算》这个动画，主要是利用简单图形绘制、图像元素组合、幻灯片切换动画等形成一个完整的动画。对于这种借助于几张幻灯片上的图形对象组成的动画，它的制作要点有以下四点：

①善于利用PNG图像元素，作为动画组成元素。

②可绘制使用不规则图形。很多动画的对象通常比较复杂，需要借助一些不规则的图形绘制来完成。

③由多张图形组成的连贯动画，其前后几张幻灯片上的图形元素的位置不能移动。那怎样做到不移动位置呢？最好的方法就是复制上一张幻灯片的内容，并在复制对象的基础上进行修改。

④在做动画时，一定要站在学生思考问题的角度来理解动画的制作，关键是让学生在看到动画的时候，能够理解我们所要阐述问题背后的原理。这是至关重要的一点。

活动专题三　《零基础快速玩转旋转动画》综合案例制作[①]

请看，图6-76所示的三角形如何旋转？

1. 三角形绕某顶点旋转固定角度

零基础快速玩转旋转动画

①点击插入→形状→等腰三角形（可拖动顶点，更改三角形的形状）. 复制粘贴一个三角形，为了区分，可设为不同的填充颜色. 选中这两个三角形，在格式→对齐中，点击左右居中、上下居中，让两个三角形完全重合，如图6-76、图6-77所示。

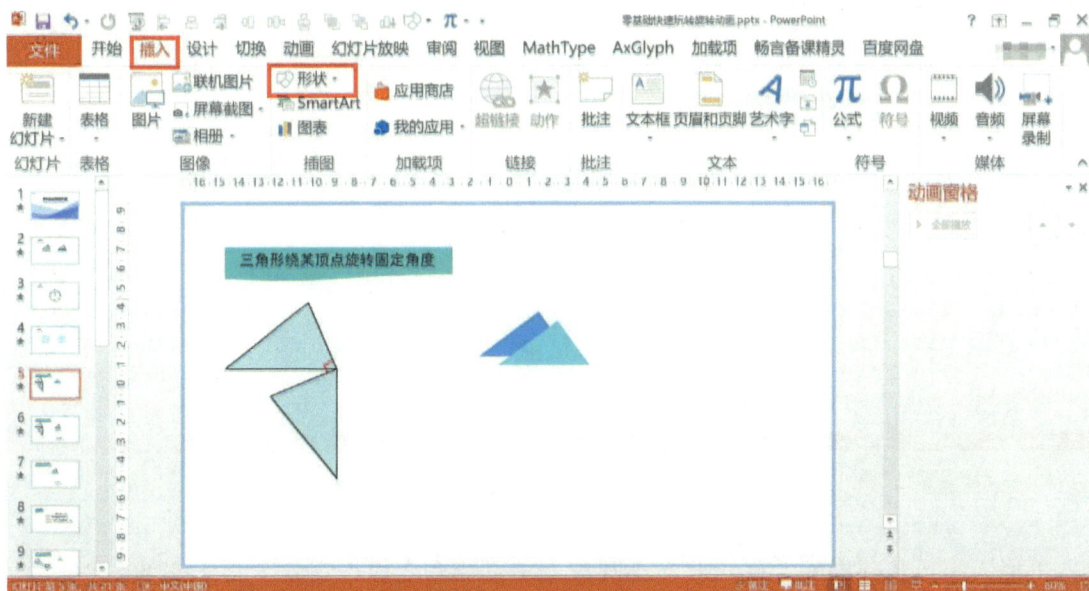

图6-76　绘制旋转前后图形

―――――――――

① 选自科大讯飞股份有限公司教研中心副主任张雷等设计的案例。

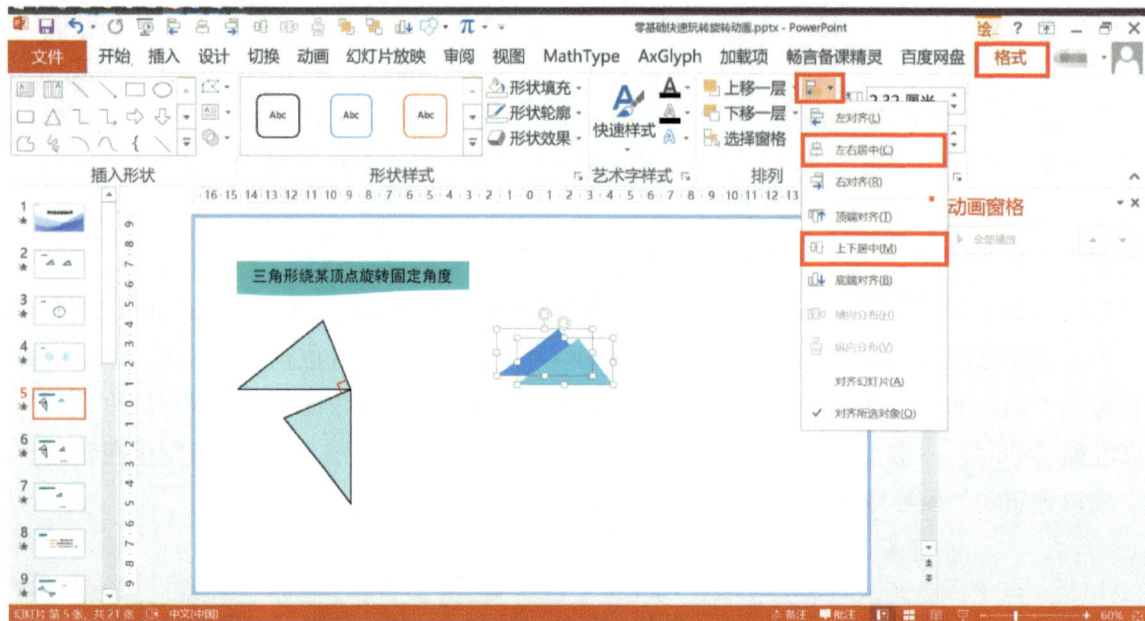

图6-77　使旋转前后图形重合

②点击插入→形状→椭圆.按着Shift同时拖动数标,得到一个小圆点.将小圆点拖动到三角形的一个顶点处,作为旋转中心,如图6-78所示。

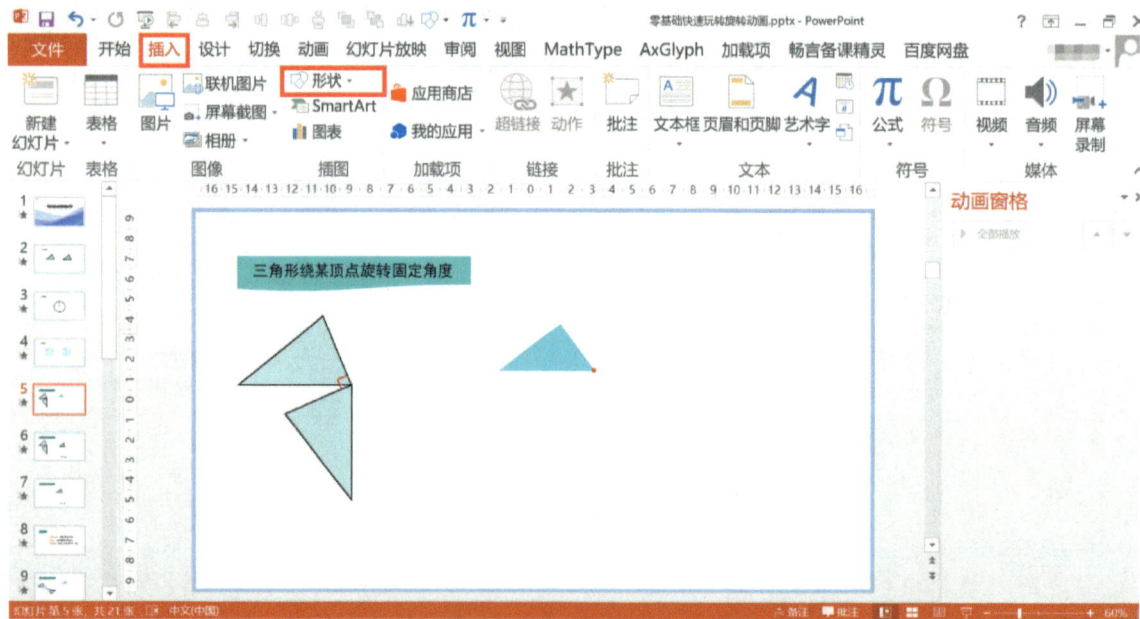

图6-78　绘制旋转中心

③点击插入→形状→椭圆.鼠标放在小圆点上(鼠标会变成十字架,将十字架中心放在小圆点处),按着Ctrl+Shift同时拖动数标,画一个圆,覆盖住三角形,点击格式,将圆设置为无填充,有轮廓,如图6-79所示。

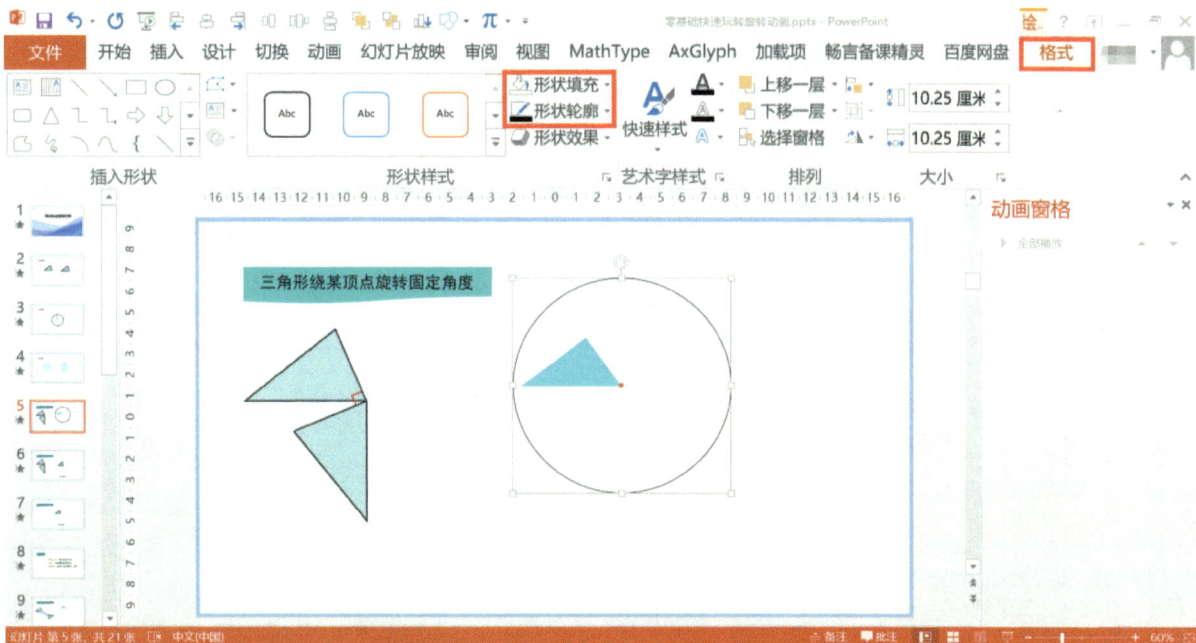

图6-79 以旋转中心为圆心绘制圆形轮廓

④ 选中圆，一个三角形，小圆点，按Ctrl+G进行组合．对这个组合图形添加动画，点击动画→添加动画，在强调动画里，选择陀螺旋动画，如图6-80所示。

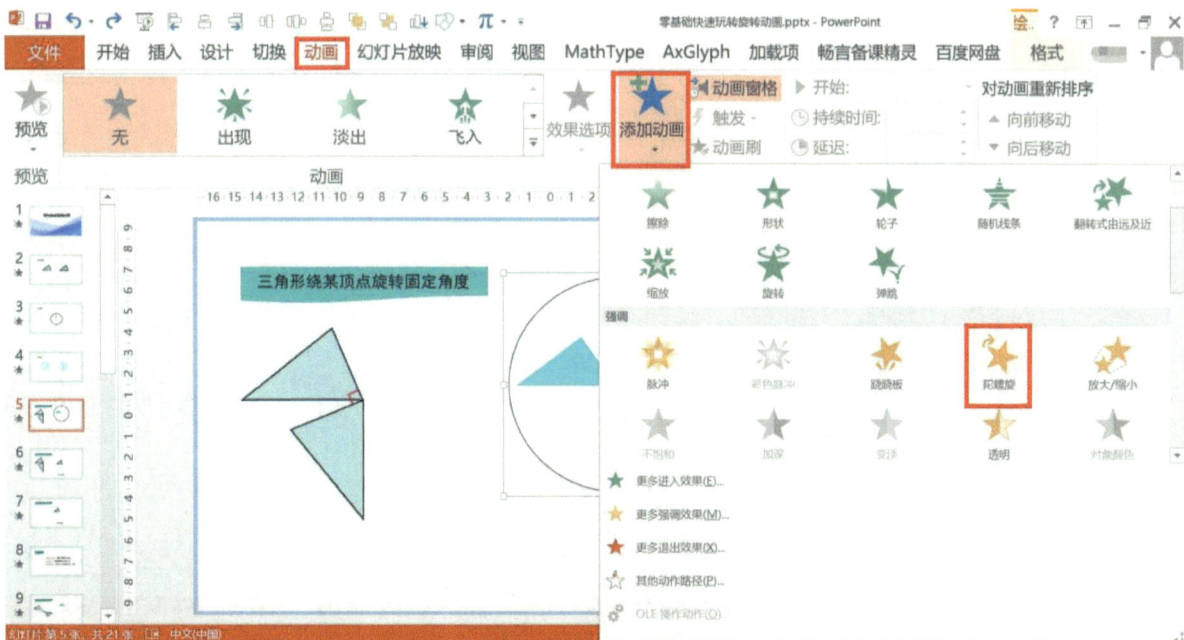

图6-80 添加陀螺旋动画

在右侧动画窗格中，找到刚才设置的动画，鼠标置于该动画处，单击右键，选择效果选项，弹出对话框．在对话框中"数量"一栏，设置旋转方向和旋转角度即可，如图6-81所示。

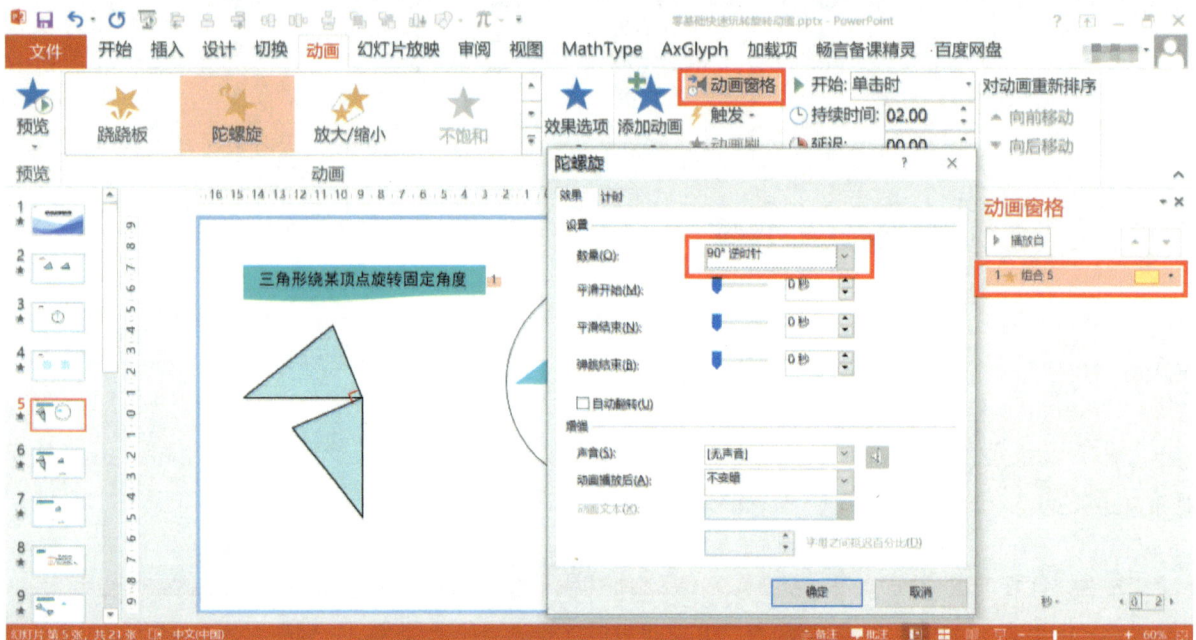

图6-81　设置陀螺旋动画方向与角度

⑤选中大圆，点击格式→形状轮廓，将其设为无轮廓，如图6-82所示。

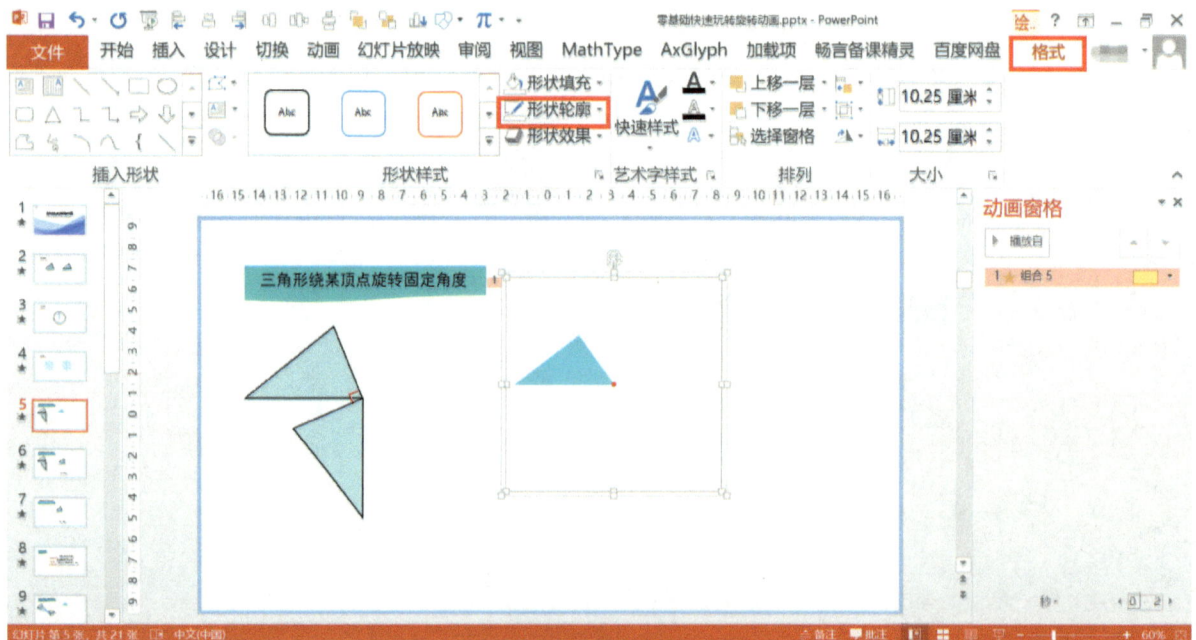

图6-82　隐藏圆形轮廓

2. 三角形绕任意一点旋转固定角度

作图步骤①与"一、三角形绕某顶点旋转固定角度"的大致相同，第二步稍有改动，下面只给出②的操作过程。

②点击插入→形状→椭圆，按着Shift同时拖动数标，得到一个小圆点，作为旋转中心，小圆点的位置可任意选择，如图6-83所示。

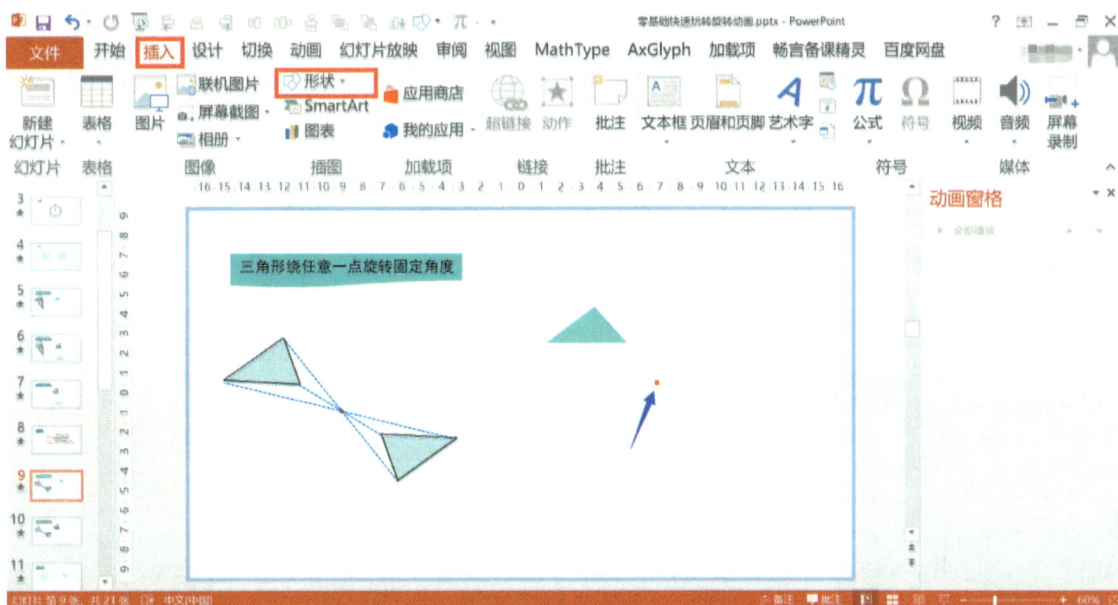

图6-83 绘制任意旋转中心

3. 用旋转设计图案——雪花

① 点击插入→形状→椭圆．鼠标放在小红点上，按着Ctrl+Shift同时拖动数标，画一个圆覆盖住原图案；

在格式中，将这个圆设为无填充无轮廓；

选中圆与原图案按Ctrl+G进行组合．（记为①），如图6-84所示。

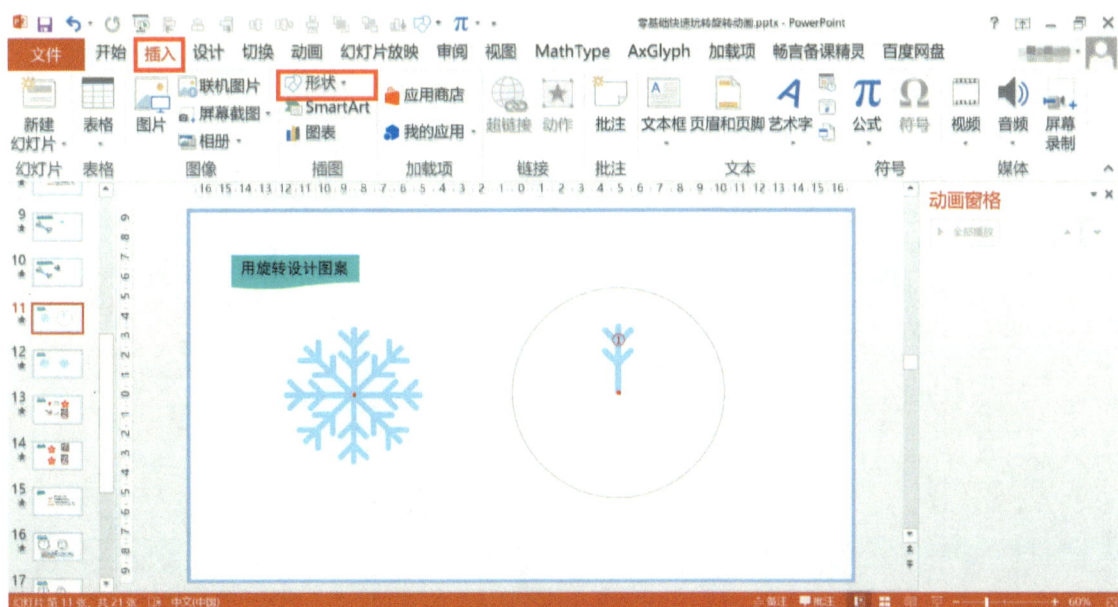

图6-84 绘制旋转中心并添加圆形轮廓

②复制粘贴这个组合（记为②）；在格式对齐中选择"左右居中"、"上下居中"两个图案完全重合；选中其中一个组合图形（如②）；添加陀螺旋动画7次；

选中这7个动画，单击鼠标右键，选择"效果选项"，将数量栏设为"顺时针旋转45°"，如图6-85所示。

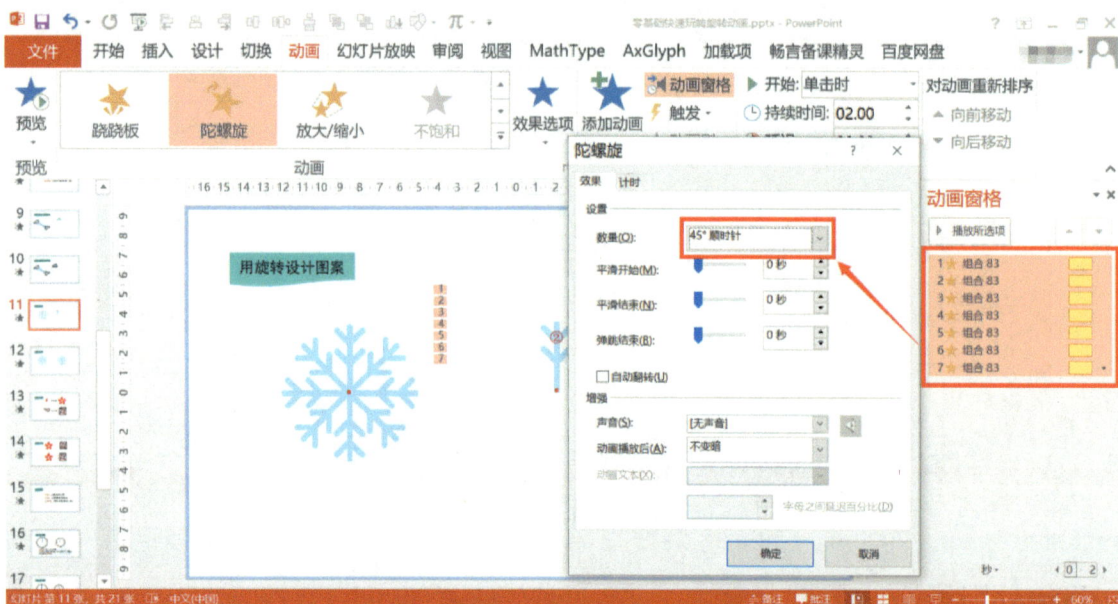

图6-85　复制旋转图形并选择任一旋转图形设置陀螺旋动画

③选中组合②；单击鼠标右键，将其置于底层，如图6-86所示。

选中组合①；复制粘贴7次，分别记为③④⑤⑥⑦⑧⑨；

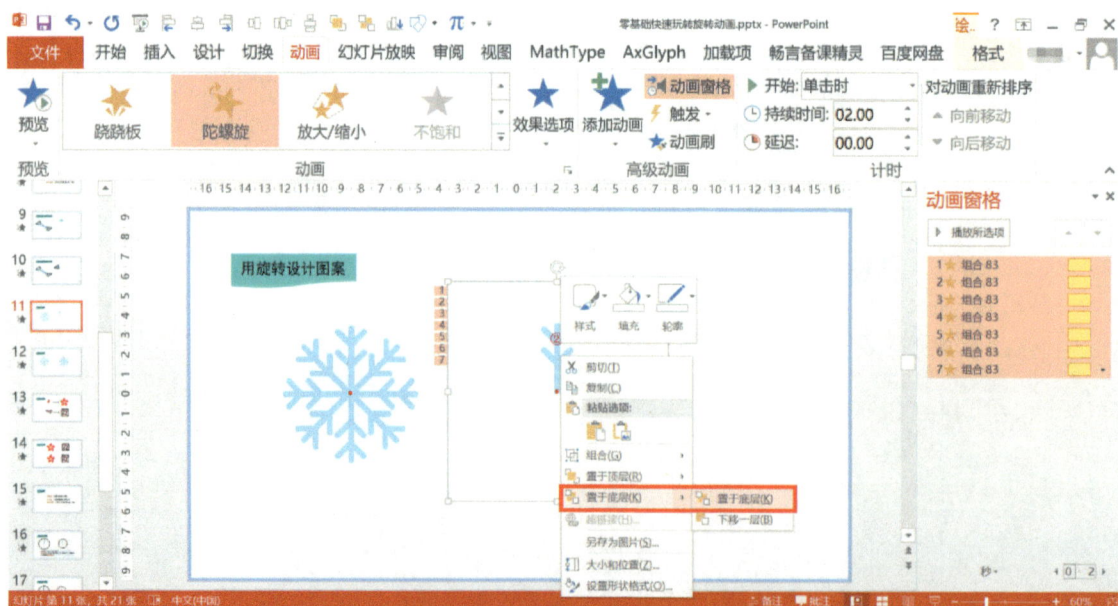

图6-86　将已添加陀螺旋动画的旋转图形置于底层

选中③，点击格式→旋转→其他旋转选项，将其旋转角度设为：45°；

同样依次选中④⑤⑥⑦⑧⑨，分别将其旋转角度设为：90°，135°，180°，225°，270°，315°，如图6-87所示。

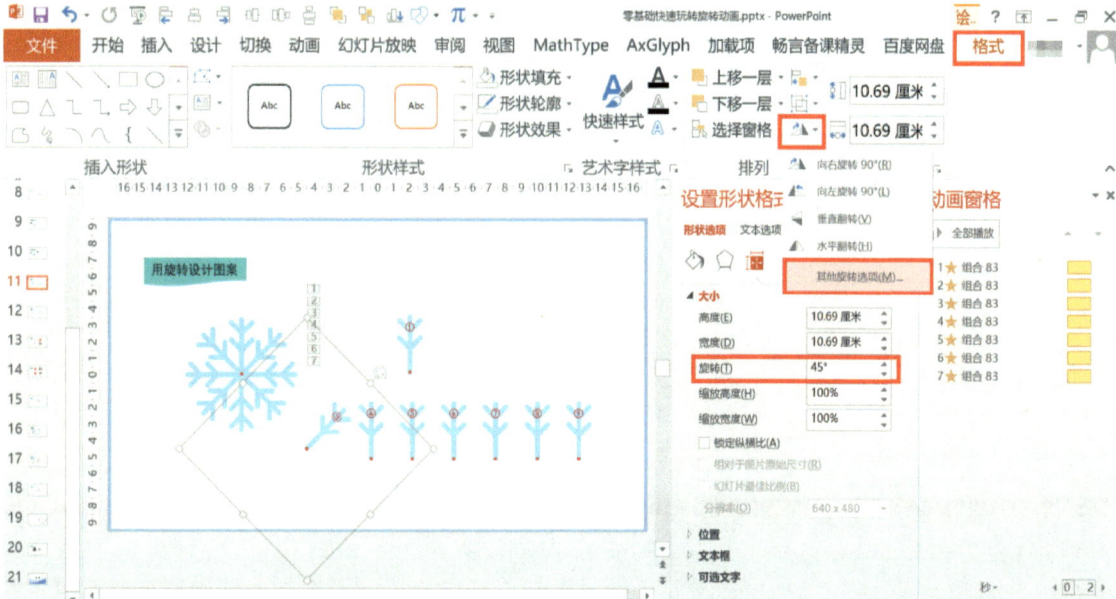

图6-87 选择现已置顶的旋转图形复制粘贴并依次设置新图形的旋转角度

④选中组合③④⑤⑥⑦⑧⑨；添加动画"淡出"，设置动画开始时间"上一动画之后"，如图6-88所示；

将③的动画放在第一个动画后面，依次类推；

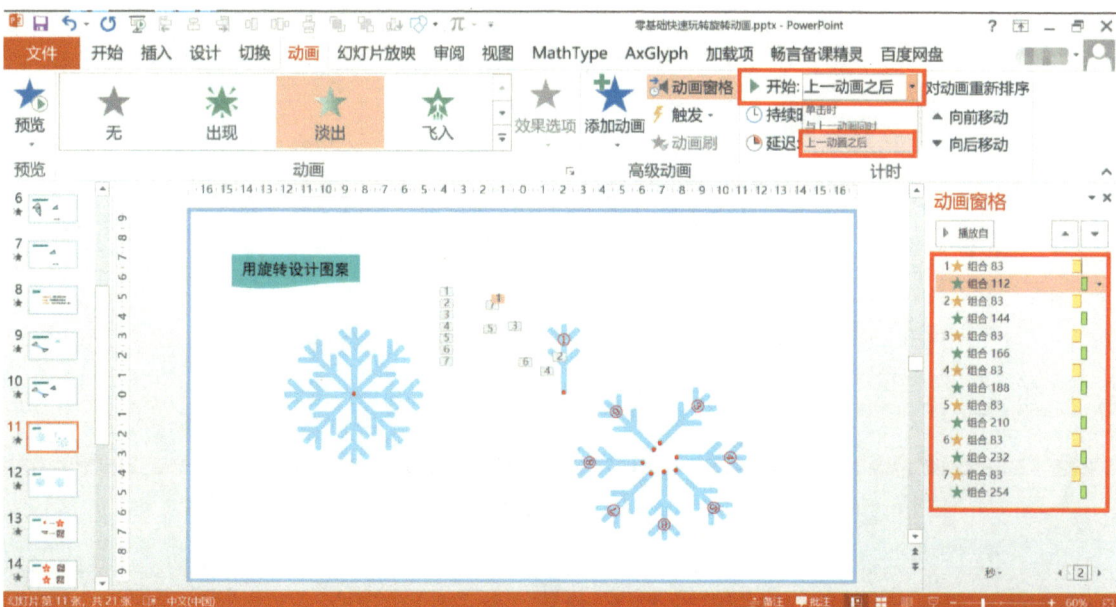

图6-88 添加并设置淡出动画

选中①~⑨，在格式→对齐中，点击"左右居中"、"上下居中"即可，如图6-89所示。

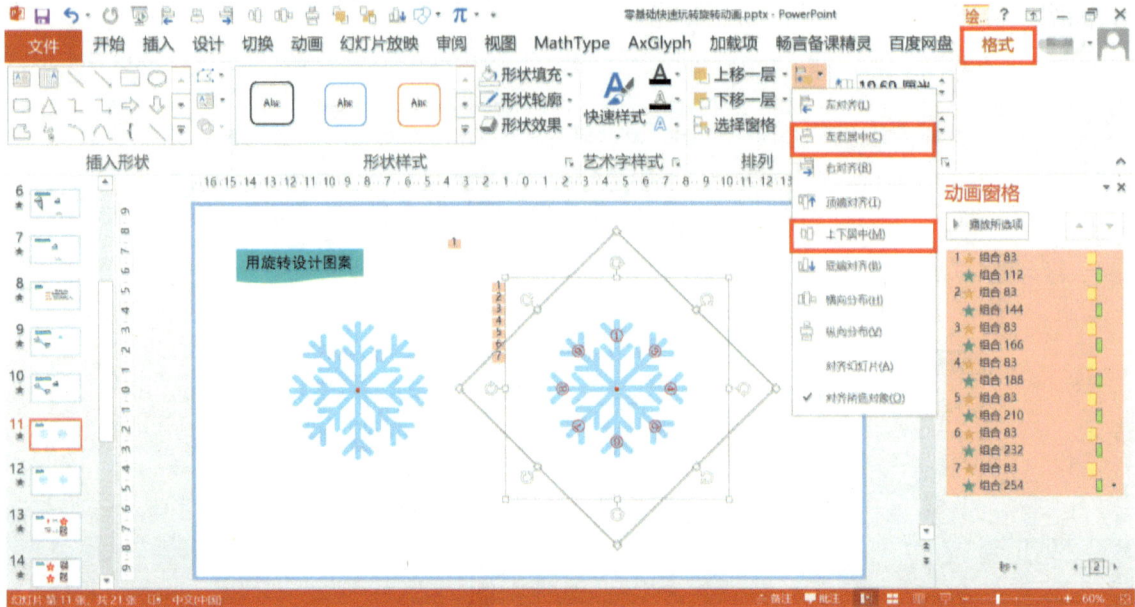

图6-89　对齐图形

注：可以更改陀螺旋动画的时长，按Ctrl键，点击动画1~7，在动画窗格→持续时间处，将时间改为1秒（或根据需要调整），如图6-90所示。

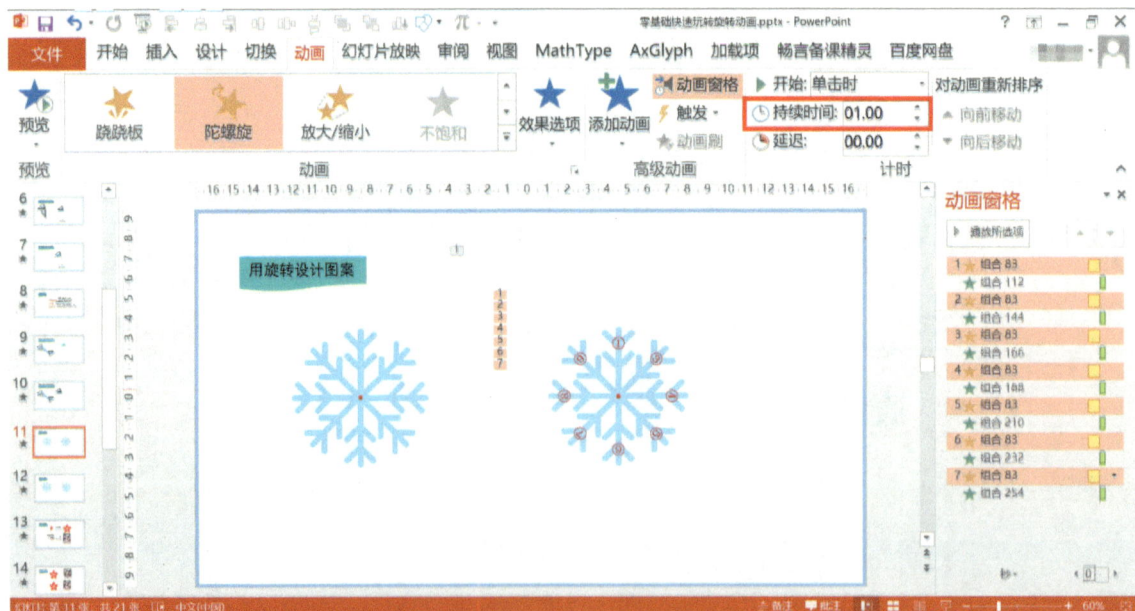

图6-90　动画设置

活动专题四　《折线统计图制作》综合案例制作[①]

教学中使用动画演示，可以形象生动展示图形的生成过程，有利于学生理解数学概念。本例以《北京9月4日最高气温变化统计表》为例，综合运用图形、组合、动画等技术，为学生演示折线统计图生成过程。

数据如表6-1所示。

表6-1　北京9月4日最高气温变化统计表

时间	0时	3时	6时	9时	12时	15时	18时	21时	24时
温度	22	21	20	22	25	28	27	18	21

1. 绘制坐标图

新建演示文稿，输入折线统计图标题"北京9月4日最高气温变化统计表"，单击【插入】菜单—【图形】下拉菜单—【线条】子菜单—【箭头】工具，按下键盘上SHIFT的同时在工作区单击并拖动，绘制坐标轴的横轴。（图6-91）

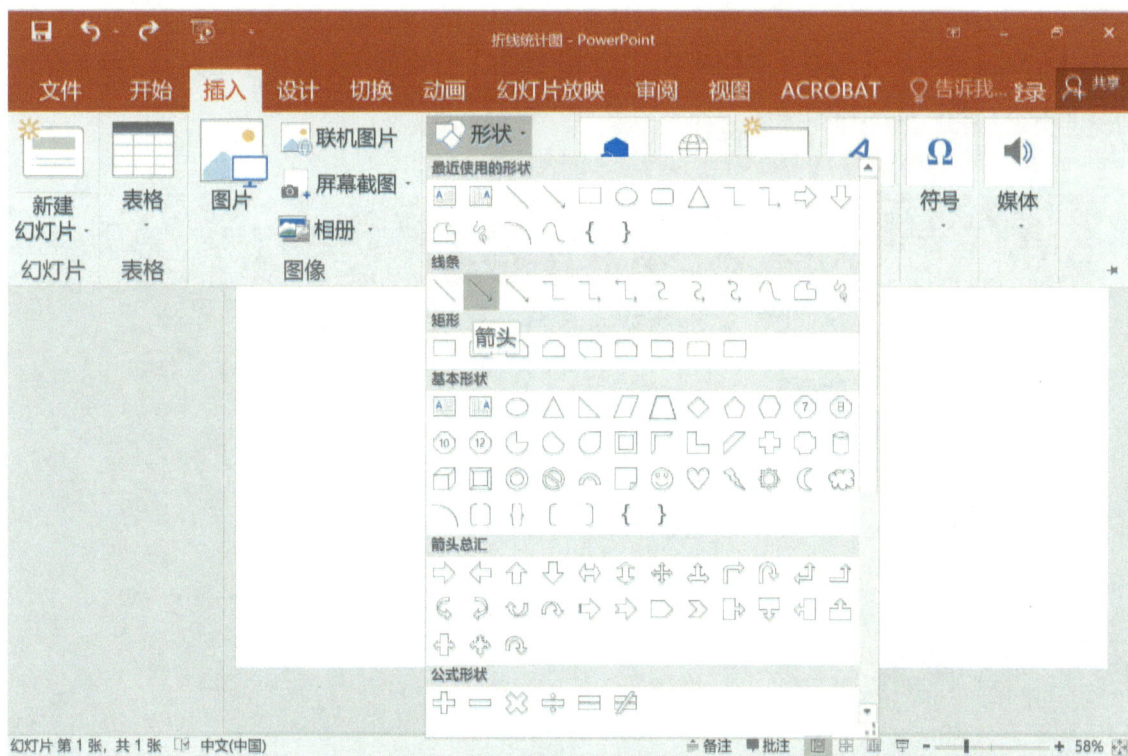

图6-91　绘制坐标轴

[①] 首都师范大学附属育新学校科技中心主任薛晓京设计的案例。

右击箭头图形，在右键菜单中单击【设置形状格式】命令，调整箭头图形的颜色和宽度。（图6-92）

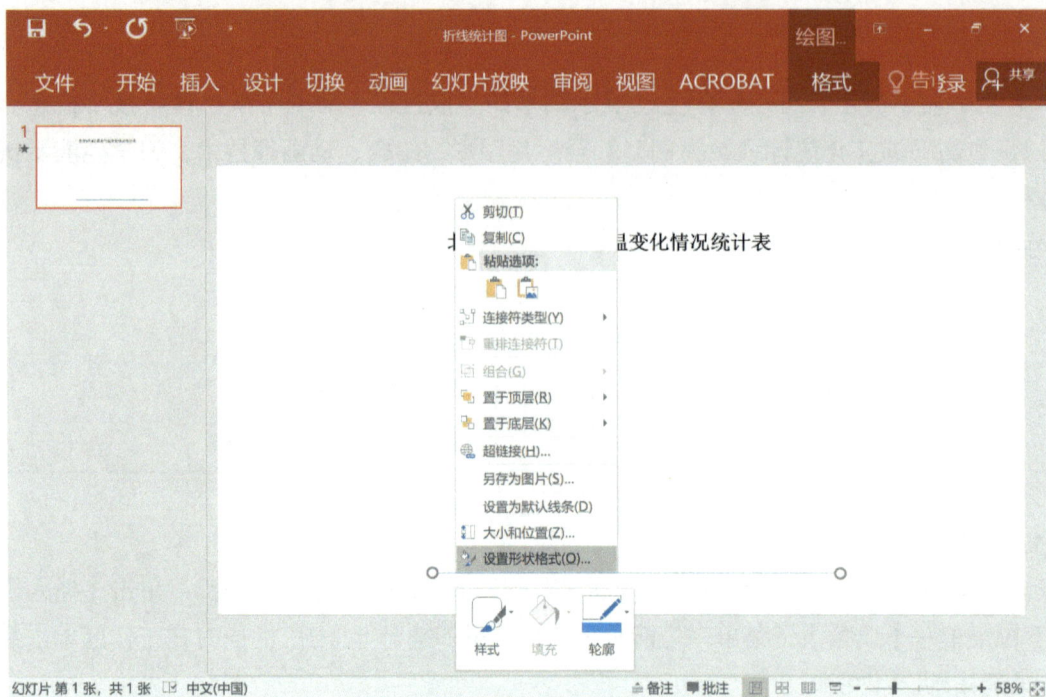

图6-92 设置线条格式

单击【插入】菜单—【图形】下拉菜单—选择【线条】子菜单—【曲线】工具，在坐标轴的原点绘制一条曲线。（图6-93、图6-94）

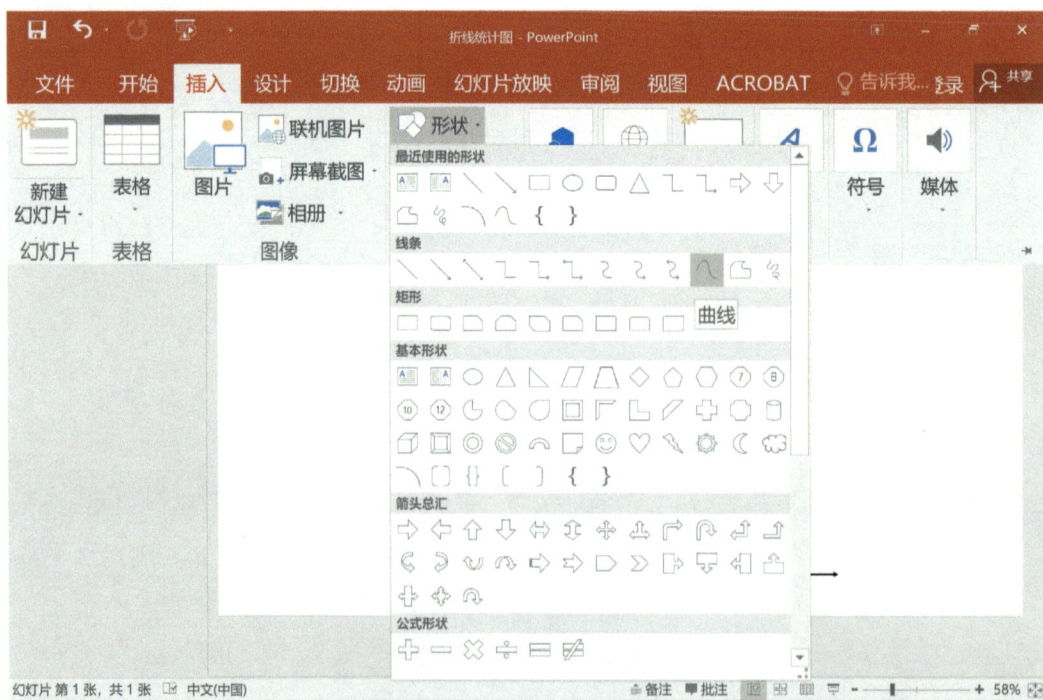

图6-93 绘制曲线

图6-94　绘制曲线效果

再次单击【插入】菜单—【图形】下拉菜单—【【线条】子菜单—【【箭头】工具，在曲线的顶端，按下键盘上SHIFT的同时单击并拖动，绘制坐标轴的纵轴。（图6-95）

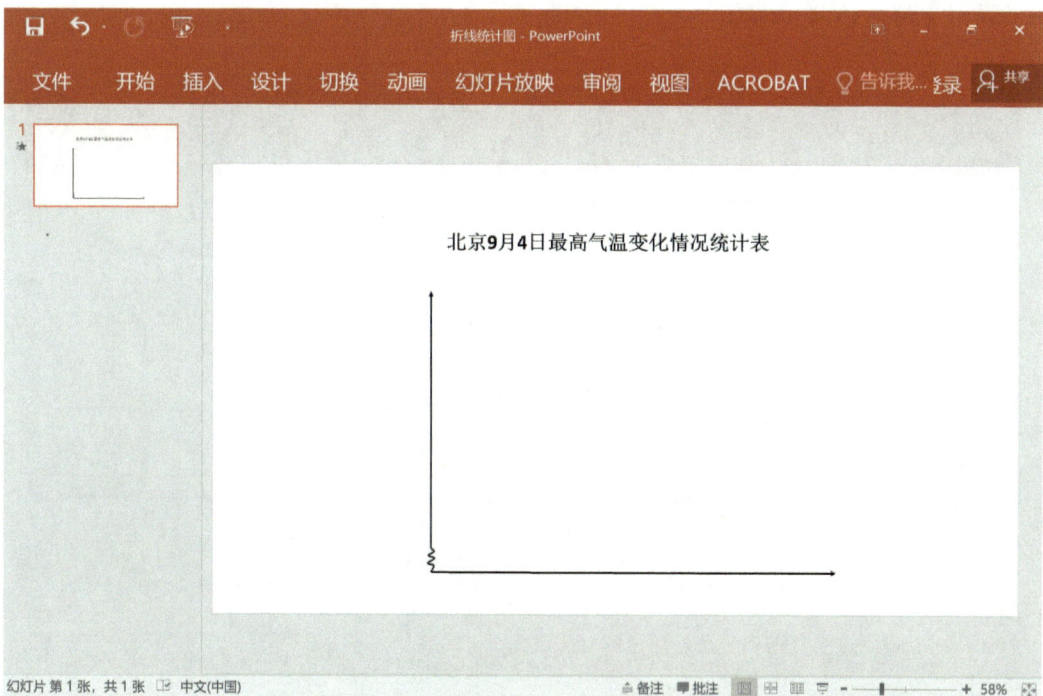

图6-95　绘制成坐标轴

按键盘CTRL键的同时，鼠标单击曲线和两个箭头图形，在图形上右击，在右键菜单中单击【组合】子菜单—【组合】命令，将坐标轴组合在一起。（图6-96）

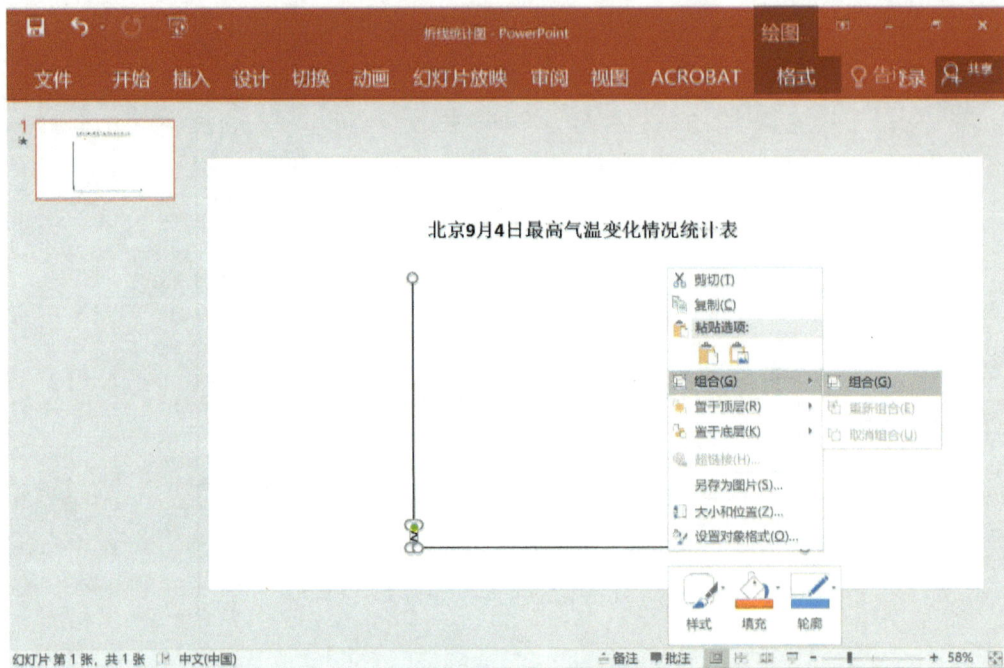

图6-96　组合坐标轴

在横轴和纵轴分别插入文本框，输入横轴和纵轴的名称。单击【插入】菜单—【表格】下拉菜单—单击【插入表格】命令。（图6-97）

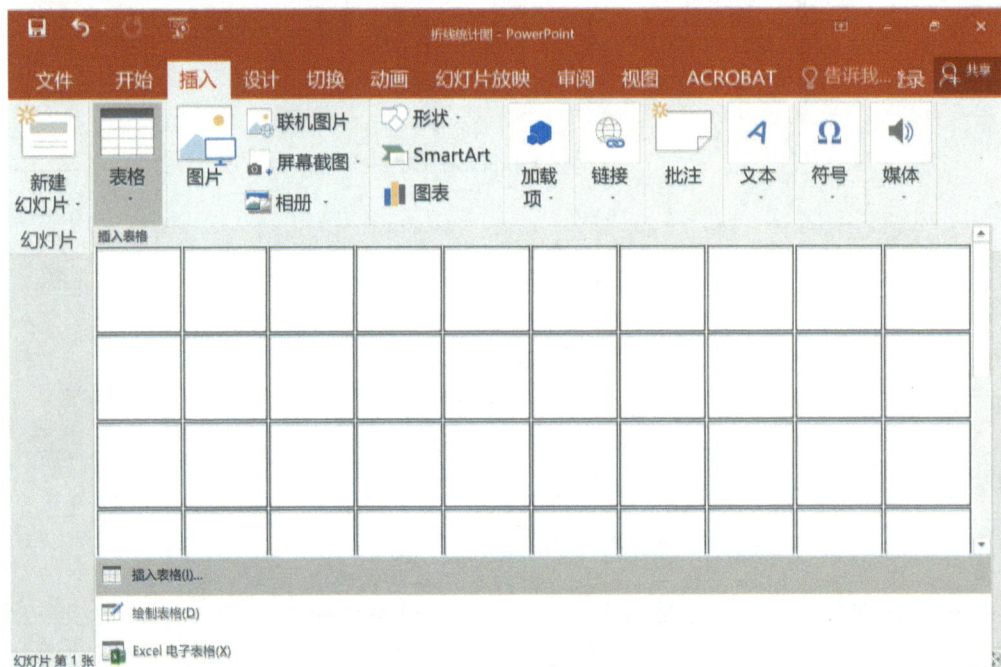

图6-97　插入表格

在【插入表格】窗口。列数输入"8"，行数输入"11"后单击确定按钮。（图6-98）

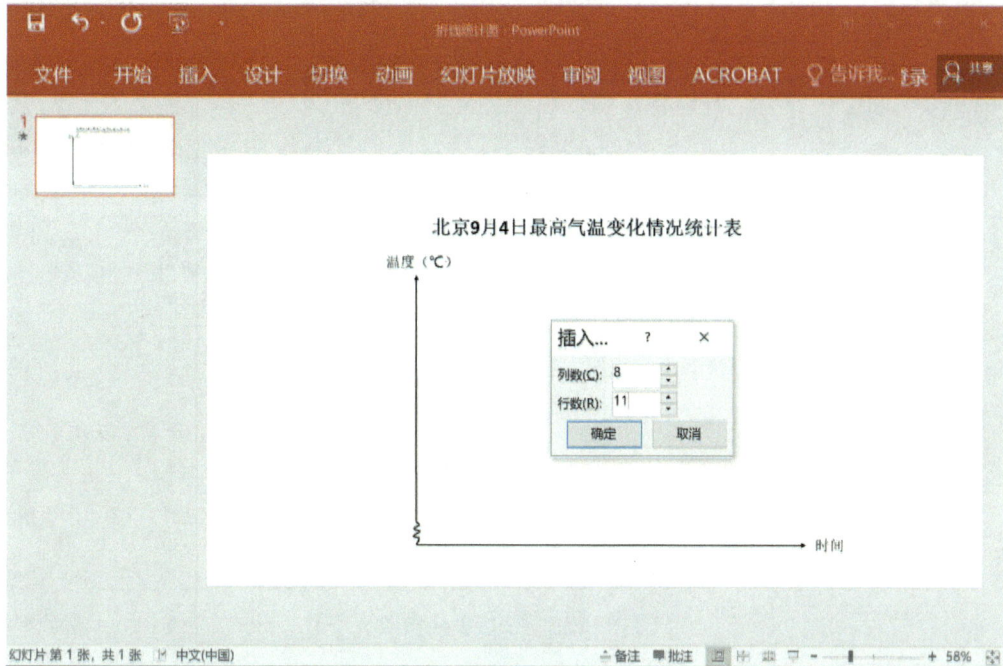

图6-98　设置插入表格参数

选择表格，在【设计】菜单，单击【边框】下拉菜单—单击【所有框线】命令，单击【底纹】下拉菜单—单击【无填充颜色】。（图6-99、图6-100、图6-101）

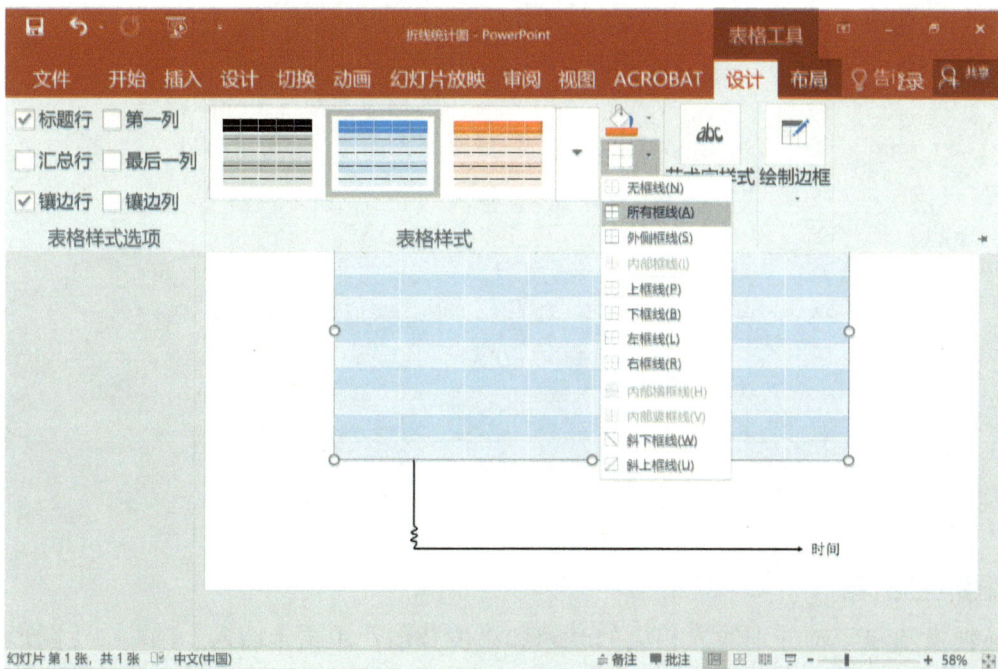

图6-99　设置表格参数

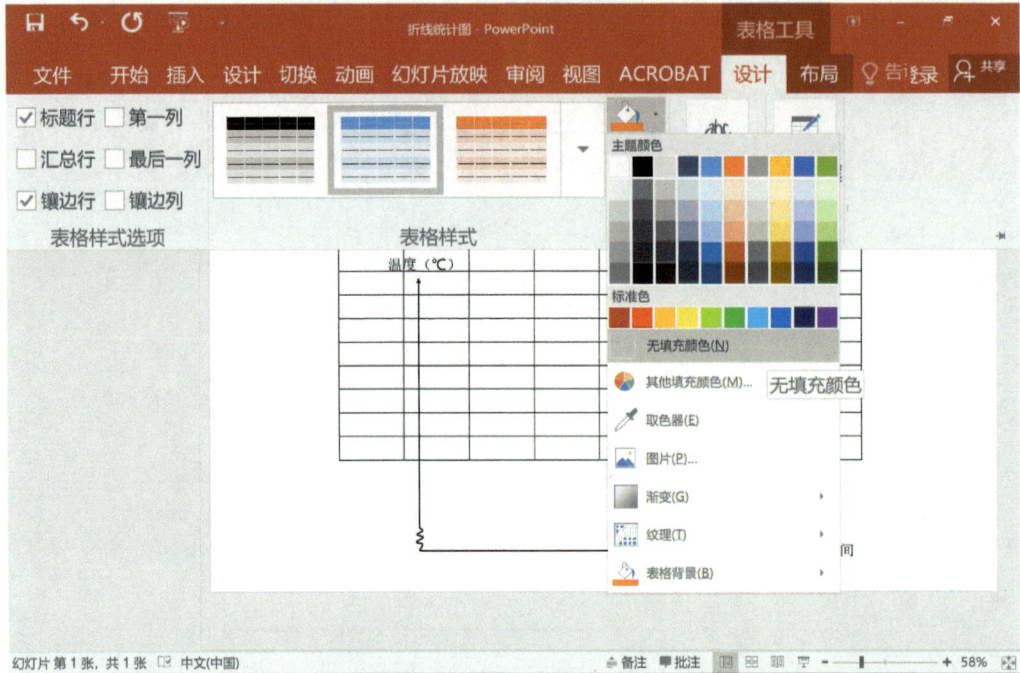

图6-100 设置表格参数

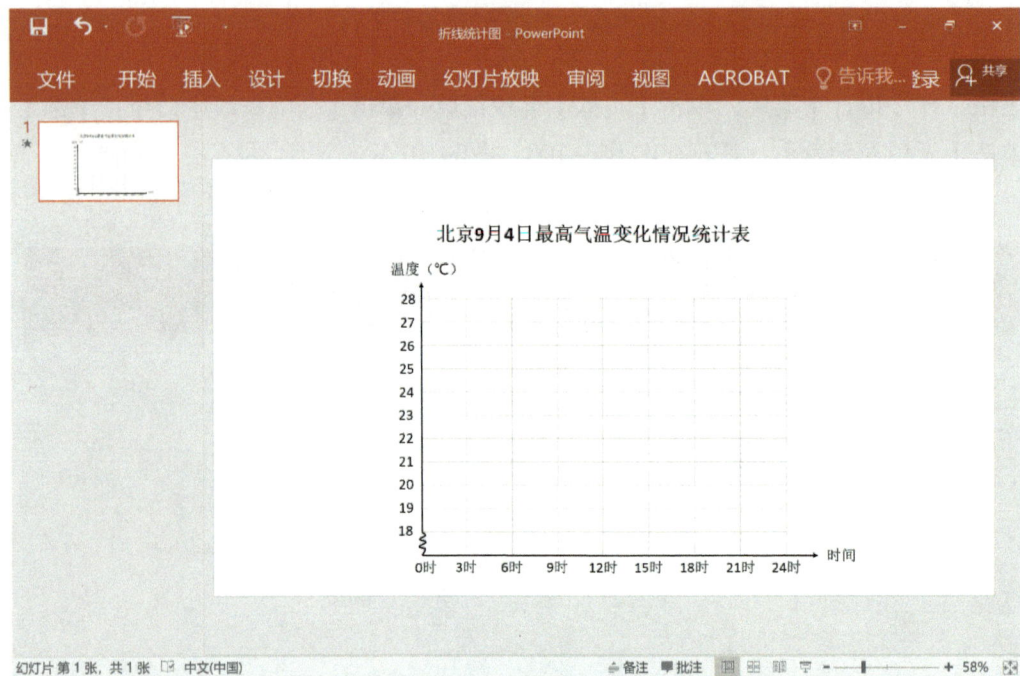

图6-101 设置表格参数

2. 绘制折线统计图

在坐标轴横轴和竖轴分别输入相应的时间和温度数值，单击【插入】菜单—【图形】下拉菜单—【椭圆】工具，按下键盘SHIFT键单击并拖动，绘制圆形，并移动到 0 时22℃的位置。（图6-102、图6-103）

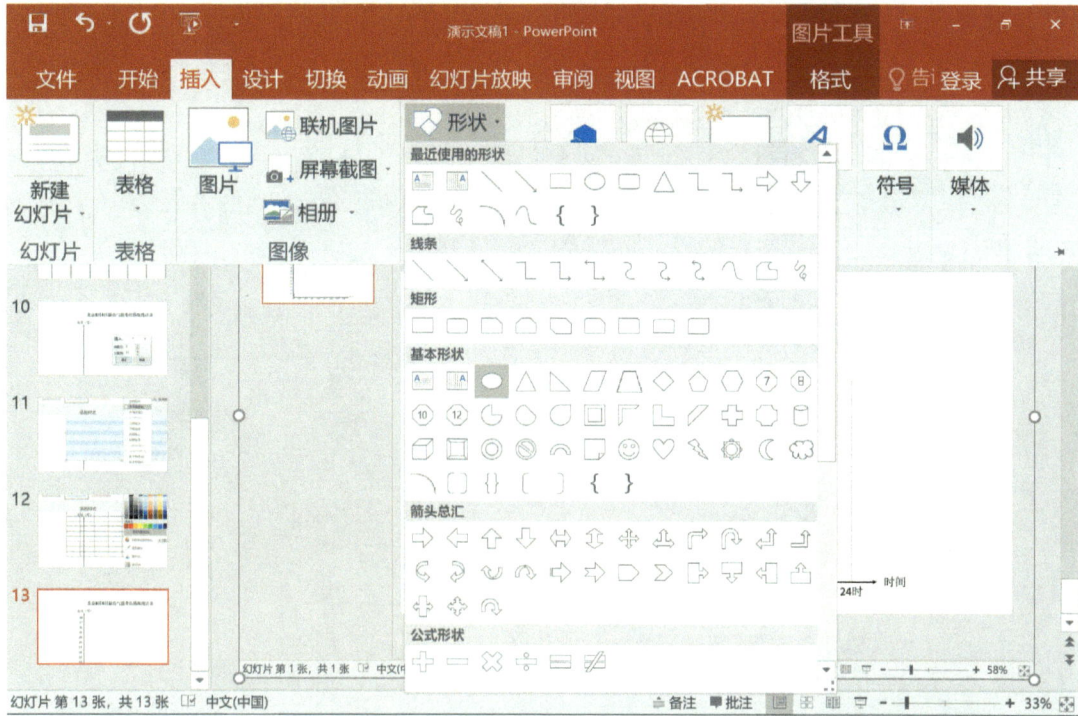

图6-102 绘制椭圆

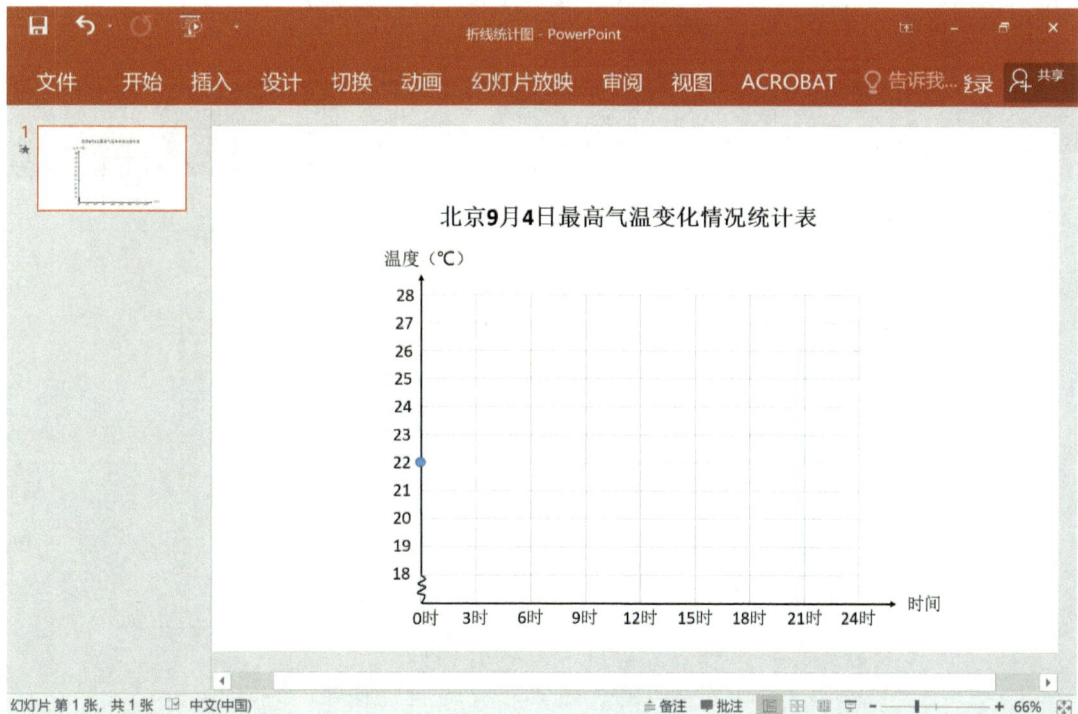

图6-103 椭圆在合适位置上

单击【动画】菜单—添加【出现】的进入动画效果。单击【动画】菜单下的【动画窗格】工具，打开动画窗格面板，可以看到添加的动画。（图6-104）

图6-104 添加"出现"动画

复制圆形图形，按照表格数据，分别移动到相应位置。（图6-105）

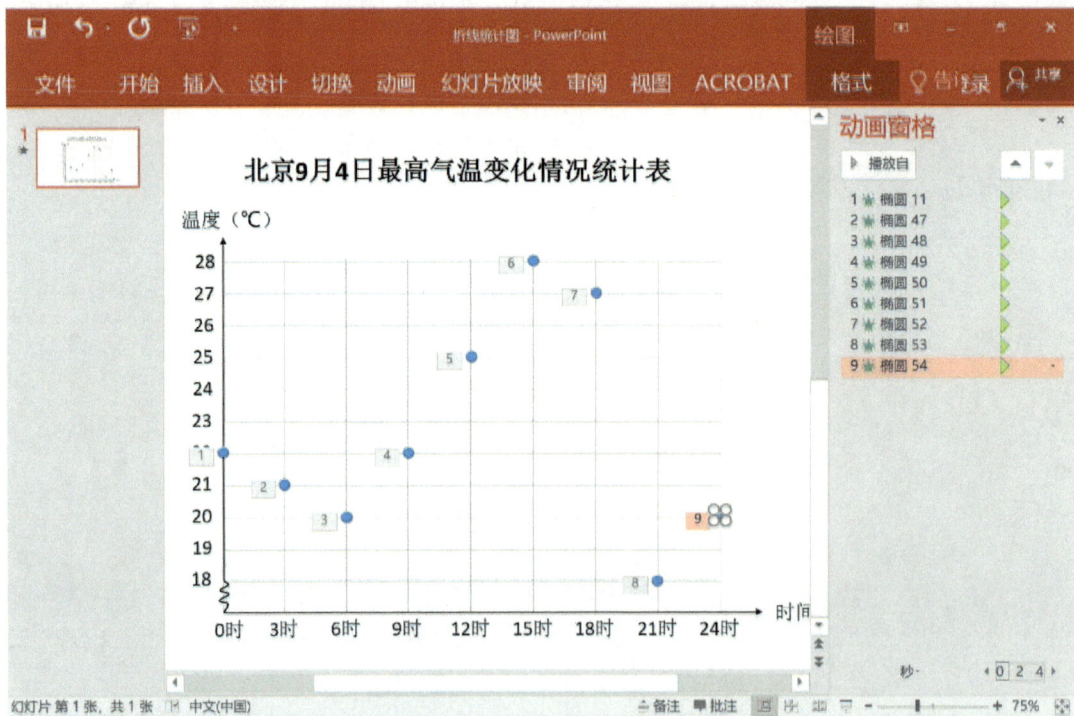

图6-105 复制"出现"动画

单击【插入】菜单-【形状】下拉菜单—【线条】子菜单—曲线工具，按下键盘CTRL键，在0时22℃的标记点上单击，按顺序依次单击标记点后按键盘回车键，创建折线。（图6-106）

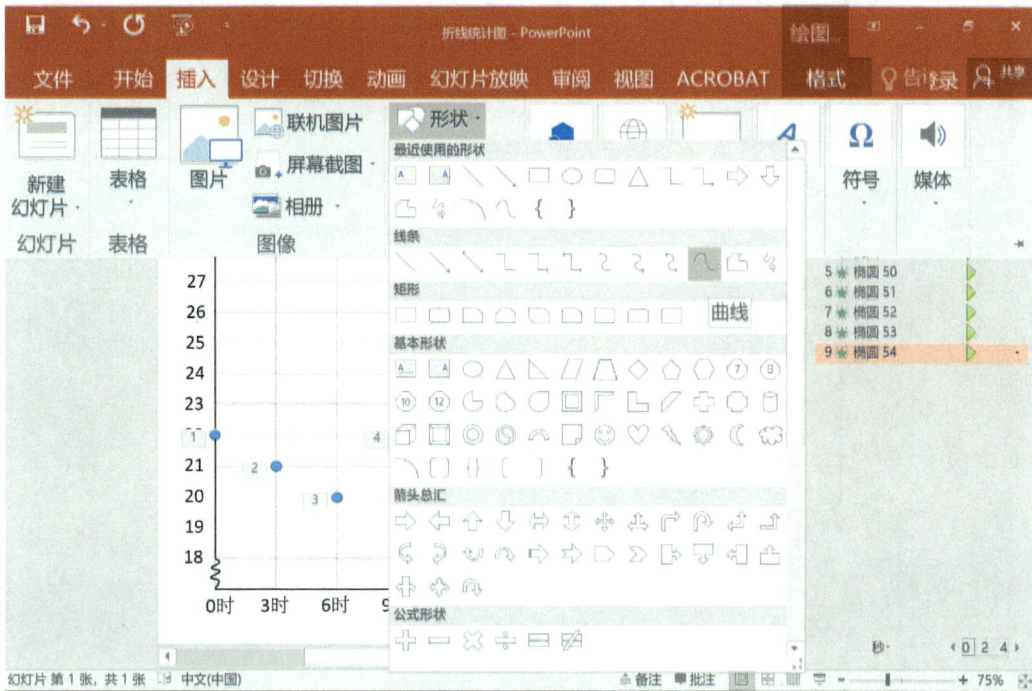

图6-106　创建折线

在折线上右击，单击【设置图形格式】命令，调整折线颜色和宽度。（图6-107）

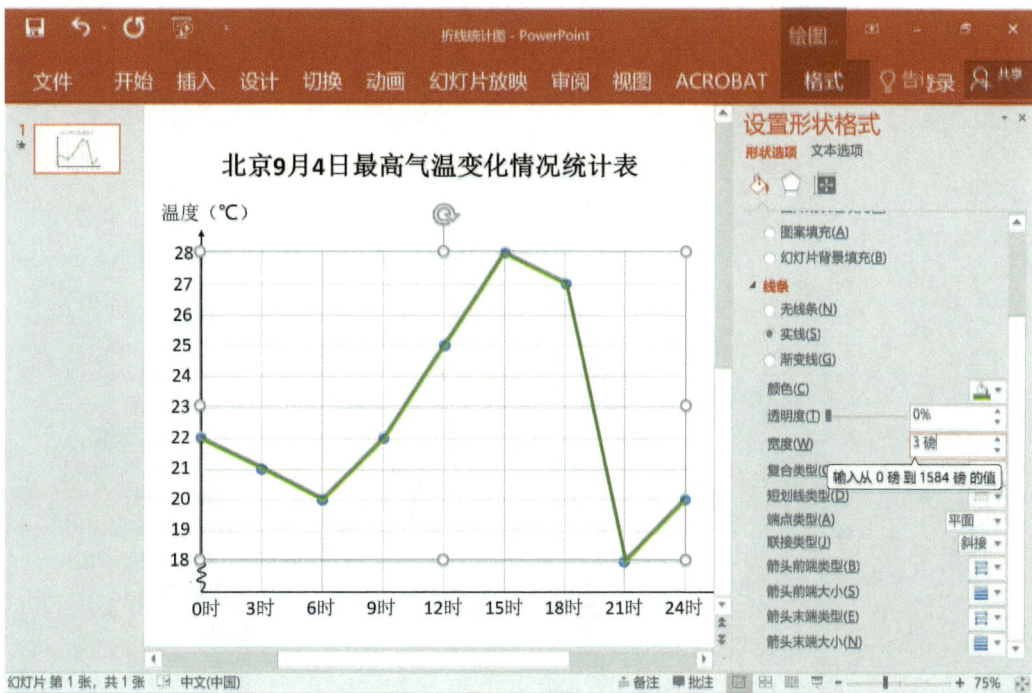

图6-107　创建折线并设置参数

单击【动画】菜单—单击【擦除】动画效果，为折线添加进入动画。（图6-108）

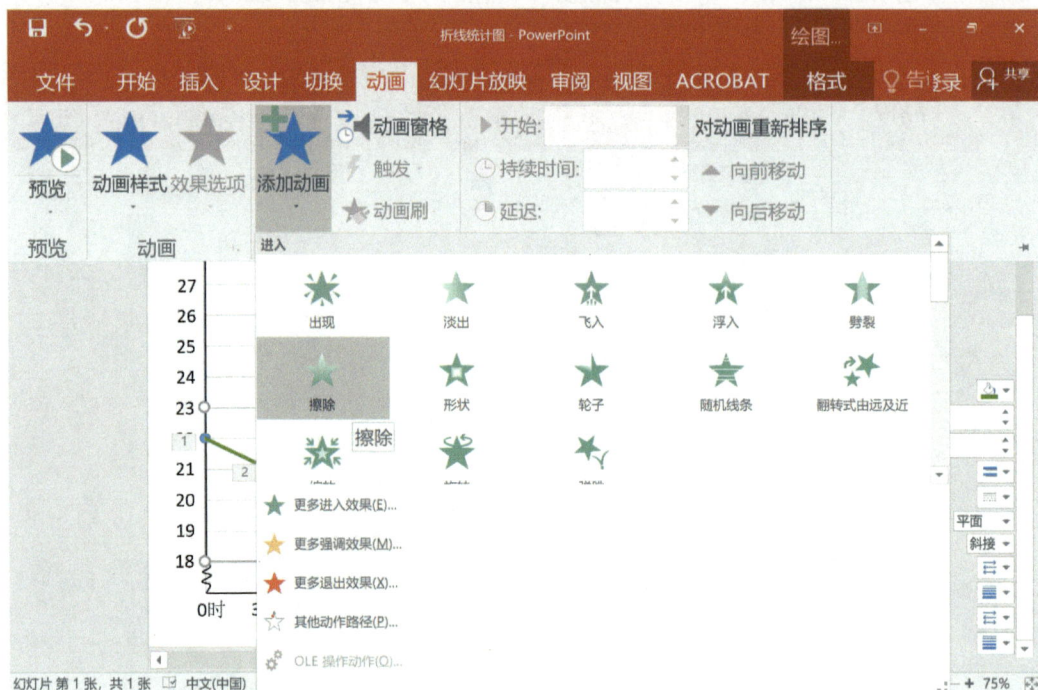

图6-108　设置擦除动画

在动画窗格中，右击折线动画，单击【效果选项】命令，在效果选项卡调整方向为"自左侧"，在计时选项卡，调整【期间】为"非常慢（5秒）"，单击确定按钮。（图6-109、图6-110、图6-111）

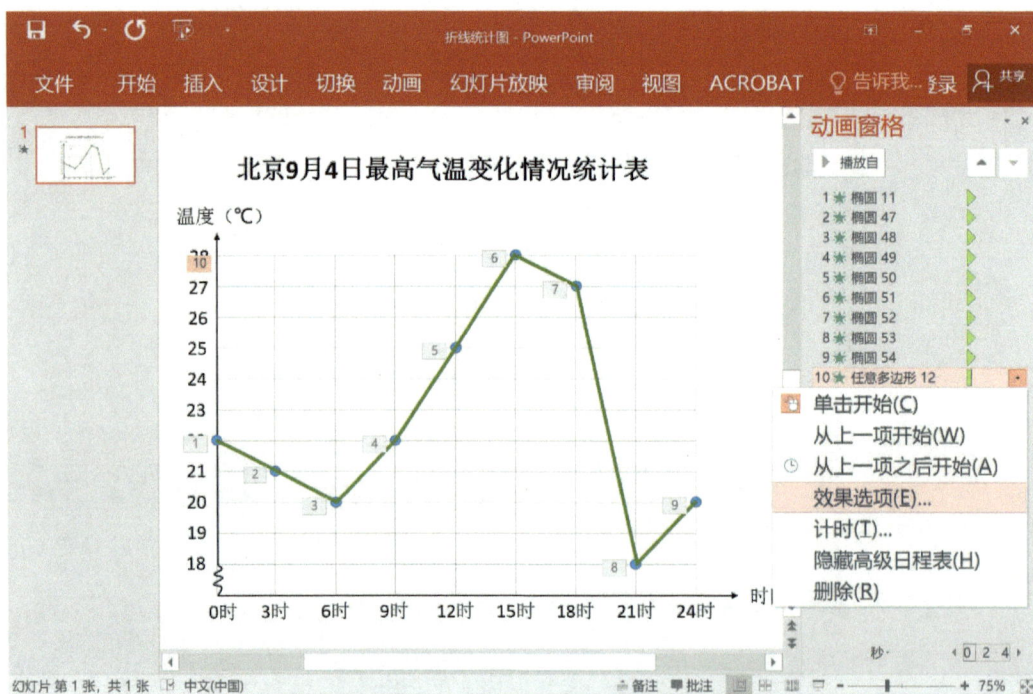

图6-109　设置擦除动画参数

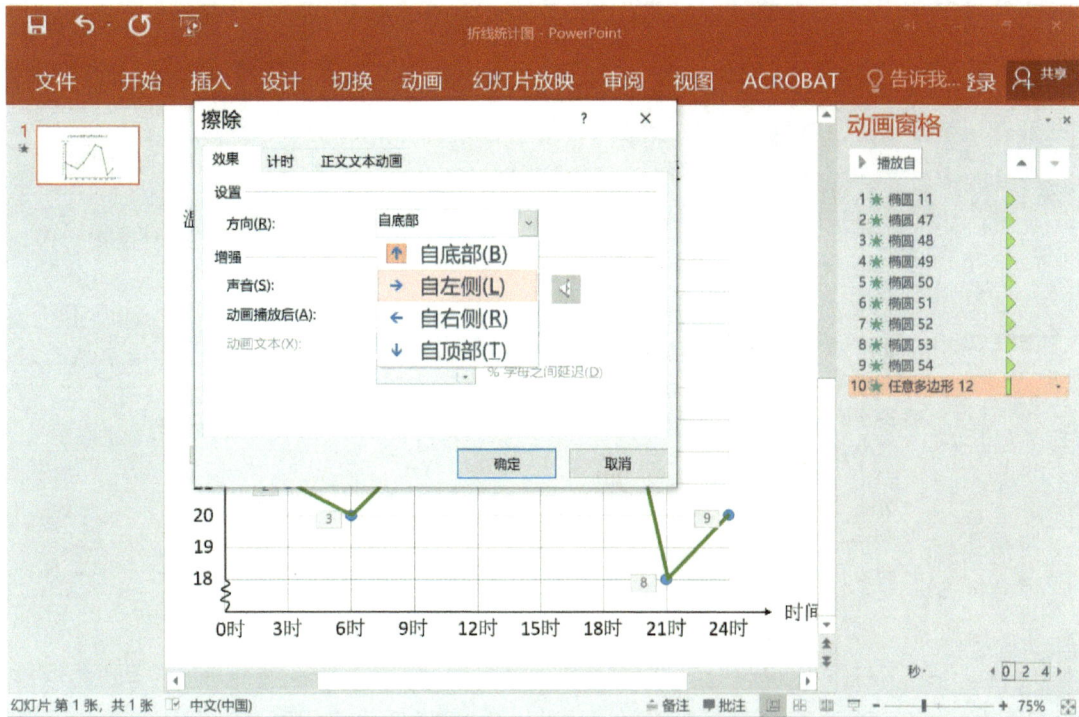

图6-110　设置擦除动画参数

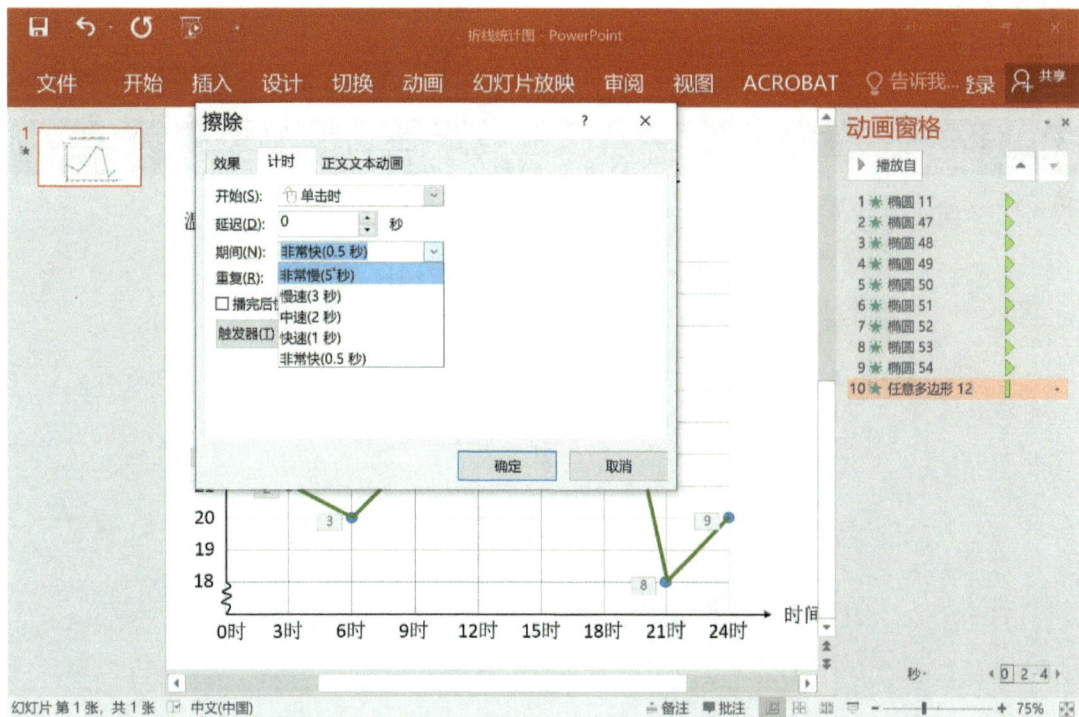

图6-111　设置擦除动画参数

　　选择表格，单击【动画】菜单—【添加动画】下拉菜单—【退出】子菜单—"消失"动画。
（图6-112）

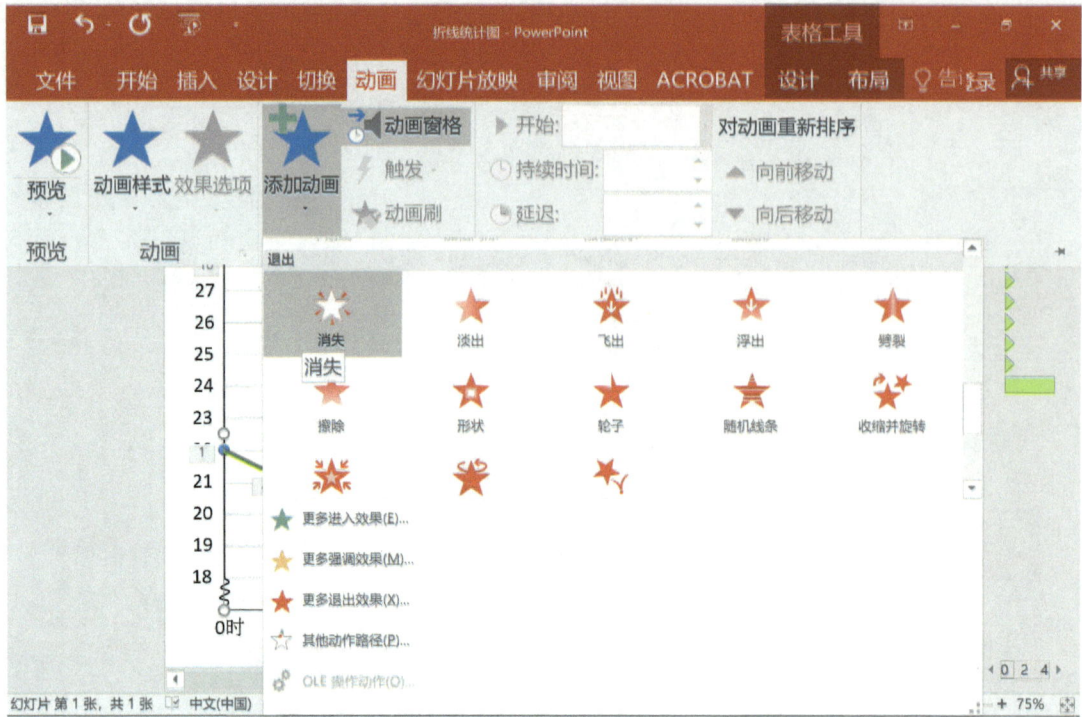

图6-112　设置消失动画

3. 观看演示效果

放映幻灯片，可观察折线统计图的生成过程。（图6-113）

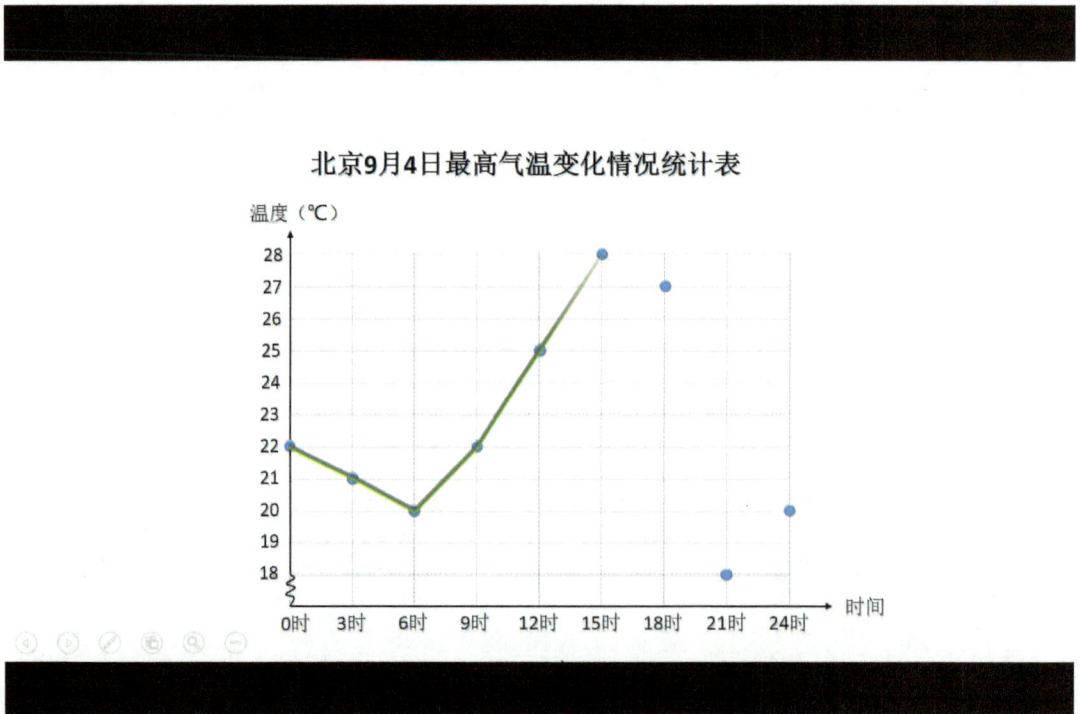

图6-113　观看动画效果

❖ 活动延伸

做一个圆锥表面积计算动画，或者其他柱体、锥体等表面积计算动画。要求：
①从学生角度来制作动画，帮助学生思考问题。
②要能够便于学生理解计算公式。

▣ 分享作品

分享作品、操作经验、方法技巧、心得体会以及学习反思。

进阶式任务8　教学动画的空间感设计

结合你的作业选题，将前一模块的PPT做成具有空间感的动画。
具体要求：
①贴合一定的教学设计。
②体现多个对象移动。
③体现前后的纵深感。
④体现上下的移动感。
⑤体现左右的运动感。
⑥理论上来说，各学科学生都可以找到切入点来制作动画，如果个别学科有困难，可以单独再做个小动画，主题和之前的选题大致相关即可。学中文的同学，原则上要求在之前的动画基础上深化应用。

进阶式任务9　幻灯片之间的动画设计

结合你的作业选题，在上次作业基础之上，设计幻灯片之间的动画。
具体要求：
①多张幻灯片之间进行动画设计。
②动画变化连贯。比如，乌鸦的翅膀扇动过程适当连贯，桃花开放过程适当连贯，不要有太大跃变。

模块七

交互式课件开发

交互式课件开发导学

任务地图

学习目标

1. 理解交互式课件的学习支持设计的理念。
2. 掌握课件界面设计的两种方式，并能够熟练操作应用。
3. 掌握交互式课件设计及其技术实现的方法。
4. 掌握游戏化课件设计及其技术实现的方法。
5. 能够综合应用多种设计方法和技术，创新性地设计开发交互式课件和游戏化课件。

活动专题一　交互式课件的学习

🎯 **活动目标**

1. 了解获奖课件的特点。
2. 掌握交互式课件的特点，以及交互式课件和线性课件的区别。

📑 **活动背景**

图7-1所示的课件是第十六届全国多媒体课件大赛的获奖作品，请你仔细观察，试着概括出它的特点。

图7-1　第十六届全国多媒体课件大赛获奖作品

📖 **活动过程**

一、从网站上检索并游览获奖课件

①输入检索关键词并选择文档格式。（图7-2）
②检索源文件：单击链接，查找源文件。
③浏览检索到的获奖课件。

图7-2　从网站上检索获奖课件

二、通过交流讨论，概括出获奖课件的共同特点

①按钮很多，基本上都放在课件的第一、二个页面上。

②层级比较多，分支比较多。

③在课件的多个层级和分支之间可以任意跳转。

④课件内容丰富，通常是一个专题内容，知识体系比较复杂。

⑤基本上都是Flash开发的。

其中，前四个特点是典型的交互式课件的特征，重在结构上的跳转与学习流程的控制。课堂教学中，教师根据学习者的学习情况和反馈，或者是动态生成的问题，可以快速地跳转到任意的教学知识点上进行教学与讲解，从而实现课堂流程的动态性和非线性，用预设性的课件支持非预设性的学习。

三、检索交互式课件的内涵

输入检索关键词，检索交互式课件的内涵。通过分析交互式课件的内涵与特点，可以得出交互式课件的特点与获奖课件的前四个特点完全符合。

①按钮很多，放在主页面。

②层级比较多，分支比较多。

③课件内可任意跳转。

④内容丰富，专题内容、知识体系比较复杂。

🌊 活动延伸

搜索并下载你感兴趣的交互式课件，想一想它哪方面最吸引你，课下与同学们交流讨论。

知识专题一　交互式开发与学习支持

🎯 学习目标

• 了解交互式课件的内涵及其应用场景。

一、交互式课件的界定

交互即交流互动。

交互式课件：指课件在辅助教师教学时，要充分适应课堂的互动性、非线性、应变性、非预设性和动态生成性等特征，允许教师借助多种交互技术，根据课堂学习者认知现状，动态地调整教学内容讲解方式和资源呈现方式，从而支持学习者在学习过程中思考，支持课堂有效教学。

简单理解：交互式课件，即以学习者为中心，用预设性的课件结构支持生成性（非预设性）的学习流程。

与交互式课件相反，线性化课件，就是线性地把多张教学PPT排列起来，无法调整教学资源呈现方式和活动顺序，是以教师为中心的，可能会造成灌输式教学。交互式课件具有以下特征：生成性、互动性、应变性、非线性。这些都是支持"以学生为中心"的理念。而线性化课件的特点则是：预设性、单向性、灌输式、线性化等。这些都是延续"以教师为中心"的理念。

二、交互式课件的应用情境

本课程基于《教育信息化2.0行动计划》开发数字教学资源，正如前文所述，本课程比较强调开放性、积件化资源设计与制作，以便共享已设计好的教学资源，让其他老师可在此基础之上再修改、再优化。开放性和积件化的资源也需要强调"结构化"编排和展现，资源可以独立、积件化，但并不是所有"积件化"资源都表现为"碎片化"，很多积件化的资源也可以以"结构化"的形式呈现。将结构化后的资源发布到互联网上共享时无需打包发布就可以运行使用。

想一想（或议一议）

你遇到过哪些交互式课件应用情景？

同时，《教育信息化2.0行动计划》也强调"坚持育人为本"的原则，以信息化引领构建以学习者为中心的全新教育生态。因此，尤其是在以下两种情况下，我们也需要设计开发一些结构化、体系化的课件来支持"以学习者为中心"，构建资源生态体系，开发学习资源。

一是，较复杂的独立专题教学的需要。课件内容涉及较复杂、较为独立的专题教学内容时，仅仅是开放性和积件化的资源，有时候都难以有效地组织课程内容，也难以给学习者呈现结构化的知识内容，这时候就需要对课件结构进行精心设计。

二是，动态生成性课堂的需求。传统课件通常是预设性很强的课件，课件有按照教师课前设计，线性地编排知识点，课堂上教师的教学反而会被课件"牵着鼻子走"，从而按照课件播放顺序进行线性教学，违反了动态生成教学的课堂实际情况。教学过程有许多动态生成性的问题和突发性、应变性的事件，需要教师即时反应并调整教学，而课件此时也需及时支持教师教学。传统教学课件之所谓被认为是支持灌输式教学，以致于被诟病，甚至一些教师抵制使用课件，就是因为传统的课件是线性地、按照特定流程地呈现信息，而没有考虑课堂实际现状。

因此，我们需要充分地考虑到，课件在课堂教学中使用时，课堂本身具有的非线性、随机性、非预设性和动态生成性等特征，课堂教学不可能完全按照课前备好的PPT线性教学。所以，教师需要根据教学过程或学生的学习与认知现状，动态调整教学内容和顺序，随时调用不同的教学内容和资源展示，这时候就需要对课件进行结构设计和必要的交互设计，以便教师能够及时跳转到所要开展的教学内容之中。另外，一些课件也会同时考虑提供给学习者自学，或者课后进行复习，这时候也要能够支持学习者选择学习内容和学习路径。这些需求，都要求我们要进行课件结构交互设计。

结构框架是交互设计的必要基础，复杂的课件知识体系和结构框架也必然要求有丰富的课件交互。简单知识内容和结构可通过翻页就能快速实现跳转，但是庞大的课件内容和复杂的结构，必然需要我们进行功能完善的课件交互设计做支持，否则，便难以进行有效的学习支持。

三、交互式课件的交互性维度

交互式课件的交互性主要体现在两个方面，即课件的内容交互和课件的结构交互。

课件内容交互，主要体现在教师利用课件支持学习者在重难点等知识内容的深入探索与分析方面，支持学习者或替代学习者与重难点知识的动画或其他多媒体信息等进行互动与信息反馈，以满足学习者对某个知识点的动画或其他多媒体从不同角度、不同层面、不同学习时长等进行交互，为学习者的思考和分析提供不同程度的支持。

课件的结构交互，主要体现在课件在各分支流程之间的任意流转方面，支持教师在课堂上为学习者快速、高效、准确地调取所需的学习内容分支或知识点页面。

通过前面的获奖课件案例可以看出，大部分作品基本上都是用Flash开发的，那么PPT能否开发出这样的课件呢？显然多数情况下是可以的。交互式课件的两种交互类型基本上都可以采用PPT提供的四种交互技术（按钮交互技术、触发器技术、超级链接技术、热区技术）来实现。在内容交互上使用触发器和热区技术较多。

知识专题二　课件结构交互框架设计

🎯 **学习目标**

- 了解交互式课件结构框架和交互的关系，以及课件结构交互框架的设计。

纵观往年多媒体作品大赛中获奖的课件，多数都是采用交互结构设计的，这里截取几个案例来看一下。（图7-3、图7-4）

这样设计的课件具有比较系统完整的结构，有完善的稿本和辅助功能，有丰富完整的教学功能，并且能够基于教师或者学习者的需求，来完善交互功能，从而体现教学交互的典型特征。几乎所有获奖作品都是这种类型的交互式结构的课件。

图7-3　获奖课件

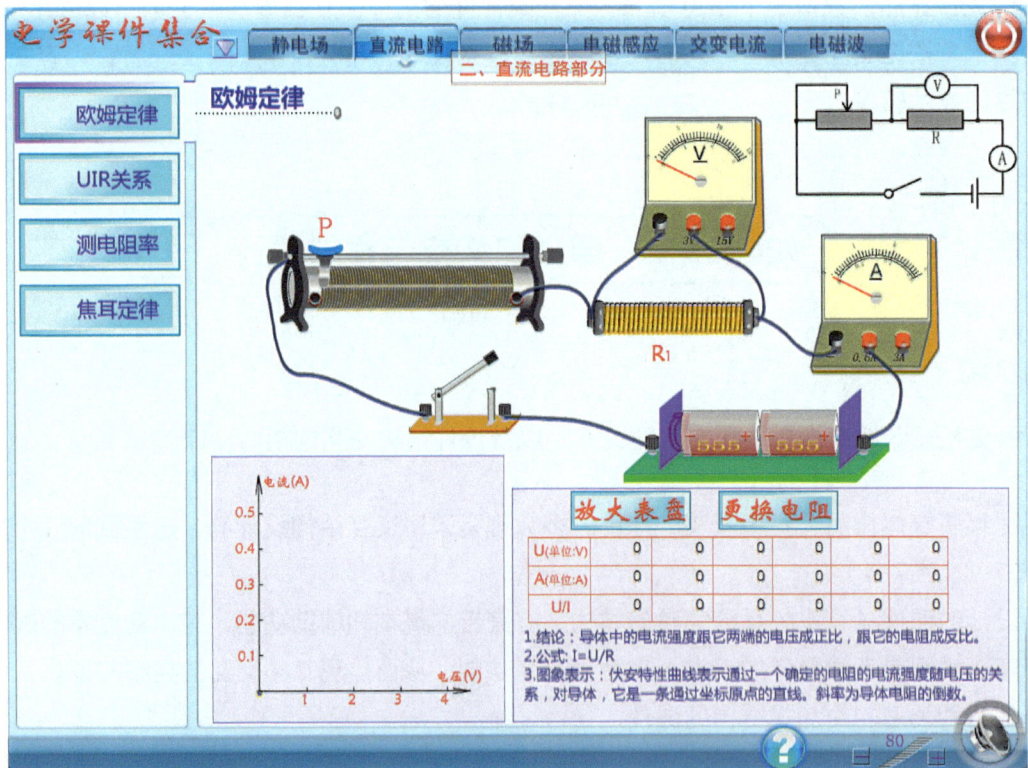

图7-4　获奖课件

下面，我们来进一步学习课件结构交互框架设计。

首先，需进行课件结构交互框架设计，然后，才能在此基础上进行课件结构交互技术实现的相关设计。

如图7-5所示是一个课件结构交互框架设计图，通常一个课件框架包括三个模块和三个层级。

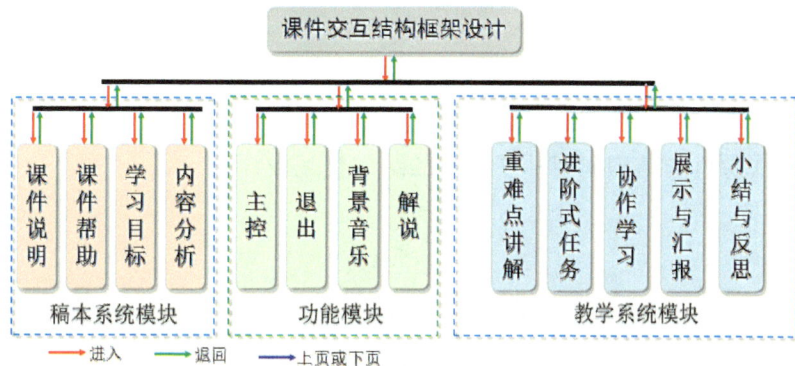

图7-5 课件结构交互框架设计

一是，"稿本系统"模块。一个比较完整的课件，通常包括课件说明、课件帮助、学习目标和内容分析。当然，在教师自己日常使用的教学课件中，这些内容模块除了学习目标保留之外，其他的都可以省略。如果是参加比赛，或者是发布到互联网上进行分享，那么建议保留这些完整的内容模块，以便他人了解课件相关信息（如获奖课件集锦中，都要求参赛者提供"创作说明"，就相当于这里的"课件说明"）。

二是，"功能"模块。主要用于实现课件的各种功能，如主控、退出、背景音乐、解说等功能。

三是，"教学系统"模块。大多数课件主要用于支撑日常课堂教学，课堂教学有着典型的教学结构。尽管很多教师会设计不同形式的课堂教学流程，但大部分都包括导入新课、讲授新课、复习总结和练习作业等几个环节或是类似的变体。在讲授新课中又包括很多具体内容，不可能都集中在一个PPT页面里，必须要分开在不同的PPT页面中来呈现，所以，可在讲授新课这一部分的PPT中再向下做进一步的链接。此时，"讲授新课"就会变成一个次界面，专门用于摆放交互链接的按钮或图形文字等，分别链接到不同的教学知识点，发挥交互接口的界面作用，这就形成了课件结构框架的三个层级。如《再别康桥》课件教学中，可以链接到作者简介、创作背景、整体感知、诗句解读、诗词形式等具体教学知识点上。在混合式教学或是翻转课堂教学模式下的线下课堂教学中，这种教学流程可能需要适当地优化调整，如线上问题讲解、进阶式任务和小组合作学习、任务与作品展示、小结与反思等。本课程中为了便于讲解课件结构框架，主要采用传统课堂教学这四个环节来进行演示讲解。

针对课件框架结构进行的交互设计，也就是实现不同结构分支之间的交互跳转设计。如前文所述，按照教学资源支持学习者认知加工的观点来看，教师教学过程中的课件设计，应该能够支持学习者按照可能会出现的不同学习需求进行便捷的任意跳转，从而形成不同的学习路径。在进行课件结构交互设计之前，一定要有清晰完整的课件框架设计，图7-5的框架图中已经列出了课件结构之间简单的结构交互关系，其中"红色箭头"表示的是交互过程中的跳转进入，"绿色箭头"表示的是跳转返回,"蓝色箭头"表示的是上下翻页。

活动专题二　课件结构交互框架设计

🎯 活动目标

1. 掌握交互式课件的一般结构框架组成。
2. 能够基于交互式课件的结构框架开展课件的结构交互设计。

课件结构交
互框架设计

📖 活动过程

下面就用交互技术来实现这种交互链接。PPT结构交互链接的四种技术,适合在主界面中用的是按钮交互,即动作设置。接下来,我们先制作一个课件的框架结构。

一、新建一张幻灯片

如图7-6所示,新建一张幻灯片。

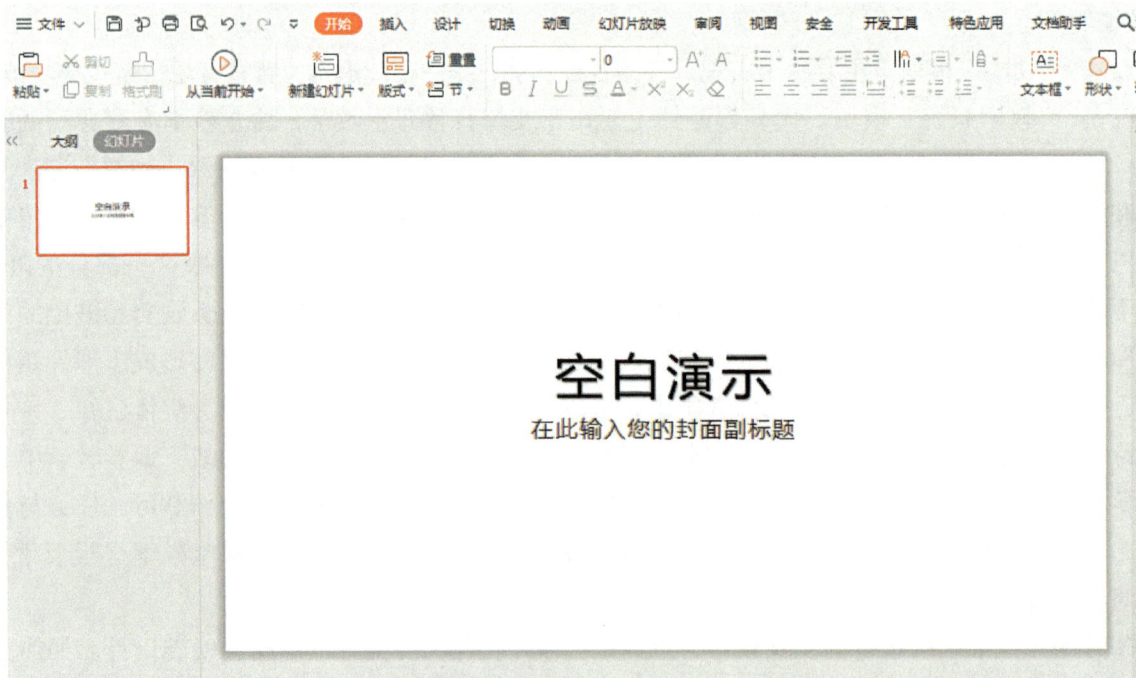

图7-6　新建幻灯片

二、插入主界面

插入一张新的幻灯片，把它命名为"主界面"。通过主界面，可以实现往各级界面和教学内容页面中跳转。在设计过程中，把文本放在中间，交互设计制作完成后，"主界面"这三个字就应该被删除。（图7-7）

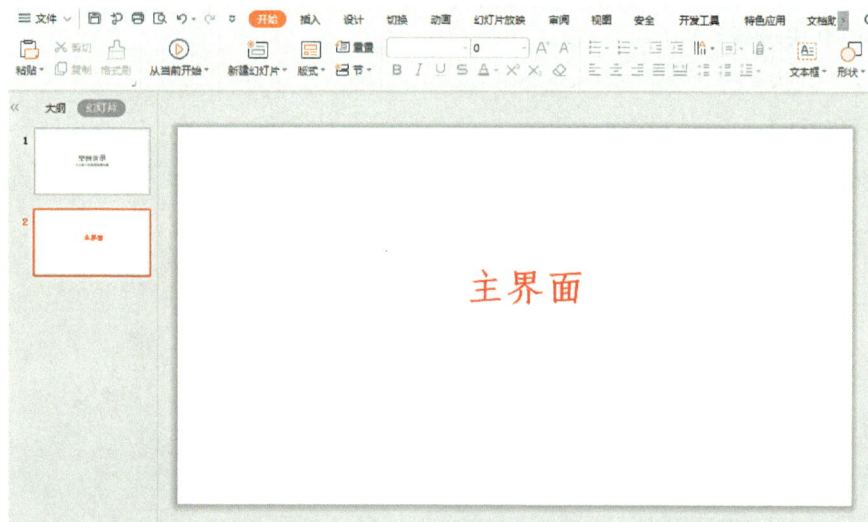

图7-7　插入主界面

三、插入稿本模块幻灯片

下面再插入一张新的幻灯片，按照课件结构框架，把它命名为"课件说明"。（图7-8）
按Ctrl+M键可以插入多张幻灯片，依次把它们命名为课件帮助、学习目标、内容分析等。

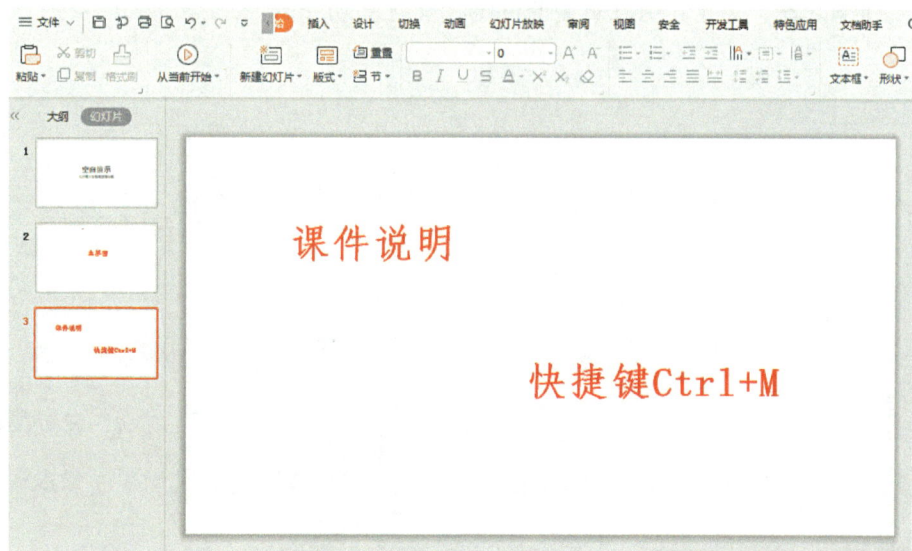

图7-8　插入稿本模块幻灯片

四、插入教学模块幻灯片

接着插入导入新课、讲授新课、复习总结和练习作业等教学模块幻灯片。这样课件结构框架中的几个主要框架幻灯片就做好了。

提示：也许有同学会问"功能模块"中的几个分支为什么没有加上呢？因为功能模块，对应的是执行具体的功能，比如单击"退出"按钮以退出，单击音频的小喇叭以播放音频等，它并不对应着具体的幻灯片，所以并未设置。

🗇 活动延伸

设计一个符合教学需求的交互式课件的一般结构框架。

课件结构交互框架设计如图7-5所示（见前文）。

················ 活动专题三　课件结构交互设计 ················

🎯 活动目标

熟练地应用动作设置技术实现交互式课件结构的交互设计，从而有效支持学习者学习。

🔖 活动背景

通过以上内容的学习，我们已经掌握了交互式课件结构框架设计的相关知识。那么，如何使我们的课件真正"动起来"呢？一起来学习吧！

🗂 活动过程

下面添加"动作设置"交互，用来实现课件结构交互的功能。

一、认识按钮交互技术

①在"插入"工具栏中，有"形状"，单击"形状"下拉菜单栏。（图7-9）

认识按钮交互设计

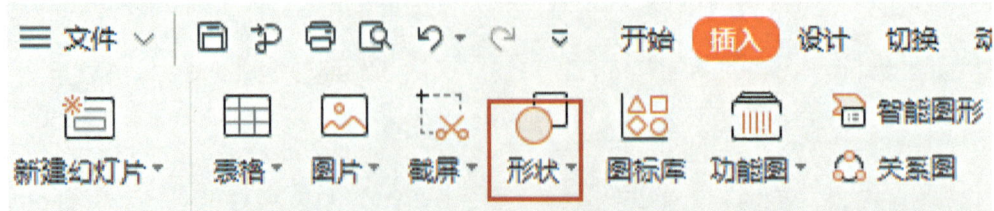

图7-9 "插入"工具栏中的"形状"

②找到本知识点中重点应用的动作按钮。

在这个动作按钮中，有各种交互的动作按钮。这里除了最后空白按钮没有特定意义外，其他的每一个按钮都会有特定的功能，被赋予了常用的含义，不能乱用这些按钮，这就是交互的明确性原则。

③选择"空白"的"自定义"动作按钮，单击选中它，鼠标指针变成了"十字形"，表示它可以进行绘制。

④在主界面上绘制一个我们日常所见到的合适大小的按钮，将按钮命名为"课件说明"。（图7-10）

图7-10　绘制按钮

⑤松开鼠标左键，此时会弹出一个"动作设置"对话框。（图7-11）

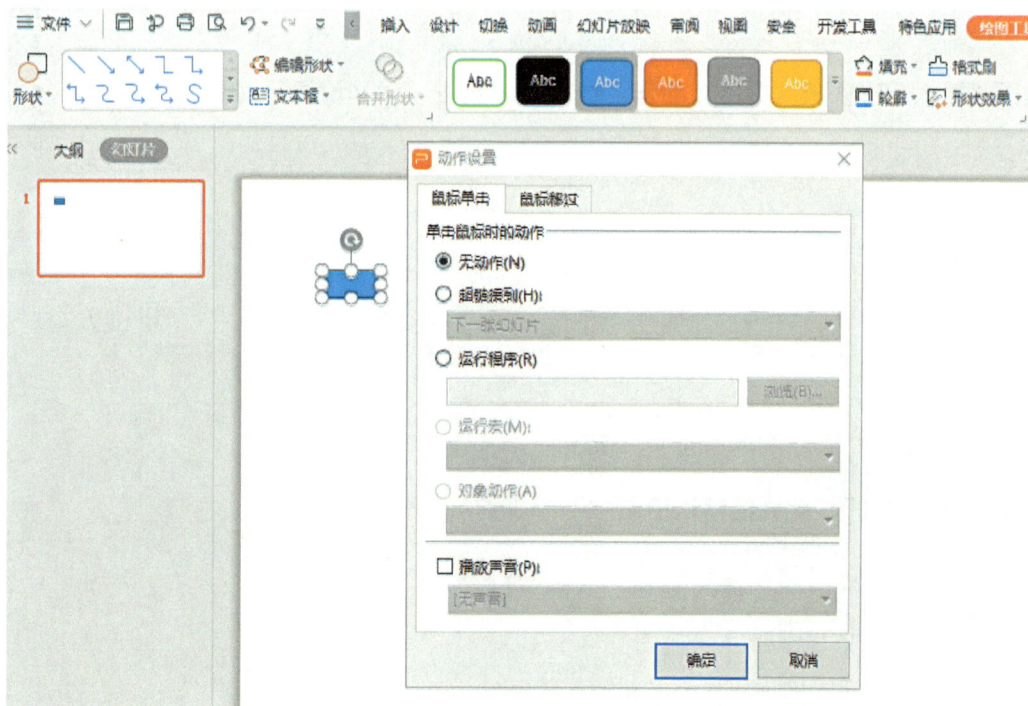

图7-11　动作设计对话框

⑥选择"鼠标单击"选项板，单击确定按钮，就使用了默认动作。（图7-12）

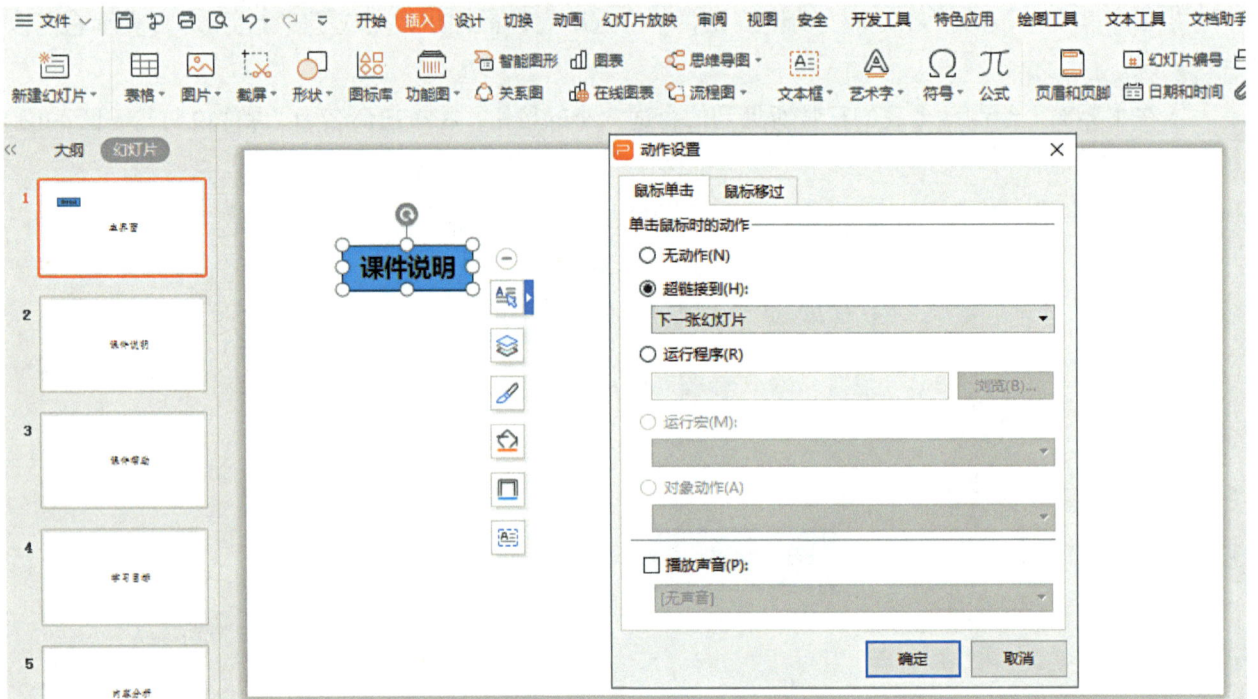

图7-12 选择鼠标单击选项板

二、设置交互参数

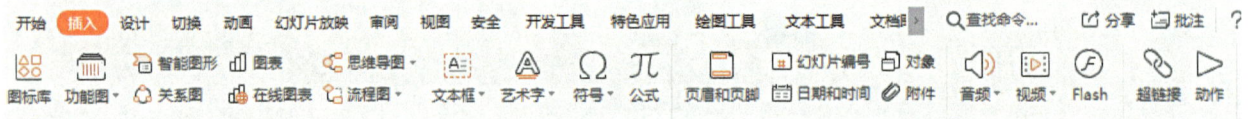

①选择"插入"选项板，单击"动作"选项，重新把"动作设置"对话框打开。（图7-13）

设置交互参数

图7-13 动作选项

②选择"超链接到"，此处的默认值是"下一张幻灯片"。（图7-14）

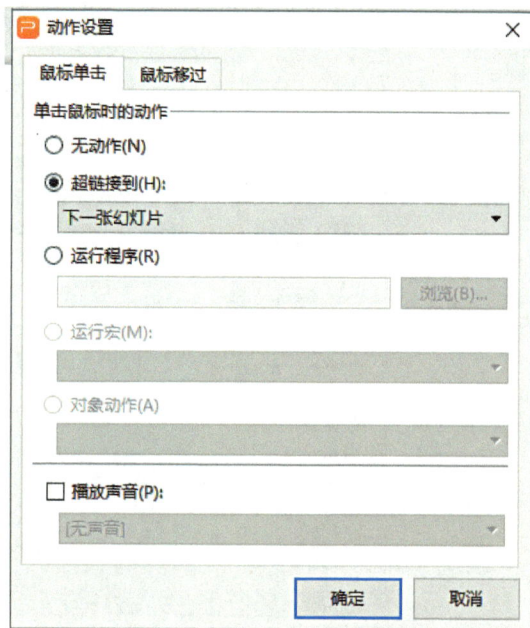

图7-14　修改动作设置

③鼠标移到按钮上时，鼠标的指针已经发生了变化，变成了小手形，表示上面已经有了链接，可以实现操作。

单击，它就会跳转到下一张幻灯片页面，这样就实现了交互跳转。

④为了让交互更完整，还需要在课件说明这个幻灯片里，设置一个"返回"。

选择"椭圆"绘制工具，在右下方把它绘制为"返回"，并把它视为一个"按钮"，因为它执行的是按钮功能。（图7-15）

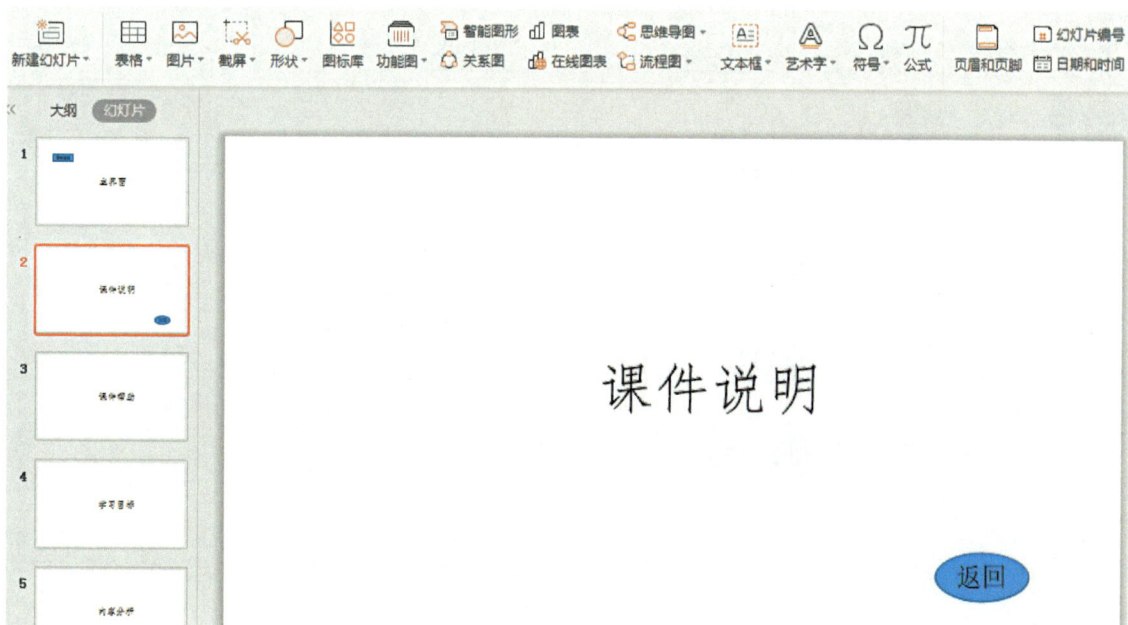

图7-15　绘制返回按钮

⑤选择椭圆，然后"插入—动作"，调出"动作设置"对话框，选择"超链接到""上一张幻灯片"，单击确定按钮。（图7-16）

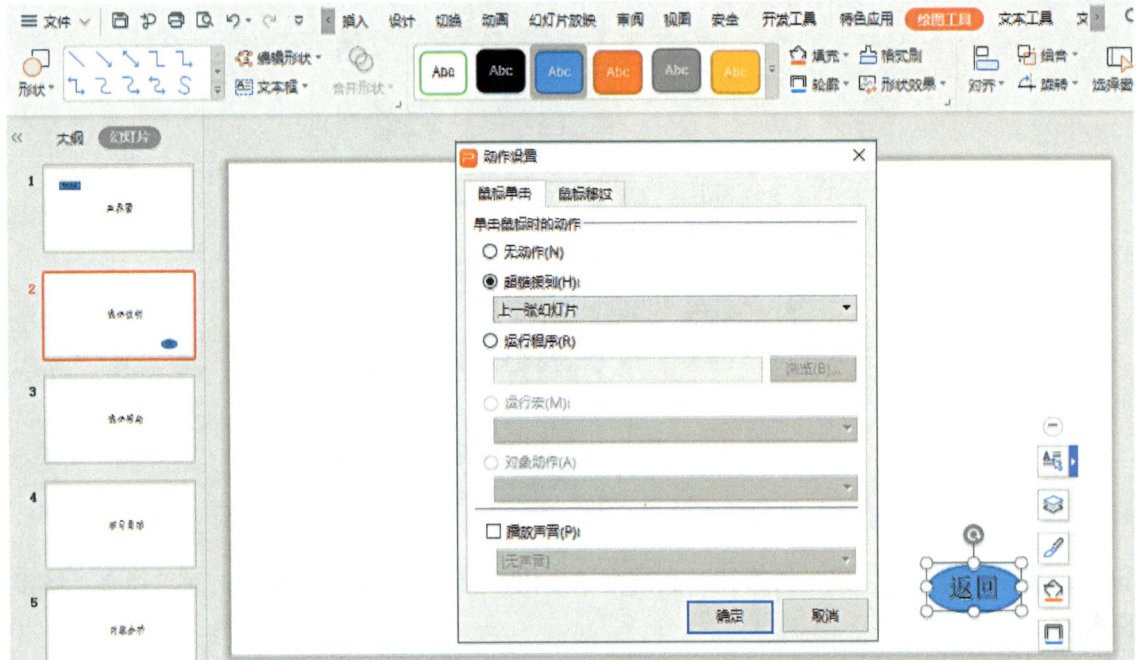

图7-16 设置超链接

⑥继续采用①～⑤步的方法，制作课件帮助、学习目标、内容分析及其交互等，这样做好了四个按钮，也就是"稿本模块"中的四个分支。（图7-17）

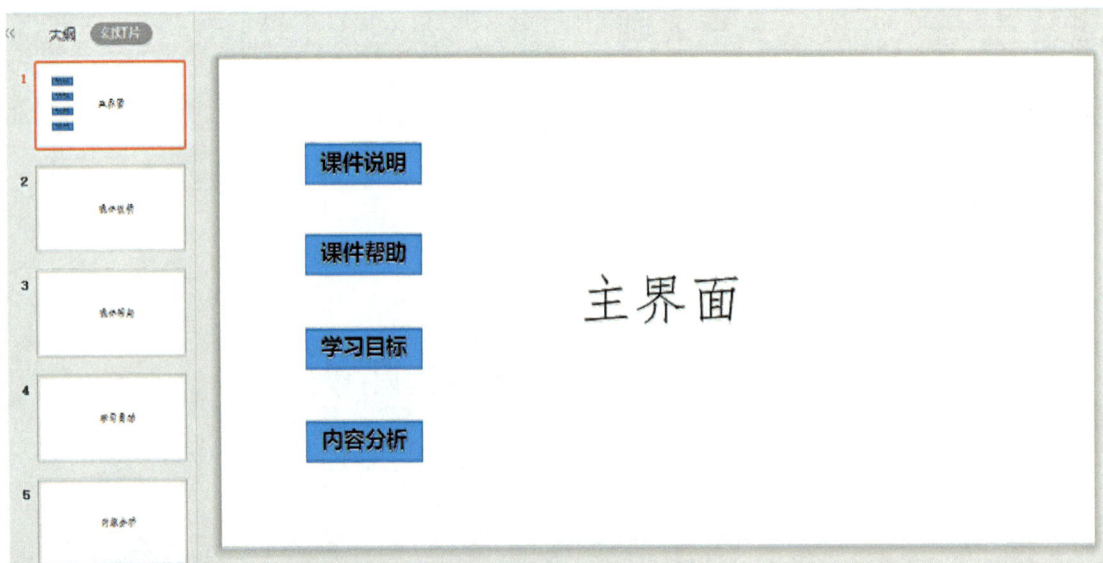

图7-17 制作其他按钮

活动延伸

选择一个主题，提交一个课件框架，要求：

①要有交互按钮。

②要有进入、退出、上下页、返回。

③要有菜单。

活动专题四　高效交互结构设计

活动目标

1. 能够有效地分析和评价一个交互式课件的结构交互设计。

2. 创新性地应用交互式课件结构交互的原则进行交互设计。

高效交互结构设计

活动背景

通过以上内容的学习，我们可以通过幻灯片之间的动作设置来实现彼此之间的相互跳转。但是，课件"稿本模块"的几个按钮制作，不仅违反了课件设计的原则，而且，制作效率也非常低。怎样设计才能既提高制作效率，又能让课件符合交互设计的统一性和预期性原则呢？

活动过程

①"插入—形状—动作按钮"，绘制一个按钮，然后进行"动作设置"，"超链接到"选择幻灯片"导入新课"。（图7-18）

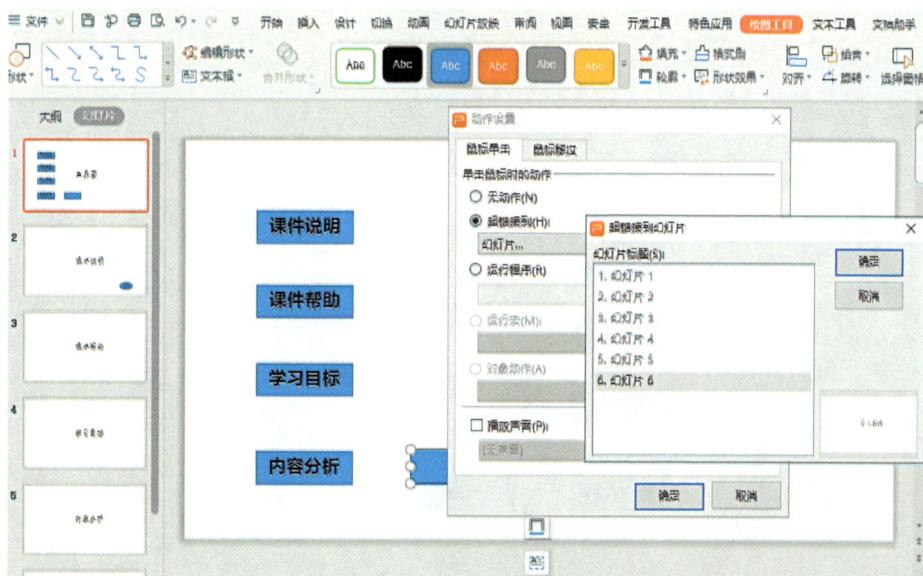

图7-18　设置超链接

为了增加课件的专业性，丰富课件的音响效果，强化按钮的逼真性，就需要给它添加一个"按钮声音"。

②在对话框中选择"播放声音"复选框，在其下的选择框的"无声音"处单击，这里有各种各样的系统声音。（图7-19）

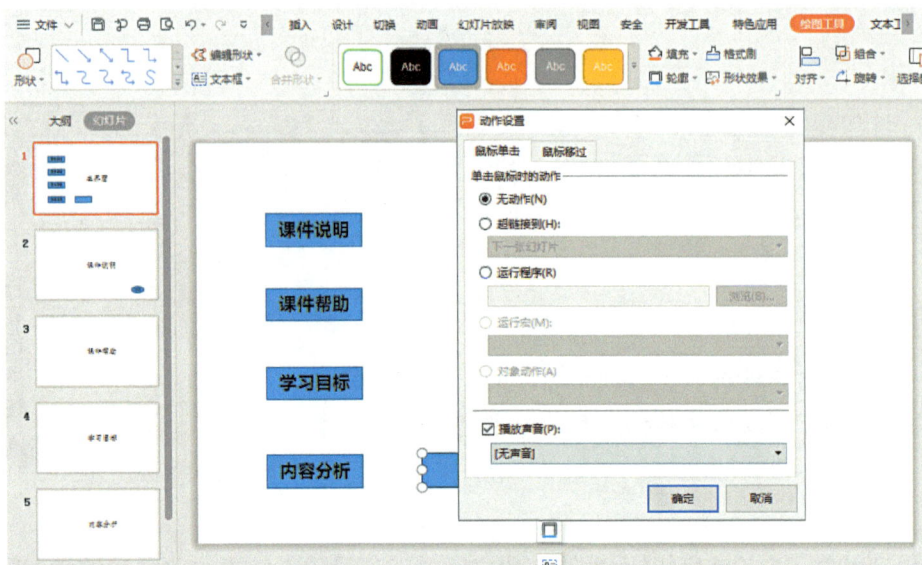

图7-19　设置按钮播放声音

提示：添加按钮声音的时候，尽量避免使用PPT提供的这些声音，可以在最下方找到"其他声音"并单击选中，找到课件总文件夹，找到"声音"子文件夹下的"按钮声音"文件夹，选择我们下载并分类存放的"按钮声音"。

③把按钮的标签改成导入新课，然后再在导入新课幻灯片中绘制返回按钮。（图7-20、图7-21）

返回按钮通常放在计算机屏幕的右下角，给返回按钮设置一个"动作"。

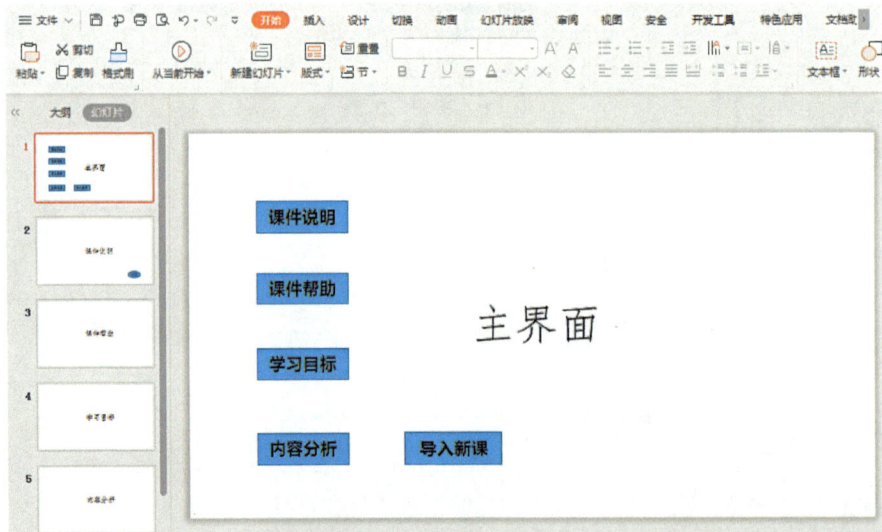

图7-20　修改按钮的标签

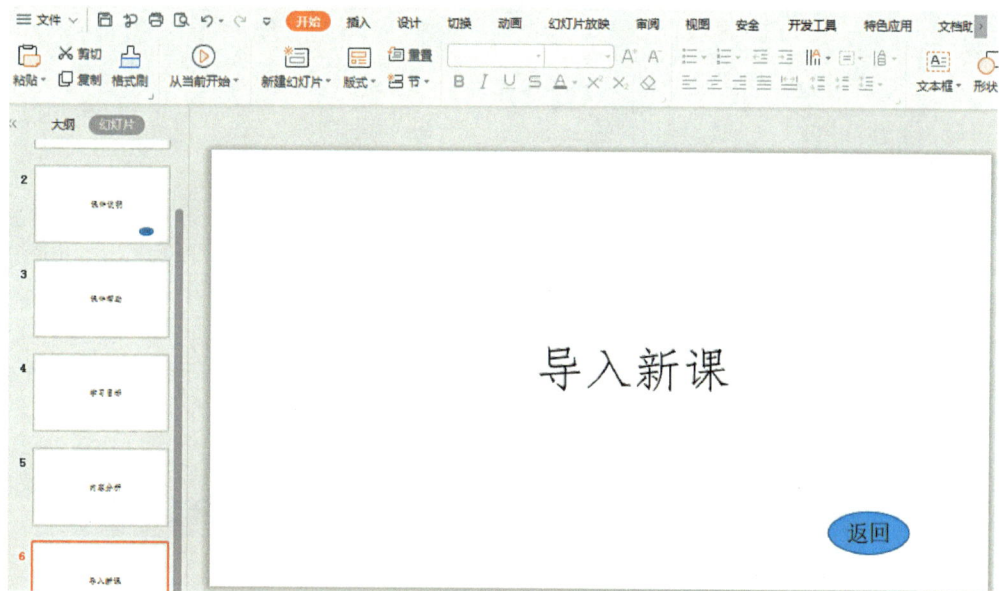

图7-21 在导入新课幻灯片中绘制返回按钮

④为了确保这些按钮能够较为统一，我们可以按住键盘上的Ctrl键，在刚设置好的导入新课按钮上，按住鼠标左键不放，并拖动鼠标，从而复制一个完全一样的按钮，把它的标签改成讲授新课。（图7-22）

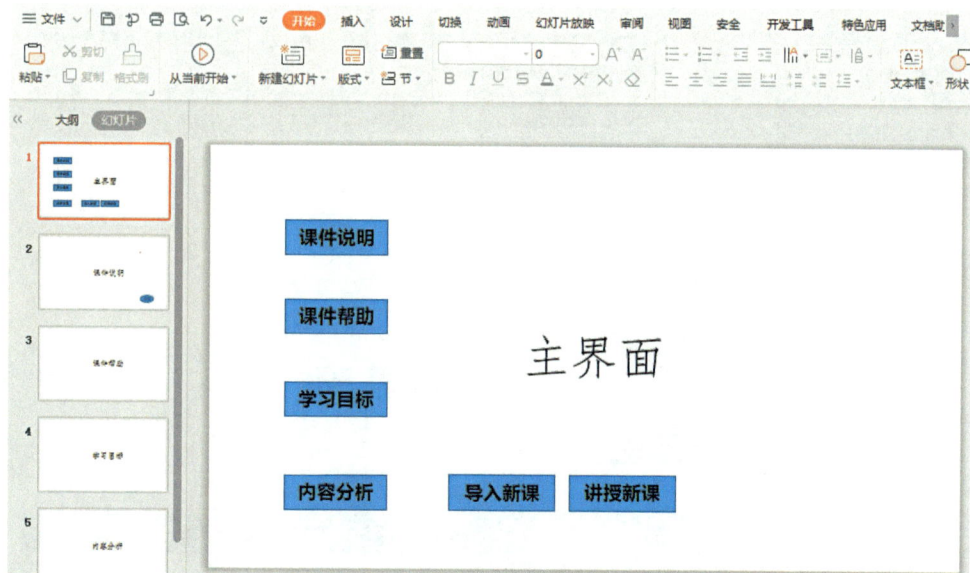

图7-22 制作讲授新课按钮

提示：标签改了没有实质意义，还要重新调出"动作设置"对话框，一定要确保当前是"鼠标单击"选项板，选择"超链接到—幻灯片—讲授新课"，这样链接就改了。

⑤继续采用以上四步的方法，制作复习总结、练习作业及其交互等，这样做好了四个按钮，也就是"教学模块"中的四个分支。（图7-23）

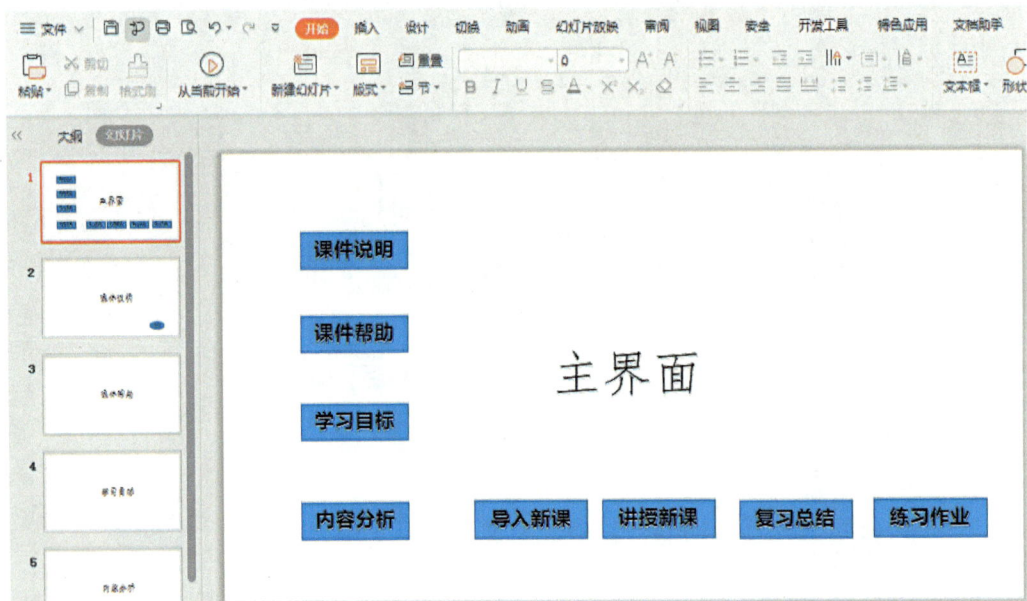

图7-23　制作复习总结和练习作业按钮及其交互

⑥接下来，我们对课件的交互结构进行进一步完善。

我们将左边四个按钮的形状修改好之后，先确定好第一个和最后一个按钮上、下、左、右所在位置，再同时选中四个按钮，选择"开始—排列—对齐"，让它们左对齐。（图7-24）

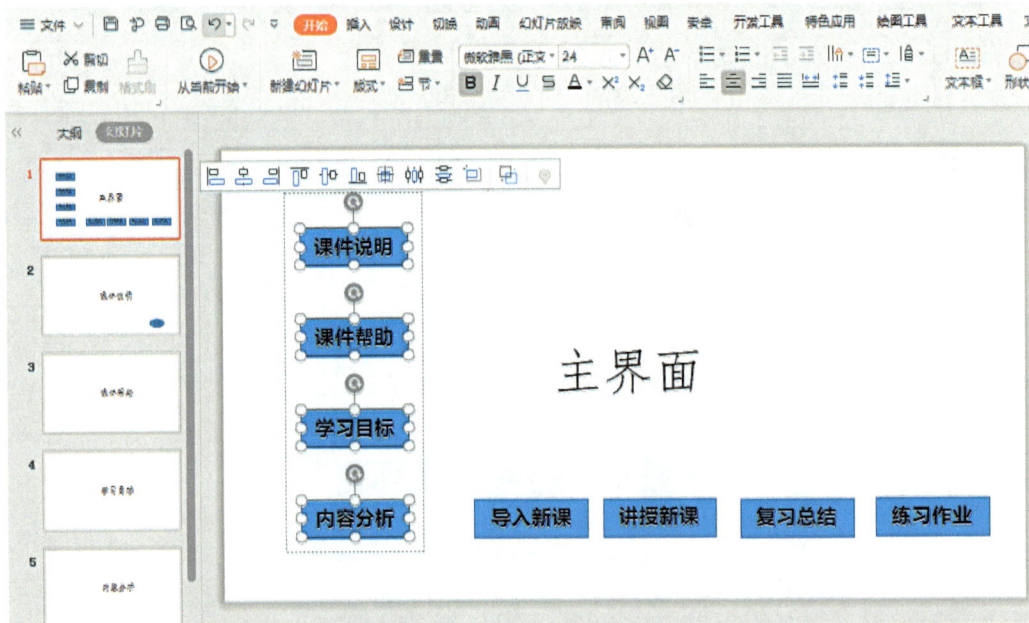

图7-24　左对齐左边四个按钮

按照同样的方式，确定好"教学模块"中的最后一个和第一个按钮所在位置，中间这两个按钮哪怕它们排列得五花八门，都没有关系，只要它们的大致顺序确定即可。现在再选中它们，选择排列—对齐—底端对齐。然后在排列—对齐中，选择横向分布，选择好之后，再把它们整体放在一个合适的位置上。这样主界面上的几个按钮就排好了。

⑦最后，设置退出按钮，将其链接到结束放映。（图7-25）

图7-25 制作退出按钮

提示：一个课件中可以有多个返回，但只有一个退出，这就是交互进入与退出的进出口唯一性原则。

活动延伸

请结合自己的学科，设计一个交互式的课件。要求：

①至少设计到三级目录，有主界面、次界面和知识点界面，并且每个子目录下的教学环节要设计合理。

②教学内容一定要丰富完整，有封面（主界面），有知识点细节的教学，如生字词教学、诗文解读、作者介绍、诗文赏析，或者数学教学中，有公式、定理文本及解读，有公式推算过程，有案例教学，等等。

③形成一幅完整的交互式作品。符合交互式课件的可逆性、双向性、明确性、准确性、统一性、预期性、进出口唯一性等原则。

④整个课件有意义的幻灯片不少于20张，不得抄袭下载网上现有的PPT，可适当借鉴文本内容或个别图片。

⑤作品符合学生认知特点，切记必须要注重图文美化设计，可参考"模块三 图像资源开发"的图文美化设计案例。

📁 分享作品

分享作品、操作经验、方法技巧、心得体会以及学习反思。

进阶式任务10　课件交互设计

为你做的课件设计交互能力。

具体要求：

①课件有一个主界面和至少一个次界面。

②课件有完整的结构。

③课件教学功能比较完善。

④课件交互要有至少三个层级。